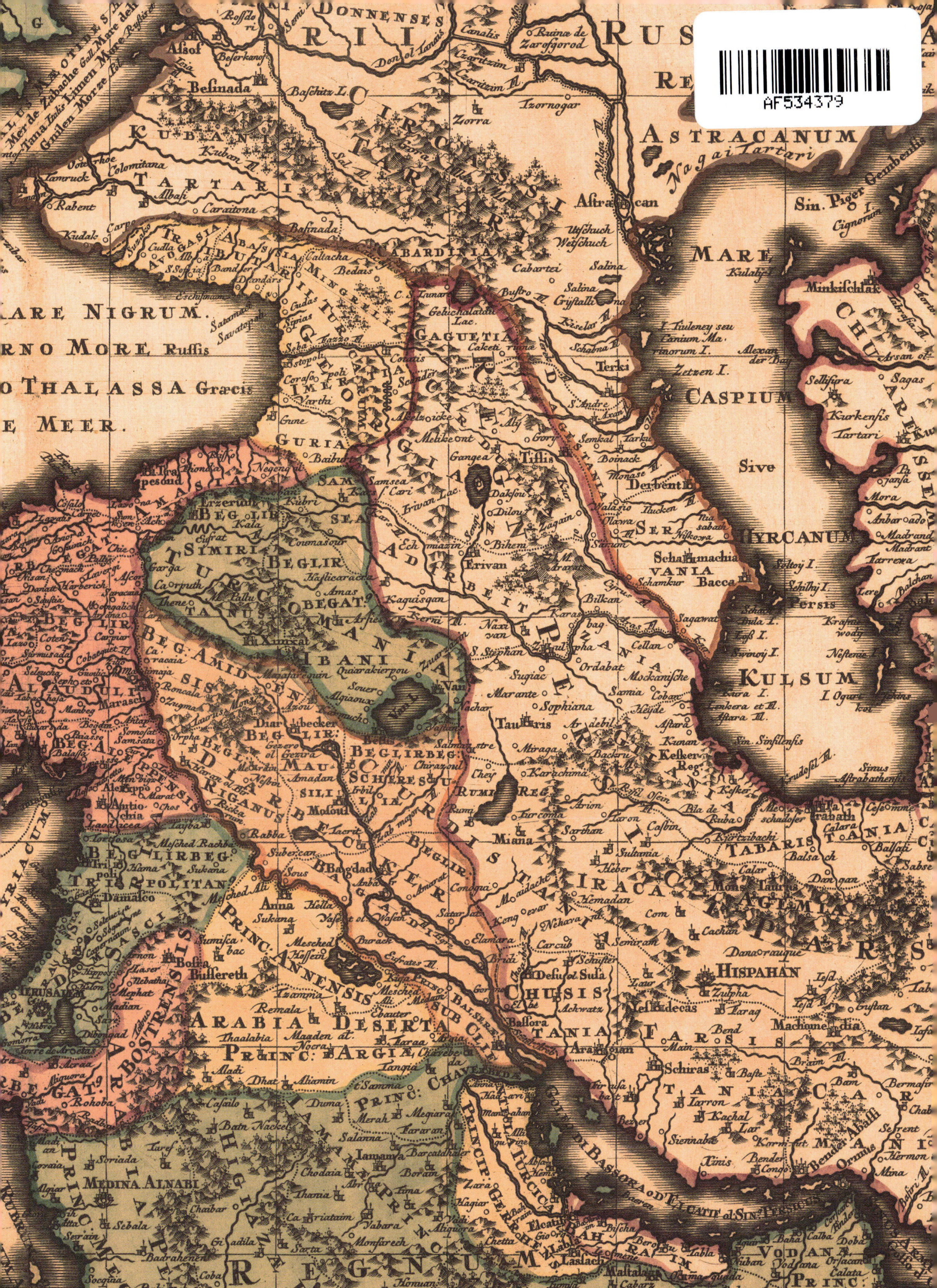

AF534379
MARE NIGRUM.
RNO MORE Russis
O THALASSA Græcis
E MEER.
MARE CASPIUM Sive HYRCANUM
ASTRACANUM
Nagai Tartari
KUBANI TARTARI
CIRCASSI
CABARDINIA
MINGRELIA
GEORGIA
GURIA
GAGUETIA
DAGESTAN
ARMENIA
TURCOMANIA
ADERBEITZAN
SCHIRVANIA
KULSUM
TABARISTANIA
IRACA AGEMI
CURDISTAN
DIARBECK
BEGLIRBEG: BAGDAD
ARABIA DESERTA
PRINC: ANNENSIS
PRINC: ARGIA
PRINC: CHAVELA
CHUSISTANIA
FARSISTANIA
PARS
HISPAHAN
KERMAN
BEGLIRBEG: TRIPOLITAN
DAMASCI
ARABIA BOSTRENSIS
MEDINA ALNABI
REGNUM
Erivan
Tiflis
Derbent
Terki
Astracan
Van
Tauris
Bagdad
Mosoul
Hamadan
Ormus
Schiras
Bassora
Jerusalem
Damasco
Gulf di Bassora o del Catif

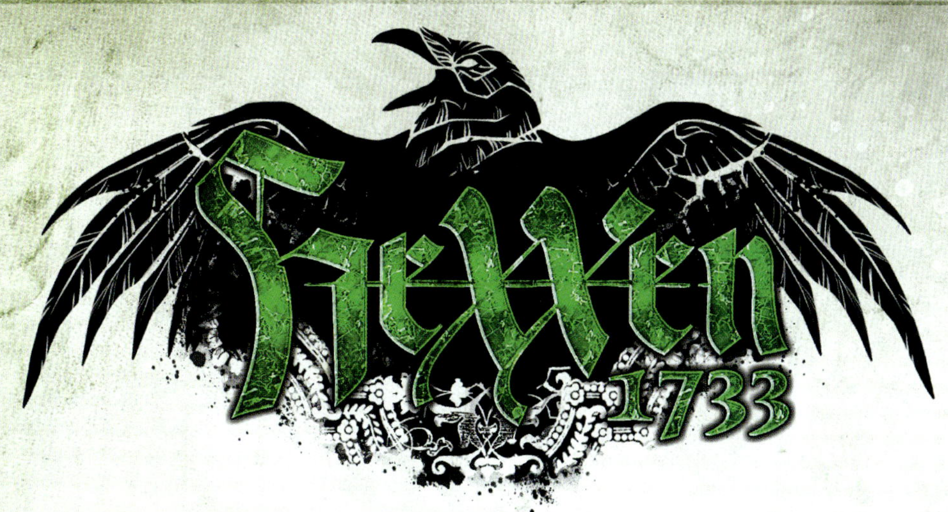

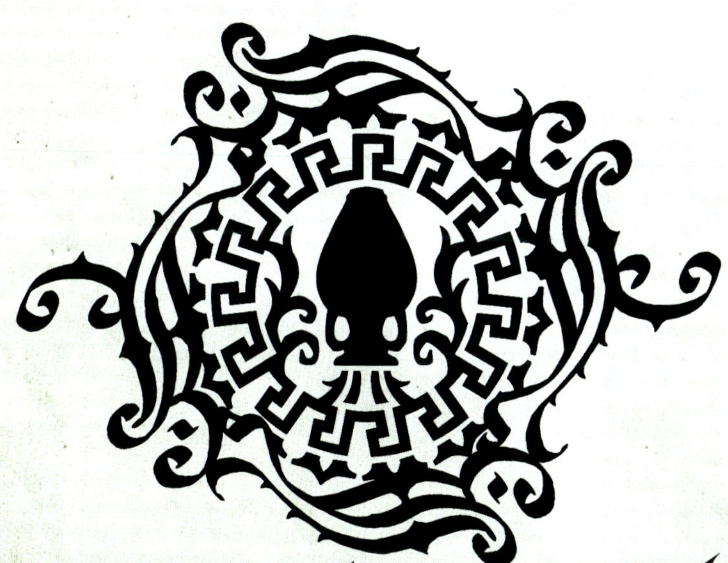

Mare Monstrum Obscura

Grimoire für den HeXXenmeister

Impressum

Verlagsleitung
Thomas Michalski

Redaktion
Mirko Bader

Autoren
Raphael Brack, Bjorn Beckert, Madeleine Seemann, Moritz Schmid, Jens Thomä, Martin Weber, Mirko Bader

Regelberatung
Martin Jäger, Roland Suljic

Beratung Seefahrt
Wolfgang Gissel

Lektorat
Nils Schürmann

Künstlerische Leitung
Maik Schmidt

Cover- und Schriftdesign
Steffen Brand

Layout
Nadine Hoffmann

Illustrationen
Nicolas Arnold, Isabeau Backhaus, Helge Balzer, Steffen Brand, Carlos Diaz, Guillaume Ducos, Naemi Fürst, Björn Lensing, Katharina Niko, Maik Schmidt, Sebastian Watzlawek

HeXXen-Logo
Steffen Brand, Nadine Schäkel

Grafik-Konzeption
Steffen Brand, Maik Schmidt

Historische Bilder
Sergej Ermolaev

Mitarbeiter Ulisses Spiele
Administration Christian Elsässer, Carsten Moos, Sven Paff, Stefanie Peuser, Marlies Plötz **Marketing** Philipp Jerulank,Björn Meyer, Katharina Wagner **Verlag** Zoe Adamietz, Jörn Aust, Mirko Bader, Steffen Brand, Simon Burandt, Christiane Ebrecht, Frauke Forster, Christof Grobelski, Kai Großkordt, Nikolai Hoch, Nadine Hoffmann, Johannes Kaub, Arne Frederic Kunz, Matthias Lück, Susanne Majewski, Thomas Michalski, Jasmin Neitzel, Markus Plötz, Elisabeth Raasch, Diana Rahfoth, Nadine Schäkel, Maik Schmidt, Ulrich-Alexander Schmidt, Nils Schürmann, Alex Spohr, Jens Ullrich, Jan Wagner **Verlag USA** Robert Adducci, Bill Bridges, Timothy Brown, Darrell Hayhurst, Eric Simon, Ross Watson **Vertrieb** Stefan Heinrichs, Jan Hulverscheidt, Stefan Tannert, Anke Zimmermann

Inhalt

Die wahre Geschichte des Mare Monstrum

An dieser Stelle wollen wir die in im Schwesterband *Mare Monstrum* präsentierte Zeitlinie der bekannten Ereignisse um die weniger bekannten, manchmal unheimlichen Hintergründe erweitern.

Mythische Epoche: Vor Äonen beherrschte das Imperium von Atlantis das Mittelmeer, dessen gleichnamige Hauptstadt sich auf Kreta befand. Die Atlanter waren ein Mischvolk aus Menschen und Alben, welches mithilfe mythischer Seewege, die teilweise durch die Anderswelt führten, in kürzester Zeit große Distanzen zu überbrücken vermochten. Doch ihre Neugierde und ihr Entdeckerdrang lockten dunkle Kreaturen aus den jenseitigen Sphären an. Die sogenannten Titanen verwickelten die Atlanter in einen verheerenden Krieg, den diese nur durch ein kataklystisches Ritual beenden konnten, in dessen Folge das Reich von Atlantis im Meer versank. Aus den überlebenden Atlantern entwickelte sich das Meervolk, das fortan am Grund der See lebte. Die Priesterinnen hingegen suchten Zuflucht in der Anderswelt, verschlossen die Tore in diese mit magischen Sigillen und wurden im Laufe der Jahre zu den Nymphen.

1200–800 v. Chr.: In dieser Epoche, die von Gelehrten als das „Dunkle Zeitalter der Antike" bezeichnet wird, leben noch immer viele Alben im Mittelmeerraum und treiben teilweise sogar Handel mit den Menschen. Jedoch geht das Wissen um die uralten mythischen Pfade in die Anderswelt mehr und mehr verloren, während sich die letzten Nymphen, ebenso wie viele der verbliebenen Alben und anderweltlichen Geschöpfe, in andere Sphären zurückziehen. Ihre Existenz lebt in Sagen und Geschichten weiter, die von Dichtern wie beispielsweise Homer für die Nachwelt festgehalten werden.

1640: Die Öffnung des Höllenportals im Schwarzwald hat nicht nur den Schwarzen Sturm zur Folge, sondern erschüttert die Säulen der Realität. Viele kleinere Portale in die Anderswelt, aber insbesondere auch die mythischen Seerouten der Atlanter werden infolge des von Alben als Sphärenbeben bezeichneten Ereignisses wieder nutzbar – die meisten der magischen Sigillen der Nymphen zerbrechen. Die in der Anderswelt lebenden Nachfahren der atlantischen Priesterinnen sehen es als ihre Pflicht an, in die Realität der Menschen zurückzukehren, um fortan diese Portale und Wege zu bewachen, denn immer wieder werden diese Pfade von magietalentierten Wesen beschritten – in beide Richtungen.

Ab 1640: Der von einigen Kreuzrittern gegründete Bund der Tempelwächter entdeckt unter seinem Kloster auf der Insel Amorgos einen Zugang in die Anderswelt und ebnet so den Tantaliden den Weg in die irdische Realität. Das dämonische Volk übernimmt die Kontrolle über die Gruppierung, formt sie zum Orakelbund und arbeitet seitdem beständig an seinem Ziel der Weltherrschaft.

1648: Als die Regentschaft İbrahims des Verrückten und seiner sieben Konkubinen beendet wird, gelingt es nicht, alle Hexen unschädlich zu machen. Paraskevi, die siebte der Haseki, entkommt auf den Schwingen einer riesigen Dämoneneule und setzt sich nach Tripolis ab, wo sie seitdem daran arbeitet, die Obrigkeit mit ihren Lakaien zu besetzen. Ihr Sohn ist der berühmt-berüchtigte Piratenfürst Feysal Bey.

1651: Die letzten Templer führen auf der Insel Aruad vor der syrischen Küste ein Ritual durch, um den Dämonenfürsten Baphomet zu beschwören, öffnen stattdessen jedoch ein Portal in die Anderswelt des Asasel. Nicht nur fällt der Orden unter die Fuchtel des Sündenfressers, auch seine Diener, die dämonischen Schaitane, und seine Sturmgeister dringen durch den Sphärenriss.

1669: Beim finalen Minenkrieg um Candia, die Hauptstadt Kretas, werden große Teile des Tunnelsystems mit Seelenlicht verseucht. Dies lockt unzählige Dämonen an, die die Stollen in Beschlag nehmen, denn unter dem einstigen Zentrum des atlantischen Reiches öffneten sich 1640 zahlreiche Nexus-Punkte. Einige von ihnen führen tatsächlich in das legendäre Atlantis, werden jedoch von den letzten Schildwachen eines einstigen Verbündeten der Atlanter bewacht: Minotauren.

1683: Während der Belagerung Wiens verschafft sich die als Schwarze Gräfin bekannte Vampirfürstin getarnt als osmanische Prinzessin Zugang zum Heereslager der Angreifer. Sie beschwört eine Horde von Myrmidonen, die den Großwesir und Feldherrn Kara Mustafa brutal töten, was zum Abzug der Osmanen führt.

Um 1690: Gelehrte der Prager Burg entwickeln die erste Version des mechanischen Wegfinders, eines Geräts, das ihnen erlaubt, Störungen im Äther und somit Pfade in die Anderswelt zu entdecken. Der Wegfinder wird ständig überarbeitet, um 1733 befindet er sich in Entwicklungsphase VII.

1700: Eine Nereide offenbart sich einer Gruppe Schatzsucher unter dem Exilbriten Thomas Clark und schenkt ihm ein Schwert aus Oreichalkos. Die Gruppe konzentriert sich auf die Suche nach Atlantis und nennt sich fortan „Ritter von Atlantis".

11./12. Juni 1700: Unter Mithilfe der Mänade Cevri rebellieren die Zyprioten gegen die Ritter vom Heiligen Grab und töten sie. Danach setzt sich Cevri als neue Königin ein und beginnt mit dem Ausbau eines Geheimkultes, der bald sämtliche Behörden der Insel durchdringt. Zypern gehört nur noch auf dem Dokument zum Osmanischen Reich. Unter dem Kult des Dionysos erleben die Einwohner einige Jahre des wirtschaftlichen Aufschwungs, doch langsam mehren sich auch die skeptischen Stimmen.

Ab 1716: Immer mehr Altertumsforscher oder Schatzjäger (der Unterschied ist minimal) strömen in die Ägäis auf der Suche nach uralten Städten und Schätzen. Ein Ziel ist die legendäre Stadt Troja. In der Stadt Canakkale beginnt der findige Pascha Açgözlü Hali damit, aus dem Ansturm ein Geschäft zu machen, indem er Hinweise fälscht, hohe Gebühren fordert oder sogar mittellose Europäer in die Sklaverei verkauft.

1728: Der Heroe Attilus spürt auf Rhodos ein Höhlensystem auf, das seiner Meinung nach Wege in die Anderswelt enthält. Wenig später gründet er mit Gleichgesinnten eine Enklave in der Stadt Gennadi.

1730: Dass den konservativen Janitscharen der Kurs der Modernisierung nicht gefällt, den der Sultan seit Jahrzehnten fährt, ist nicht neu. Während des Patrona-Halil-Aufstandes 1730 sah es für eine kurze Zeit so aus, als würden die Janitscharen Erfolg haben. Dann begannen die Dinge plötzlich schiefzugehen. Der Grund hinter dem plötzlichen Scheitern der Revolte waren die Assassinen, die sich auf die Seite des fortschrittlichen und toleranten Sultans gestellt hatten. Seitdem tobt der Kampf zwischen Janitscharen und Assassinen weiter, jedoch meist als Krieg in den Schatten unbemerkt von der Welt.

1731: Eine Flotte von Piraten attackiert Malta, wird aber von den Hospitalitern zurückgeschlagen. Die Ritter holen daraufhin zum Gegenschlag aus und entreißen Rhodos aus den Klauen der Piratenbanden. Die Hospitaliter beginnen in den Gewölben des Großmeisterpalasts von Rhodos-Stadt mit okkulten Forschungen, hier vor allem am Einsatz der sogenannten Göttlichen Essenz, einer Art Seelenenergie, die aus den Kadavern von widernatürlichen Kreaturen gewonnen wird.

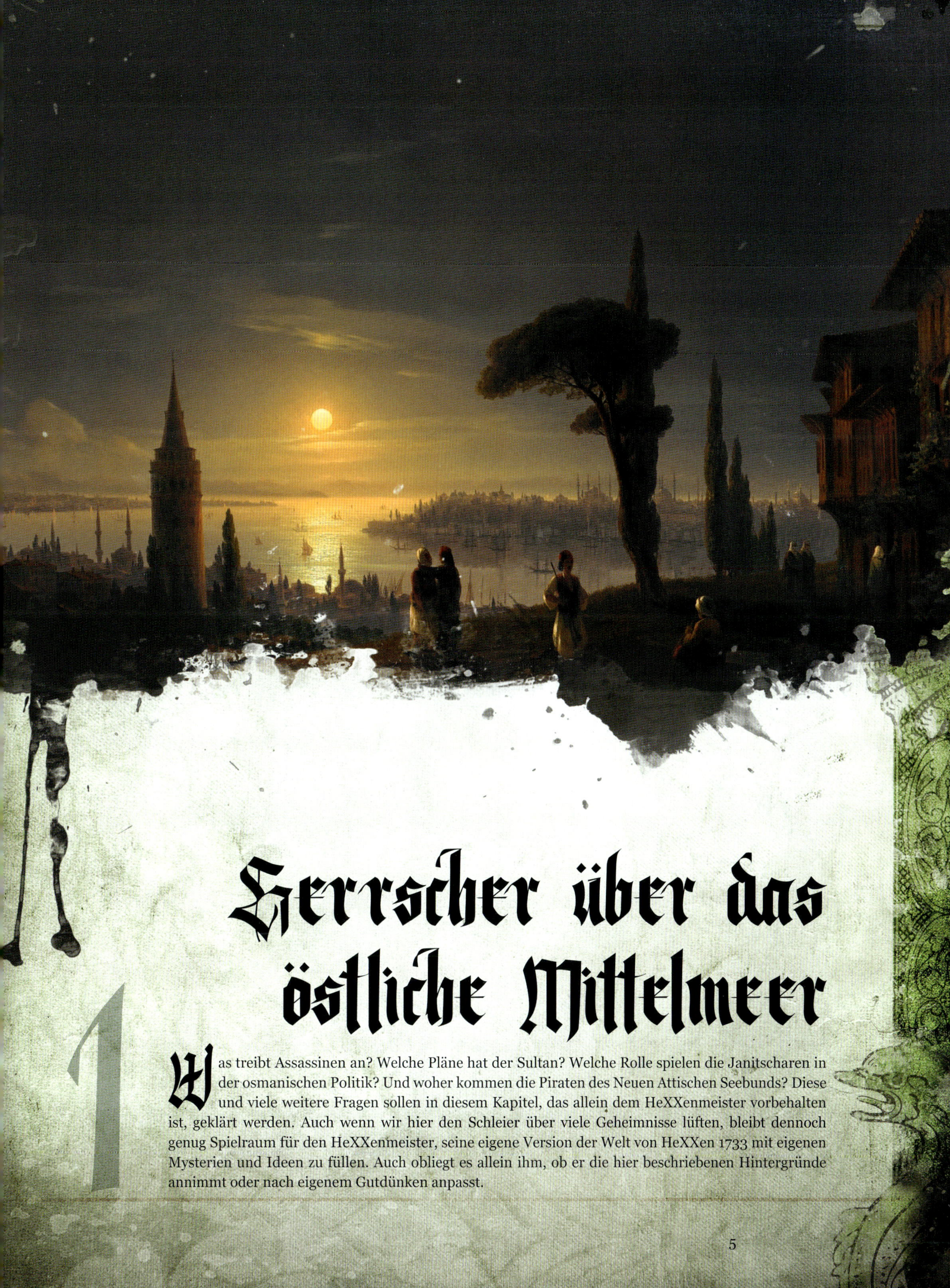

1 Herrscher über das östliche Mittelmeer

Was treibt Assassinen an? Welche Pläne hat der Sultan? Welche Rolle spielen die Janitscharen in der osmanischen Politik? Und woher kommen die Piraten des Neuen Attischen Seebunds? Diese und viele weitere Fragen sollen in diesem Kapitel, das allein dem HeXXenmeister vorbehalten ist, geklärt werden. Auch wenn wir hier den Schleier über viele Geheimnisse lüften, bleibt dennoch genug Spielraum für den HeXXenmeister, seine eigene Version der Welt von HeXXen 1733 mit eigenen Mysterien und Ideen zu füllen. Auch obliegt es allein ihm, ob er die hier beschriebenen Hintergründe annimmt oder nach eigenem Gutdünken anpasst.

Das Osmanische Reich: Koloss auf tönernen Füssen

Zusammenfassung

Das Osmanische Reich, eines der größten Imperien der Welt, beherrscht im Jahre 1733 weite Ländereien auf drei Kontinenten. Obgleich von Muslimen kontrolliert, leben unter der Herrschaft des gealterten Sultans Süleyman II. Muslime, Christen und Juden mehr oder weniger friedlich miteinander. Der Vielvölkerstaat ist unüberschaubar komplex, sowohl was seine Verwaltung als auch seine Bevölkerung angeht. In den vergangenen Jahrzehnten blühte das Reich kulturell auf.

Doch die Lage im Osmanischen Reich ist bei weitem prekärer, als es die Wesire der Öffentlichkeit weismachen. Nicht nur die Konflikte mit anderen Großmächten, zudem an mehreren Fronten, sowie innenpolitische Probleme, auch der Kampf gegen die Kreaturen der Nacht lässt das gewaltige Imperium wanken. Die Wahrheit ist: Der einzige Grund, warum sich die Osmanen in einer besseren Position befinden als die Reiche des christlichen Europas, ist schlicht, dass sie weiter entfernt vom Höllenportal im Schwarzwald sind. Nicht mehr und nicht weniger.

Geheimnisse des Osmanischen Reiches

Krieg und Korruption

Den militärischen Erfolgen auf dem Balkan stehen einige katastrophale Niederlagen im Mittelmeer, in Nordafrika und im Nahen Osten entgegen. Nicht nur, dass die Osmanen den sogenannten 8. Venezianischen Türkenkrieg verloren und die Peloponnes daher noch immer fest in der Hand der Republik Venedig ist, auch an ihrer Ostgrenze haben sie empfindliche Verluste im Krieg gegen die mittlerweile Persien beherrschenden Paschtunen und den bereits als „zweiten Alexander" gefeierten General Nader Schah Afschar hinnehmen müssen – Verluste, die 1730 zu einem Aufstand in Konstantinopel führten (siehe unten).

Auch im Inneren sieht die Lage hinter den Kulissen alles andere als rosig aus. Konstantinopel hat zunehmende Schwierigkeiten, ethnische Konflikte zu unterbinden, da mehr als ein Schwarzmagier, Vampir oder Dämon die Schwächen des gewaltigen Vielvölkerstaates erkannt hat und sich als Spaltpilz betätigt. Aber auch ohne Einfluss teuflischer Mächte wird innerhalb des Osmanischen Reiches nach Leibeskräften gegeneinander intrigiert. Überall gärt und brodelt es unter der Oberfläche: Rebellionen werden vorbereitet, Pogrome gegen benachbarte Ethnien geplant und die Schädigung Andersgläubiger geduldet und sogar forciert. Nicht nur an den Grenzen des Reiches würde ein kleiner Funke genügen, um dieses Pulverfass zur Explosion zu bringen – ein Umstand, der im gesamten Reich ein offenes Geheimnis ist. Kein Wunder also, dass viele örtliche Machthaber sich vor allem um ihr eigenes Wohl kümmern und die Korruption

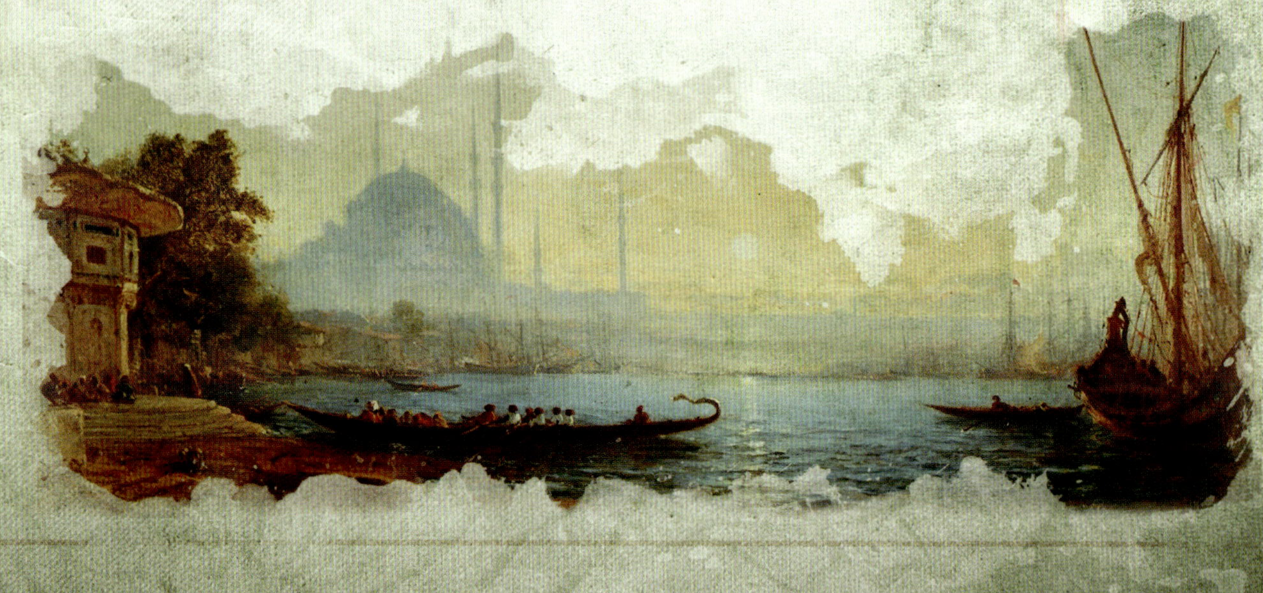

blüht. Der maßlosen Selbstbereicherung, die viele osmanische Würdenträger betreiben, haftet etwas geradezu Hektisches an, als wollten sie die derzeitige Blüte ausnutzen, solange es noch geht. In der Tat ist das Osmanische Reich ein Koloss auf tönernen Füßen.

Der müde Mann vom Bosporus

Einige behaupten, der Sultan wäre längst tot und seine Wesire würden diesen Umstand nur verheimlichen, da die Erbfolge noch nicht geregelt sei. Andere meinen zu wissen, dass der Sultan in Wahrheit durch teuflische Kräfte verjüngt sei und sich jede Nacht Jungfrauenblut servieren lasse. Aus diesem Grund könne er nun weder den Ruf des Muezzins noch das Geläut von Kirchenglocken ertragen und habe sich in seinen Palast zurückgezogen. Das irrwitzigste Gerücht aber besagt, französische Agenten hätten den Sultan schon vor Jahren durch einen Seelenlichtautomaten ausgetauscht – der nun kaputtgegangen sei. Das ist alles völliger Unfug.

In Wahrheit ist der Sultan genau das, was er zu sein scheint: ein mittlerweile 91 Jahre alter Mann. Süleyman II. hat das Reich trotz unsäglicher Widerstände modernisiert. Er hat Schlachten geschlagen, Aufstände und Palastintrigen überstanden, Mordanschlägen und schwarzer Magie getrotzt. Jetzt, im Winter seines Lebens, ist seine Kraft verbraucht. Trotzdem klammert er sich mit eisernem Willen ans Leben. Er muss. Das Schicksal von 35 Millionen Seelen hängt daran. Dass er schon seit Jahren nicht mehr in der Öffentlichkeit zu sehen war, liegt schlicht daran, dass die stark angeschlagene Gesundheit des alten Mannes dies nicht mehr zulässt, obwohl er von den besten Ärzten der bekannten Welt umsorgt wird.

Dass der Sultan trotz seines hohen Alters nicht einen Hauch von Demenz zeigt und noch immer die Geistesschärfe eines jungen Mannes besitzt, ist in seinem Falle mehr Fluch als Segen. Zu bewusst ist ihm, wie sehr das Schicksal des Reiches auf Messers Schneide steht. Zu deutlich erkennt er, dass nach seinem Ableben ein blutiges Hauen und Stechen um den Thron stattfinden würde, wie schon so oft in der Geschichte Konstantinopels. Süleyman II. fürchtet zurecht, dass dies das Reich aus einer Zeit der Blüte in den Abgrund stürzen könnte. Daher versucht er, von seinen Gemächern im Topkapı-Palast aus, auf die seine Welt mittlerweile zusammengeschrumpft ist, mithilfe eines Netzwerks von Agenten, sein Reich zu stabilisieren.

Nur wenigen seiner Wesire kann er trauen. Die meisten wirtschaften in die eigene Tasche und einige haben sich gar mit den Mächten der Hölle eingelassen. Der Hof des Sultans ist zu einer Schlangengrube aus Dekadenz und Intrige verkommen. Insbesondere die Unterwanderung seines Hofes und seines Harems durch Strigae (siehe: Vampire – Schrecken des Balkans, S. 86) ist dem Sultan schmerzhaft bewusst, seit im Jahr 1729 eine seiner Nebenfrauen ihm in einer regnerischen Neumondnacht das „Geschenk" der Unsterblichkeit offerierte – ein Geschenk, das der Greis mithilfe eines treuen Hauptmannes der Wache, des Poeten Nedîm (der in Wahrheit ein hochrangiger Assassine ist) und eines in Gold gebundenen Korans gerade noch höflich abzulehnen vermochte. Seit diesem Ereignis verbindet den Sultan ein festes Band der Freundschaft mit den Assassinen, die er zu Beginn seiner Herrschaft noch als Verbrecher verfolgen ließ. Es ist gut möglich, dass dieses Bündnis in naher Zukunft das Reich retten könnte.

Der Rote Krupp

Diese perfide Seuche beginnt mit Halsschmerzen, Schluckbeschwerden, Fieber und bellendem Husten. Charakteristisch ist dabei der seltsam faulig-süßliche Mundgeruch, den der Erkrankte verströmt. Innerhalb weniger Tage bildet sich ein dicker Belag auf Rachen und Mandeln, der die Atmung des Patienten zusätzlich erschwert. Die Farbe dieses Belags ist jedoch nicht gelblich-braun wie bei der normalen Halsbräune, sondern von einem tiefen Scharlachrot. Hinzu kommt, dass der Erkrankte weit häufiger eitrige Geschwüre entwickelt als bei Halsbräune üblich. Weitere Symptome des Roten Krupps sind zunehmende Anämie und etwas, das eine Art beschleunigter Alterungsprozess zu sein scheint. In jedem bekannten Fall war der Rote Krupp bislang tödlich, jedoch kommt der Tod nicht schnell, sondern erst nach wochenlangem Siechtum. 4000 Todesopfer hat die Krankheit bereits gefordert. Vor allem in den Armenvierteln der Armenier grassiert der Rote Krupp. Nur eine Gemeinsamkeit gibt es: Alle Opfer waren Kinder oder junge Frauen.

Der Rote Krupp ist keine natürliche Krankheit. Vielmehr ist er ein übernatürliches Leiden, das diejenigen befällt, die einer Gello (siehe: Vampire – Schrecken des Balkans, S. 86) zum Opfer fallen. Saugt eine dieser dämonischen Vampirkreaturen einem Menschen das Blut und die Lebenskraft aus, so hinterlässt sie dabei stets den Keim des Roten Krupp. Das erklärt auch, warum nur Kinder und junge Frauen vom Roten Krupp befallen werden, denn sie sind die bevorzugten Opfer der Gello.

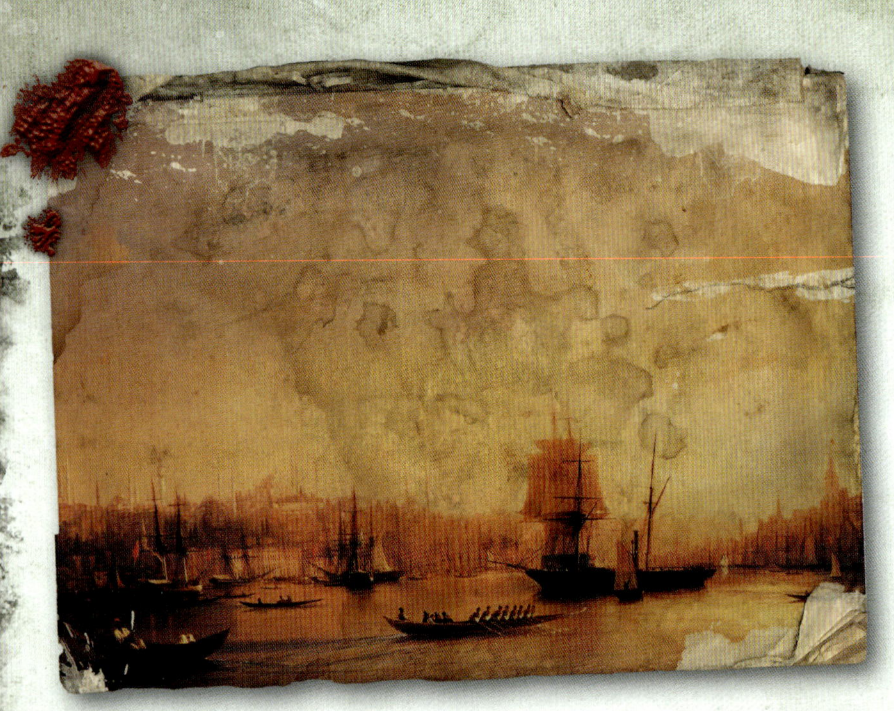

Krieg der Vampire

Dass Konstantinopel insgeheim von derat vielen Gello heimgesucht wird, dass der Rote Krupp im Begriff ist, sich zu einer wahre Epidemie auszuwachsen, hat geradezu widerwärtige Gründe: Der Janitschar Miraç Bibic, ein Bölükbaşı („Scharführer"), der einen besonderen Groll gegen den Sultan hegt, da er ein enger Freund Patrona Halils war, traf im Pirin-Gebirge auf die Gello Bogdanka und ihre damals noch körperlose Brut. Die Begegnung hätte ihn wohl das Leben gekostet, doch es gelang dem redegewandten Bosnier, die Vampirin davon zu überzeugen, dass in Konstantinopel viel mehr und zudem schmackhaftere Beute wartete. Das überzeugte die blutsaugende Kreatur, und sie begleitete den Janitschar als junge Frau getarnt in die Hauptstadt. Als Gefäß für ihre körperlose Brut hatte Mirac noch im Gebirge eine junge Schafhirtin erwürgt, die den dämonischen Geistern als zeitweiliger Wirt diente. Seither tun sich die Gello in Konstantinopel an den Ärmsten der Armen gütlich.

Miraç Bibics Plan und der seiner Mitverschwörer besteht darin, die Lage in Konstantinopel auf diese Weise zu destabilisieren und dem Volk vor Augen zu führen, dass der Sultan gegenüber den Mächten der Finsternis machtlos ist – oder er diese gar selbst über Konstantinopel brachte. Als strahlender Retter will Miraç sich im richtigen Moment erheben und kurzen Prozess mit den Vampiren machen. Allerdings unterschätzt er die wahre Macht der Kreaturen gewaltig. Es reicht bei Weitem nicht aus, einige Suren aus dem Koran zu rezitieren, um eine Gello zu töten.

Die Vampire ihrerseits wähnen sich in Konstantinopel im Schlaraffenland, an dessen Leckereien sie sich nur bedienen zu brauchen. Nichts bereitet ihnen mehr Freude, als Leid und Elend zu verbreiten, und zur Zeit beschränken sie sich noch darauf, die Verzweiflung einer einzigen Bevölkerungsgruppe in die Höhe zu treiben – der Armenier. Dabei ergötzen sie sich nicht nur am Schrecken ihrer Opfer, sondern amüsieren sich auch köstlich darüber, wie die Einwohner der Stadt zunehmend damit beginnen, jeden Armenier als vermeintlichen Seuchenüberträger zu schikanieren. Schon träumen die Gello davon, diese einmalige Möglichkeit zu ergreifen, um den größten Triumph ihrer verkommenen Art zu wiederholen: die Justinianische Pest!

Sowohl die Janitscharen als auch die Gello rechnen jedoch nicht damit, dass sich bald andere Akteure in dieses makabre Schauspiel einmischen werden. Nicht nur, dass das Blutbesäufnis der Gello den Zorn der Strigae geweckt hat, die den Topkapı-Palast infiltriert haben, und Konstantinopel so ein Krieg der Vampire bevorsteht. Außerdem ist der alte Sultan nicht so blind, wie die Janitscharen glauben. Längst hat er im Geheimen Boten in alle Teile Europas geschickt, um unter den Jägern die Besten der Besten als Hilfe zu rekrutieren.

Die Wolfstürken

Die krude Mär vom Wolfstürken war lange Zeit nichts als eine propagandistische Lüge aus Mitteleuropa, um die gefürchteten Turkvölker in Bausch und Bogen zu verteufeln. Zwar verhalten sich osmanische Soldaten im Krieg nicht selten genauso schlimm und menschenverachtend wie europäische, aber natürlich besitzen sie weder Wolfsköpfe noch fressen sie kleine Kinder.

Umso übler ist es, dass seit Kurzem tatsächlich eine marodierende Bande diesem alten Feindbild zu entsprechen scheint. Es handelt sich um die Räuber des grausamen Ali Bek, eines ehemaligen Hauptmanns der osmanischen Armee. Die meisten von ihnen waren bereits Diebe, Mörder und Halsabschneider, lange bevor sie in Moldawien desertierten. Nichts und niemand ist ihnen heilig. Landauf, landab plündern und brandschatzen sie Gehöfte und Dörfer, wobei ihr Aktionsradius beeindruckend groß ist. Obgleich sie sich hauptsächlich in Griechenland und in den Schluchten des Balkans herumtreiben, sollen sie auch schon im Süden der deutschen Lande gesichtet worden sein.

Es wäre schon schlimm genug, wenn die schurkischen Kerle gewöhnliche Räuber wären, allerdings ist Ali Bek ein geborener Wrukolaka (siehe: Vampire – Schrecken des Balkans, S. 86). Zu Lebzeiten hielt er seine wahre Natur geheim. Dann jedoch traf ihn die Kugel eines moldawischen Partisanen und in der darauffolgenden Nacht kehrte er, wie es die Natur seiner Art ist, als vollständiger Vampir von den Toten zurück. Erst feierte er mit seinen Mannen in einer gewaltigen Trinkorgie seine Auferstehung, dann machte er sie zu seinesgleichen. Nun gieren Ali Bek und seine Räuber nicht nur nach dem Silber und Gold der Menschen, die sie überfallen, sondern auch nach ihrem Blut.

Der Turm des Wahnsinns

Früher einmal muss die kleine, vor Konstantinopel gelegene Insel Sedef Adası eine urtümliche Schönheit besessen haben. Dann jedoch ließ Sultan İbrahim der Verrückte dort seinen neuen Herrschaftssitz errichten, den er „den Perlenpalast" taufte, den sein Volk aber nur „den Turm des Wahnsinns" nannte. Sieben Tage und sieben Nächte lang schichteten die von den Hexenmätressen beschworenen Kreaturen marmorartiges Gestein aufeinander, bis das Werk vollbracht und ein turmartiger Palast von atemberaubenden 350 Metern Höhe entstanden war. Aus der Ferne wirkt das Gebäude, dessen verspielter Baustil eher persisch als osmanisch wirkt, verzückend schön. Das Gestein, aus dem er erbaut ist, ist so weiß, dass es von innen heraus zu leuchten scheint. Die Kuppeln des Palastes glänzen wie poliertes Gold. Der dämonische Ursprung des Gebäudes offenbart sich erst, wenn man näher herangeht. Die gesamten Außenmauern sind mit filigraner arabischer Kalligrafie überzogen, deren Inhalt so blasphemisch ist, dass es jedem Angehörigen einer abrahamitischen Religion beim Lesen den Magen umdreht.

Nur wenige haben den Palast je von innen gesehen und überlebt. Auch dort ist die Architektur genauso wunderschön wie außen, doch scheint sie von einem Irren entworfen zu sein. Stockwerke und Balkone sind so angelegt, dass wohl nur Akrobaten oder Wesen mit Flügeln sich sicher von Etage zu Etage bewegen können. Zudem wimmelt es in den zahlreichen kleinen Gärten von dämonischen Pflanzen. Überall in den Gängen sind Fallen versteckt, wie aus dem Boden schießende Stahlstacheln, rasiermesserscharfe Fallbeile oder blitzschnelle Klingenpendel. Zu allem Überfluss wimmelt der Palast auch noch von krummsäbelschwingenden Skeletten.

Es gab in den letzten 80 Jahren unzählige Versuche, das dämonische Schandmal dem Erdboden gleichzumachen. Doch das weißglühende Gestein scheint unzerstörbar. Welche Abrisstechnik auch angewandt und welcher neuartige Sprengstoff auch ausprobiert wurde, der Palast zeigte nicht einmal Rußspuren. Mittlerweile hat sich die Tradition eingebürgert, dass jedes osmanische Kriegsschiff, das in Konstantinopel einläuft, in einer Schleife an der Insel Sedef Adası vorbeisegelt und den Turm unter Feuer nimmt, um dem Volk den unerschütterlichen Willen des Sultans zu demonstrieren. Die Gelehrten sind sich allerdings sicher, dass es im Turm selbst etwas geben muss, das seine unnatürliche Stabilität aufrechterhält – es müsste sich nur ein Wagemutiger (oder Wahnsinniger) finden, der bereit wäre, im Gebäude danach zu suchen.

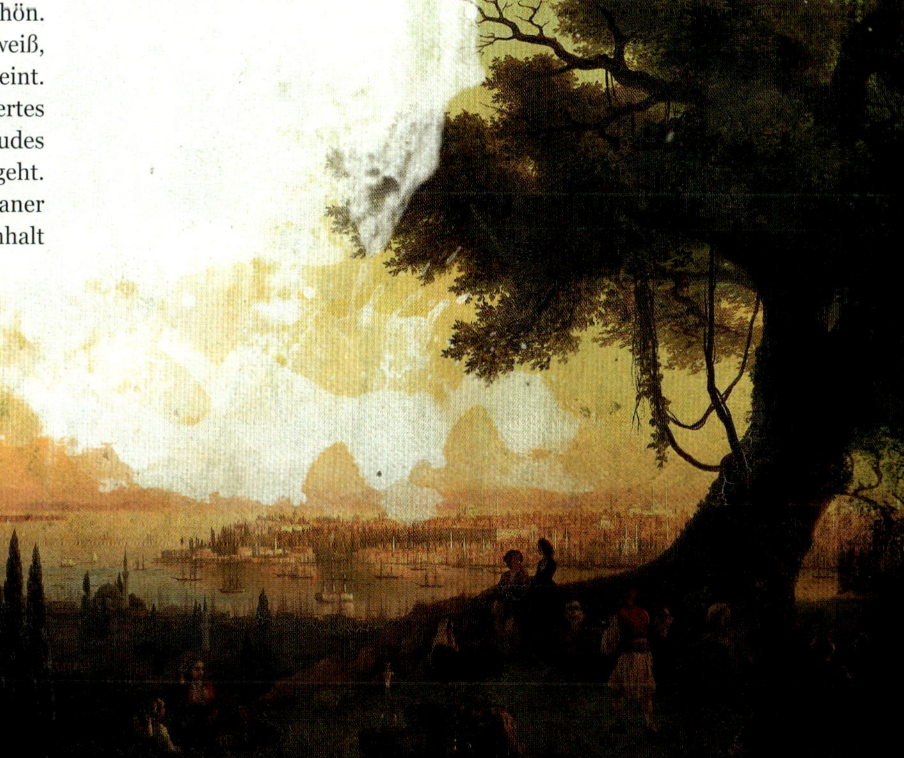

Griechenland: Vorabend der Revolution

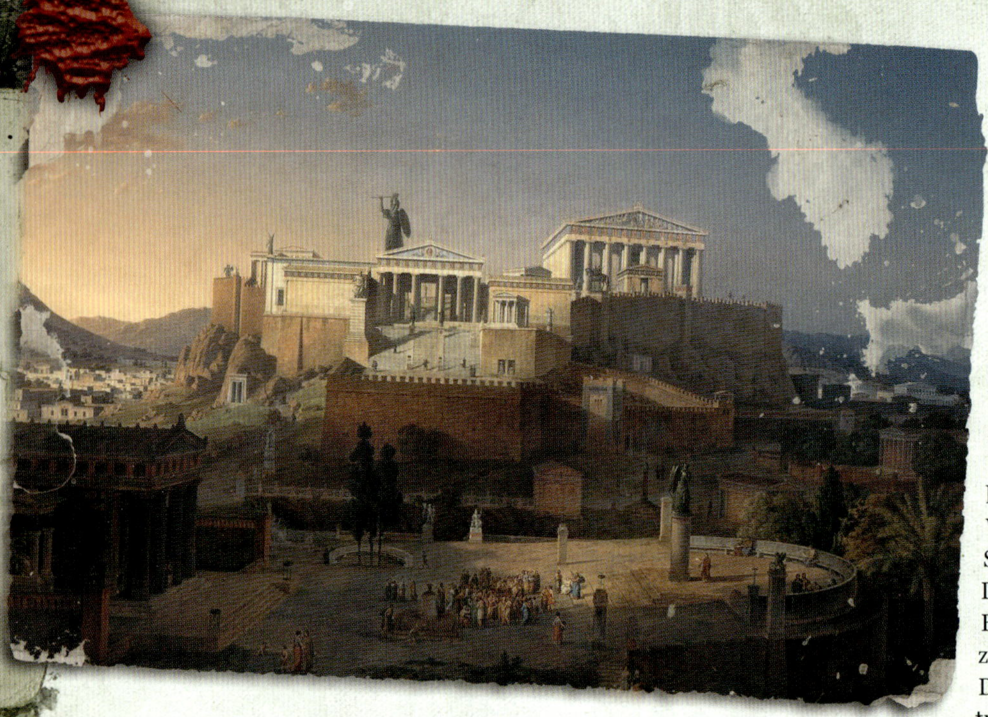

Zusammenfassung

Das Gebiet, das wir heute „Griechenland“ nennen, steht seit Jahrhunderten unter fremder Herrschaft. Das griechische Festland und die meisten Inseln der Ägäis werden von den Osmanen regiert, die Halbinsel Peloponnes als Königreich Morea jedoch von den Venezianern. Während die griechische Oberschicht und der Klerus zur Elite des Osmanischen Reiches gehören, wird die aus verschiedenen Ethnien bestehende Landbevölkerung unterdrückt und verarmt zusehends. In den Städten spinnen Machthaber Intrigen gegeneinander und füllen ihre Taschen, derweil Räuber, Piraten und Vampire die abgelegenen Küsten und Gebirge Griechenlands unsicher machen. Doch es ist nur noch eine Frage der Zeit, bis der sich regende Widerstand zu einer offenen Rebellion ausartet.

Geheimnisse Griechenlands

Das Geheimnis der Sarakatsanen

Die Behauptung, die Sarakatsanen würden noch immer den Göttern der Antike dienen und besäßen daher besondere Kräfte ist nichts als ein Gerücht. Es ist zwar richtig, dass die Sarakatsanen in direkter Linie von den antiken Dorern abstammen und somit einer der ältesten griechischen Volksstämme sind, aber dies bedeutet keinesfalls, dass sie auch heute noch längst vergessenen Göttern huldigen würden. Letztlich ist dies nichts anderes als romantisches Wunschdenken westeuropäischer Salon-Okkultisten. Tatsächlich sind die Sarakatsanen fromme orthodoxe Christen und zeigen keinerlei Bestreben, dies zu ändern.

Das Geheimnis, das in den abgelegenen Dörfern des Pindos gehütet wird, ist völlig anderer Natur: Die Sarakatsanen dort leben in Frieden mit einigen Wrukolakas (siehe: Vampire – Schrecken des Balkans, S. 86). Die Hirten beliefern sie mit dem Blut ihrer Lämmer, und im Gegenzug schützen die Vampire die Dörfer vor Räubern und Steuereintreibern. Dabei beruht dieses Abkommen nicht einmal auf Gewalt oder Erpressung. Vielmehr sind die Wrukolakas im Pindosgebirge überraschend menschenfreundlich und betrachten sich selbst nach wie vor als Christen. Dies ist der segensreiche Einfluss des heiligen Eremiten Euarestos, der in einer abgelegenen kleinen Kirche tief in den Wäldern lebt und predigt, dass auch bestimmte Vampire noch ihre Willensfreiheit besäßen und somit eine Chance auf ihr Seelenheil.

Kryptochristen

Verschwiegene Gemeinschaften, die seltsame Schriften vor den Augen der Öffentlichkeit verbergen und bei Nacht konspirative Treffen in finsteren Katakomben abhalten – für gewöhnlich sind dies sichere Anzeichen dafür, dass bösen Mächten gehuldigt und Unheil geplant wird. Jäger, die in osmanischen Städten auf solch typische Anzeichen von Kultaktivität stoßen, könnten jedoch eine Überraschung erleben, denn einige dieser Gruppierungen beten nicht das an, womit man als Jäger rechnet.

Auch wenn die religiöse Toleranz der Osmanen weit reicht, gibt es noch immer viele Ungerechtigkeiten, unter denen Christen unter islamischer Herrschaft leiden. Allerdings enden diese augenblicklich, sobald man konvertiert, weshalb viele Gläubige sich zwar vordergründig zum Islam bekennen, im Verborgenen aber als sogenannte Kryptochristen ihrer eigentlichen religiösen Überzeugung folgen. Dieses Vorgehen ist im Osmanischen Reich allerdings äußerst gefährlich. Zwar ist es durchaus rechtens, Christ zu sein – doch auf den Abfall vom Islam (und darum handelt es sich hierbei) steht die Todesstrafe. Daher greifen Kryptochristen bisweilen zu ähnlich rigiden Geheimhaltungsmethoden wie finstere Dämonenkulte. Für Jäger wird der Unterschied womöglich erst dann ersichtlich, wenn sie ein vermeintliches Teufelsritual sprengen wollen und sich unvermittelt in einer christlichen Messe wiederfinden.

Die Simonäer

Die größte Gruppe von Schwarzmagiern, die man im Bereich der Ägäis findet, ist die der Simonäer. Seit der Antike existiert diese Sekte bereits. Sie hielt sich im Untergrund des Römischen Reiches verborgen, unterwanderte die Beamten und Gelehrten des alten Byzanz und existiert noch heute in der Oberschicht von Konstantinopel.

Die Simonäer sind ein Kult von Gnostikern und gehen auf den im Neuen Testament beschriebenen Simon Magus zurück, der oft als erster Häretiker bezeichnet wird. Obgleich sie Schwarzmagier sind, wähnen sie sich selbst auf der Seite des Lichts. Als Gnostiker glauben sie, dass Materie grundsätzlich schlecht und der Geist gut ist. Indem sie mit ihren dunklen Künsten also ihre geistigen Kräfte trainieren, nähern sie sich ihrer Überzeugung nach immer mehr dem Erlöser Jesus Christus an, den sie für den größten aller Magier halten.

Lange waren ihre Experimente nichts als okkulter Zeitvertreib. Doch nachdem sich im Schwarzwald das Höllentor geöffnet hatte, begannen ihre Rituale tatsächlich Wirkung zu zeigen. Seither sammeln die Simonäer überall im Osmanischen

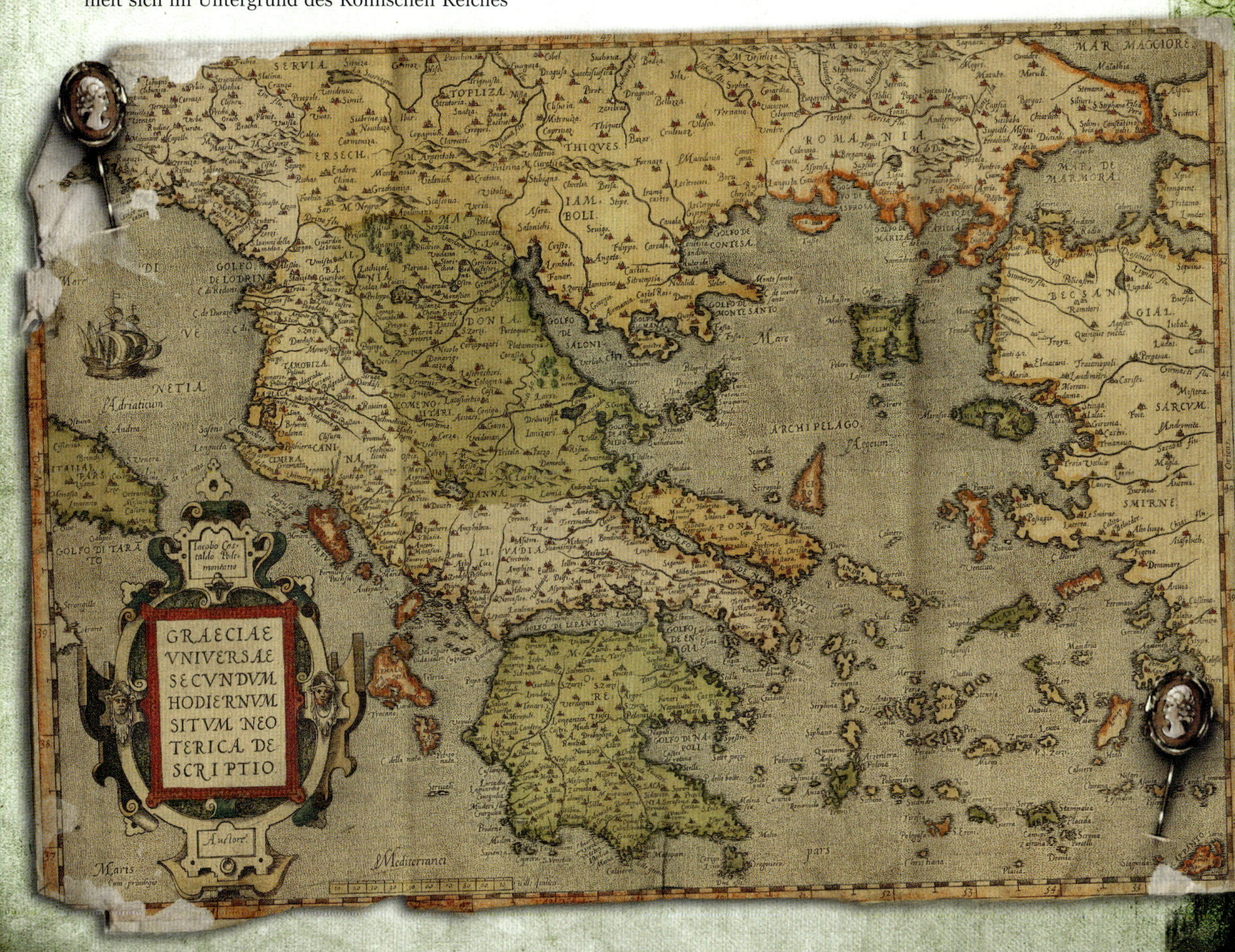

Reich und darüber hinaus antikes magisches Wissen. Dabei eint sie einzig ihre gnostische Weltsicht, zu der sie sich nur im Verborgenen bekennen. Sie ähneln weniger einem klassischen Kult als eher einem geheimen Gelehrtennetzwerk, das mittels chiffrierter Briefe wissenschaftliche und philosophische Diskussionen führt.

Manche von ihnen sind fehlgeleitete Wahnsinnige, die über den antiken Texten brütend den Verstand verloren haben. Andere sind fast schon archetypische Schwarzmagier, deren Verständnis von Gut und Böse sich allen gesellschaftlichen Normen entzieht. Einige wenige allerdings sind weise Gelehrte, die an der Seite von Jägern gegen das Böse streiten, indem sie Feuer mit Feuer bekämpfen.

Rebellion

Die Lage des gemeinen Volkes ist desaströs – ob nun unter den osmanischen oder venezianischen Regenten. Nach Jahrhunderten der Fremdherrschaft mehrt sich die Zahl derjenigen, die von einem Ende der Unterdrückung träumen. Von einer freien, griechischen Nation. Noch ist daran nicht zu denken, noch sind die Unterdrücker zu mächtig. Doch es regt sich zunehmend Widerstand. Manch ein Räuberhauptmann ist in Wahrheit ein heroischer Aufständischer, manch ein Bischof kein Nutznießer des osmanischen Regimes, sondern ein ehrlicher Freund seiner Gemeinde, manch ein phanariotischer Höfling in Konstantinopel ein Befürworter seiner Landsleute. Langsam bilden sich erste Netzwerke. Geheime Depeschen werden versendet und Pläne wider die Unterdrücker geschmiedet. Die aufständischen Klephten, die in den Bergen der Peloponnes leben, knüpfen dabei erste Kontakte zu den Widerständlern des Neuen Attischen Seebundes (siehe: Seeräuber – Untote und Zauberinseln, S. 17), mit denen sie gemeinsam eine bessere Zukunft für alle Griechen planen. Es scheint nur eine Frage der Zeit, bis sich das unterdrückte griechische Volk geschlossen erhebt.

„Macht mir kein Getümmel, O Ihr Männer von Athen“

Nachdem im verschlafenen Athen seit 1715 nichts Bemerkenswertes passiert war, sorgt der von der katholischen Kirche beauftragte Franzose Michel Fourmont nun für Aufruhr. Seit seiner Ankunft fegt der Gelehrte der „Académie des inscriptions et belles-lettres“ (franz. „Akademie der Inschriften und Literatur“) durch das Dorf wie ein Wirbelsturm.

Sein vorgebliches Ziel sind archäologische Ausgrabungen – deren Zweck jedoch niemand in Athen nachvollziehen kann. Mit seinen immensen finanziellen Möglichkeiten heuerte er jeden Tagelöhner und Landarbeiter im Umkreis von 20 Kilometern an. Seitdem durchkämmt sein Heer von Arbeitern die antiken Ruinen nach Inschriften jeder nur erdenklichen Art und vermisst, was nur zu vermessen ist. Das allein wäre für die Bauern schlicht lästig, aber der Mangel an Arbeitskräften vor allem kurz vor der Ernte ist für ihren Ertrag äußerst schädlich. Aus dem, was Fourmont eigentlich sucht (und nach dem auch die Venezianer bei ihren Plünderungen suchten), macht er zu Recht ein großes Geheimnis. Irgendwo unter Athen soll ein mechanisches Orakel versteckt sein. Eine Eule aus Zahnrädern, Bronze und Messing, die aus den Schmieden des Hephaistos selbst stammt und die die Weisheit der Pallas Athene verkündet, wenn man sie aufzieht. Dass er aus diesem Grund zu den Gründungsmitgliedern des zwielichtigen Schatzjägerrings gehört, wissen die wenigsten (siehe: Der Schatzjägerring – Plunder und Wunder, S. 42).

Doch Fourmont ahnt nicht, dass ihm Gefahr aus gleich zwei Richtungen droht: zum einen von der wütenden Bauernschaft, zum anderen von dem Dieb Aristides und seiner Bande, der es auf das scheinbar unerschöpfliche Gold des Franzosen abgesehen hat. Allein von den Venezianern hat er nichts zu befürchten, steht er in Wahrheit doch unter der Fuchtel des Generalgouverneurs von Morea, Cosimo Calergi.

Republik Venedig: Die dunkle Seite der Serenissima

Zusammenfassung

Venedig, die reiche Handelsstadt in der Lagune, befindet sich seit Jahren des Niedergangs wieder im Aufschwung. Sie ist auf dem Weg zu alter Größe, steht dabei aber vor allem in Konkurrenz zum Osmanischen Reich. Beide streiten um die Vorherrschaft im östlichen Mittelmeer und über die Kontrolle der lukrativen Handelsrouten zwischen Morgen- und Abendland. Außer auf See wurde dieser Konflikt besonders in den Kolonien Venedigs ausgetragen. Trotz einiger Verluste konnte die Republik seine wichtigsten Eroberungen, das Königreich Morea und die Stadt Candia auf Kreta, bislang verteidigen. Während das Osmanische Reich in einem Krieg auf seine massiven Ressourcen zurückgreifen kann, setzt Venedig auf technologische Überlegenheit, bevorzugt aber Diplomatie. Zurzeit herrscht ein brüchiger, inoffizieller Waffenstillstand. Beide Seiten beschränken sich auf Überfälle, bevorzugt durch Freibeuter, auf ungeschützte Handelszüge oder Küstenorte – noch.

Geheimnisse der Republik Venedig

Der Zusammenhalt der Serenissima

Durch den Raub der Gebeine des Heiligen Markus im Jahr 828 zementierte Venedig seinen Machtanspruch. 1099 brachten Kreuzritter zusätzlich einen Teil der sterblichen Überreste des Nikolaus von Myra in die Stadt. Beide Reliquien dienen jedoch nicht nur als Mittel zur Identifikation, ihre Anwesenheit übt auch einen subtilen Einfluss auf die Venezianer aus – vor allem seit der Öffnung des Höllentors 1640. Die mit dem Heiligen Markus in Verbindung gebrachten Handwerkszweige wie die Glasbläserei blühten auf und durch den Heiligen Nikolaus (den Schutzheiligen der Seefahrer) standen nicht nur die Schiffe der Serenissima unter einer besonderen Obhut. Auch die Bevölkerung Venedigs verstand sich zunehmend mehr als Einheit denn als Einzelpersonen und arbeitete wie die Mannschaft eines Schiffes Hand in Hand. Zusätzlich zu sozialen Errungenschaften wie der Verfassung der Republik, der notwendigen Zusammenarbeit zum Schutz vor Hochwasser und schließlich auch dem Wirken der Geheimpolizei sorgte dies in den letzten Jahrhunderten dafür, dass es zu keinen größeren Aufständen in Venedig kam.

Das bedeutet allerdings nicht, dass jeder Einwohner völlig dem Gemeinschaftswillen unterworfen wäre. Oft genug wurden übereifrige Dogen beseitigt, auch ganz offiziell, oder erlitten allzu ehrgeizige Patrizier tragische Unfälle. Auch 1733 schwelt es in der Stadt, denn soziale Probleme treten immer deutlicher zu Tage. Verschiedene Gruppen planen wahlweise den Sturz des Dogen, den der Patrizier, die Vertreibung der Kirche und so manches mehr. Viele von ihnen verstecken sich im Untergrund, in den Katakomben der Stadt (siehe unten).

Trotz alledem geht es in Venedig durch den Einfluss der Reliquien anständiger zu als in anderen Städten. Entgegen vieler Gerüchte ist Bestechung äußerst selten; um sozial aufzusteigen zählt einzig wirtschaftlicher Erfolg – der allerdings ebenso schnell kommen wie gehen kann. Nicht wenige Patrizierfamilien starben im Laufe der Zeit aus oder verschwanden in der Bedeutungslosigkeit. Besonders seit der Öffnung des „Goldenen Buchs“ 1650 treten jedoch auch vermehrt neue in Erscheinung. In diesem offiziellen Register stehen die Namen der Familien, die zur Wahl im Großen Rat berechtigt sind und sich für Ämter wählen lassen können. Hier hat sich allerdings etabliert, dass man mit einer großzügigen Spende an die Stadt (nicht den Rat wohlbemerkt), seine Chancen auf eine Wahl sehr erhöhen kann. Diese Art der finanziellen Zuwendung ist in Venedig akzeptiert und hilft, die Stadtkasse zu füllen – besonders da die Dauer aller Ämter begrenzt ist, bis auf die des Dogen, der auf Lebenszeit gewählt wird.

Die Katakomben

Es mag seltsam klingen, dass es in einer Stadt Katakomben geben soll, die überwiegend auf dem Wasser gebaut ist. Allerdings trifft dieser Umstand nicht auf ganz Venedig zu, weite Teile der Stadt stehen auch auf Inseln oder dem Festland, und das bereits seit über tausend Jahren. Der Untergrund dort ist durchzogen von alten Kellern, Fluchttunneln und Begräbnisstätten, oft mehrere Stockwerke tief. Die neuesten sind noch in Gebrauch, die ältesten tief in der Lagune versunken oder überschwemmt von den Fluten des Mittelmeeres und sich ändernder Flussarme.

Die Geheimpolizei

Eine stete Gefahr für Aufrührer jeglicher Art ist die Geheimpolizei Venedigs. Außer, dass es sie gibt, weiß man wenig über diese Behörde. Ihre Beamten sind die Augen und Ohren der drei Staatsinquisitoren und des Rats der Zehn, dem Gremium für innere Sicherheit. Durch ihr weites Netzwerk aus Spitzeln und Informanten geschieht in der Stadt kaum etwas, das nicht seinen Weg in die Archive findet. Manch ein aufstrebender Revolutionär fand ein feuchtes Grab oder endete als Galeerensklave. Besonders Auswärtige müssen damit rechnen, rund um die Uhr überwacht zu werden.

Die Geheimpolizei ist es auch, die mit Argusaugen das Arsenal bewacht. Fast alle zum Tode Verurteilten finden sich letztlich hier wieder – nicht nur zur Zwangsarbeit, sondern auch als Rohstoffquelle. Mithilfe verbotener Technologie wird ihnen das Seelenlicht entzogen, das für die Kriegsmaschinerie der Serenissima gebraucht wird. Es ist sowohl Venezianern als auch Auswärtigen bei Todesstrafe verboten, sich den hohen Mauern des Arsenals zu nähern, es sei denn, sie arbeiten dort oder wurden offiziell eingeladen. Groß ist die Angst vor Spionage. Besonders die Pläne für moderne Schiffsklassen sind Staatsgeheimnisse, vor allem die für Prototypen von Tauchbooten und Panzerschiffen ganz aus Metall und ohne Segel.

Doch nicht nur in Venedig selbst, auch in anderen wichtigen Häfen und Städten sowie an den großen Höfen Europas unterhält die Serenissima ein gut ausgebautes Spionagenetz. Besonders interessiert ist man an Schiffs- und Truppenbewegungen. Selbst mit seiner technologischen Überlegenheit hätte die Republik in Wahrheit kaum eine Chance, der geballten Macht des Osmanischen Reiches zu widerstehen. Aus diesem Grund ist man auf Allianzen mit den anderen Herrschern Europas und im Mittelmeerraum angewiesen. Venedig ist berühmt für seine Diplomatie – aber diese braucht Zeit und Vorbereitung, weshalb man alles daransetzt, früh vor Bedrohungen gewarnt zu sein.

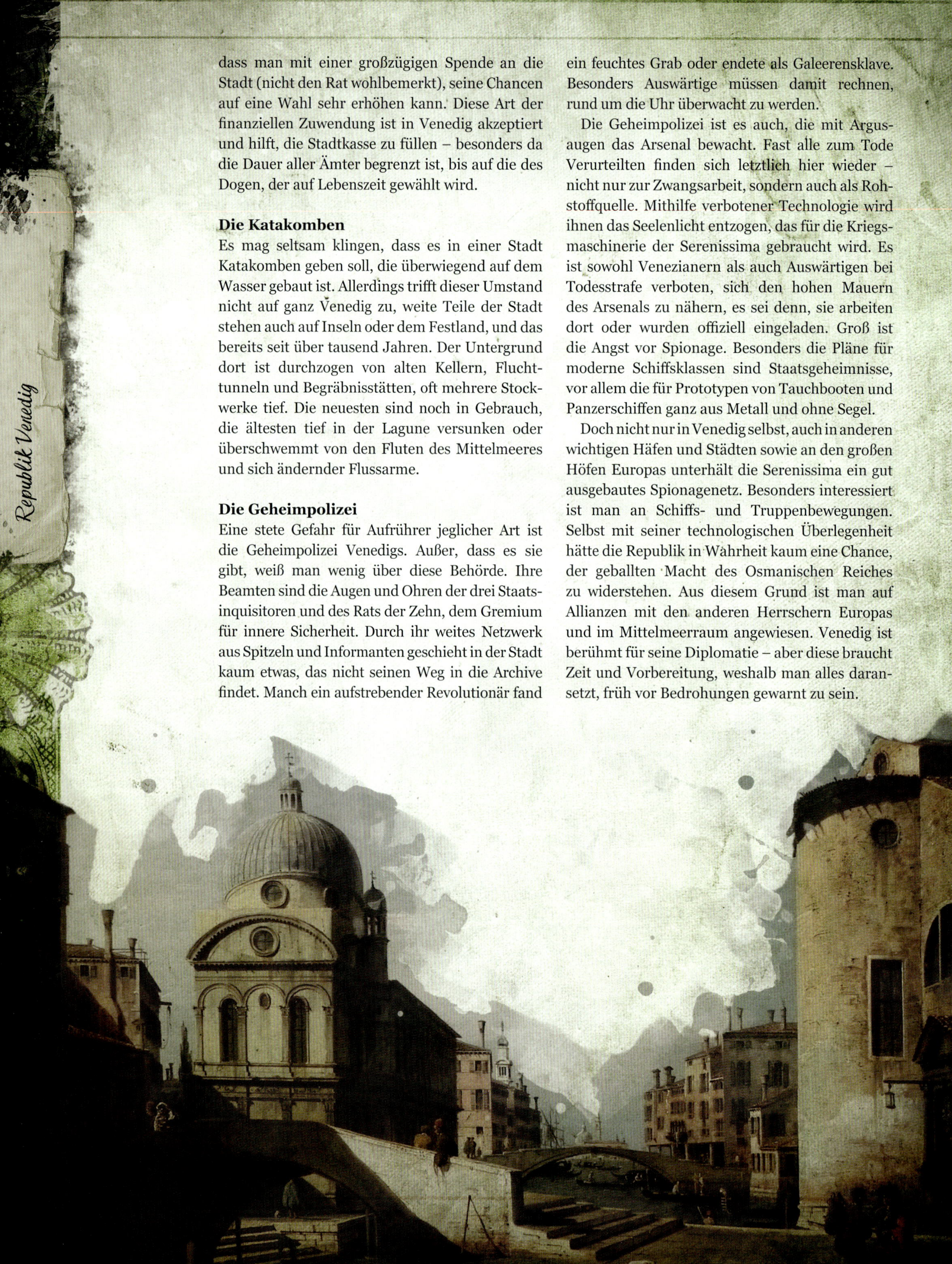

Universität von Padua

Ähnlich gut überwacht wie das Arsenal, aber wesentlich einfacher zu betreten, ist die Universität von Padua. Hier sammelt sich das Wissen Venedigs. Dank wiedergefundener Schriften aus der Renaissance, etwa von Leonardo da Vinci, und der Antike sowie modernster Forschungsausrüstung kann die Universität immer wieder mit neuen technischen Wundern glänzen (siehe unten). Auch bei der Plünderung von Athen erbeuteten die Venezianer viele antike Schriften über Philosophie, Mathematik, Okkultismus und Mechanik. Einen weiteren Forschungsschub im Bereich der Alchemie gab die kürzliche Entdeckung einer stinkenden, durchsichtigen und leicht entflammbaren Flüssigkeit in den Katakomben Venedigs. Falls eigener Erfindungsgeist an seine Grenzen stößt, findet mittels Spionage, Unsummen an Bestechungsgeld und Skrupellosigkeit bald jedes Geheimnis seinen Weg nach Padua – wie etwa die neuesten Errungenschaften der Seelenlichttechnik.

Diese fortschrittliche Technologie kommt auch auf dem Bucintoro, der Staatsbarke Venedigs, zum Einsatz. Dies geschieht einerseits zwar zum Vergnügen der Patrizier und der hochrangigen Gäste, doch man darf sich von all dem Prunk, dem Gold und den Juwelen nicht blenden lassen: Unter seiner schillernden Fassade ist die Galeere ein hochmodernes Kriegsschiff. Hier kommen die neusten Waffen und Antriebstechniken zum Einsatz, wodurch es die Goldene Barke selbst mit Linienschiffen aufnehmen kann. Die Barke wird auch bei der rituellen Hochzeit mit dem Meer (der „Sposalizio del Mare") eingesetzt. Nach dem Schwarzen Sturm erfuhr dieses Ritual zahlreiche Anpassungen und Veränderungen. Es wurde mit der Zeit so obskur, dass selbst die Zeremonienmeister nicht mehr genau wissen, welche Macht bei der Vermählung überhaupt angerufen wird. Manche glauben, dass Leviathan milde gestimmt werden soll, obwohl dessen Einfluss im Mittelmeer gar nicht zu spüren ist. Tatsache ist, dass niemand weiß, ob das Ritual überhaupt funktioniert und ob es eine Schutzwirkung erfüllt.

Fortschrittliche Technik

Im Arsenal und in der Universität Padua werden nicht nur neue Schiffsarten entwickelt, sondern auch Waffen. Seelenlichtkanonen sind dabei allerdings die Ausnahme, die meisten Entwicklungen sind profanerer Natur, aber nicht weniger tödlich. Nur die wenigsten Schiffe sind vollständig mit Seelenlichtwaffen ausgestattet, meist finden sich eine, höchstens zwei, die oft am Bug oder dem Heckaufbau angebracht sind.

Ein Forschungsschwerpunkt der Konstrukteure und Waffenschmiede des Arsenals sind zurzeit Hinterladerkanonen. Die Machthaber Venedigs versprechen sich durch diese Erfindung eine erhöhte Feuergeschwindigkeit und eine Einsparung bei den benötigten Geschützmannschaften. Zwar dienen auf venezianischen Schiffe Matrosen aus ganz Europa, doch dauert es viele Jahre, bevor eine Mannschaft eine Kanone schnell und treffsicher abfeuern kann. Sichere Hinterladergeschütze würden dem Abhilfe schaffen. Leider scheitern Versuche immer wieder, da der Verschluss der Kanonen dem Druck nicht standhält und diese beim Abfeuern explodieren.

Eine Strategie Venedigs ist der Handelskrieg. In einem solchen ist es oft besser, ein Schiff nicht zu zerstören, sondern zu erobern. Um das Entern zu vereinfachen und die Flucht zu verhindern, wurden spezielle Waffen und Munition entwickelt. Die bekannteste dürften Kettengeschosse sein, aber auf venezianischen Schiffen kommen auch riesige Harpunenwerfer zum Einsatz. Mit diesen lassen sich große, mit Widerhaken versehene Pfeile in den gegnerischen Rumpf schießen, an denen Ketten oder armdicke Taue befestigt sind, durch die man das feindliche Schiff an das eigene heranziehen kann.

Eine weitere, sich aber noch in der Entwicklung befindliche Waffe sind Unterwassersprengladungen. Versuche an stationären Zielen waren sehr vielversprechend und es besteht die Hoffnung, schon bald versenkte Sprengladungen zur Sicherung der eigenen Häfen einsetzen zu können. Die Gelehrten tun sich im Moment noch schwer damit, wie sich das Schwarzpulver dicht genug verpacken lässt, um es längere Zeit unter Wasser lagern zu können. Noch unausgereiftere Ideen beinhalten einen Antrieb mittels Seelenlichtmotoren.

Um die eigenen Schiffe gegen Angriffe zu schützen, haben die Venezianer begonnen, diese zu panzern. Bis jetzt kommen vor allem dünne Metallplatten zum Einsatz, um den Versuch zu erschweren, den Rumpf in Brand zu setzen. Besonders bei schnellen Schiffen wird jedoch auf das zusätzliche Gewicht verzichtet.

Hauptsächlich an den noch in Betrieb befindlichen Galeeren, aber immer wieder auch an Fregatten und Linienschiffen findet man einen metallenen Rammsporn. Dieser ist meist dicht unter der Wasserlinie angebracht und wird von Galeeren zusammen mit Brücken für Entermanöver verwendet. Genug Geschwindigkeit vorausgesetzt, sind Fregatten und Linienschiffe mit dem Rammsporn in der Lage, kleinere Schiffe schwer zu beschädigen oder direkt außer Gefecht zu setzen. Da sein Gewicht das Segelverhalten allerdings negativ beeinflusst, verzichten die meisten Kapitäne auf dieses Werkzeug.

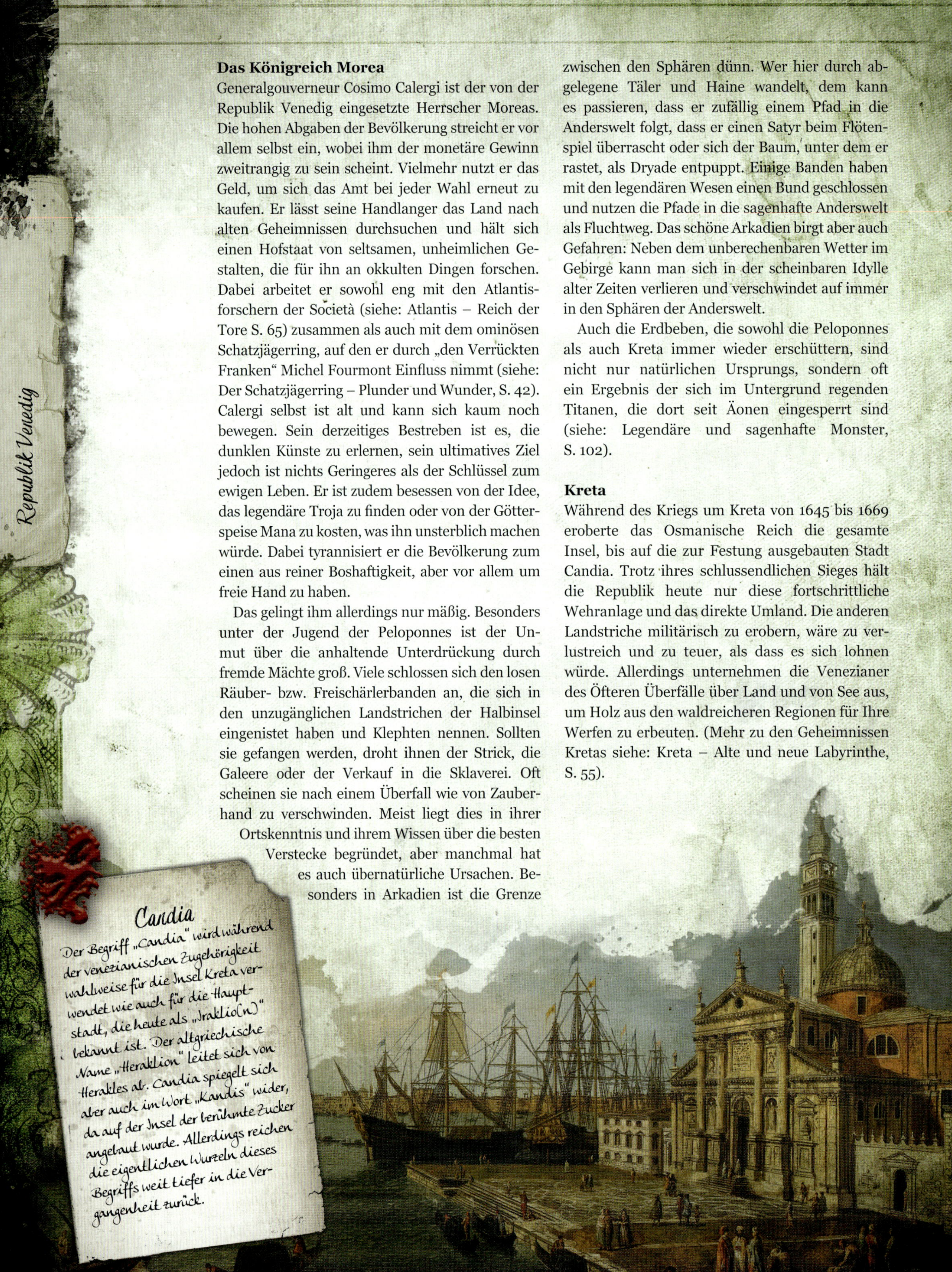

Das Königreich Morea

Generalgouverneur Cosimo Calergi ist der von der Republik Venedig eingesetzte Herrscher Moreas. Die hohen Abgaben der Bevölkerung streicht er vor allem selbst ein, wobei ihm der monetäre Gewinn zweitrangig zu sein scheint. Vielmehr nutzt er das Geld, um sich das Amt bei jeder Wahl erneut zu kaufen. Er lässt seine Handlanger das Land nach alten Geheimnissen durchsuchen und hält sich einen Hofstaat von seltsamen, unheimlichen Gestalten, die für ihn an okkulten Dingen forschen. Dabei arbeitet er sowohl eng mit den Atlantisforschern der Società (siehe: Atlantis – Reich der Tore S. 65) zusammen als auch mit dem ominösen Schatzjägerring, auf den er durch „den Verrückten Franken" Michel Fourmont Einfluss nimmt (siehe: Der Schatzjägerring – Plunder und Wunder, S. 42). Calergi selbst ist alt und kann sich kaum noch bewegen. Sein derzeitiges Bestreben ist es, die dunklen Künste zu erlernen, sein ultimatives Ziel jedoch ist nichts Geringeres als der Schlüssel zum ewigen Leben. Er ist zudem besessen von der Idee, das legendäre Troja zu finden oder von der Götterspeise Mana zu kosten, was ihn unsterblich machen würde. Dabei tyrannisiert er die Bevölkerung zum einen aus reiner Boshaftigkeit, aber vor allem um freie Hand zu haben.

Das gelingt ihm allerdings nur mäßig. Besonders unter der Jugend der Peloponnes ist der Unmut über die anhaltende Unterdrückung durch fremde Mächte groß. Viele schlossen sich den losen Räuber- bzw. Freischärlerbanden an, die sich in den unzugänglichen Landstrichen der Halbinsel eingenistet haben und Klephten nennen. Sollten sie gefangen werden, droht ihnen der Strick, die Galeere oder der Verkauf in die Sklaverei. Oft scheinen sie nach einem Überfall wie von Zauberhand zu verschwinden. Meist liegt dies in ihrer Ortskenntnis und ihrem Wissen über die besten Verstecke begründet, aber manchmal hat es auch übernatürliche Ursachen. Besonders in Arkadien ist die Grenze zwischen den Sphären dünn. Wer hier durch abgelegene Täler und Haine wandelt, dem kann es passieren, dass er zufällig einem Pfad in die Anderswelt folgt, dass er einen Satyr beim Flötenspiel überrascht oder sich der Baum, unter dem er rastet, als Dryade entpuppt. Einige Banden haben mit den legendären Wesen einen Bund geschlossen und nutzen die Pfade in die sagenhafte Anderswelt als Fluchtweg. Das schöne Arkadien birgt aber auch Gefahren: Neben dem unberechenbaren Wetter im Gebirge kann man sich in der scheinbaren Idylle alter Zeiten verlieren und verschwindet auf immer in den Sphären der Anderswelt.

Auch die Erdbeben, die sowohl die Peloponnes als auch Kreta immer wieder erschüttern, sind nicht nur natürlichen Ursprungs, sondern oft ein Ergebnis der sich im Untergrund regenden Titanen, die dort seit Äonen eingesperrt sind (siehe: Legendäre und sagenhafte Monster, S. 102).

Kreta

Während des Kriegs um Kreta von 1645 bis 1669 eroberte das Osmanische Reich die gesamte Insel, bis auf die zur Festung ausgebauten Stadt Candia. Trotz ihres schlussendlichen Sieges hält die Republik heute nur diese fortschrittliche Wehranlage und das direkte Umland. Die anderen Landstriche militärisch zu erobern, wäre zu verlustreich und zu teuer, als dass es sich lohnen würde. Allerdings unternehmen die Venezianer des Öfteren Überfälle über Land und von See aus, um Holz aus den waldreicheren Regionen für Ihre Werfen zu erbeuten. (Mehr zu den Geheimnissen Kretas siehe: Kreta – Alte und neue Labyrinthe, S. 55).

Candia

Der Begriff „Candia" wird während der venezianischen Zugehörigkeit wahlweise für die Insel Kreta verwendet wie auch für die Hauptstadt, die heute als „Iraklio(n)" bekannt ist. Der altgriechische Name „Heraklion" leitet sich von Herakles ab. Candia spiegelt sich aber auch im Wort „Kandis" wider, da auf der Insel der berühmte Zucker angebaut wurde. Allerdings reichen die eigentlichen Wurzeln dieses Begriffs weit tiefer in die Vergangenheit zurück.

Seeräuber: Untote und Zauberinseln

Zusammenfassung

Schon seit Jahrhunderten machen Piraten aller Couleur das Mare Nostrum unsicher. 1733 sind es vor allem drei große Fraktionen, die die Schifffahrtslinien plagen: die Rebellen des mysteriösen Neuen Attischen Seebundes, die mit übernatürlichen Wesen im Bunde sind und das unterdrückte griechische Volk unter der weißen Flagge mit blauem Kreuz vereinen wollen; die dalmatischen Uskoken, die nach ihrer einstigen Vertreibung erneut in die Hafenstadt Senj eingezogen sind und nun mit der Unterstützung Roms und Wiens die Osmanen und Venezianer überfallen; und die menschenraubenden Barbaresken-Korsaren der nordafrikanischen Küste, die kurz davor sind, sich gegen den Sultan in Konstantinopel zu wenden. Doch natürlich gibt es noch weit mehr Seeräuber, Freibeuter und maritime Galgenvögel, die die Gewässer des Mittelmeeres heimsuchen.

Geheimnisse des Neuen Attischen Seebundes

Morgendämmerung einer Nation

Die Vermutung, dass die geheimnisvollen Piraten des sogenannten Neuen Attischen Seebundes von den Geistern der Antike besessen wären, ist nicht völlig falsch. Nur handelt es sich dabei mehr um metaphorische Geister, denn um übernatürliche Wesen (allerdings nicht ausschließlich, siehe unten). Denn die Streiter des Seebundes sind keine einfachen Piraten, sondern Freiheitskämpfer, deren erklärtes Ziel es ist, das griechische Volk von allen Unterdrückern zu befreien. Dazu bedienen sie sich einiger Motive aus der Antike, die daran erinnern sollen, dass die Griechen einst mehr waren als die Untertanen fremder Herren – gleichgültig ob diese nun aus Kleinasien oder aus Italien stammen.

Doch die hochgesteckten Absichten des Seebundes werden nur mit heldenhaften Anstrengungen zu erreichen sein. Die Zahl der Rebellen ist nur verschwindend gering im Vergleich zur Größe des ehrfurchtgebietenden osmanischen Imperiums oder der Republik Venedig. Daher gehen die Widerständler mit Schläue statt mit roher Gewalt vor: Offene Angriffe auf die überlegenen Streitkräfte der beiden Reiche wären schierer Wahnsinn, also hat sich der Seebund auf eine zermürbende Taktik der Nadelstiche verlegt. Hier verschwinden Handelsschiffe mit exotischen Luxusgütern, die die osmanische Oberschicht liebt. Dort löst sich eine Lieferung von Steuergeldern einer Kolonie Venedigs scheinbar in Luft auf. An wieder anderer Stelle werden besonders unliebsame Offiziere der Besatzer plötzlich und unerwartet Opfer von Unfällen.

Neben dem Geld der Phanarioten (siehe unten) ist es dabei vor allem eines, das den Seebund so effizient macht:

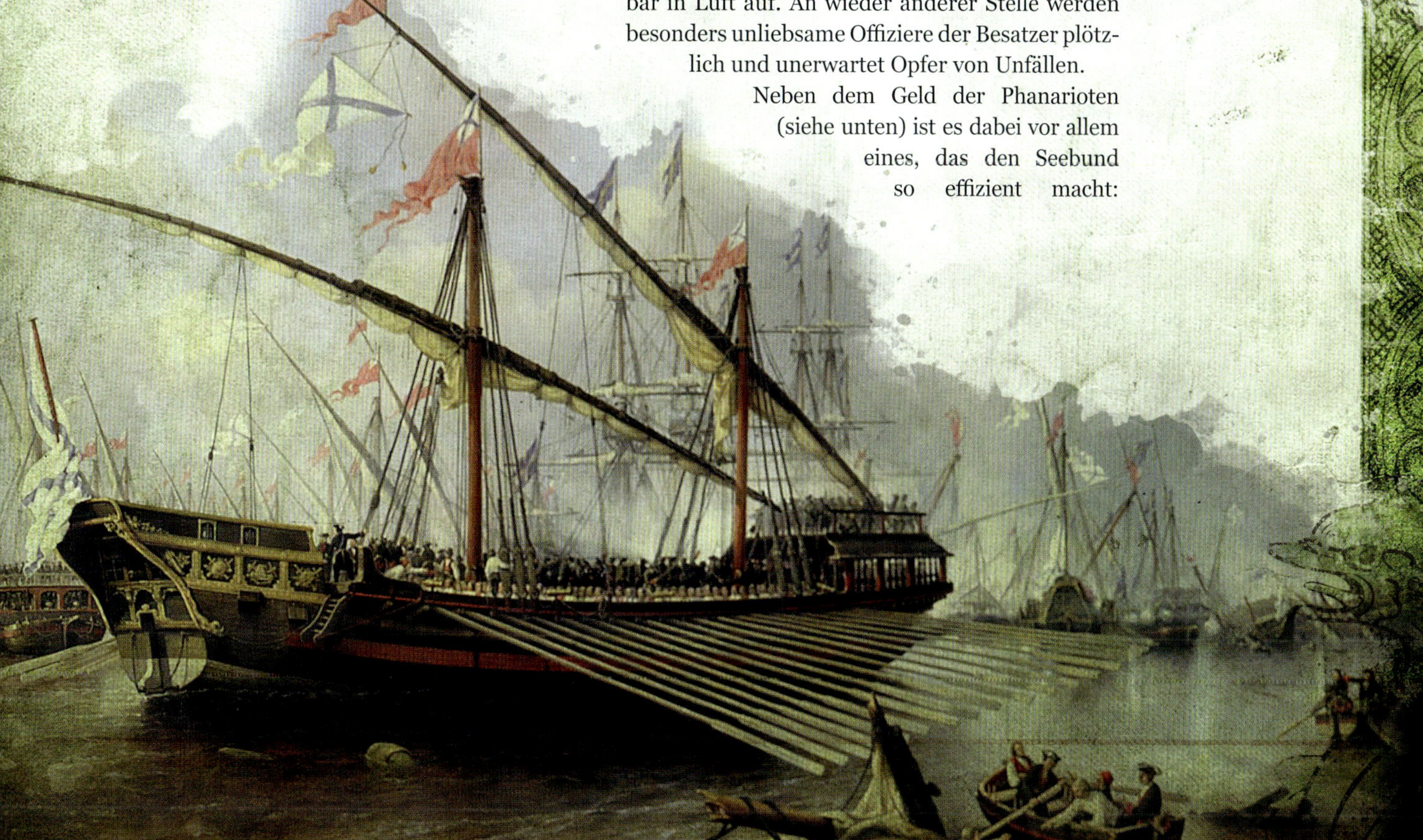

Freundlichkeit. Wo immer die Rebellen operieren, helfen sie dem einfachen griechischen Volk. Schon so manches Küstendorf wurde vor einer Hungerkatastrophe bewahrt, weil die Freiheitskämpfer den Fischern die ihnen abgepressten Steuereinnahmen insgeheim zurückgaben, weshalb sie einen großen Rückhalt in der Bevölkerung genießen. Trotz allen Edelmuts gilt diese Hilfsbereitschaft allerdings in erster Linie Griechen. Seefahrer oder Dörfler anderer Ethnien können in tödliche Gefahr geraten, wenn sie es mit dem Seebund zu tun bekommen. Vor allem da Venedig Söldner aus aller Herren Länder beschäftigt, ist das Misstrauen der Rebellen gegenüber Fremden groß.

Die politische Ausrichtung des Seebundes hat bereits ersten ideologischen Streit innerhalb der jungen Organisation gesät. Sollte man auch anderen Unterdrückten helfen? Sind nur christliche Griechen echte Griechen oder gehören auch griechische Muslime dazu? Was ist mit den Arvaniten auf der Peloponnes, die keine ethnischen Griechen sind, dem Seebund ideologisch aber näherstehen als die griechische Stadtbevölkerung Konstantinopels? Bevor die Rebellen trotz aller Erfolge gegen die Unterdrücker an eine Einheit des griechischen Volkes, vielleicht sogar in einer eigenen Republik, denken können, müssen sie sich mit diesen und weiteren schwer zu beantwortenden Fragen auseinandersetzen.

WUNDERAPPARAT

Der wundersame Mechanismus von Andikythira ist ein Gerät, das die Gelehrten der Prager Burg (siehe: Verschwindende Inseln – Eilande zwischen den Welten, S. 49) nur liebend gern finden und nachbauen würden. Wüssten sie, dass es existiert, würden sie Himmel und Hölle in Bewegung setzen, um es in die Hände zu bekommen.

Mysteriöse Helfer

Um seine Feinde zu verwirren und einzuschüchtern, versucht der Seebund stets, seine Aktionen mit einem Schleier des Mysteriösen und Übernatürlichen zu umgeben. Untereinander verständigen sich die Rebellen auf Altgriechisch, und nach Überfällen hinterlassen sie kryptische Symbole, die manchmal eine Bedeutung haben, manchmal aber schlicht dazu dienen, die Obrigkeit zu verunsichern. Darüber hinaus finden sich in den Reihen des Bundes jedoch auch echte übernatürlichen Wesen, wie einige der seltenen Heroen (siehe: *Mare Monstrum*). Auch führen die attischen Kapitäne und Anführer regelmäßig Verhandlungen mit Nymphen und dem Meervolk.

Ein besonderer Erfolg war der Handel, den Egeas Zapat, oberster Kapitän der Rebellen, mit der uralten Nymphe Heuresis abschloss. Nachdem Egeas dem anmutigen Naturgeist im Jahre 1725 einige antike Tafeln aus Smyrna beschafft hatte, offenbarte Heuresis ihm die Position eines lange verschollenen Grabes auf der Insel Andikythira. In diesem fand der Kapitän ein Hilfsmittel, das die Waagschale zugunsten der Rebellen neigen sollte: ein geheimnisvoller mechanischer Wunderapparat, der Schiffe entlang einer verborgenen Seeroute in die Anderswelt zu steuern vermag, an jenen Ort, an dem sich die wandernden Zauberinsel Chryse befindet (siehe unten). Allerdings ist der Seebund nur im Besitz dieses einen Mechanismus und Egeas Zapat war bislang nicht bereit, ihn an einen anderen Kapitän abzugeben.

Phanariotengold

Dass der Neue Attische Seebund über weitreichende finanzielle Mittel verfügt, liegt nicht nur an erbeuteten Schätzen, sondern auch an dem Umstand, dass er in Konstantinopel einige wenige, aber einflussreiche Freunde besitzt. Allen voran ist es der schwindelerregend reiche Phanariot Alexis Karatheodori, der die Rebellen heimlich mit Waffen und Geld versorgt. Trifft sich der hochgebildete Bücher- und Antiquitätensammler in seiner außerhalb von Konstantinopel gelegenen Villa mit den Abgesandten des Seebundes, spricht er von denselben Träumen, die auch sie haben, und stimmt dieselben hoffnungsvollen Lieder an.

Was die Rebellen jedoch nicht ahnen, ist die Tatsache, dass sie für Alexis Karatheodori nur ein Mittel zum Zweck sind. Zwar bedenkt der vorgeblich so wohltätige Phanariot sie mit großzügigen Spenden, doch ein freies Griechenland ist ihm dabei reichlich gleichgültig. Alexis stammt aus einem uralten Phanariotengeschlecht, dessen Mitglieder oft wichtige Posten in der osmanischen Regierung innehatten. Daher betrachtet er es als sein Geburtsrecht, irgendwann einmal das Amt des Wesirs bei Hofe zu bekleiden. Doch Alexis wurde in dieser Hinsicht immer wieder bitter enttäuscht. Er besitzt zwar eine umfassende literarische Bildung, aber keinerlei Händchen für Politik und Umgangsformen, weshalb er bei der Vergabe des Postens nie beachtet wurde. In seiner egozentrischen Art sucht der Phanariot den Fehler natürlich nicht bei sich, sondern vermutet Intrigen feindlicher Höflinge.

Nun hat Alexis einen geradezu irrwitzigen Plan gefasst: Er will die Rebellen mit seinen Geldmitteln zu einer realen Gefahr für die Osmanen aufbauen, um sie dann zu verraten und sich großspurig selbst als Retter des Reiches zu inszenieren. Danach, so träumt er, wird der Sultan ihn mindestens zum Großwesir ernennen und all jene, die ihm vorgehalten haben, er sei für wichtige Posten nicht geeignet, werden vor ihm zittern.

Das Geheimnis der Zauberinsel

Belesenen Personen des 18. Jahrhunderts ist der Name „Chryse“ selbstverständlich ein Begriff, da die Insel, die in der Nähe von Lemnos gelegen haben soll, wegen ihrer Frischwasserquellen eine bedeutende Rolle während des Trojanischen Krieges spielte. Zudem soll sich auf ihr ein vom mythischen Helden Iason selbst errichtetes Heiligtum der Athene befunden haben. Laut dem antiken Geographen Pausanias versank sie irgendwann lange nach dem Trojanischen Krieg im Meer.

In Wahrheit jedoch wurde Chryse kein Opfer der Fluten, sie wurde in den Okeanos entrückt, eine Art Zwischenebene, die das Diesseits und die Anderswelt voneinander trennt (siehe: Verschwindende Inseln – Eilande zwischen den Welten, S. 49). Sie ist eine der Zauberinseln, deren Bewegungsmuster jedoch im Unterschied zu anderen ihrer Art berechenbar ist. Die Rebellen des Neuen Attischen Seebundes erreichen sie durch den wundersamen Mechanismus von Andikythira und haben an ihrer Küste in einer erstaunlich gut erhaltenen antiken Festung (die Inschriften zufolge auf Geheiß des Königs Idomeneus von Kreta errichtet wurde) ihr Hauptquartier eingerichtet. Von hier aus planen die Freiheitskämpfer ihre Schläge gegen die Flotten der Besatzer. Hier huren und zechen sie. Hier horten sie ihre erbeuteten Schätze.

Da die Rebellen allerdings nur über den einen Wunderapparat verfügen, müssen sie ihre Schiffe mit starken Tauen aneinanderbinden und rudern, wenn sie die Insel anfahren wollen. Ein solches Manöver ist nur bei leichtem Seegang möglich, aber sobald die Flotte die ersten Wegmarken passiert hat, gelangt sie in den Okeanos, wo das Meer vielerorts immerzu still ist. Zum Verlassen der Insel ist der Apparat nicht notwendig, entfernt man sich einige Seemeilen von Chryse, gelangt man ganz von allein in die reale Welt zurück – wenngleich nicht immer klar ist, an welchem Ort. Da Chryse wandert, können die Rückkehrer überall in der Ägäis wie aus dem Nichts auftauchen, wobei ihnen der Rat der Nymphen und des Meervolkes hilft, um gezielte Überfälle auszuführen.

Übernatürliches scheint es auf Chryse nur wenig zu geben, abgesehen von dem antiken Heiligtum der Athene im Zentrum der Insel, das von einigen auffallend hübschen Frauen gepflegt wird. Es handelt sich um die letzten Priesterinnen von Atlantis, die nicht am großen Ritual, welches zum buchstäblichen Untergang ihrer Zivilisation führte, teilnahmen und sich auch nicht in Nymphen verwandelten. Sie betrachten sich als die Be-

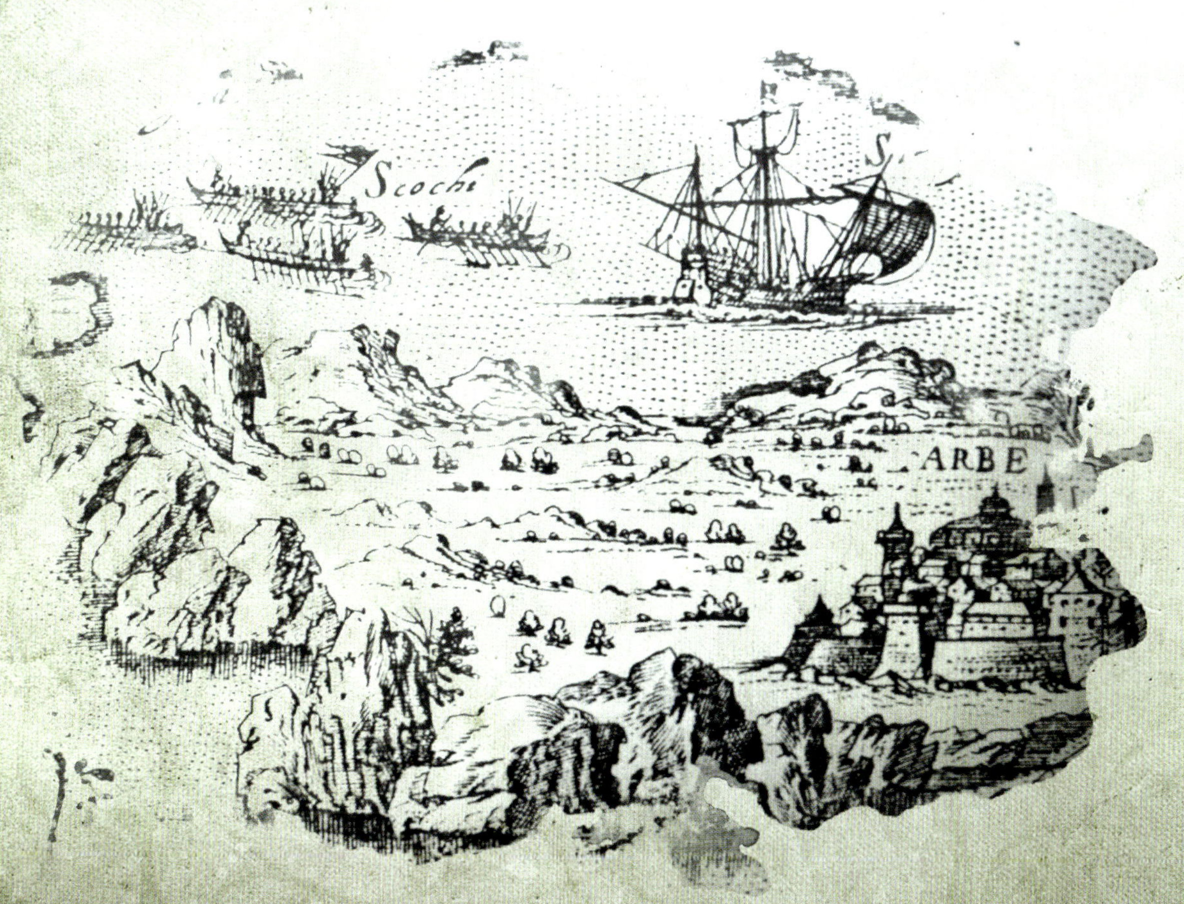

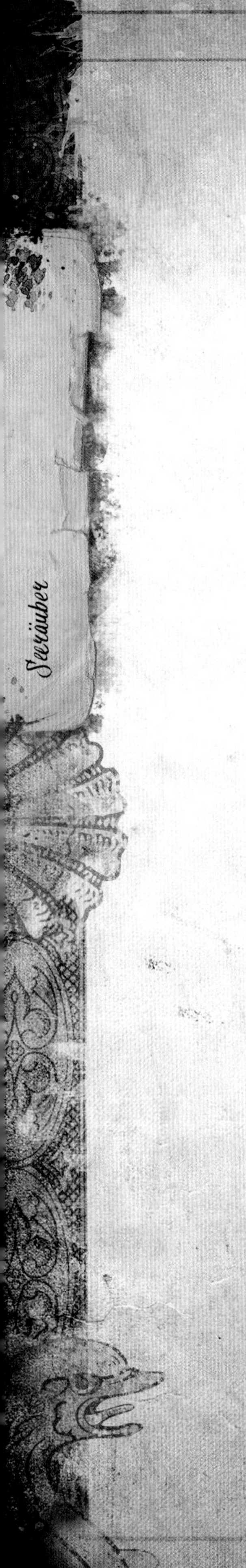

schützerinnen Chryses sowie der mythischen Seerouten, die zur Zauberinsel führen. Die Atlantiden ignorieren die Rebellen weitgehend, während diese ihrerseits das Heiligtum in Ruhe lassen, um nicht die Mächte zu verärgern, unter deren Schutz sie scheinbar stehen.

Geheimnisse der Uskoken

Des Vatikans Halunken

Die Uskoken sind Piraten. Aber sie sind katholische Piraten. Daran lassen sie grundsätzlich nie Zweifel aufkommen. Jeder Strolch, der ihnen etwas anderes vorwirft, lernt den Grund des Mittelmeeres aus der Nähe kennen. Dieser Umstand sorgt für ein interessantes Verhältnis der Seeräuber zum Heiligen Stuhl. Offiziell kann der Vatikan das Treiben der Uskoken natürlich in keiner Weise gutheißen. Da sie grundsätzlich auf eigene Rechnung arbeiten und nicht als Freibeuter in den Diensten einer legitimen christlichen Regierung stehen, sind sie Verbrecher – in dieser Hinsicht gibt es wenig Interpretationsspielraum. Dennoch betrachtet Rom die Überfälle der Uskoken mit einem gewissen Wohlwollen. Die dalmatischen Piraten versetzen den Osmanen Stiche, wo sie nur können. Das allein wird von den Kardinälen hinter verschlossenen Türen bereits mit einem Lächeln quittiert.

Auch dass die Uskoken Venedig zusetzen, wird nicht nur negativ gesehen, denn in Rom traut man der Republik schon länger nicht mehr gänzlich über den Weg. Zwar sind die Venezianer vorgeblich eine christliche Macht, aber darüber, wie nahe man in der Stadt in der Lagune dem Glauben wirklich ist, bestehen erhebliche Zweifel. Zu dekadent ist das Treiben dort und zu groß der Verdacht, die venezianische Geheimpolizei würde schwarze Magie anwenden, um ihren Einfluss zu sichern. Konkrete Beweise lassen sich dafür keine finden, aber Rom will vorbereitet sein, falls Venedig tatsächlich der Finsternis anheimgefallen sein sollte. Zu diesem Zweck wäre es gut, wenn es in der Adria ein Gegengewicht gäbe, eine andere Seemacht, die den Venezianern notfalls Einhalt gebieten könnte.

Noch sind die Uskoken ein zerstrittener Haufen, allerdings eint sie derselbe christliche Glaube und derselbe Ehrenkodex. In diesem Umstand sieht der Heilige Stuhl eine große Möglichkeit und entsendet regelrechte Schwärme von Agenten nach Dalmatien, um die Situation dort zu seinen Gunsten zu verändern. Vielversprechende Kapitäne werden mit Material und spirituellem Beistand unterstützt, sodass diese faktisch zu Korsaren des Vatikans werden, natürlich ohne offizielle Kaperbriefe. Üble Zeitgenossen hingegen setzt man so subtil wie möglich ab. Außerdem tun Priester und römische Geheimagenten ihr Möglichstes, um Streitigkeiten zwischen den Kapitänen zu schlichten und für Einigkeit unter den Uskoken zu sorgen.

Das erklärte Ziel ist es, das Ende der kroatischen Seeräuber in ihrer jetzigen Form herbeizuführen, damit sie als vereinigte Republik Dalmatien wiedergeboren werden können. Die Vorteile für Rom liegen auf der Hand: In der Adria, direkt vor der Nase der Osmanen, entstünde ein neuer und potenziell mächtiger Christenstaat, der gleichzeitig ein Gegenpol zum als unsicher empfundenen Venedig dienen würde. Doch der Weg dorthin ist lang und steinig – zumal es gegnerische Kräfte gibt. Die Geheimdienste sowohl Venedigs als auch Konstantinopels ahnen zwar noch nichts von den Plänen des Vatikans, aber sie setzen alles daran, dass die Uskoken genau der zerstrittene Haufen bleiben, der sie gegenwärtig sind.

Briefe aus Wien

Der Vatikan ist nicht die einzige Macht, die die Uskoken als Verbündete im Mittelmeer gewinnen möchte. Die Habsburger verbindet eine lange gemeinsame Geschichte mit den Bewohnern Dalmatiens, deren Verbündete sie sogar einst waren. Als Söldner und später Grenzschützer hatten die Uskoken den Süden des Reiches gegen die Türken gesichert, waren aber von Wien schlecht behandelt worden. Die vereinbarten Zahlungen waren stets zu spät oder gar nicht gekommen, weshalb die Familien der Uskoken Hunger litten. Daraufhin wandten sich diese vermehrt der Piraterie zu. Die Konsequenz: der Friauler Krieg von 1615, in dem die Uskoken zwar vom Kaiser unterstützt wurden, aber nach dessen Ende sie gezwungen waren, ihre gesamte damalige Flotte zu verbrennen, Senj aufzugeben und in die Berge zu ziehen. Es dauerte Jahrzehnte, bis sich ihr Volk von diesem Schlag erholte.

Als Folge dessen ist das Verhältnis der Uskoken zu den Habsburgern gespalten. Einige halten noch immer viel von Wien, stehen sogar als angesehene Offiziere direkt in den Diensten des Kaisers, für den sie mitunter im Großen Türkenkrieg in den Kampf zogen. So zum Beispiel der berühmt-berüchtigte und mittlerweile unnatürlich alte Rittmeister und Monsterjäger Johann Schadowitz, der sein Leben mithilfe von Alchemie und Zauberei verlängert und sich selbst als „weißer Magier" bezeichnet. Für andere Uskoken sind die Wiener nicht als verräterische Geizhälse und zählen wie die Osmanen und Venezianer zu den Feinden Dalmatiens.

Da die Habsburger fürchten, der Waffenstillstand mit den Türken könne jederzeit gebrochen werden, bemühen sie sich, das Verhältnis zu den Uskoken wieder zu verbessern. Allerdings stellt sich Wien bei diesem Vorhaben äußerst ungeschickt an: Übereifrig wurden drei kleineren Kapitänen Kaperbriefe ausgestellt. Dabei ist zum gegenwärtigen Zeitpunkt völlig unklar, gegen welchen Feind sich diese wenden sollen. Weder mit den Türken noch mit den Venezianern befindet sich Wien derzeit im Kriegszustand. Die Kaperbriefe besagen nur, dass sie sich gegen „die Feinde der Christenheit und des Hauses Habsburg" richten. Die Auswirkungen dieses Fehltritts müssen sich erst zeigen, aber es steht zu vermuten, dass sie weitreichend sein werden.

Geheimnisse der Barbaresken-Korsaren

Der Plan der siebten Haseki

In Tripolis herrscht Katerstimmung. Die von vielen als geradezu widerwärtig empfundene Weltoffenheit des Sultans hat den meisten Barbaresken-Korsaren die Geschäfte versauert, ebenso wie die zunehmend häufigeren Einmischungen der Hospitaliter. Der Sklavenhandel ist nur noch halb so lukrativ, seit man die Franzosen und Spanier nicht mehr ungestraft überfallen darf. Obwohl Süleymann II. unter den Korsaren also nur noch wenige Befürworter hat, gibt es eine Person, die sich über diese Entwicklung diebisch freut: die Hexe Paraskevi (siehe: Die Hexen des Mediterraneum – Wein und Wahnsinn, S. 95). Als einfache Apothekerin Jasmine getarnt, hat sie Zuflucht in Tripolis gefunden und ist für viele dort nur als Mutter des überaus geachteten Korsaren Feysal Bey bekannt. In Wahrheit hat sie mittlerweile im Untergrund der Stadt ein geheimes Netzwerk errichtet, das sich aus unzufriedenen Korsaren, abtrünnigen Assassinen und Kriminellen zusammensetzt und nur einem Zweck dient: Die Macht des Sultans über Tripolis zu brechen.

Nach außen hin tarnt sich die Organisation als sogenannte Grünroben, fromme Muslime, die Suppenküchen für die Ärmsten betreiben und Koranschulen einrichten. Dabei wettern die Grünroben bei jeder sich bietenden Gelegenheit über die in Konstantinopel herrschende Gottlosigkeit und prangern lautstark die angebliche moralische Schwäche des Sultans an, um die Obrigkeit zu schwächen sowie Hass und Intoleranz zu sähen. Nur die wahrhaft Eingeweihten wissen, dass der Glaube in Wahrheit nur eine Fassade ist und die Grünroben durch Paraskevi der Hölle selbst dienen.

Versklavung des Geistes

In einigen reichen Haushalten des Osmanischen Reiches ist derzeit eine neue Art Sklave in Mode gekommen: Leibeigene, die ihre Dienste ohne zu murren verrichten, kaum etwas essen und nur wenig Schlaf benötigen. Darüber hinaus sind sie völlig stumm. Aber wen stört das schon, wenn jeder Befehl ohne Umschweife buchstabengetreu ausgeführt wird?

All diese neuen Sklaven kommen aus Tripolis und kosten nur die Hälfte des gewöhnlichen Preises. Obwohl das Gerücht, die Korsaren könnten Gefangene zu untoten Dienern machen, nicht der Wahrheit entspricht, ist es doch nicht

Johann Schadowitz

Der Uskoke Johann Schadowitz (kroatisch eigentlich Janko Šajatović), der von 1624 bis 1704 lebte, ist in Mitteleuropa heutzutage unter einem völlig anderen Namen bekannt: Krabat, denn er war das reale Vorbild für die bekannte sorbische Sagengestalt. Der Uskoke stand in den Diensten der Habsburger Monarchie, galt als einer der Helden des Großen Türkenkrieges und wurde im Laufe seiner langen Militärlaufbahn schließlich Obrist der Garde-Kavallerie des sächsischen Kurfürsten. Nach seiner Pensionierung wurde er für seine Verdienste geadelt und mit einem Landsitz bei Särchen belohnt. Unter der einfachen Landbevölkerung stand „Der Kroate" (sorbisch „Hrvat", später verballhornt zu „Krabat") wegen seines merkwürdigen Akzents, seiner fremdländischen Verhaltensweisen und seines hohen Bildungsstands bald im Ruf, ein Zauberer zu sein – was seiner Beliebtheit jedoch keinen Abbruch tat.

In der Welt von Hexxen 1733 nahm das Schicksal des Johann Schadowitz einen ganz ähnlichen Verlauf wie in der realen Historie. Auch hier wurde er ein Kriegsheld und geachteter Gutsbesitzer. Was er jedoch auch wurde, war Jäger! Auf seinen zahllosen Abenteuern geriet er immer wieder mit den Mächten des Bösen aneinander und wurde aufgrund seiner ausgesprochenen Gewitztheit bald zum Verderben für Dutzende von Hexen, Vampiren und Dämonen. Seine nicht ganz unumstrittene Taktik besteht darin, das Höllengezücht mit dessen eigenen magischen Methoden zu schlagen. Im Laufe seines unnatürlich verlängerten Lebens hat er sich ein immenses alchemistisches und magisches Wissen angeeignet. Faktisch müsste man ihn als einen der fähigsten Schwarzmagier Europas bezeichnen – würde er seine Kräfte nicht zum Guten verwenden.

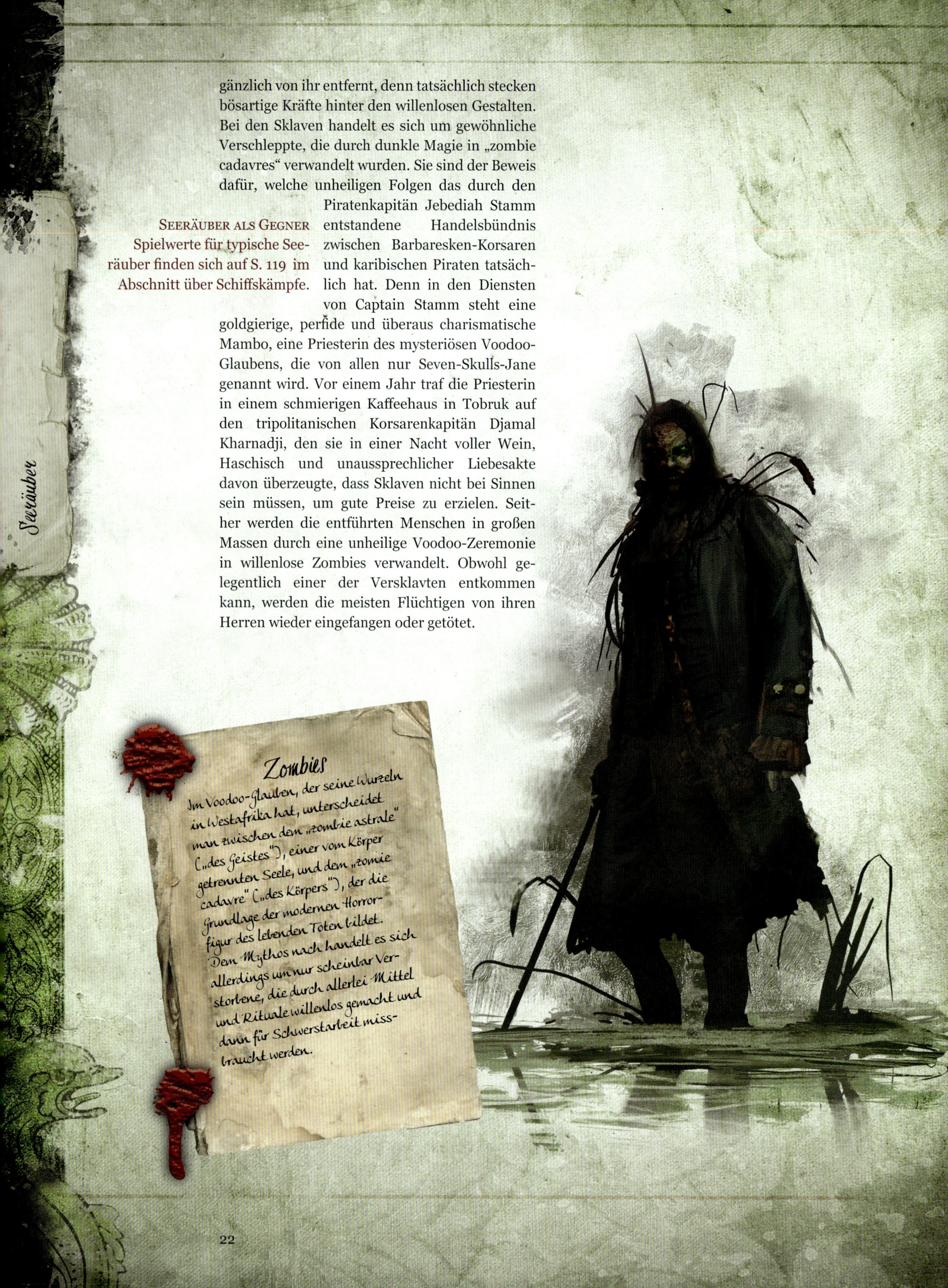

gänzlich von ihr entfernt, denn tatsächlich stecken bösartige Kräfte hinter den willenlosen Gestalten. Bei den Sklaven handelt es sich um gewöhnliche Verschleppte, die durch dunkle Magie in „zombie cadavres“ verwandelt wurden. Sie sind der Beweis dafür, welche unheiligen Folgen das durch den Piratenkapitän Jebediah Stamm entstandene Handelsbündnis zwischen Barbaresken-Korsaren und karibischen Piraten tatsächlich hat. Denn in den Diensten von Captain Stamm steht eine goldgierige, perfide und überaus charismatische Mambo, eine Priesterin des mysteriösen Voodoo-Glaubens, die von allen nur Seven-Skulls-Jane genannt wird. Vor einem Jahr traf die Priesterin in einem schmierigen Kaffeehaus in Tobruk auf den tripolitanischen Korsarenkapitän Djamal Kharnadji, den sie in einer Nacht voller Wein, Haschisch und unaussprechlicher Liebesakte davon überzeugte, dass Sklaven nicht bei Sinnen sein müssen, um gute Preise zu erzielen. Seither werden die entführten Menschen in großen Massen durch eine unheilige Voodoo-Zeremonie in willenlose Zombies verwandelt. Obwohl gelegentlich einer der Versklavten entkommen kann, werden die meisten Flüchtigen von ihren Herren wieder eingefangen oder getötet.

Seeräuber als Gegner
Spielwerte für typische Seeräuber finden sich auf S. 119 im Abschnitt über Schiffskämpfe.

Zombies

Im Voodoo-Glauben, der seine Wurzeln in Westafrika hat, unterscheidet man zwischen dem „zombie astrale“ („des Geistes“), einer vom Körper getrennten Seele, und dem „zomie cadavre“ („des Körpers“), der die Grundlage der modernen Horrorfigur des lebenden Toten bildet. Dem Mythos nach handelt es sich allerdings um nur scheinbar Verstorbene, die durch allerlei Mittel und Rituale willenlos gemacht und dann für Schwerstarbeit missbraucht werden.

Geheimnisse bedeutsamer Städte und Orte des Mare Monstrum

Beyoğlu bei Konstantinopel

Im multikulturellen Beyoğlu können sich viele Akteure nur schwerlich mit der Nähe zum Sultan in Konstantinopel abfinden. In den Teestuben des großen Viertels haben Banden das Sagen und nicht wenige möchten die Eigenständigkeit der ehemaligen Städte Pera und Galata bewahren. Nach außen hin zeigen sich die Granden und Geschäftsleute Beyoğlus freundlich und treu der osmanischen Herrschaft ergeben. Doch insgeheim ist ein Machtkampf entbrannt, der sich um den Einfluss auf der Nordseite des Goldenen Horns dreht. Zu den wichtigsten Banden Beyoğlus gehören die griechischstämmigen „Asketen", die als Bordell- und Tavernenbesitzer ihrem Namen wenig Ehre machen, sowie die kosmopolitischen „Hornwächter", die von jüdischen und venezianischen Handelshäusern finanziert werden, sowie zuletzt die „Wesire", eine Schmugglerbande, die vor allem das Fährgeschäft kontrolliert.

Bislang waren die Banden verfeindet, doch der geplante Bau einer riesigen neuen Brücke, die die nur knapp 200 Meter voneinander entfernten Kontinente verbinden soll, eint die einstigen Rivalen. Wird die Brücke fertiggestellt, würde das Fährgeschäft und damit der Schmuggel einbrechen. Die Stadtgarde könnte innerhalb von wenigen Minuten Orte erreichen, zu denen sie durch die recht gemächlichen Fährschiffe bislang kaum Zugang hatte. Lediglich in der Wahl der Mittel ist man sich uneins: Die Wesire setzen vor allem auf die dezente Wirkung gezielter Faustschläge, ungezügelte Gewalt ist ihr bevorzugtes Mittel. Die Asketen hingegen sind spezialisiert auf die Anwendung von widernatürlichen Methoden. Bei vielen ihrer Mitglieder handelt es sich um Werratten und Alben, die sich im Schutz der Unterwelt direkt vor der Nase der Menschen verbergen, aber auch vor Gift- und Meuchelmord nicht zurückschrecken. Die Hornwächter wiederum haben sich zum Schein auf die Seite der überforderten Stadtwache geschlagen, die nach und nach unterwandert wird. Die Hornwächter sind es auch, die Glücksritter und Jäger anheuern, um vermeintlich widernatürliche Umtriebe zu stoppen, die sich nicht selten als offizielle Unternehmungen der städtischen Behörden herausstellen. Durch Geschick und Heimlichkeit lösen die Hornwächter Ungeziefer- oder Monsterplagen in Regierungsgebäuden, auf Patrouillenbooten oder auf Baustellen aus oder legen falsche Fährten.

Währenddessen hat es sich ein aus dem Prinzengefängnis von Konstantinopel entflohener Sohn des Sultans zum Ziel gemacht, sich für 48 Jahre im Arrest an seinem Vater zu rächen. Seit dem 17. Jahrhundert ist es im Osmanischen Reich üblich, dass sich Prinzen, die sich im Thronfolgestreit nach dem Tod eines Sultans nicht durchsetzen

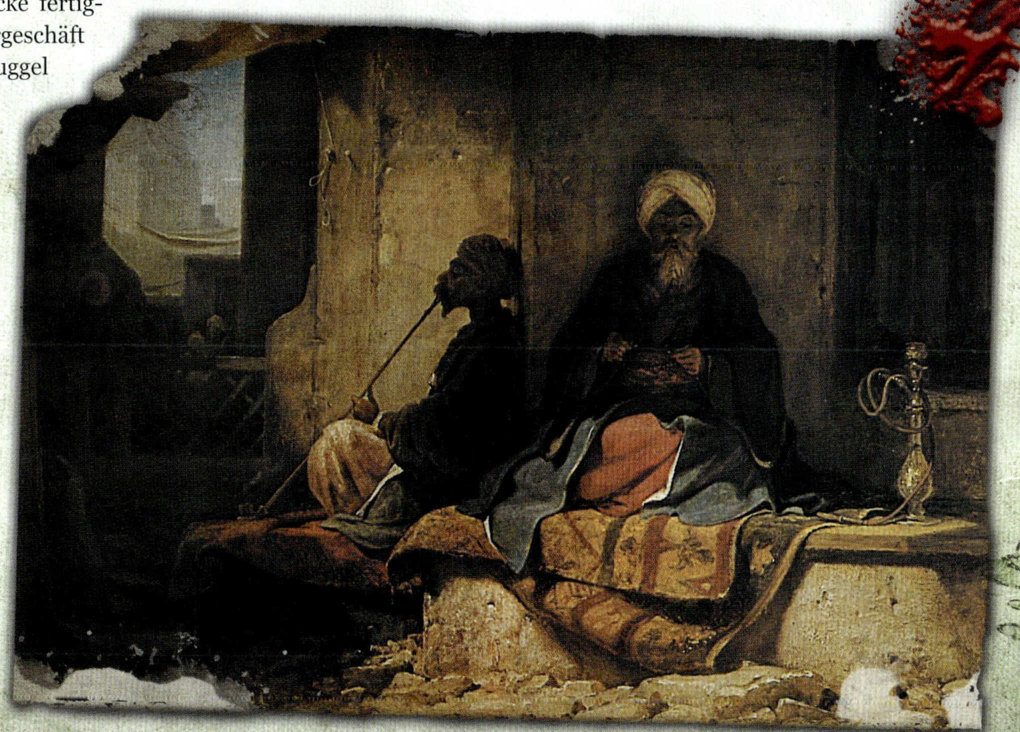

konnten, nicht länger ermordet wurden, sondern in luxuriösen Gefängnissen arrestiert wurden – oft bis zu ihrem Tod. Hasan, der auch „der Dunkle Prinz“ genannt wird, hat sich ganz der Rache verschworen und den dunklen Mächten ergeben.

Gelibolu

Die abgeschottete Halbinsel Gelibolu mit der gleichnamigen Hauptstadt, die auf den Ruinen des antiken Kallipolis errichtet wurde, dient den Osmanen nicht nur als Flottenbasis, sondern vor allem als militärisches Übungsgelände. Im weitläufigen, durch Ansiedlungs- und Aufenthaltsverbot geschützten Areal lässt der Sultan neuartige Waffen testen. Unter ihnen befindet sich wirkungsloser Unfug, wie seelenlichtkondensiertes Schießpulver oder gar abenteuerliche Flugapparate, mit denen Kriegsgefangene von Klippen in den Tod gestürzt werden. Doch bisweilen erblicken hier auch Erfindungen das Licht der Welt, die denen der Pariser Sorbonne in nichts nachstehen und sie gar übertreffen.

Zu ungeplanten Zwischenfällen kam es in der Vergangenheit stets, wenn sich neugierige Bewohner der Insel zu weit ins Sperrgebiet vorwagten. Die wenigen Ansässigen wissen zu berichten, dass vor allem Jungen und Mädchen gelegentlich von Geistern geholt werden und spurlos verschwinden.

In Wahrheit jedoch steckt hinter diesen Ereignissen das osmanische Militär, das des Öfteren gezwungen ist, auf allzu neugierige Bauernkinder zu reagieren. Oft werden diese damit bestraft, dass sie umgehend zur Armee eingezogen und an einem fernen Außenposten stationiert werden.

Vor allem die örtlichen Schmuggler, die die Garnison mit allerlei Tand und Alkohol versorgen, kennen jedoch ein weiteres Geheimnis der Dardanellen, das eine noch größere Gefahr als die Soldaten darstellt: Viele der engen zerklüfteten Küstenstriche werden von Ungeheuern und kleinen Familien des Meervolks bewohnt, was der eigentliche Grund dafür ist, weshalb die Obrigkeit streng darauf bedacht ist, dass keine größeren Schiffe von der vorgesehenen Route abweichen.

Smyrna

Smyrna, die multikulturelle Metropole mit ihrer jahrtausendealten Geschichte, ist in Wahrheit ein Sündenpfuhl gewaltigen Ausmaßes, erschaffen von den Ambitionen eines Mannes: des Gouverneurs Akdoğan Alkan. Der nach außen hin ausgesprochen jovial und freundlich auftretende Mann will Smyrna zu einer Stadt machen, die Konstantinopel in nichts nachsteht. Doch die Jahre haben den älteren Mann in den Größenwahn gestürzt. Seine äußerst liberale und nachgiebige Politik hat die Stadt in einen unüberschaubaren Moloch verwandelt, in dem so gut wie nichts unmöglich ist und fast jedes Verbrechen ungestraft bleibt. Ein idealer Nährboden für finstere Ränke und Untaten.

Weit über die Grenzen der Ägäis hinaus gilt Smyrna als Unterweltparadies, in dem man – ungestört von den desinteressierten oder hochgradig korrupten Behörden und Institutionen – jeder beliebigen Machenschaft nachgehen kann. Alles ist erlaubt, solange es im Verborgenen geschieht. Die Folge ist, dass annähernd jede Geheimorganisation in Smyrna operiert, man für jeden Auftrag Ausführende findet und sich nahezu jede Ware der bekannten Welt kaufen oder verkaufen lässt. Unter der Oberfläche der schillernden Küstenstadt gedeihen Sklavenmärkte, Drogenhöhlen, Elendsbordelle, Hexenkulte des Dionysos und Sekten des Asasel (siehe: Die Hexen des Mediterraneum – Wein und Wahnsinn, S. 95) ebenso wie verborgene Labore, in denen andernorts verfolgte und verbannte Forscher verbotene Experimente durchführen.

Allerdings nimmt der Gouverneur dieses Chaos nicht bloß in Kauf oder übersieht es; der dem Wahnsinn anheimgefallene Mann nutzt es gezielt, um seine eigenen Taten zu verschleiern und sich einen großen Rückhalt unter den einflussreichen Persönlichkeiten der Stadt zu sichern, die sich hier frei von moralischen Zwängen entfalten können. Alkan ist besessen von dem Glauben, Süleyman II. hätte das Geheimnis der ewigen Jugend gelüftet. Eines Tages will er den Sultan absetzen und selbst zum ewigen Herrscher des Reiches aufsteigen. Dazu ist er mit Gelehrten im Bunde, die an der Formel der Unsterblichkeit forschen und Expeditionen zum sagenumwobenen Jungbrunnen planen, für die auch Abenteurer und Jäger angeworben werden. Das Zentrum dieser Ambitionen ist die neu errichtete „Griechische Schule“ der griechisch-orthodoxen Kirche. Deren Erzbischof Timotheus ist dem Gouverneur treu ergeben und gilt als Sadist und Teufelspaktierer, der seine niedersten Instinkte mit Wollust auslebt und nur hinter einer Maske der Frömmigkeit verbirgt. Nennenswerte Konkurrenten innerhalb der Stadt sind allenfalls die beiden anderen Erzbischöfe, der Katholik Vitus Alexander und der Armenier Hakob.

Antalya

Antalya im Süden Kleinasiens war bereits in der Antike ein bedeutender Handelshafen, ist jedoch im Gegensatz zu den größeren Städten Konstantinopel und Smyrna nur wenig kosmopolitisch. Internationaler Warenhandel findet hier kaum statt, vielmehr gilt die Stadt durch ihre Lage zwischen Orient und Okzident als Umschlagplatz innerhalb des Osmanischen Reiches, weshalb sie bei zwielichtigem Gesindel unbeliebt ist. Auch die Umgebung ist mit ihren endlosen Feldern und Weiden eher unattraktiv für abenteuerlich veranlagte Menschen, wenngleich die Stadt selbst einiges zu bieten hat: Inmitten der 100.000 Einwohner zählenden Metropole gibt es nicht nur uralte Schätze zu heben und Geheimnisse aufzudecken, es spukt auch. Sowohl in den alten römischen Ruinen als auch in der zentralen Yivli-Minare-Moschee geht die sogenannte Geisterlegion um, ruhelose Seelen einer antiken römischen Kohorte, die einst mit Kaiser Hadrian im Jahre 130 n. Chr. in der Stadt verweilte und bei einem Schiffsunglück im Hafen ertrank. Selbst Regierungsbehörden haben mittlerweile registriert, dass sich die Spukerscheinung seit Jahren mehr und mehr ausbreitet. Ebenso wird berichtet, dass sich die einst flüchtigen Geisterkörper langsam verfestigen und sich immer länger in der Realität halten können, teilweise sogar am Tage.

Die örtlichen Gelehrten des Gouverneurs Kahraman Baydar sind sich uneins darüber, ob eine verfeindete Macht die Untoten beschworen hat oder ein bestimmtes Ereignis den Zorn der Geister geweckt und sie aus ihrem nassen Grab getrieben hat. Niemand weiß, dass es sich bei der Hervorrufung der Legion um den ersten Schritt im großen Plan einer lokalen Gruppe von Verschwörern handelte, die den Gouverneur abzusetzen plante. Unglücklicherweise geriet das Ritual völlig außer Kontrolle und sämtliche Beschwörer starben, die römischen Geister jedoch waren der Welt der Toten entrissen. Sie befinden sich in einem halbbewussten Dämmerzustand und sind gefangen in ihren Erinnerungen, vermögen es aber mittlerweile auch, in die Körper der Lebenden zu fahren und diese für eine bestimmte Zeit zu kontrollieren. Ihr Anführer, Zenturio Manius Bassus, glaubt sich in seiner Entrückung von den Göttern auserwählt, das Römische Imperium wiederaufzubauen. Zu diesem Zweck übernehmen die Geister Personen in wichtigen Ämtern. Mittlerweile haben es die schattenhaften Römer bereits in den innersten Zirkel der Macht geschafft: Azra, die Frau des Gouverneurs, ist von Manius Gemahlin Iulia besessen, die nun im Palast ihre Intrigen spinnt.

Thessaloniki

Die Stadt auf dem makedonischen Balkan steht kurz vor einer offenen Rebellion der griechischen Freiheitskämpfer gegen das osmanische Regime. Spione und Agenten aller Fraktionen tummeln sich hier unter dem Weißen Turm. Der tyrannische General Ali, der Thessaloniki unter der Marionettenregierung des griechischstämmigen Gouverneurs Alexios Konstantios mit eiserner Hand regiert, lässt fast täglich öffentliche Demütigungen und Hinrichtungen durchführen, um der Bevölkerung seinen Willen aufzuzwingen. Bald schon wird den meisten Einwohnern bewusst werden, dass sie nicht mehr viel zu verlieren haben, denn nach dem verheerenden Seebeben und der Zerstörung des alten Hafens hat sich die Armut in der Stadt verdreifacht. Schon jetzt erhalten die griechischen Separatisten großen Zulauf, von denen einige auch vor drastischen Mitteln nicht zurückschrecken, um die Unterdrückung zu beenden: Vielerorts sprießen dunkle Zirkel wie Pilze

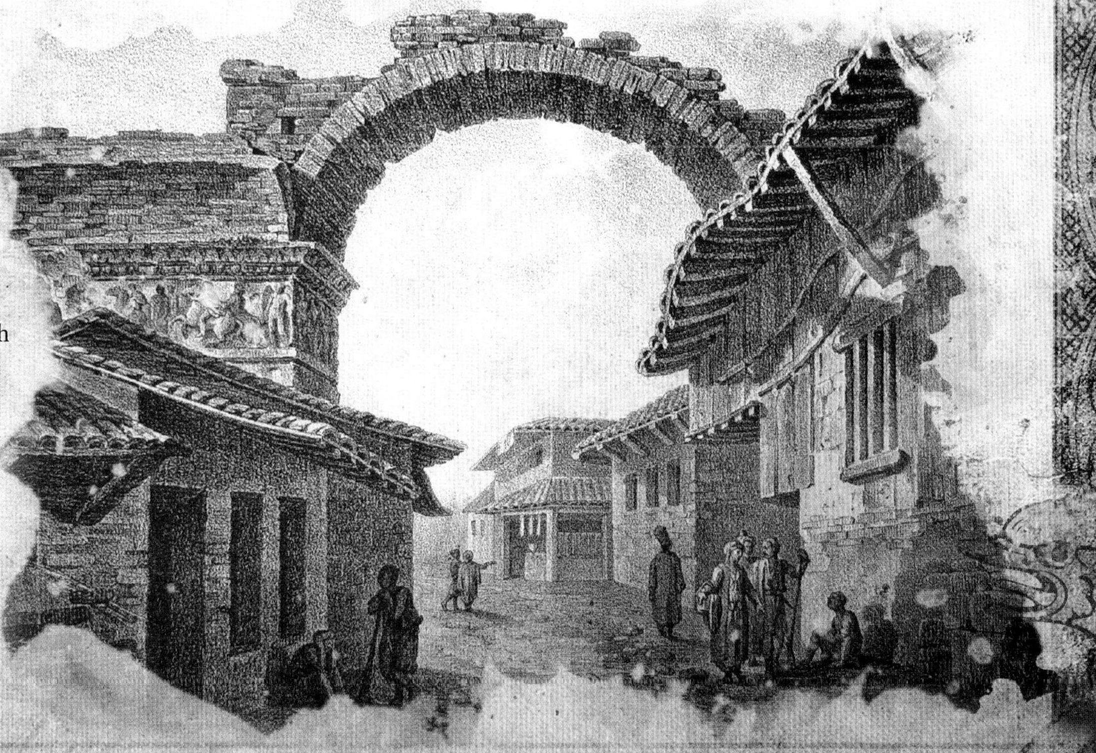

aus dem Boden. Nicht selten kommt es vor, dass eine beschworene oder erschaffene Widernatürlichkeit von eifrigen Jägern aus der Welt geschafft werden muss, nur damit sich diese dann dem Zorn der einfachen Bevölkerung ausgesetzt sehen.

Ein weiteres Problem in der langsam im Chaos versinkenden Stadt ist der um sich greifende Menschenhandel. Viele Bewohner, die alles verloren haben, verkaufen sich selbst in die Sklaverei, um ihre Schulden zu begleichen. Auch dies verschärft die ohnehin explosive Situation, denn oftmals treten die griechischen Sklaven in den Dienst von osmanischen Herren, die sich damit die Rebellion in die eigene Küche, Wohnstube oder das Schlafgemach holen.

Als Anführer des Widerstands gelten das Geschwisterpaar Theodoros und Korinna, deren Eltern von General Ali hingerichtet wurden. Die beiden jungen und charismatischen, aber kompromisslosen Rebellen schrecken im Namen der Freiheit auch vor abscheulichen Untaten nicht zurück, die von der Bevölkerung zunehmend befürwortet werden. Fast täglich finden Bluttaten auf offener Straße statt, entweder verübt durch die Rebellen oder die gnadenlose Stadtgarde. Bald schon wird die Gewaltspirale in einen blutigen Bürgerkrieg münden, der das Potential hat, die gesamte Region wie ein Lauffeuer zu erfassen.

Napoli di Romania

Napoli di Romania bildet für venezianische Seesoldaten das Ende einer langen, erfolglosen Karriere. Denn obwohl der Ort für die Marine der Serenissima strategisch von höchster Bedeutung ist, gilt eine Stationierung in dieser überdimensionierten Kaserne nicht gerade als Belohnung. Für die Soldaten gilt ein striktes Verbot von Rauschmitteln aller Art und es soll Wüstendörfer geben, in denen es mehr Freizeit- und Zerstreuungsangebote gibt, als der karge Felsen im Königreich Morea zu bieten hat.

Einziger Lichtblick ist das Nonnenkloster Agia Moni wenige Kilometer westlich der Stadt, Enklave des Vatikans. Doch Mutter Hedwig ist nicht nur am Seelenheil der venezianischen Soldaten interessiert, die sich hier alle vierzehn Tage von der „Festungshaft“, wie sie es nennen, erholen dürfen. Tatsächlich steht die resolute ältere Dame in Kontakt mit der Prager Burg, einer dem Wächterbund angeschlossenen Gruppe von Gelehrten, die von hier aus Expeditionen entsendet. Auch das Geld der Venezianer nimmt Mutter Hedwig gern. Neben einem regen Schmuggelhandel mit allen möglichen Arten von Waren bietet die Äbtissin den gut besoldeten, aber übermäßig gelangweilten Soldaten einen besonderen Dienst an: Gegen eine fürstliche Summe ermöglicht sie ihnen, auf verborgenen Pfaden bis weit ins Binnenland zu desertieren. Der in Napoli di Romania ansässige Generalgouverneur von Morea, Cosimo Calergi, ahnt Entsprechendes, kann sich aber kein offenes Vorgehen gegen das unliebsame Kloster in seiner Nähe erlauben. Vor Kurzem hat er begonnen, Spione auszusenden, die mit dem Wunsch der Fahnenflucht an die Nonnen herantreten. Bislang konnte Mutter Hedwig die Agenten allerdings immer durchschauen.

Außerdem ist die Umgebung der Stadt ein Tummelplatz für widernatürliche Wesen aller Art, die direkt unter dem in die Ferne gerichteten Blick der Venezianer ihren Geschäften nachgehen. Auch die Osmanen tasten sich langsam an die Festungsstadt heran, indem sie Vorposten in den nahen Dörfern errichten und Spione agieren lassen. Von der Seeseite ist Napoli di Romania uneinnehmbar, weshalb das osmanische Militär einen zukünftigen Eroberungsversuch aus dem Landesinneren plant, der vielleicht in einigen Jahren, womöglich aber auch nie, stattfinden soll.

Chios

Die wohlhabende Inselstadt mit ihren zahlreichen Villen und Landgütern ist eine Ausgeburt der Dekadenz. Der osmanische Adel, bis hin zur ersten Gemahlin des Sultans, hat es sich hier bequem gemacht und gibt sich allerlei Vergnügungen hin. Auf die Insel gelangt man nur mit einem speziellen Schriftstück; jeder, der außerhalb des Hafens anlandet, muss damit rechnen, beim Aufgreifen verhaftet zu werden. Dies gilt auch bei Schiffbruch oder bei Unkenntnis der örtlichen Regeln. In Wahrheit ergänzen diese bedauernswerten Menschen den blutigen Reigen der adeligen Zerstreuung: Sklaven und Gefangene werden in aufwändigen Gladiatorenspielen aufeinander losgelassen, an Tiere oder gar von Zauberern beschworene Ungeheuer verfüttert oder in Menschenjagden von „Großwildjägern“ gehetzt und getötet. Auch politische Gegner enden in den bestialischen Spielen auf Chios. Die hier ansässigen Stadt- und Landbewohner dürfen die Insel ihrerseits nicht verlassen und keinen Kontakt zur Außenwelt aufnehmen. Die meisten von ihnen lernen in ihrem gesamten Leben nichts anderes kennen als das eigene Dorf und die Plackerei für die Sultanin, die hier als absolute Herrscherin agiert.

Seit einigen Jahren jedoch wird das abgeschottete Eiland von Problemen widernatürlicher Art geplagt: Einige Bestien, die speziell für die Spiele gezüchtet wurden, sind entkommen

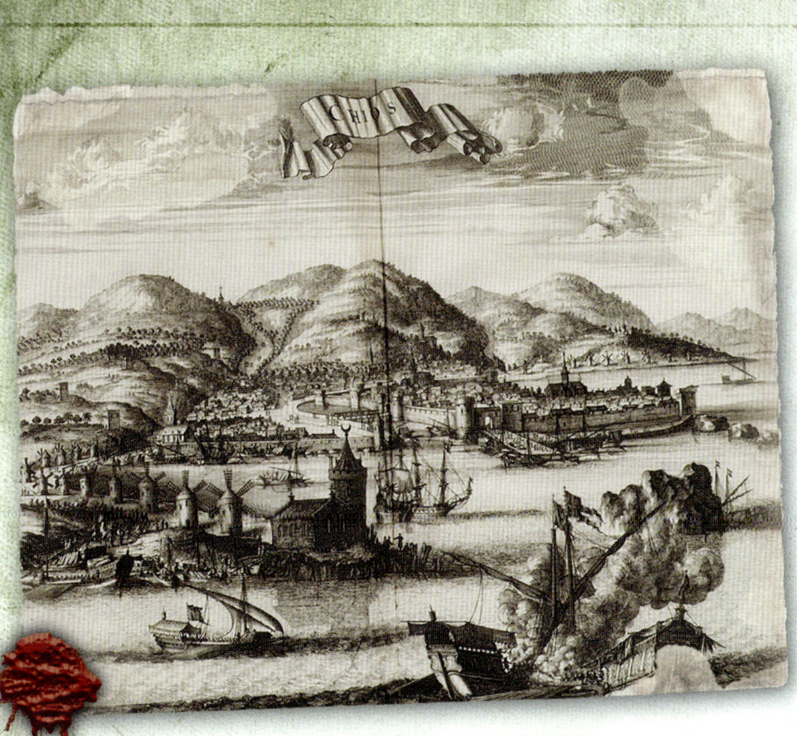

und fallen nun über die Bevölkerung her, sodass die Mastix-Produktion und das Luxusleben des Adels gefährdet sind. Man wird wohl oder übel vertrauenswürdige Jäger anheuern müssen, um sich der Sache anzunehmen.

Naxos

Die Insel Naxos mit der gleichnamigen Hauptstadt ist ein riesiges Piratennest, wenngleich es sich in Wahrheit eher um mehrere Nester handelt. Die oftmals improvisierten Anlegestellen an der Küste werden von unterschiedlichen Banden kontrolliert, die in autarken Hafendörfern leben. Obwohl es auf Naxos einen zentralen Kapitänsrat gibt, der sich zumindest grob abspricht, wenn man gemeinsam gegen die Flotten der Osmanen und Venezianer vorgeht, sind sich die meisten Piratengruppen untereinander spinnefeind. Zwar sind offene Auseinandersetzungen auf der Insel strikt verboten, doch mittlerweile lösen die Banden Probleme mit Rivalen subtiler: Die Piraten auf Naxos sind reich und scheuen sich nicht, ihr Gold wegen eines kleinlichen Streits oder Hierarchiegezänks auch auszugeben. Immer wieder kommt es zu Abwerbungen oder Auftragsmorden, teilweise sogar zu organisierten Angriffen von Wildhunden auf isolierte Lager. Da sich immer wieder Mannschaften zusammenschließen, neu finden oder ausgelöscht werden, variiert die Zahl der Banden und ihre Stärke enorm. Auch siedeln sich immer wieder neue Piratengruppen auf Naxos an und errichten an günstigen Stellen eigene Anlegestellen und Dörfer. In der Vergangenheit kam es bereits vor, dass sich Venezianer und Osmanen als desertierte Schiffsbesatzungen getarnt auf die Kykladeninsel begaben, um die raue Gesellschaft dort zu infiltrieren. Während die Osmanen allerdings rasch enttarnt und versklavt wurden, zeigten sich die venezianischen Seeleute so beeindruckt vom Reichtum der Banden, dass sie meuterten, ihren Kapitän über die Reling warfen und sich den Piraten anschlossen.

Außerdem ist Naxos übersät mit geheimen Lagern und künstlichen Höhlen, die über die Jahrzehnte von den Seeräubern angelegt wurden. Fast jeder zwielichtige Krämer in der Ägäis hat echte oder gefälschte Schatzkarten der Insel im Angebot, die zu unheimlichen und meist gefährlichen Verstecken führen. Einige dieser Horte sind durch ausgeklügelte Fallen geschützt, manche sogar durch widernatürliche Maßnahmen wie untote Wächter oder in speziellen Gefäßen eingesperrte Geister. Auch über die Insel hinaus ist zudem immer wieder von verfluchtem Gold die Rede.

Obwohl es sich um Piraten handelt, rührt der tatsächliche Reichtum der Banden weniger von Kaperfahrten und Plünderungen her, sondern hat seinen Ursprung im Monopol der Marmor-

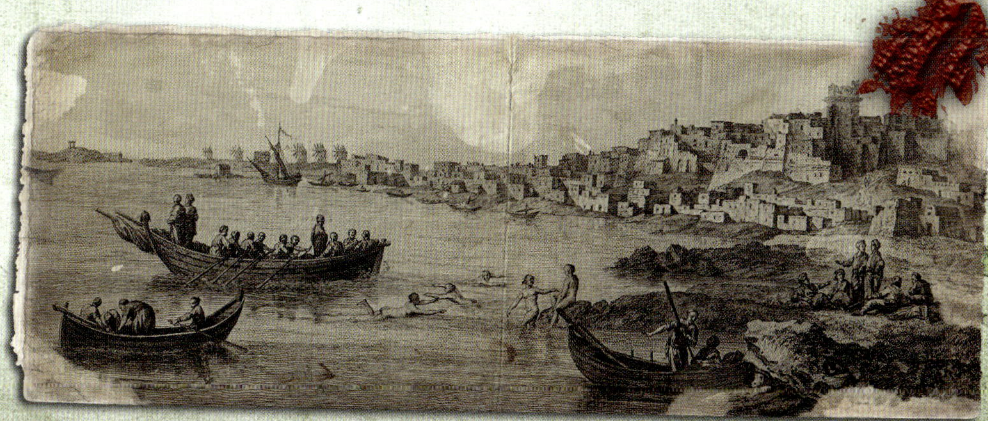

steinmetze, die im Inneren der Insel leben und arbeiten. Die Gewinne aus der Symbiose zwischen produzierenden Steinmetzen und verteilenden Seeräubern werden größtenteils gerecht aufgeteilt, wenngleich es darüber immer wieder zu größerem Streit kommt. In den halbjährlichen Debatten über die Anteile jeder Fraktion zeigt sich oftmals, wer wie viel Einfluss besitzt. Manchmal laufen sogar ganze Besatzungen zur Konkurrenz über, wenn sie den Eindruck haben, dass ihr Kapitän schlecht wirtschaftet oder zu wenig bezahlt.

Limnos

Auf den ersten Blick wirkt Limnos wie eine ruhige und friedliche Insel inmitten des Ägäischen Meeres. Bedenkt man den Umstand, dass sie gleichzeitig von drei großen Fraktionen beansprucht wird, sollte man eigentlich mit größeren Streitigkeiten und sogar offener Feindseligkeit rechnen. Doch Limnos ist zu wichtig, als dass man durch militärische Abenteuer die eigene Stellung dort gefährden würde. In den drei Häfen Myrina, das von den Osmanen gehalten wird, Moudros, das eine venezianische Exklave darstellt, und Kotsinas, dem nördlichsten Piratennest der Ägäis, wahrt man die Contenance. Das Leben geht seinen gewohnten Gang, stur richtet man seinen Blick auf das Meer und lässt das Hinterland mit seinen Konkurrenten völlig außer Acht. Dass die Insel auch offiziell keinem Hoheitsgebiet zugerechnet wird, hat allerdings einen anderen Grund: Neben den drei Kapitänen Alper, di Sarra und Wagner ist nur wenigen Einwohnern bekannt, dass Limnos bereits lange von einer Macht beansprucht wird: kämpferischen Frauen.

Was allgemein als örtliches Seemannsgarn abgetan wird, besitzt einen wahren Kern: Das Inselinnere wird regiert von Maroula II., Königin des Amazonenreichs von Limnos, die einige Hundert grausame Kriegerinnen anführt. Seit nunmehr fünfzig Jahren herrscht die ehemalige Sklavin über eine matriarchalische Gesellschaft, die sich in der Tradition der mythologischen Frauenrevolte der Antike sowie der Rebellion gegen die Osmanen von 1478 sieht.

Die Venezianer, Osmanen und Piraten haben den Amazonen die Übereinkunft abgerungen, dass sie auf der Insel als Gäste ihren Geschäften nachgehen dürfen. Diese ist allerdings an zwei Bedingungen geknüpft. Erstens darf sich niemand in das Inselinnere begeben und zweitens muss alljährlich ein besonderer Tribut geleistet werden: Jedes Dorf muss den Amazonen drei Mädchen senden, die das zehnte Lebensjahr noch nicht erreicht haben. Die Einhaltung dieser Regeln ist ein ehernes Gesetz. Bis vor dreißig Jahren gab es eine weitere osmanische Siedlung im Osten der Insel, deren Wesir die kriegerischen Frauen verhöhnte und ihre Forderung ignorierte. Innerhalb von Tagen existierte das heute vergessene Dorf nicht mehr, sämtliche Kaufleute und Soldaten waren niedergemetzelt worden und die Überlebenden brabbelten wirre Geschichten von weiblichen Dämonen, die aus den Erdboden gebrochen seien, um alle Osmanen abzuschlachten.

Die Ruinen von Mytilini

Die einstige Hauptstadt von Lesbos kann man heute zu Recht als Geisterstadt bezeichnen, obwohl die Ereignisse, die zu ihrem Untergang geführt haben, nichts mit untoten Armeen oder römischen Grabflüchen zu tun haben. In Wahrheit fielen die Einwohner Mytilinis der vulkanischen Aktivität der Insel zum Opfer. Tödliche Gase entströmten dem Boden, breiteten sich in den Gassen und Häusern aus und entvölkerten die einst so bunte Hafenstadt, deren Einwohner bei ihren jeweiligen Tätigkeiten grausam erstickten.

Die leblosen Ruinen voller herrenloser Schätze lockten trotz aller Gerüchte rasch Glücksritter und Abenteurer an. Über die Jahre wurde Mytilini zu einem Schlachtfeld, auf dem sich unabhängige Schatzjägerbanden bis aufs Blut bekämpfen – immer darauf bedacht, nach außen hin das Mysterium der verfluchten Geistererscheinungen aufrechtzuerhalten, um mögliche Konkurrenz abzuschrecken. Fast zur gleichen Zeit wurde der verlassene Ort zum Tummelplatz dunkler Kulte, die in antiken Ruinen und heidnischen Kultplätze im Umland der Stadt ihren finsteren Machenschaften nachgehen. In relativer Nähe zum kleinasiatischen Festland können sie hier die abscheulichsten Experimente und Rituale durchführen, ohne dass sie das Einschreiten einer Ordnungsmacht fürchten müssen – selbst der Schatzjägerring meidet die Ruinen und hat sie den dort tätigen unabhängigen Banden überlassen.

Dabei ist Mytilini auch heute noch ein sagenumwobener Ort, in dem längst noch nicht alle Schätze gehoben und alle Geheimnisse gelüftet sind. Die leergefegte Landschaft ist zudem voller Schrecknisse, sowohl natürlicher als auch widernatürlicher Art. Das Böse kann sich frei ausbreiten, und es ist wohl nur eine Frage der Zeit, bis die gesamte Insel von einer dunklen Macht verschlungen und für sich beansprucht wird. Ob Lesbos zu einem weiteren Reich der Finsternis auf Erden wird oder nicht, liegt vermutlich allein in den Händen einiger weniger mutiger Jäger.

Der Orakelbund: Kinder alter Götter

Zusammenfassung

Etwa um 1670 traten im Mittelmeerraum, aber auch in nördlicheren Regionen Europas vermehrt geheimnisvolle Gelehrte in Erscheinung, die sich als „Geschwister des Orakels von Chora" oder kurz „Orakeljünger" bezeichneten und ihre Dienste vor allem Herrschern und Reichen anboten. Mittlerweile hat sich ihre Vorgehensweise drastisch geändert: Ähnelten sie vorher reisenden Bettelmönchen, erwarten sie nun in prächtige Gewänder gekleidet wohlhabende Bittsteller in ihrem Tempel auf der Insel Amorgos, wo diesen gegen eine prachtvolle Spende das Wissen und die Weisheit des Orakels zuteilwerden mag. Niemand weiß jedoch, dass es sich bei den meisten Jüngern des Bundes um die Nachkommen eines fremdartigen Volkes aus der Anderswelt handelt: den mythischen Tantaliden. Diese Wesen sind es, die im Hintergrund die Fäden des Orakelbundes in der Hand halten und dabei nur einem schrecklichen Ziel folgen – nicht weniger als die Beherrschung der Welt.

Geheimnisse des Orakelbundes

Die Geschichte des Felsenklosters

Auch wenn seine Mitglieder gern Andeutungen über eine jahrtausendealte, geheimnisvolle Vergangenheit machen, in seiner heutigen Form gab es den Bund nicht vor 1640. Ohne es zu wissen, liegen sie damit aber trotzdem richtig, denn lange bevor das Felsenkloster von Amorgos zur Heimat der Orakeljünger wurde, beherbergte es nicht nur byzantinische Mönche, sondern später auch einen mysteriösen Bund, der von Guillaume de Borgonde gegründet worden war. Guillaume gehörte einer eingeschworenen Gruppe von fünf Tempelrittern an, die 1302 das Heilige Land verlassen mussten. Auf ihrer abenteuerlichen Reise begegneten sie dem Unsterblichen Longinus, der sie in das Geheimnis der Langlebigkeit einweihte. Über Jahrhunderte wirkten die fünf Auserwählten als Wohltäter im östlichen Mittelmeerraum. Da die Zahl ihrer Unternehmungen mit der Zeit zu unüberschaubar wurde, gründeten sie einen Orden von Helfern, den Guillaume de Borgonde vom Felsenkloster Amorgos aus lenkte. Die Mitglieder nannten sich selbst „Wächter des Tempels" oder „Tempelwächter" und erklärten sich zu Förderern des Friedens, unabhängig von Religion und Herkunft. Darüber hinaus sandten sie sämtliches Wissen, das sie auf ihren Reisen erlangten, nach Amorgos. So konnte der geheime Orden, der sich über ganz Europa ausbreitete, in einem verborgenen Bereich des Klosters eine der größten Sammlungen von Schriften und Büchern, aber auch Artefakten und anderen Schätzen anlegen.

Das Volk aus der Anderswelt

Als 1640 der Schwarze Sturm über Europa fegte, starb Guillaume als letzter der fünf Kreuzritter und einem Omen gleich gab ein Erdbeben den Zugang zu einer geheimen Kammer unter dem Kloster frei. Nicht nur die Höllenpforte im Schwarzwald hatte sich geöffnet, auch im Mittelmeerraum waren die Grenzen zwischen den Welten durchlässig geworden und hatten Portale in die Sphären der Anderswelt offenbart (siehe Kapitel 2 dieses Buches). Diese waren jedoch oft nur schwer zu finden oder zu durchqueren, ebenso jenes, das sich in den steinernen Tiefen der Felsenkammer verbarg. Das uralte Labyrinth, das die Tempelwächter vorfanden, entzog sich jeder Logik: Gänge kreuzten sich wahllos oder verliefen scheinbar durch sich selbst. Erst nach Jahren fanden die Wächter einen Weg durch die Tunnel und betraten so eine der finstersten Sphären der Anderswelt, bei der es sich ihrer Meinung nach nur um den Tartaros selbst handeln konnte, den tiefsten Ort des Hades.

Dort trafen die mutigen Männer und Frauen auf ein merkwürdiges Volk blasser, scheinbar emotionsloser und annähernd menschlicher Wesen, die sich als Tantaliden bezeichneten. Offenbar war es ihnen nicht möglich, sich durch Worte zu verständigen, eine Folge des legendären Fluchs des Tantalos, wie die Wächter vermuteten. Indem sie sich seiner eigenen Stimme bedienten, schlossen die Wesen einen Pakt mit Bruder Agathon, der die Gruppe in das Labyrinth geführt hatte. Durch ihn waren die Tantaliden in der Lage, mit der Außenwelt zu kommunizieren, und Agathon wurde fortan als „die Stimme" bezeichnet.

Entstehung des Bundes

In den folgenden Jahren gewöhnten sich die Tantaliden an das Leben in unserer Sphäre. Obwohl allesamt stumm, waren sie in höchstem Maße lernwillig und neugierig. Das gesammelte Wissen der Tempelwächter sogen sie förmlich in sich auf. Darüber hinaus pflanzten sie sich mit den Bewohnern des Klosters fort und zeugten so einen Schlag intelligenter, aber gleichsam gefühlskalter Menschen: die Kinder der Tantaliden. Der Fluch des Tantalos, der seit alten Tagen auf dem Geschlecht lastete, führt bei ihnen dazu, dass sowohl ihr Geschmackssinn als auch ihr Verständnis menschlicher Gefühlsregungen nur schwach ausgebildet sind. Allerdings sind sie in der Lage zu sprechen und können sich Wissen fast ebenso schnell aneignen wie ihre Eltern.

Bei ihren ersten vorsichtigen Schritten in die Welt der Menschen vermochten Bruder Agathon und die Tempelwächter noch Einfluss auf die Tantaliden zu nehmen, schließlich trafen diese und später ihre Nachkommen auf vielerlei Wunder und fremde Völker. Seinem Rat folgend kleideten sich ihre Kinder etwa zunächst in Bettelgewänder, doch schon bald waren die Tantaliden die eigentlichen Herren des Felsenklosters und die Tempelwächter nur ihre willigen Diener.

Die Tatsache, dass die fremdartigen Wesen durch eine menschliche Person sprechen mussten, sowie ihr enormes Wissen führten rasch dazu, dass man innerhalb der Tempelwächter Parallelen zu antiken Orakeln zog. Auch wenn es niemand aussprach, hielten viele die Tantaliden für höhere Wesen – schließlich verkündeten auch die delphischen Priesterinnen nicht weniger als den Willen der Götter. Ob es sich wahrhaftig um die mythische Sippe des Tantalos handelte, der einst gegen die Unsterblichen frevelte und von diesen verflucht wurde, wussten selbst die weisesten Wächter nicht zu sagen. Allerdings besaßen die Wesen eine Vorliebe für antike Gewandung und Bauweise. Schon um 1650 begannen sie damit, auf dem höchsten Punkt der Insel von heimischen Arbeitern einen Tempel im antiken Stil errichten zu lassen, der mit den unterirdischen Kammern des Felsenklosters verbunden und „Tempel von Chora“ genannt wurde. Bald schon übertrug sich dieser Name auf den Bund der Wächter, der sich fortan auch selbst nur noch „Geschwister des Orakels von Chora“ nannte.

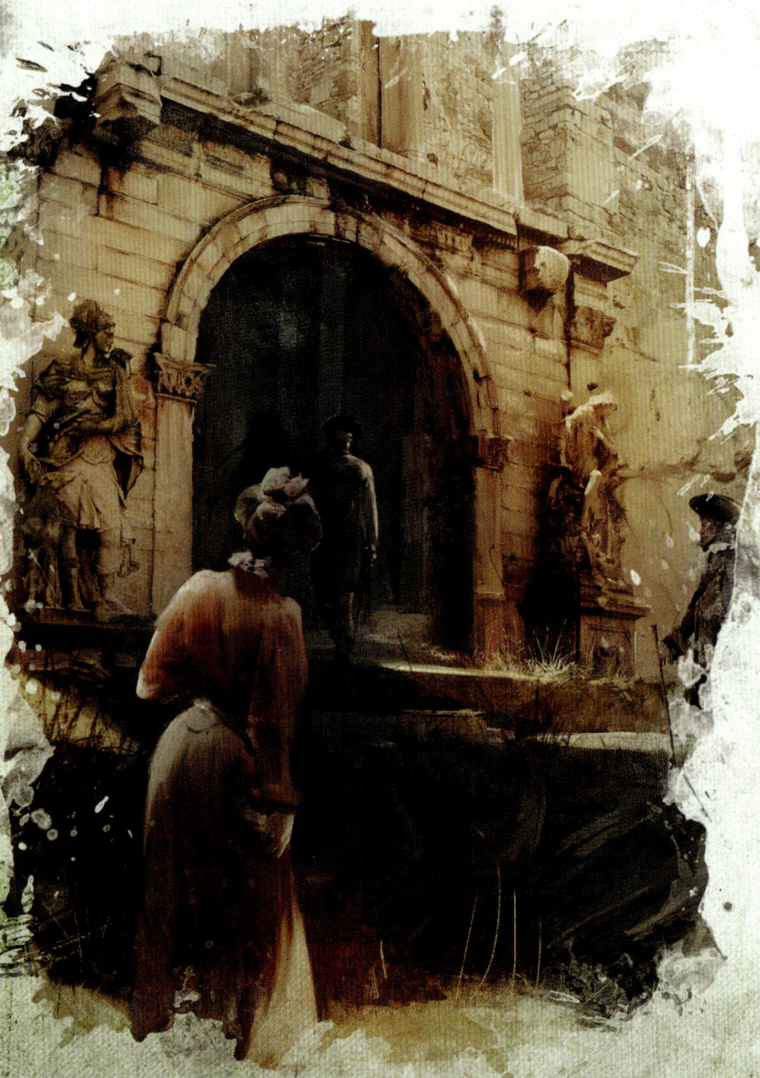

Herrschaft über die Welt

Den gefühlslosen Tantaliden scheint nur ein einziges Bestreben so etwas wie Genugtuung oder Zufriedenheit zu verschaffen: die Errichtung eines weltumspannenden Imperiums. Um dieses Ziel zu erreichen, gehen die Wesen mit aller Ruhe vor, denn sie haben Zeit, viel Zeit. Die ursprünglichen Tantaliden altern zumindest nicht sichtbar und auch ihre Nachkommen leben vermutlich sehr viel länger als gewöhnliche Menschen – jedenfalls wirken die Erstgeborenen auch nach fast 90 Jahren noch äußerst vital. Die Weisen der Tempelwächter glauben, dass die Kreaturen von den alten Göttern in den Tartaros verbannt worden waren und womöglich mit Dämonenvölkern wie den Myrmidonen verwandt sind. Im Gegensatz zu diesen sind die Tantaliden allerdings eher verschlagen und heimtückisch, offene Kampfhandlungen lehnen sie ab.

Schnell erkannten sie, dass der Schlüssel zur Beherrschung der Menschen darin besteht, deren Beweggründe und Emotionen besser zu verstehen und ihre zänkischen Reiche gegeneinander auszuspielen. So begannen sie damit, Informationen aus aller Herren Länder zusammenzutragen und Einfluss auf die Mächtigen auszuüben.

Die neue Stimme

Obgleich Agathon mit den Tantaliden im Bunde stand bzw. von ihnen beherrscht wurde, war er dennoch nicht unsterblich wie sie. Als er im hohen Alter verschied, erwählten die Wesen eine Nachfolgerin: Schwester Adrastea, ein Nachkomme der Tantaliden in zweiter Generation.

Unter ihrer Führung nahm der Orakelbund einige entscheidende Änderungen vor. So treten die Mitglieder nicht mehr in Bettlergewändern auf, sondern tragen kostbare Kleidung. Zudem sammelt der Bund nicht mehr nur Wissen an. Adrastea ist eines der wenigen Kinder des Tantalos, das die Funktion und die Macht von Geld verstanden hat. Sie weiß, dass sich ohne klingende Münze kein Imperium begründen lässt, und so hat sie damit begonnen, die Reichen und Mächtigen nach Amorgos einzuladen, um am Tempel von Chora Weisheit zu empfangen – natürlich nur für eine sehr großzügige Spende.

Dabei ist die eigentliche Weissagung eine reine Lüge. Anwärter, die den Tempel besuchen und ihren Obulus entrichten, werden einige Zeit hingehalten, während in den Archiven sämtliche Aufzeichnungen über die Person herausgesucht werden. Diese Aufgabe übernehmen die wahren Tantaliden, denn nur sie sind in der Lage, in kürzester Zeit derart viele Informationen aufzunehmen und zu bewerten. In den meisten Fällen ist der Anwärter allerdings ein unbeschriebenes Blatt. Man speist ihn mit wohlmeinenden Ratschlägen und kryptischen Hinweisen ab, wobei die Bedeutung des Gesagten unterstrichen wird, indem man einige aktuelle Informationen seiner Heimatregion einstreut. Verwundert ob des unglaublichen Wissens der Jünger zweifelt der Betreffende selten am Wahrheitsgehalt des eigentlich nutzlosen Orakelspruchs.

Manchmal aber ist die Person von großer Bedeutung und dem Bund liegen intime und umfangreiche Informationen über sie vor. Die Ratschläge, die diesen Anwärtern gegeben werden, dienen den langfristigen Zielen der Tantaliden, wobei die durchtriebenen Wesen oft schon für Jahrzehnt im Voraus planen, sodass es völlig unmöglich ist, die eigentlich hinter dem Orakelspruch stehende Absicht zu erkennen.

Das Unterreich von Amorgos

Die gesamte Insel ist von künstlichen Höhlen, Tunneln und Stollen durchzogen. Ein Unterreich, das selbst die ältesten Legenden von geheimen Labyrinthen in den Schatten stellt. Ganze Straßen, teils unter dem Meer, verbinden die wichtigsten Orte von Amorgos sowie die kleinen unbewohnten Nachbarinseln Nikouria und Gramvoussa. Viele der von unzähligen Sklaven in den Fels getriebenen Gänge – nicht wenige Barbaresken-Korsaren verdienten sich durch den Handel mit dem Orakelbund eine goldene Nase – kreuzen die anderweltliche Heimat der Tantaliden, wodurch sich ihr Verlauf jeder methodischen Kartographierung

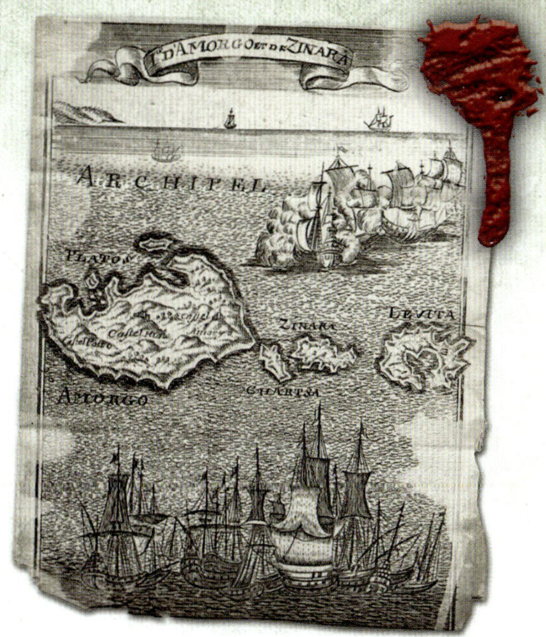

entzieht. Tunnel durchdringen sich scheinbar gegenseitig oder münden an einem völlig anderen Ort, als sie der reinen Logik nach enden müssten. Einige Passagen verlaufen sogar teilweise oberirdisch, und nicht selten befinden sich die geheimen Zugänge unter Grabplatten in den Kirchen der Insel, in den Kellern einzelner Häuser, in Brunnenschächten oder hinter Geheimgängen des Tempels. So gelang es in der Vergangenheit immer wieder neugierigen Schatzsuchern, einige der unterirdischen Kammern zu entdecken, doch die wahren Heiligtümer und Rückzugsstätten der Tantaliden blieben ihnen durch die anderweltliche Natur des Labyrinths verborgen.

Neben dem Archiv der einstigen Tempelwächter, das ergänzt durch die Orakeljünger stetig gewachsen ist, befindet sich in den Tiefen der Insel auch das Erdheiligtum von Minoa. Errichtet unter den Überresten des antiken Stadtstaats, beherbergt es jeweils einen Schrein zu Ehren der drei Schutzpatrone des Bundes: Orestes, Elektra und Chrysothemis.

Der Orakelbund heute

Der Orakelbund ist heute mächtiger als je zuvor – und sein Einfluss wächst mit jedem Jahr. Seine Agenten sind allerdings nicht nur Kinder der Tantaliden, seit den Tagen der Tempelwächter sind auch gewöhnliche Menschen Mitglieder des Bundes. Bei manchen handelt es sich um Verblendete, die an die Wunder des Orakels glauben, bei anderen um Betrüger, die unter der Maske des Ergebenheit ihren eigenen durchtriebenen Plänen nachgehen. Alle Orakeljünger erkennen sich an folgender Parole: „Zwar weiß ich viel, doch möcht' ich alles wissen."

Echte Gelehrte stoßen jedoch kaum noch zum Bund. Viele wenden sich zudem von der Gruppierung ab, sobald sie erahnen, dass etwas Unheimliches im Gange ist – wobei die wenigsten dieser Skeptiker lange überleben. In Europa haben sich große Teile der früheren Tempelwächter dem Wächterbund angeschlossen, der aufgrund der Hinweise dieser Informanten ein wachsames Auge auf den Orakelbund gerichtet hat, obgleich er dessen genaue Hintergründe nicht kennt. Andere einstige Tempelwächter schlossen sich den Hospitalitern auf Malta und Rhodos an (siehe: Der Hospitaliterorden – Die geheimen Hallen der Ritter, S. 35), seitdem beobachten auch die Ritter der Maltei und Johannei die Geschwister des Orakels von Chora aufmerksam.

Aufbau des Orakelbundes

Die wahren Anführer des Bundes sind die 54 Tantaliden, die sich jedoch stets im Verborgenen halten und selten das Felsenkloster oder den Tempel von Chora verlassen. Da gelegentlich neue Tantaliden aus der Anderswelt zu ihren Brüdern und Schwestern stoßen, nimmt ihre Zahl langsam, aber stetig zu.

Nach außen hin repräsentiert Schwester Adrastea den Orakelbund, die für Uneingeweihte wie die alleinige Gebieterin der Jünger erscheint. Allerdings ist sie in Wahrheit nur das Sprachrohr der Tantaliden, auch wenn alle weltlichen Fäden der Organisation bei ihr zusammenlaufen und sie durchaus weitreichende Veränderungen bewirkt hat. Dass sie auch intern als „die Stimme" bezeichnet wird, lässt Außenstehende oft glauben, sie spräche im Namen der Götter und verkünde deren Willen.

Alle übrigen Mitglieder des Bundes – sowohl menschliche als auch solche mit andersweltlichem Blut – teilen sich in drei Dienerschaften auf: die Diener der Leidenschaft, die Diener der Pflicht und die Diener der Wut. Jede verfügt über einen Ältestenvertreter, der aber keinen großen Einfluss besitzt, sondern lediglich den Willen Adrasteas umzusetzen hat.

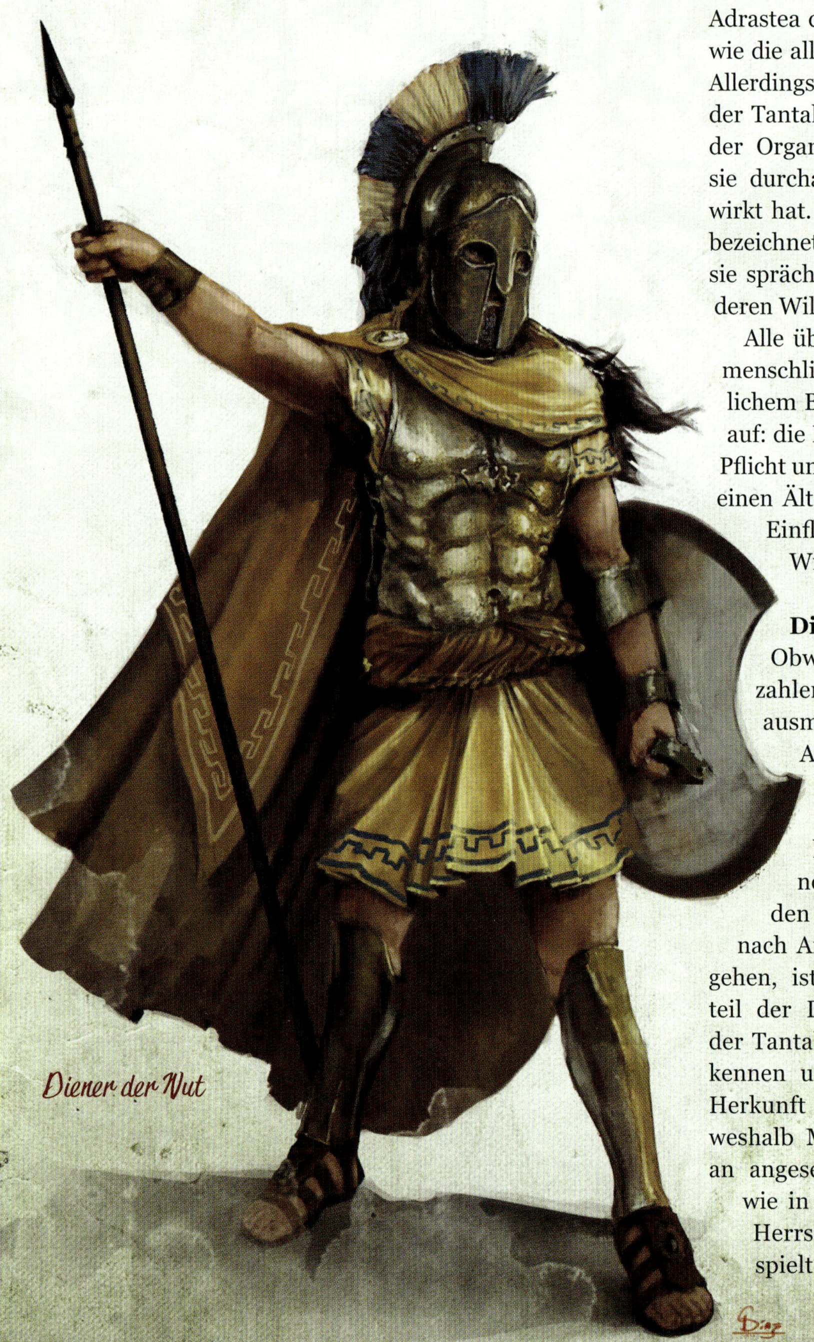

Diener der Leidenschaft

Obwohl die Diener der Leidenschaft den zahlenmäßig größten Anteil des Bundes ausmachen, finden sich nur wenige auf Amorgos selbst, da sie in allen Herren Ländern ihren Aufgaben nachgehen. Sie werden ausgesandt, um menschliche Reiche zu unterwandern, sich neues Wissen anzueignen und unter den Einflussreichen für eine Pilgerreise nach Amorgos zu werben. Wie sie dabei vorgehen, ist allein ihnen überlassen. Ein Großteil der Diener der Leidenschaft sind Kinder der Tantaliden, die keinerlei Skrupel oder Reue kennen und aufgrund ihrer halbmenschlichen Herkunft stets absolute Neutralität wahren, weshalb Mitglieder dieser Dienerschaft ebenso an angesehenen Fürstenhöfen zu finden sind wie in Hexen- oder Dämonenkulten. Ob ein Herrscher ein Mensch oder ein Vampir ist, spielt für sie keine Rolle.

Diener der Wut

Die Diener der Leidenschaft bezeichnen sich selbst auch als „Elektras Kinder“, weil sie ihre Herkunft auf die mythische Tochter des Agamemnon zurückführen, eine jener Tantaliden, die bereits in den Sagen der Antike Erwähnung findet.

Diener der Pflicht

Die Diener der Pflicht sind für die Verwaltung des Tempels und die Archivierung des Wissens zuständig. Sie unterstehen somit direkt Schwester Adrastea und handeln allein in ihrem Auftrag. Unter diesen Buchhaltern und Schreibern finden sich viele mit zweifelhaftem Ruf wie beispielsweise ehemalige Sklavenhändler, die vor der Obrigkeit flüchten mussten und auf Amorgos eine neue Heimat fanden. Die meisten Diener der Pflicht stammen aus dem östlichen Mittelmeerraum, ein Großteil sind Muslime. Einige wenige kennen das Geheimnis der wahren Tantaliden, aber aufgrund ihrer Lebenserfahrung würde ihnen nicht einmal im Traum einfallen, über dieses Wissen zu sprechen, geschweige denn es zu verbreiten. Zumal Diener der Pflicht mit der Zeit ein großes Vermögen anhäufen können und irgendwann von ihrer Schuldigkeit entbunden werden – jedenfalls teilweise, denn obwohl sie sich an einem bestimmten vorgeschriebenen Ort niederlassen dürfen, wird auch dann noch von ihnen erwartet, dass sie sich in die regionale Politik einmischen, sich einen Namen machen und wichtige Informationen an den Bund weiterleiten.

Diese Dienerschaft hat die legendäre Tantalidin Chrysothemis als Schutzpatronin gewählt, ebenfalls eine Tochter des Agamemnon. Da allerdings die meisten Diener der Pflicht aufgrund ihrer Herkunft in der griechischen Mythologie nicht sehr bewandert und eher weltlich ausgerichtet sind, bitten sie ihre Patronin nur selten um Beistand.

Diener der Wut

Diese zähe, aber zahlenmäßig kleine Kriegerkaste der Orakeljünger ist vor allem mit der Bewachung und Verteidigung der heiligen Stätten auf Amorgos beauftragt. Auch bei den Dienern der Wut handelt es sich oft um Menschen mit dubioser Vergangenheit, die jedoch nicht für eine Arbeit als Schreiber geeignet sind (viele können nicht einmal lesen). Etliche von ihnen sind frühere Korsaren, Diebe oder in Ungnade gefallene Söldner. Unter dieser Dienerschaft hat sich mit der Zeit eine gewisse spirituelle Tradition durchgesetzt: Sie bewachen nicht nur den Tempel und Schwester Adrastea, sondern verehren diese auch als Stimme der Götter oder zumindest als Gesegnete. Viele haben ihrem früheren Glauben abgeschworen und sich dem polytheistischen Pantheon der antiken Griechen verschrieben. Sie hegen Vorbehalte gegen die heutige Welt und lehnen die Benutzung fortschrittlicher Technik ab, darunter auch Feuerwaffen, gelten aber als ebenso tapfer wie archaisch. Ihrer Vorstellung nach können sie durch heldenhafte Taten und einen heroischen Tod von den Göttern in den Olymp aufgenommen werden.

Die Diener der Wut haben den Tantaliden Orestes als Schutzpatron erwählt, mythischer Bruder der Chrysothemis und Elektra, und aufgrund ihrer hohen Spiritualität einige besondere Rituale zu seinen Ehren erfunden.

Der Orakelbund als Auftraggeber

Im Grunde erfüllen die Geschwister des Orakels von Chora im Mittelmeerraum eine ähnliche Funktion wie der Wächterbund im übrigen

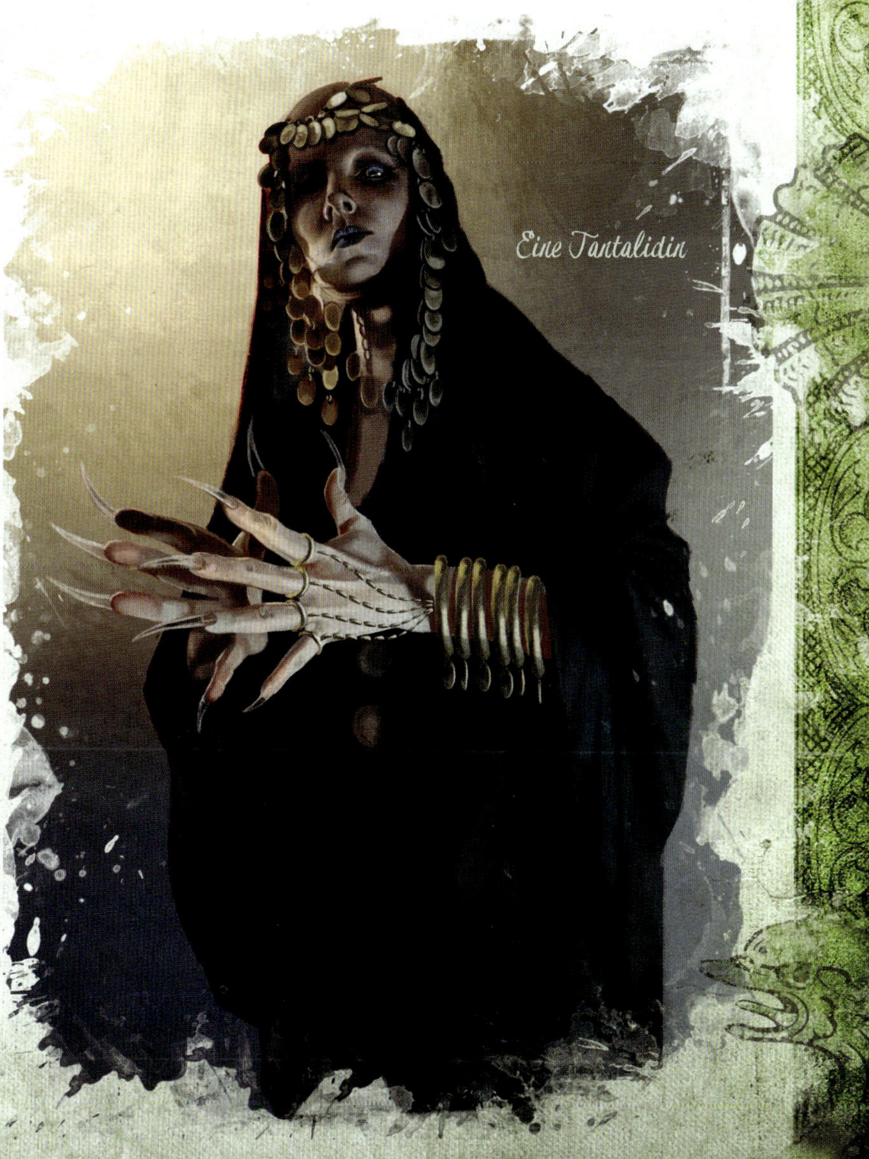

Eine Tantalidin

Europa: Auch ihre Agenten (hier vor allem Diener der Leidenschaft) treten an die Jäger mit der Bitte heran, Wissen zu beschaffen oder Gegner zu eliminieren. Im Unterschied zum Wächterbund treten die Orakeljünger aber nach außen hin deutlich neutraler auf: Selbst vordergründig geht es ihnen nicht um die Verfolgung hehrer Ziele und die Bekämpfung von widernatürlichen Kreaturen aller Art. Dass sie in Wahrheit noch weitaus finsterere Pläne schmieden, ist allerdings kaum jemandem bekannt. Mit dem Orakelbund Kontakt aufzunehmen, ist ähnlich schwierig wie bei ihrem zentraleuropäischen Pendant. Orakeljüngern begegnet man selten, viele von ihnen halten sich äußerst bedeckt. Auch ein Symbol wie die Eule mit dem Schwert in den Klauen, das Eingeweihte an geheime Orte führt, gibt es nicht. Allerdings können die Jäger Mitglieder des Orakelbundes durch die gemeinsame Parole erkennen: „Zwar weiß ich viel, doch möcht' ich alles wissen."

Typischer Tantalide

(Anführer 1, Widernatürlich)

Tantaliden sind ein annähernd menschenähnliches Volk von Dämonen. Sie sind meist etwas kleiner und schmaler als durchschnittliche Menschen und besitzen eine sehr blasse, graue Haut, außergewöhnlich lange Finger sowie spitz zulaufende Ohren. Ihre unnatürlich großen Augen sind schwarz und pupillenlos. Tantaliden bevorzugen einfache, graue oder schwarze Roben, die an antike griechische Gewänder erinnern. Auch wenn ihre Kleidung schmucklos ist, tragen sie gern Ringe und Halsketten aus Silber und Gold, vielfach auch einen Stirnreif um ihr haarloses Haupt. Tantaliden sind keine Kämpfer. Sie vermögen sich zwar zu wehren, wenn es nicht anders geht, aber in der Regel bevorzugen sie Hinterhalte und Intrigen.

Kkr 5, Ath 8, Ges 8, Wil 8, Wis 8, Sin 8
LeP: Jz x 15 | **Pw: 1** (einfache Kleidung)
Ini: 16 | **Strategie:** Allrounder (|)

Fausthieb (Ath) Angriff 9, Schaden 0
Dolch (Ges) Angriff 9, Schaden 1 *+innerer Schaden (je 1, Vergiftung)*
Wurfdolch (Ges) Angriff 9, Schaden 2

- **Anfällig** (Licht)
- **Beschwörung** (|: Diener der Wut (Bande 2, 2 für 1 Hex))
- **Fluch des Unglücks** (|: 9 gegen Geistesstärke, 1 Malusstufe (Trauma, 5: Fluch) pro Differenzerfolg, 1 Hex pro Ziel (1–3 Ziele))
- **Geistschlag** (|: 9 gegen Geistesstärke, Schaden 2 Ge pro Differenzerfolg, 1 Hex pro Ziel (1–3 Ziele))
- **Hex-Macht** (Jz Hex bei Start)
- **Hex-Wachstum** (Jz – 1 Hex in Ini 0)
- **Hex-Wachstum** (+2 Hex in Ini 0 in dunkler oder schattiger Umgebung)
- **Meister der Magie** (+1 Hex bei 5+ Erfolgen)
- **Schutzfeld** (|: SR (–5/alles), –1 in Ini 0, 3 Hex)
- **Unsichtbarkeit** (|: Zaubernder wird unsichtbar, 2 Hex freistehend, 4 Hex gebunden)
- **Wahrer Name** (Espritstern: 2 Erfolge)

Erzählkräfte: Aufruhr, Infiltration, Kontrolle, Wahrsagung

Beute: 90 Gulden (Beutegut: Schmuck und Seide)

Diener der Wut

(Bande 2)

Die Diener der Wut stellen die Kriegerkaste des Orakelbundes dar. Sie kleiden sich bevorzugt in griechische Gewänder und altmodische Brustpanzer, manche tragen geschlossene Helme nach Art der antiken Hopliten. Bewaffnet sind sie mit Speeren und Rundschilden.

LeP: 9 | **Ini: 9** | **Beute:** 8 Gulden (Beutegut: Ausrüstung)
Speerstoß Erfolge 3, Schaden 2
Speerwurf Erfolge 3, Schaden 2

- ***Geschossabwehr**** (SR –4/Schleudern, Armbrüste, Musketen, Pistolen)
- **Zusammenrotten** (+1 Treffererfolg)

**Nsc-Kräfte, die in den Nsc-Werten kursiv abgedruckt sind, wie hier beispielsweise „Geschossabwehr", werden im Anhang am Ende dieses Buches beschrieben. Alle anderen Kräfte sind Bestandteil des Buchs der Regeln.*

Der Hospitaliterorden: Die geheimen Hallen der Ritter

Zusammenfassung

Im Jahre 1733 gibt es im Mittelmeerraum nur noch einen aktiven Ritterorden: die Hospitaliter, die sich nach der Spaltung durch die Reformation erneut aus den Johannitern und Maltesern formten. Seit dem Kontrakt von Malta ringen die beiden Fraktionen brüderlich, aber bestimmt um die Vorherrschaft und Ausrichtung des Ordens. Die Maltei, die in der Tradition des päpstlichen Malteserordens stehen, sind Seefahrer und Meister des Kampfes. Die Johannei hingegen konzentrieren sich seit ihrer Zeit als protestantischer Orden hauptsächlich auf die alchemistischen Künste und die Heilung der Versehrten. Angeführt wird der wiederauferstandene Hospitaliterorden vom Großmeister, derzeit Thomas von Klingenberg. Vor allem seinem Bemühen ist die Ausrichtung des Ordens hin zu tiefgreifenden okkulten Forschungen geschuldet, durch die die redlichen Ordensbrüder stets kurz davor sind, von der widernatürlichen Natur ihrer Experimente korrumpiert zu werden.

Geheimnisse der Hospitaliter

Die okkulte Alchemie

Der gesamte Orden der Hospitaliter ist sehr verschwiegen und hochreligiös. Und das hat einen Grund: Alle Entwicklungen seit seiner Neugründung 1660 fußen auf der Verbindung von alchemistischer Forschung und okkulter Praxis, die von Beginn an nahe der Häresie waren. In den sogenannten Höheren Mysterien werden unter der Rezitation von Beschwörungsformeln und Gebeten die Überreste von Dämonen, Monstern und anderer widernatürlicher Wesenheiten mit alchemistischen Tinkturen, Ölen und Tränken kombiniert. Jedoch gingen die Hospitaliter bei diesen Verfahren äußerst behutsam vor, fürchteten sie doch zu Recht eine Einmischung der Inquisition und – nachdem sie mehr und mehr mit den verdrehten Wahren Templern in Berührung gekommen waren – ein ähnlich finsteres Schicksal wie diese (siehe: Geheimnisse des Templerordens, S. 38). Allerdings verschaffte die theoretische und praktische Auseinandersetzung mit den Höllenkreaturen (vor allem das Sezieren derselben) dem Orden auch ungeahnte anatomische Einblicke, die ihm große Fortschritte in der Heil- und Kriegskunst ermöglichten.

Verschwiegenheit blieb auch unter Thomas von Klingenberg eine wichtige Maxime der Hospitaliter, allerdings veränderte sich die interne Doktrin des Ordens mit seiner Ernennung zum Großmeister radikal. Unter von Klingenberg wurde jedwede Vorsicht über Bord geworfen. Zunächst stattete er die Johannei in den Gewölben unter Malta mit allen nötigen Ressourcen aus, um die Forschung nicht nur theoretisch, sondern auch praktisch voranzutreiben. Okkulte Folianten wurden beschafft, niedere Dämonen beschworen und gebannt, widernatürliche Bestien gefangen, seziert

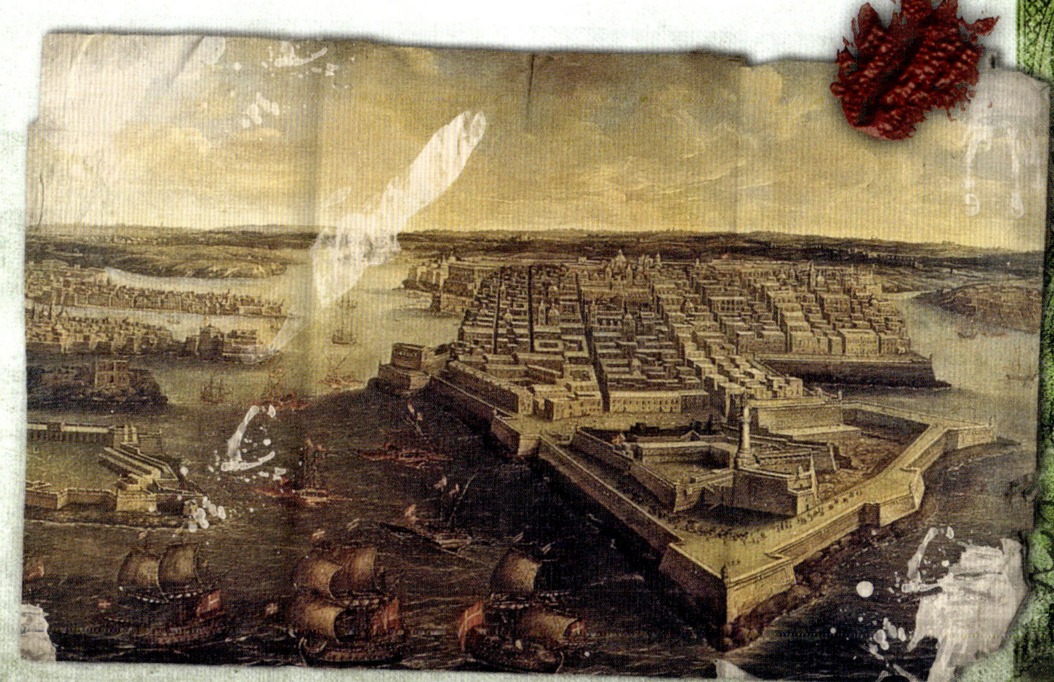

und zur sogenannten Göttlichen Essenz verarbeitet (siehe neue Profession „Johanneus-Bruder“, *Mare Monstrum*). Nur die neuesten alchemistischen Errungenschaften waren ihm gut genug, und selbst Schwerverbrecher und Piraten fanden als Testsubjekte noch eine sinnvolle Verwendung. Fehlschläge wurden dokumentiert und beseitigt. Die Ergebnisse der moralisch fragwürdigen Forschung der letzten Jahre sind mannigfaltig: Dem Orden stehen nun effektivere alchemistische Tränke zu Verfügung, bessere medizinische Verfahren sowie Waffenbeschichtungen, die zwar flüchtig, aber hochwirksam sind. Zudem haben die Hospitaliter ein Wissen über die Kreaturen, Wesenheiten und Dämonen des Mare Monstrum angesammelt, das seinesgleichen sucht.

Dabei sind die obersten Gelehrten des Ordens stets auf der Hut vor einer möglichen Korrumpierung. Sollte ein Johanneus nur in dem Verdacht stehen, den Verlockungen des finsteren Inhalts seiner Versuche zu erliegen, wird er ohne Umschweife festgesetzt, verhört und anschließend meist hingerichtet. Auch nach dem Tod dient der Betreffende noch den Zielen seiner ehemaligen Ordensbrüder: Sein Körper wird geöffnet, auf widernatürliche Veränderungen hin untersucht und letztlich als Ingredienz alchemistischer Rezepturen verwendet. Um den Schutz der unterirdischen Gewölbe kümmern sich einige wenige eingeweihte Maltei und die Hospitalitergarde.

Die Ambitionen des Großmeisters

Auch wenn von Klingenberg den Sitz seiner Familie im Schwarzwald nie gesehen hat, prägt dieser Ort den Großmeister bis heute wie kein anderer. Seit frühester Kindheit begleiten ihn die sehnsuchtsvollen Geschichten seiner Vorfahren, die in den Wirren des Großen Krieges nach Malta flohen und von dort aus den Verlust ihrer Heimat miterleben mussten. Thomas' Urgroßvater war der Meinung, dass die Gottlosigkeit der Herrscher und des Klerus dieses Elend über die Welt gebracht hatte. Er nannte es eine Strafe Gottes, für die Buße geleistet werden müsse. Diese Deutung der Geschehnisse wurde zum Credo der Familie, aber keiner nahm sie so für sich an wie der junge Thomas. Mit neun Jahren wurde er Knappe der Hospitaliter und begann, wissbegierig und entschieden unter den größten Ritterbrüdern beider Fraktionen zu lernen und zu trainieren.

Mit Ende zwanzig hatte er zahlreiche Schlachten gegen menschliche und monströse Feinde geschlagen, war in die erhabensten Ränge der Höheren Mysterien aufgestiegen und dem dunklen Ebenbild seines Ordens in Form der Wahren Templer begegnet. Als das Schiff des Großmeisters Alfonso Strozzi 1725 bei der Rückkehr von einem diplomatischen Treffen in Rom von einem Meeresungeheuer vernichtet wurde, war von Klingenbergs Moment gekommen: Charles de Bretagne, Meister der Johannei, schlug den beliebten jungen Aufsteiger als neuen Großhospitaliter vor und so stieg Thomas vier Wochen später in das höchste Amt des Ordens auf.

Bereits wenige Tage nach seiner Wahl begann der neue Großmeister, Veränderungen im Umgang mit der okkulten Alchemie durchzusetzen – entgegen der Vorbehalte seines Beraterstabs. Im Laufe der nächsten acht Jahre formte er die bereits vorher einflussreichen Hospitaliter zu einer regionalen Macht, die ihresgleichen sucht. Dabei verfolgt er nur ein einziges Ziel: Die Wiederherstellung der Dinge, wie sie seiner Meinung nach sein sollten. Die Mächte der Hölle müssen bezwungen und die schwächlichen Herrscher und Kirchenfürsten abgesetzt werden. Während er bei weltlichen und unnatürlichen Feinden die direkte Macht des Ordens sprechen lässt, geht er bei der Kirche anders vor. Er will Malta zum neuen Mittelpunkt des christlichen Glaubens machen, zu einem neuen Rom, das einzig von wahrer Hingabe bestimmt ist und die alte fehlerhafte Ordnung langsam ablöst. So subtil wie möglich versucht er, die Autorität des Heiligen Stuhls auf die Hospitaliter zu übertragen, die zu diesem Zweck als leuchtendes Beispiel der Christenheit fungieren sollen. Malta hat er bereits zu einem Ort der Frömmigkeit ausgebaut, auf Rhodos sollen die nächsten Schritte in diese Richtung eingeleitet werden, und auch der langfristige Plan, die verruchten Korsaren der Barbareskenstaaten endgültig zu zerschmettern, dient diesem Ziel.

Um sein Vorhaben zu erreichen, ist der Großmeister bereit, nahezu jeden Preis zu zahlen – einzig das Paktieren mit Dämonen und anderen unnatürlichen Wesenheiten bleibt auch unter Thomas von Klingenberg strikt verboten und zieht eine zügige Exekution nach sich. Allerdings schrecken der Großmeister und seine Getreuen keinesfalls davor zurück, unliebsame Fragesteller aus dem Weg zu räumen, gleichgültig welche Autorität sie besitzen. Etliche Inquisitoren oder Ermittler anderer Organisationen und Reiche, die den geheimen Hallen der Hospitaliter zu nahe kamen, verschwanden schon als Versuchsobjekte in den Gewölben. Besonders die Hospitalitergarde und der inneren Zirkel der Johannei übernehmen diese heiklen Aufgaben – denn letztendlich darf sich nichts dem Ziel der Erneuerung der Welt in den Weg stellen.

Der dunkle Weg von Rhodos

Die Eroberung von Rhodos 1731 sicherte dem Orden einen Stützpunkt im östlichen Mittelmeer und schuf ein leuchtendes Symbol der Macht der Hospitaliter. Die Ritterbrüder gewannen ihre alte Heimat zurück, die bereits 200 Jahre zuvor der Sitz des Ordens gewesen war. Doch mit der Eroberung und dem Wiederaufbau der Festung verfolgt der Großmeister in Wahrheit noch einen weiteren Plan. Er hat Rhodos zur Experimentierstätte mannigfaltiger Forschungen gemacht, darunter auch die nächste Stufe der Höheren Mysterien: die spektrale Übertragung. Die klügsten Johannei forschen an diesem Ort mit seiner uralten Ordensgeschichte unter höchster Geheimhaltung an Möglichkeiten, um die Fähigkeiten, Gedanken und Einsichten verstorbener Hospitaliter auf die Lebenden zu übertragen. Über den verblichenen Knochen ihrer seit Jahrhunderten toten Brüder wollen sie das verlorene Wissen der Zeitalter erwerben und zudem sicherstellen, dass dem Orden auch in Zukunft keine Kenntnisse und Fähigkeiten mehr verloren gehen. (Mehr zu Rhodos und dem dortigen Stützpunkt der Johannei findest du ab S. 62.)

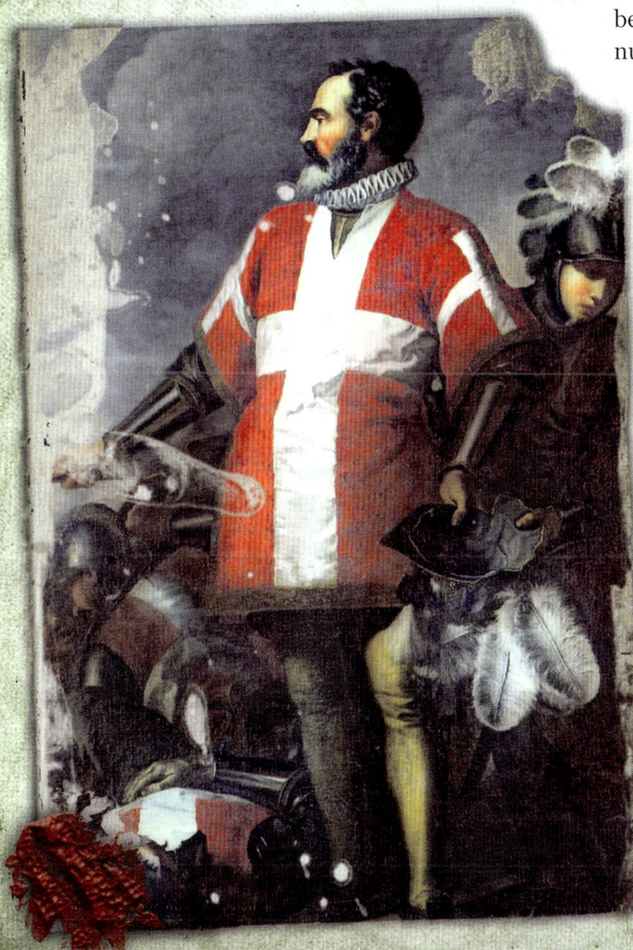

Die Hospitalitergarde

Die elitäre Hospitalitergarde setzt sich in Anlehnung an die Apostel Jesu aus zwölf Brüder zusammen und ist gleichzeitig Leibwache und Richtinstrument des Großmeisters, dem allein sie Rechenschaft schuldig ist. Nur die wenigsten innerhalb des Ordens wissen jedoch, dass die Ritter umfassenden Behandlungen mit okkulter Alchemie unterzogen werden, ohne dabei Rücksicht auf geistige und körperliche Nebenwirkungen zu nehmen. Während sie in tagelangen Gebeten auf indoktrinierende Weise auf den Großmeister eingeschworen werden, flößt man ihnen hohe Dosen geheimnisvoller Regenerativa und anderer experimenteller Substanzen ein, deren Inhalt nicht selten widernatürlichen Ursprungs ist.

Besonders zu Beginn des Garde-Projektes gab es viele Rückschläge. Aspiranten zerfielen vor den Augen des Großmeisters in einen Haufen schleimiger Masse, gingen in Flammen auf, wurden zu plappernden Irren oder verfielen in den geheimsten Kammern des Gewölbes unter Malta in Raserei. Erst mit der Zeit fanden die wenigen eingeweihten Gelehrten heraus, wie ein Anwärter beschaffen sein muss, um die qualvolle Prozedur und die notwendigen Behandlungen relativ unbeschadet zu überstehen. Und so werden heute nur jene Aspiranten als würdig erachtet, die „der Sichtung" standhalten. Dazu nimmt das älteste Mitglied des inneren Zirkels der Johannei allerlei Tinkturen ein und begutachtet unter der Rezitation sowohl von Psalmengebeten als auch mystischer Texte die ausgewählten Ritter. Wer von diesem „Auge Gottes" als würdig empfunden wird, den bereitet man auf die Transformation in einen Gardisten vor, die Übrigen verschwinden für immer in den Gewölben.

Nach der Körper und Geist verändernden Prozedur stehen dem Großmeister bedingungslos loyale und todbringende Vollstrecker zur Verfügung, deren oft deformiertes Antlitz von geschlossenen Vollhelmen verborgen wird. Sie tragen experimentelle Rüstungen, die bereits beim Schmieden mit okkulten Verfahren und Göttlicher Essenz verstärkt wurden, sowie Schwerter und Hellebarden, die durch die neuesten Waffenöle und Tinkturen noch tödlicher sind. Seit der Eroberung von Rhodos werden auf der Insel neue Anwendungsgebiete der okkulten Alchemie erforscht, um die Garde stetig zu verbessern und die Errungenschaften letztlich auch dem gesamten Orden zur Verfügung zu stellen.

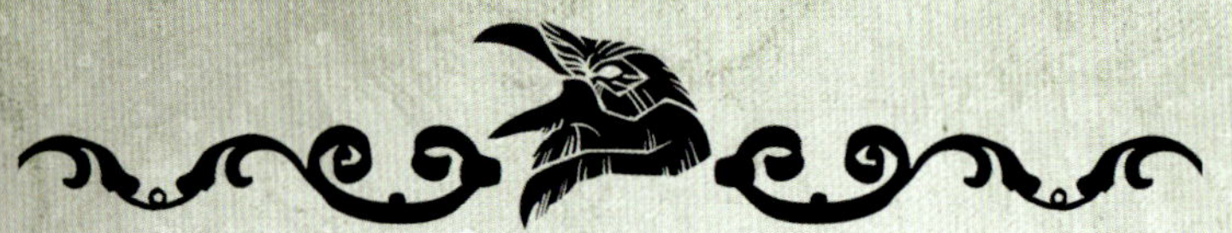

Hospitalitergardist

(Anführer 3, Widernatürlich)

Kkr 12, Ath 4, Ges 2, Wil 10, Wis 6, Sin 4
LeP: Jz x 30 | Pw: 5 (okkulte Plattenrüstung)
Ini: 6 | Strategie:
Mächtiger Allrounder (⚔⚔⚔|➶➶➶)

⚔ **Fausthieb** (Ath) Angriff 7, Schaden 2
⚔ **Schwert** (Kkr) Angriff 15, Schaden 3 +*Gotteswaffe*
⚔⚔ **Hellebarde** (Kkr) Angriff 15, Schaden 7 +*Gotteswaffe*
➶ **Armbrust** (Sin) Angriff 7, Schaden 5

- **Hex-Macht** (Jz Hex bei Start)
- **Hex-Wachstum** (Jz –1 Hex in Ini 0)
- **Immunität** (äußerer Schaden, Unheilschaden)
- **Raserei** (LeP < 50 %: Pw +2)
- **Regeneration** (Ini 0: +Elixierwürfel LeP)
- **Regeneration** (Ini 0: +Elixierwürfel LeP, wenn mindestens 1 weitere widernatürliche Kreatur anwesend ist)
- **Resistenz** (innerer Schaden, Malusschaden)
- **Schmerzen** (⚔|➶: 13 gegen Geistesstärke, 1 äußere Schadensstufe (Blutung, 5: MF) pro Differenzerfolg, 1 Hex pro Ziel (1–3 Ziele))
- ***Unzerstörbare Panzerung*** (Ini 0: Pw regeneriert sich)

Beute: 300 Gulden (Beutegut: Panzerung, alchemistische Ingredienzen)

Geheimnisse des Templerordens

Die wahre Geschichte der Templer

Was viele gebildete Frauen und Männer als Hirngespinst der Bauern oder als Seemannsgarn bezeichnen, entspricht tatsächlich der Wahrheit: Die Templer existieren noch immer. Aber sie sind ein verdrehtes Abbild ihres einstigen Selbst – zumindest im Orient, denn auch in Frankreich gibt es eine Abspaltung des Ordens, genannt „die Tempelritter von der geheiligten Kathedrale der drei Ringe" (siehe: Die Assassinen – Zwischen Gut und Böse, S. 45). Nachdem vier Dutzend Ritterbrüder im 14. Jahrhundert den Verhaftungen und Pogromen in Europa entkommen waren, versuchten sie im Verborgenen, ihren Kampf um den Mittelmeerraum fortzusetzen. Ihre Festung auf Aruad nahe der syrischen Küste war zerstört und verwaist, trotzdem begann die Gruppe, die sich selbst fortan „die Wahren Templer" nannte, mit dem Wiederaufbau eines versteckten Stützpunktes in den Höhlen unterhalb der Insel.

> **Mehr über Asasel**
> Asasel ist auch Herr der Schaitane und Götze der sogenannten Sündenhexen. Mehr dazu erfährst du in den Abschnitten „Schaitane: Asasels Brut" (ab S. 108) sowie „Die Hexen des Mediterraneum – Wein und Wahnsinn" (ab S. 95).

Doch ihre Erfolge waren bescheiden. Abgesehen von Überfällen auf Handelsschiffe des ägyptischen Sultanats und einigen kleineren Siegen über Piraten war der klägliche Orden ein Schatten seiner einstigen Größe und vor allem mit der Verschleierung seiner Existenz beschäftigt. Einzig ein altes Relikt aus den Tagen der Kreuzzüge, das „Templerkreuz der Lusignans", schürte ihre Hoffnung. Als mit den Jahren die Zahl der Ritterbrüder schwand, begannen die Templer Angriffe auf kleinere Küstendörfer zu unternehmen und Jungen zu entführen, um neue Knappen ausbilden zu können. Die Ereignisse im Schwarzwald, die die Welt für immer verändern sollten, verschlimmerten auch die Lage der Templer. Nun mussten sie sich nicht nur weltlichen, sondern auch widernatürlichen Feinden stellen, beidem jedoch vermochten sie nicht lange standzuhalten. Von Gott und den Menschen verlassen, wandten sie sich in ihrer Hilflosigkeit flehentlich erneut einem Meister zu, der bereits Jahrhunderte zuvor ihr Verderben geworden war. Schon in der Anklageschrift von 1307 war den Templern vorgeworfen worden, ein teuflisches Idol anzubeten, das die Hexen heute als Baphomet verehren.

Die Ritterbrüder tarnten sich als Händler und machten fast ihr gesamtes Hab und Gut zu Gold, um an jene uralten Beschwörungsformeln zu gelangen, die in geheimen Verstecken ihres Ordens langsam verfaulten. Mit letzter Kraft und voller Verzweiflung führten sie 1651 in der Finsternis der unterirdischen Gewölbe von Aruad ein unheiliges Beschwörungsritual durch – und stießen so eine Pforte zu den tiefsten Kerkern der Hölle auf, in denen Asasel der Sündenfresser seit Äonen darbte. Der gefangene Dämonenfürst unterbreitete den letzten Templern ein Angebot: Er würde ihnen die Möglichkeit geben, Rache an allen zu nehmen, die zu ihrem Fall beigetragen hatten, wenn sie ihm ewige Knechtschaft schworen. Die verblendeten Ritter nahmen das Angebot an und ebneten Asasel so einen eingeschränkten Weg in unsere Welt. Als Gegenleistung verlieh ihnen der Dämon einen Teil seiner Macht: Unter schrecklichen Qualen begannen sich ihre Leiber zu verformen, Rüstungen verwuchsen mit Fleisch, Hörner sprossen aus ihren Köpfen und verdrehte Muskeln gewannen an Form. Auch das Templerkreuz der Lusignans, letzter verbliebener Gegenstand der Templer, wurde von dem teuflischen Patron „geweiht" und so zu einem dämonischen Werkzeug, das die Geschenke des Asasel weiterzugeben vermag.

Seitdem führen die Wahren Templer ihren Rachefeldzug gegen alles und jeden. Mit besonderer Inbrunst bekämpfen sie die Hospitaliter, die einst einen beträchtlichen Teil ihres alten Ordensvermögens zugesprochen bekamen. In ihrer blinden Wut merken sie kaum, dass sie in Wahrheit die Ziele Asasels vorantreiben, der ihren Zorn beständig schürt und sie Reichtümer anhäufen lässt, um den Einfluss „seiner“ Templer mehr und mehr auszubauen. Denn der Spalt zwischen den Sphären ist nur klein, und noch kann der Sündenfresser seinen Kerker nicht verlassen, doch mithilfe der unheiligen Ritter wird dieser Zustand nicht ewig währen.

Die Dämonen von Aruad

Von den verborgenen Höhlen der scheinbar verlassenen Insel Aruad aus, säen die Wahren Templer Angst und Schrecken. Verderbt und unnatürlich entstellt durch die finstere Macht des Dämonen Asasel, terrorisieren sie die Dörfer und kleineren Häfen im östlichen Mittelmeer. Dabei raubt die Bruderschaft weiterhin Kinder und Jugendliche, nun aber mit dem Ziel, sie mithilfe des Templerkreuzes der Lusignans in dämonische Ungeheuer zu verwandeln. Jedem der unheiligen Ritterbrüder steht ein solcher Knappe zur Seite, dessen Prozess der Umwandlung noch nicht zur Gänze abgeschlossen ist.

Dass die Wahren Templer ihre neuen Kräfte dem Umstand verdanken, dass Asasels Sturmgeister in sie gefahren sind, erahnen nur die wenigen Ritterbrüder, die noch bei einigermaßen klarem Verstand sind. Denn den instinktiven Konflikt mit den widernatürlichen Sturmgeistern übersteht kaum eine Menschenseele, und so kann man getrost davon ausgehen, dass die meisten Templer dem Wahnsinn nahe oder ihm bereits völlig verfallen sind. Diese sogenannten Erlösungssucher sind nicht mehr als sabbernde Irre, die dem eigenen Tod entgegenstreben und ohne Unterlass auf ihre Feinde einschlagen. Nur eine Handvoll besitzt einen so starken Willen, dass es ihnen gelingt, den Sturmgeist des

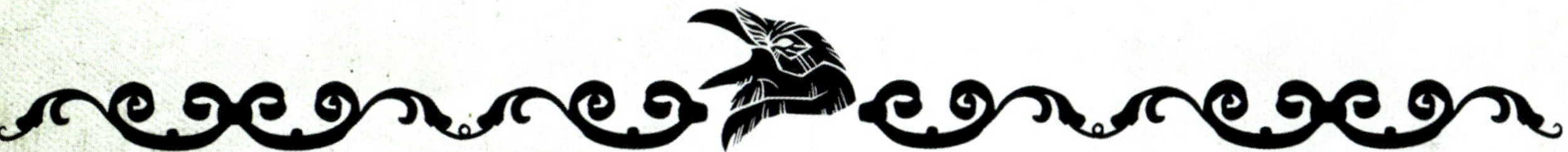

Auswirkungen des Kreuzes der Lusignan

Jäger werden bei Begegnungen mit Wahren Templern diverse Missbildungen an diesen feststellen können. Der HeXXenmeister kann die folgende Tabelle „Missbildungen“ nutzen, um solche körperlichen Veränderungen und ihre Auswirkungen auszuwürfeln. Sollten die Jäger selbst das Kreuz berühren, werden auch sie die verderbte Präsenz Asasels spüren und eine Missbildung entwickeln. Zusätzlich erhält ein Jäger pro Mutation 1 Verderbnis. Optional kann er eine zufällige Geistesstörung erleiden (siehe: *Fibel des Jägerhandwerks*).

Missbildungen

W10	Missbildung	Auswirkungen auf Nsc/Jäger
1	dichtes Fell	Pw +2/generiert +4 Puffer-LeP
2	Ziegenbeine	Ath +2/Akrobatik-Bonus +2
3	aufgedunsener Körper	LeP-Berechnung anhand Jz + 1/LeP +3
4	verformter Rücken	LeP-Berechnung anhand Jz – 1/LeP –3
5	Schwanz	Ath +1 /Akrobatik-Bonus +1
6	Katzenaugen	keine Abzüge durch Dunkelheit
7	Hörner	Hornattacke (Ath + As, Schaden 3)/ (Ath + Fw (Akrobatik), 2 Ap, Schaden 3)
8	deformierte Muskeln	Kkr +1
9	dritter Arm	+1 -Handlung/+1 Ap ohne Pw-Abzug
10	knotige Haut	Resistenz gegen Feuer-, Frost-, Gift- oder Blitzschaden

Templerkreuz der Lusignan

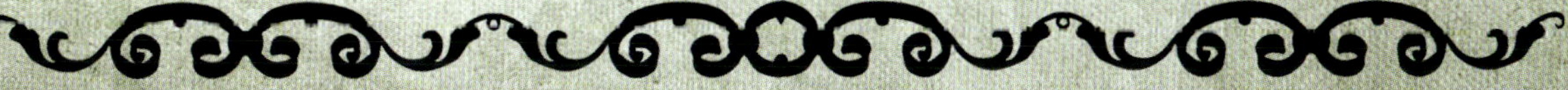

Asasel trotz der Schmerzen der körperlichen Transformation zu beherrschen und aus der Verbindung sogar Zauberkräfte zu beziehen (sogenannte Unheilverkünder). Die als „Kreuzplünderer" bezeichneten Templer hingegen können sich zwar noch einen kleinen Rest ihres einstigen Wesens bewahren, verwandeln sich aber durch die Verwachsung mit ihrer Rüstung in ein williges Instrument Asasels. Ohne Nahrung oder Wasser zu sich nehmen zu müssen, ziehen sie in kleinen Gruppen aus, um Dörfer und Schiffe zu überfallen. Gelenkt werden die losen Verbände der verderbten Ritter und ihrer Knappen von einem Templer, der nur als „der Komtur" bekannt ist und auf Aruad residiert. Von dort aus entsendet er Mittelsmänner des unheiligen Ordens oder ruft in seltenen Fällen seine Brüder zusammen und verkündet ihnen die wirren Befehle, die er direkt von Asasel entgegennimmt.

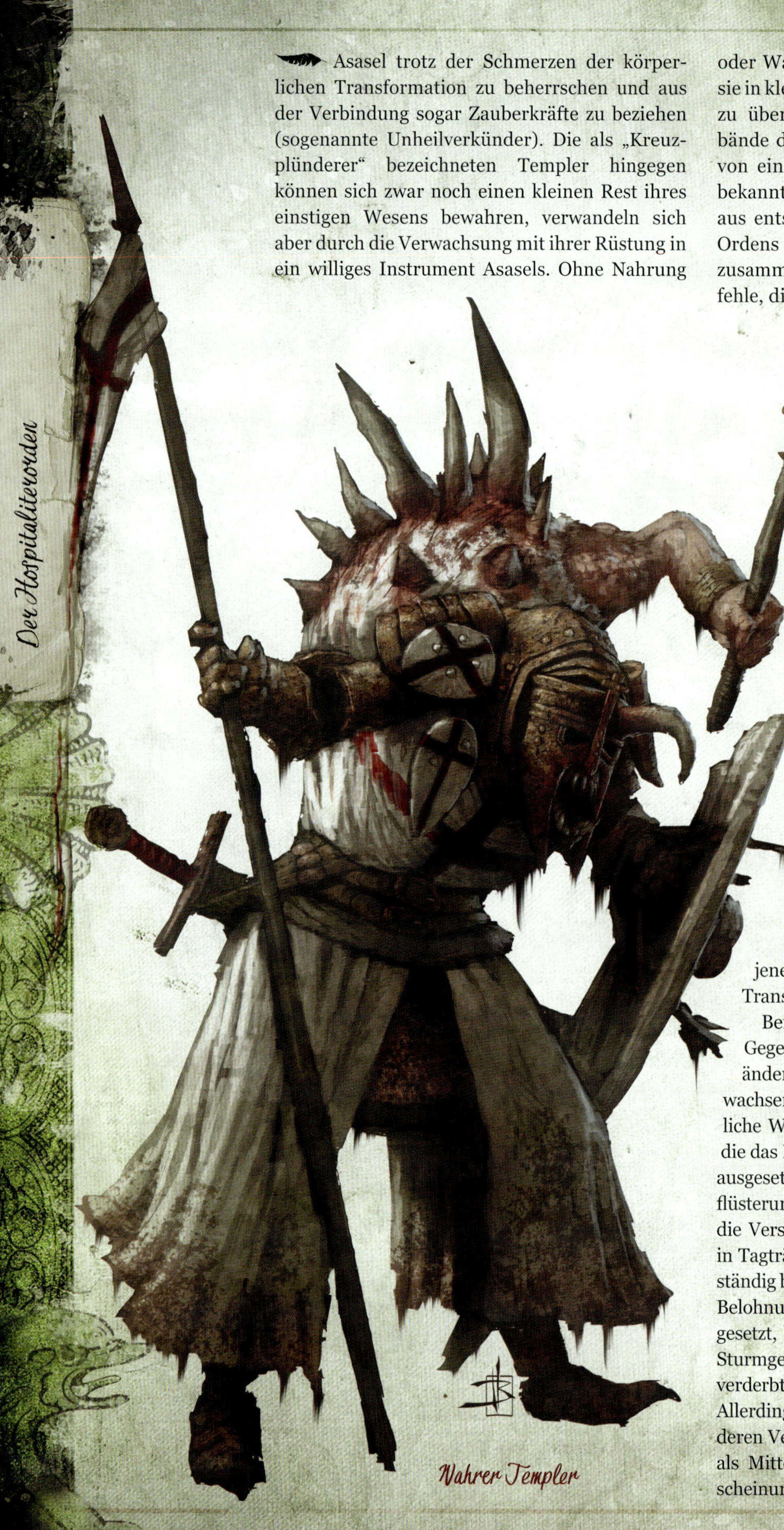

Wahrer Templer

Templerkreuz der Lusignan

Das Kreuz der Lusignan ist ein altes Erbstück der bedeutendsten Templerfamilie Frankreichs. Es handelt sich um ein mit Rubinen besetztes, vergoldetes Tatzenkreuz, das als Vortragekreuz bei den höchsten Prozessionen und Feiertagen des Ordens verwendet wurde. Als sich die Ritter in Asasels Dienst begaben, pflanzte dieser den Samen der Verderbnis in das Relikt. Die unheilige Ikone symbolisiert gleichsam den Bund zwischen dem Dämonenfürsten und den Ritterbrüdern und sichert darüber hinaus ihr Fortbestehen. Um seine unheilige Macht zu verstärken, umwickelten die Templer das Kreuz mit Pergamenten, auf denen in blasphemischen Worten der Namen Gottes verspottet und der höllische Fürst gepriesen wird. Außerdem ummantelten sie den Stab, an dem das Kreuz befestigt ist, mit den Knochen jener geraubten Kinder, die den Prozess der Transformation nicht überlebten.

Bei einer Berührung verursacht der verderbte Gegenstand unterschiedliche körperliche Veränderung: Hörner, Hufe, Krallen oder Schuppen wachsen und der Leib deformiert sich auf schreckliche Weise. Doch auch die Psyche jeder Person, die das Kreuz berührt, ist der Präsenz des Dämons ausgesetzt. Der Betreffende hört dessen Einflüsterungen und wird zunehmend empfänglich für die Versprechen von grenzenloser Macht, die ihn in Tagträumen und Halluzinationen von da an beständig begleiten. Knappen werden dem Prozess als Belohnung für ihre widerwärtigen Taten so oft ausgesetzt, bis Asasel sie schließlich zum Gefäß eines Sturmgeistes auserwählt und sie in die Reihen der verderbten Ritterbrüder aufgenommen werden. Allerdings gibt es auch Agenten der Templer, deren Veränderung rein geistiger Natur ist und die als Mittelsmänner des unheiligen Ordens in Erscheinung treten.

Wahrer Templer*

(Anführer 2, Widernatürlich)

Kkr 10, Ath 6, Ges 4, Wil 7, Wis 5, Sin 5
LeP: Jz x 20 | **Pw: 4** (verwachsene Templerrüstung)
Ini: 9 | **Strategie:** Offensiv (⚔⚔|🔫)

⚔ **Fausthieb** (Ath) Angriff 8, Schaden 1
⚔ **Schwert** (Kkr) Angriff 12, Schaden 3 +*Unheilschaden (Elixierwürfel)*
🔫 **Pistole** (Sin) Angriff 7, Schaden 3

Allgemein

- **Explosiv** (3 Blutwürfel)
- **Immunität** (Malusschaden)
- **Raserei** (LeP < 75 %: +1 ⚔-Handlung, LeP < 50 %: +1 ⚔-Handlung, LeP < 25 %: +1 ⚔-Handlung)

Erlösungssucher (zusätzliche Kräfte)

- ***Aura des Wahnsinns*** (Nahkampfattacke gegen Nsc: Probe Geistesstärke gegen 9, Malus von −1 pro Differenzerfolg für gesamten Kampf)

Unheilverkünder (zusätzliche Kräfte)

- **Beschwörung** (⚔|🔫: Plapperschreck (Bande 1, 3 für 1 Hex), Sündensucher (Bande 3, 1 für 1 Hex))
- **Hex-Macht** (Jz + 3 Hex bei Start)

Kreuzplünderer (zusätzliche Kräfte)

- ***Geschossabwehr*** (SR −6/Schleudern, Armbrüste, Musketen, Pistolen, Wurfwaffen)
- **Meisterschaft** (+3 auf Angriffe mit Schwert)

Erzählkräfte: Aufruhr, Sabotage, Wahnsinn
Beute: 225 Gulden (Beutegut: Waffen, Panzerungsteile, Wertgegenstände)

**Wahre Templer können Blutwürfel Missbildungen aufweisen (siehe Templerkreuz von Lusignan).*

Knappe der Wahren Templer*

(Anführer 0, Widernatürlich)

Kkr 6, Ath 6, Ges 4, Wil 5, Wis 4, Sin 5
LeP: Jz x 10 | **Pw: 3** (Templerrüstung)
Ini: 9 | **Strategie:** Defensiv (⚔|🔫🔫)

⚔ **Fausthieb** (Ath) Angriff 6, Schaden 1
⚔ **Schwert** (Kkr) Angriff 6, Schaden 3
🔫 **Pistole** (Sin) Angriff 5, Schaden 3

- ***Nachfolger*** (bei Tod des Mentors: 1 Kampfrunde aussetzen; Nsc übernimmt Werte des Mentors, regeneriert LeP, reduziert alle Einflussstufen auf 0)

Beute: 20 Gulden (Beutegut: Waffen, Panzerungsteile, Wertgegenstände)

**Knappen der Wahren Templer können Blutwürfel – 1 Missbildungen aufweisen (siehe Templerkreuz von Lusignan).*

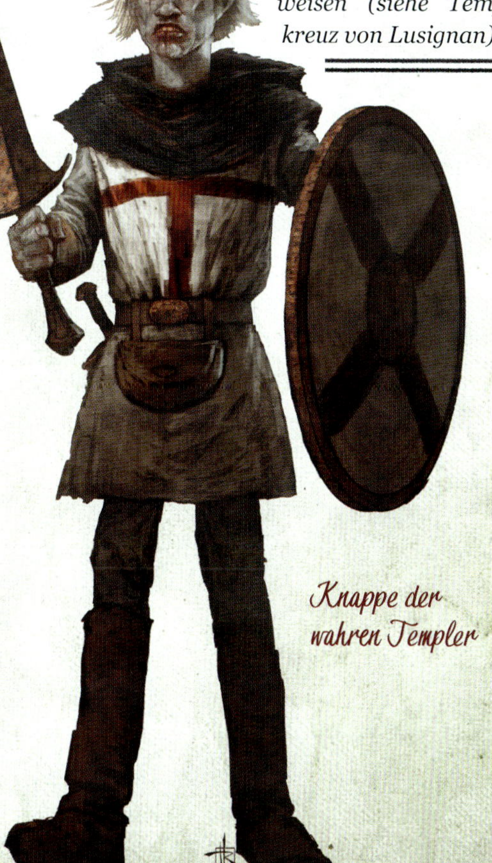

Knappe der wahren Templer

Der Schatzjägerring: Plunder und Wunder

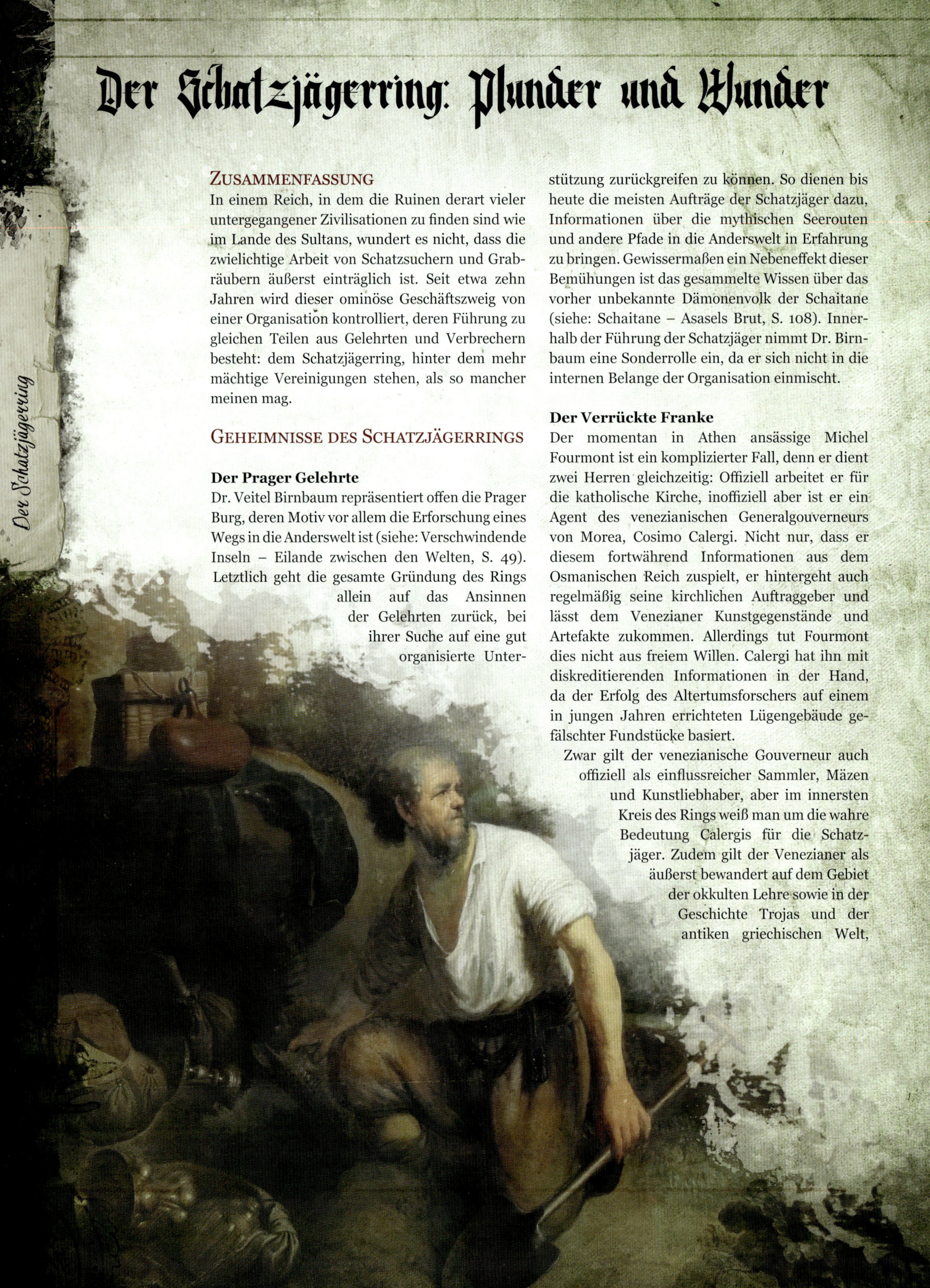

Zusammenfassung

In einem Reich, in dem die Ruinen derart vieler untergegangener Zivilisationen zu finden sind wie im Lande des Sultans, wundert es nicht, dass die zwielichtige Arbeit von Schatzsuchern und Grabräubern äußerst einträglich ist. Seit etwa zehn Jahren wird dieser ominöse Geschäftszweig von einer Organisation kontrolliert, deren Führung zu gleichen Teilen aus Gelehrten und Verbrechern besteht: dem Schatzjägerring, hinter dem mehr mächtige Vereinigungen stehen, als so mancher meinen mag.

Geheimnisse des Schatzjägerrings

Der Prager Gelehrte

Dr. Veitel Birnbaum repräsentiert offen die Prager Burg, deren Motiv vor allem die Erforschung eines Wegs in die Anderswelt ist (siehe: Verschwindende Inseln – Eilande zwischen den Welten, S. 49). Letztlich geht die gesamte Gründung des Rings allein auf das Ansinnen der Gelehrten zurück, bei ihrer Suche auf eine gut organisierte Unterstützung zurückgreifen zu können. So dienen bis heute die meisten Aufträge der Schatzjäger dazu, Informationen über die mythischen Seerouten und andere Pfade in die Anderswelt in Erfahrung zu bringen. Gewissermaßen ein Nebeneffekt dieser Bemühungen ist das gesammelte Wissen über das vorher unbekannte Dämonenvolk der Schaitane (siehe: Schaitane – Asasels Brut, S. 108). Innerhalb der Führung der Schatzjäger nimmt Dr. Birnbaum eine Sonderrolle ein, da er sich nicht in die internen Belange der Organisation einmischt.

Der Verrückte Franke

Der momentan in Athen ansässige Michel Fourmont ist ein komplizierter Fall, denn er dient zwei Herren gleichzeitig: Offiziell arbeitet er für die katholische Kirche, inoffiziell aber ist er ein Agent des venezianischen Generalgouverneurs von Morea, Cosimo Calergi. Nicht nur, dass er diesem fortwährend Informationen aus dem Osmanischen Reich zuspielt, er hintergeht auch regelmäßig seine kirchlichen Auftraggeber und lässt dem Venezianer Kunstgegenstände und Artefakte zukommen. Allerdings tut Fourmont dies nicht aus freiem Willen. Calergi hat ihn mit diskreditierenden Informationen in der Hand, da der Erfolg des Altertumsforschers auf einem in jungen Jahren errichteten Lügengebäude gefälschter Fundstücke basiert.

Zwar gilt der venezianische Gouverneur auch offiziell als einflussreicher Sammler, Mäzen und Kunstliebhaber, aber im innersten Kreis des Rings weiß man um die wahre Bedeutung Calergis für die Schatzjäger. Zudem gilt der Venezianer als äußerst bewandert auf dem Gebiet der okkulten Lehre sowie in der Geschichte Trojas und der antiken griechischen Welt, sodass die anderen Gründungsmitglieder den Einfluss auf Fourmont hinnehmen, um weiterhin auf das Wissen und die große Sammlung alter Schriften und Artefakte Calergis zugreifen zu können, die er in der Festung Palamidi hoch über Napoli di Romania verwahrt.

Der Fennek

Obwohl der märchenhaft reiche Ertugrul Kut vorgeblich nur an der Erhaltung antiker Kunst interessiert scheint, sind seine wahren Motive weit sinistrer. Denn in Wahrheit ist die Figur des Mäzens nur eine Tarnung „des Fenneks“, eines Assassinen des ägyptischen Zweiges (siehe: Die Assassinen – Zwischen Gut und Böse, S. 45). Der Fennek hat ein wahnhaftes Interesse für dunkle und verfluchte Artefakte entwickelt, die er mit Vorliebe für seine Morde verwendet. Beispielsweise gelang es ihm 1732, Kardinal Bentivoglio für dessen Münzsammlung einen der 30 Silberlinge des Judas anzudrehen, worauf der Kirchenmann durch die Fluchwirkung auf bizarre Art zu Tode kam: Er stürzte mit seiner Badewanne durch den Fußboden seiner Villa und brach sich das Genick. Über die wahre Identität des Kunstsammlers weiß niemand der Gründungsmitglieder des Rings Bescheid – allein die Großmutter des Gerümpels hegt den Verdacht, dass Kut nicht der ist, der er zu sein vorgibt.

Sollte er nicht in seiner Heimat Ägypten verweilen, ist der finstere Ertugrul Kut in Çanakkale anzutreffen. Dort kann er Schatzjäger an einen der vielen einheimischen Fälscher von Antiquitäten verweisen, die in der Stadt infolge der neuen Troja-Begeisterung zahlreiche „Schätze“ aus der verschollenen Stadt verkaufen. Mitunter stellt er durch Mittelsmänner auch Kontakte zu den Assassinen her, die immer wieder mit eingeweihten Schatzjägern zusammenarbeiten – von denen viele die ursprünglichen Ziele des Geheimordens gutheißen, auch wenn sie ihre Methoden oft ablehnen. Die Prager Burg missbilligt diese Zusammenarbeit, mischt sich aber nicht ein.

Der ägyptische Patriarch

Zomhan Aboutreika ist als einziges Gründungsmitglied eng befreundet mit dem Wächterbundgelehrten Dr. Birnbaum, da sich beide im Grunde demselben Ziel verpflichtet sehen: der Vernichtung des Widernatürlichen, auch wenn Zomhan deutlich mehr Wert auf eine anständige Bezahlung legt. Denn der alte Patriarch ist nicht nur ein erfahrener Schatzsucher und Grabräuber, sondern auch Monsterjäger – genau wie 98 Generationen von Aboutreikas vor ihm. Sein Clan öffnete in Ägypten bereits in der Antike Grüfte und sah sich dabei immer wieder lebenden Toten gegenüber, jedenfalls überliefert es so die Chronik der Familie. Diesem Geschäft gingen die Aboutreikas nach 1640 vermehrt nach, sodass sie sich heute nicht nur bestens auf die Grabräuberei verstehen, sondern auch auf die Bekämpfung von Monstrositäten.

Am häufigsten ist Zomhan in Smyrna anzutreffen, wo sich der Patriarch der uralten Familie eine Art neuen Stamm aufbaut, eine Großfamilie, die stark anwächst. Immer häufiger nimmt er Waisenkinder in die Familie Aboutreika auf, die jedoch alle über gewisse, in den Straßen von Smyrna erworbene Talente verfügen müssen: Geschicklichkeit, Täuschung und Schnelligkeit – alles Eigenschaften, die einem Grabräuber von Vorteil sind. Wer unauffällige, junge Helfer für Diebstähle oder das Eindringen in schwer bewachte Einrichtungen benötigt, findet bei Zomhan Unterstützung.

Die Großmutter des Gerümpels

Die Großmutter des Gerümpels ist in Wahrheit eine Mänade (siehe: Die Hexen des Mediterraneum – Wein und Wahnsinn, S. 95). Während der Regierungszeit İbrahims des Verrückten wurde sie als kleines Mädchen, das in einem der Antiquitätengeschäfte in der Gasse der Wunder arbeitete, vom Kult des Dionysos aufgenommen und schließlich durch eine Sturmweihe in eine wahre Hexe verwandelt. Heute ist sie Herrin eines auf dem gesamten Balkan und in der Ägäis operierenden Rings von Antiquitätenschmugglern.

Die Gasse der Wunder betrachtet sie als ihr Reich und ihre Heimat, die sie mit allen Mittel beschützt. Letztlich ist es ihrem Einfluss zu verdanken, dass die versteckten Hinterzimmer mit ihren zahlreichen Schätzen und Raritäten noch nicht von der Obrigkeit geräumt werden konnte. Nicht, dass man es nicht versucht hätte, wie vor drei Jahren zuletzt die Janitscharen. Doch nachdem sie dank eines Illusionszaubers der Großmutter 16 Stunden lang durch die engen Gässchen mit ihren unzähligen Hinterhöfen, versteckten Tunneln und bis an die Decke gefüllten Hallen herumgeirrt waren, wagen sie sich nicht mehr in die Gasse. Doch die Großmutter des Gerümpels herrscht in der Gasse der Wunder nicht uneingeschränkt. Sie hat zwar im gesamten Antiquitätenhandel ihre Finger im Spiel, Hehlerei mit normalem Diebesgut allerdings liegt in den Händen ihres Konkurrenten Keke „des Kurden“, einem kriminellen Garküchenbetreiber, der seine Gegner bevorzugt mithilfe vergifteter Köfte (Fleischbällchen) aus dem Weg räumt.

Und das ist nicht das einzige Ungemach, das der Gasse droht. Da die Großmutter es vernachlässigt hat, regelmäßige Kulthandlungen zu Ehren des Dionysos zu veranstalten und Intrigen gegen den Sultan zu spinnen, hat sie den Zorn der Hexe Paraskevi auf sich gezogen. Dieser hat nun in Gestalt des pyromanischen Attentäters Zunderschwamm-Habibi Einzug in Konstantinopel gehalten, der die Herrin der Wunder ausschalten soll.

Der Giftkeller der Gasse

Obwohl Mitglieder des Schatzjägerrings mittlerweile in fast allen Hafenstädten des Balkans, der Ägäis bis hin nach Ägypten anzutreffen sind, wird ein Großteil der Geschäfte doch in der Gasse der Wunder abgewickelt. Wer die geheimen Handzeichen kennt, kann dort schnell mit Händlern und Mittelsmännern in Verbindung kommen. Auch wenn der Gasse etwas Mythisches und Geheimnisvolles anhaftet, so dient sie doch in erster Linie dazu, gute Geschäfte zu machen – und so bringen die Schatzsucher und Grabräuber des Rings aus den Gebirgen, Wüsten und Dschungel der ganzen Welt uralte Relikte nach Konstantinopel.

Manche Artefakte jedoch entpuppen sich als zu gefährlich, um sie auf die Menschheit loszulassen. Einigen wohnt mächtige schwarze Magie inne, wie vielen der bleiernen Fluchtafeln aus den Tagen Roms. Auf anderen liegen machtvolle Flüche, zum Beispiel auf der Totenmaske des dreifachen Verräters Alkibiades. Vor allem auf Veranlassung der Prager Burg, deren Gelehrte das Sonderrecht besitzen, sämtliche Ankäufe der Schatzjäger einer intensiven Prüfung zu unterziehen, werden derartige dunkle Fundstücke im sogenannten Giftkeller eingeschlossen – einem dreistöckigen Labyrinth aus Kellergeschossen direkt unter der Gasse der Wunder. Früher einmal muss es sich um einen unterirdischen Friedhof gehandelt haben, zumindest weisen die Gänge die typischen Alkoven für Verstorbene auf, obgleich sich nirgendwo Knochen finden. In diesen Alkoven werden gefährliche Artefakte abgestellt und anschließend mit Stahlplatten versiegelt. Zusätzlich hat die Großmutter des Gerümpels verzauberte Giftschlangen in den unterirdischen Gewölben ausgesetzt, die sich nur mit einem speziellen, von der Hexe hergestellten Duft beruhigen lassen und deren Biss Wahnvorstellungen auslöst, die ein Opfer in den Selbstmord treiben. Nur die fünf Gründungsmitglieder und jene, die von ihnen bevollmächtigt wurden, können unbehelligt den Keller betreten, denn nur sie sind im Besitz des magischen Duftes.

Da der Ring nur selten Artefakte birgt, die so gefährlich sind, dass sie in den Giftkeller verbannt werden, ist dort noch genügend Platz. Tatsächlich sind die Gewölbe sogar leerer, als die Gründer des Schatzjägerrings glauben – denn es ist dieser Ort, an dem der Fennek insgeheim viele der Werkzeuge für seine Untaten beschafft.

Abenteueridee

Der Kunstsammler Ertugrul Kut ist jüngst in den Besitz antiker Scherben gekommen, die angeblich aus Troja stammen sollen. Er heuert die Jäger in Çanakkale an, damit diese die Herkunft der Scherben herauszufinden. Tatsächlich führt die Spur der Scherben kreuz und quer durch die Troas, und wie sich herausstellt, lastet ein Fluch auf ihnen. Alle Personen, die die Scherben besaßen, kamen früher oder später auf skurrile Weise ums Leben. Nur ein Zufall? Als sich im Umkreis der Jäger Unfälle und unwahrscheinliche Ereignisse mehren, scheint auch für sie das letzte Stündlein geschlagen. Lediglich eine Seherin, bei der es sich um eine Nymphe handelt, rät ihnen, die Scherben dorthin zu bringen, woher sie kamen. Nur so könne der Fluch gebrochen werden.

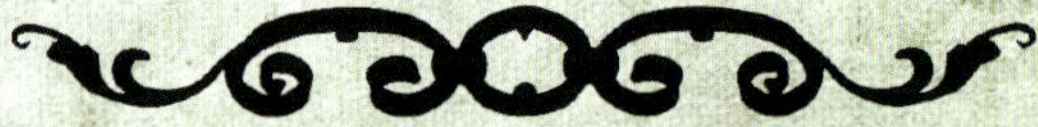

Die Assassinen: Zwischen Gut und Böse

Zusammenfassung

Es gibt sie noch immer, die geheimnisumwitterten Assassinen, jene gefürchteten Attentäter, deren Name zum Synonym für effizienten Meuchelmord wurde. Seit dem Fall ihrer Burgen im 13. Jahrhundert hat sich der Orden jedoch von einer relativ offen agierenden Gruppierung von Partisanen zu einer wahren Geheimgesellschaft entwickelt, die sich im Schatten des Osmanischen Reiches, aber auch in Frankreich für den Schutz der Unschuldigen und religiöse Toleranz einsetzt. Doch so glanzvoll das Bild der neuen Assassinen den wenigen Eingeweihten auch erscheinen mag, selbst in ihren Reihen gibt es kaum jemanden, der weiß, dass sich unter der Sonne Ägyptens ein verderbter Arm des Ordens dem Bösen hingegeben hat.

Geheimnisse der Assassinen

Der Prinz der Tulpen

Im Gegensatz zur landläufigen Meinung handelt es sich bei der Wendung „der Alte vom Berge" weniger um einen Titel, sondern vielmehr um den Decknamen des berühmtesten Assassinenführers der Geschichte. Doch jeder Groß-Dāʿī wählt einen neuen Namen: Der derzeitige Herr des Ordens ist „der Prinz der Tulpen" und weilt als der berühmte Dichter Ahmed Nedîm Efendi am Hof des Sultans in Konstantinopel. In dekadente Roben aus Samt und Seide gekleidet scheint er seine Tage allein damit zu verbringen, durch die Gärten des Topkapı-Palastes zu lustwandeln – stets begleitet von einer Flasche Wein und einer Entourage aus Hofdamen. Dass diese in Wahrheit seine getreuesten Dāʿī sind und er selbst der Anführer eines geheimen Ordens, weiß so gut wie niemand.

Wie gefährlich der scheinbar harmlose Dichter wirklich ist, würde jeder begreifen, der erführe, dass er den Patrona-Halil-Aufstand fast eigenhändig beendete. Persönlich erledigte er die Anführer der rebellierenden Janitscharen einen nach dem anderen, setzte ihre Offiziere mit einem schwachen Gift außer Gefecht und sandte Boten zum Khan der Krimtartaren aus, die dem Sultan schließlich als offizielle Retter zur Hilfe eilten.

Als Abkömmling einer Familie streng gläubiger islamischer Gelehrter weiß der überzeugte Menschenfreund aus erster Hand, wie wenig Worte gegen religiösen Fanatismus auszurichten vermögen. Es ist Nedîm, der seit Jahren seine schützende Hand über den greisen Sultan hält und dafür sorgt, dass er auch weiterhin seinen Kurs der Modernisierung fahren kann. Dass all seine Bemühungen nur zu schnell zunichte gemacht werden könnten, ist dem Poeten dabei vollkommen bewusst. Die Macht der konservativen Janitscharen ist noch nicht gebrochen und auch die zunehmende Vampirbedrohung macht dem Assassinenführer zu schaffen. Sein Orden hatte sich stets auf sterbliche Gegner konzentriert, bei der Bekämpfung des Übernatürlichen fehlt es den Assassinen an Erfahrung. Daher hält Nedîm seit einiger Zeit Ausschau nach vertrauenswürdigen Jägern, die würdig wären, in den Orden der Assassinen aufgenommen zu werden.

Der Krieg in den Schatten

Es dauerte nicht lange, bis die Janitscharen herausfanden, dass hinter dem Scheitern ihres Aufstandes von 1730 eine ihnen feindlich gesonnene Organisation stecken musste. Zu unwahrscheinlich waren die Unfälle, die die Rebellenführer ereilt hatten, und das zufällige Eingreifen der Krimtartaren. Zunächst glaubte man noch an geheime Agenten des Sultans, doch durch die gezielte Folter einiger Palastdiener, mehrten sich die Hinweise auf die unglaubliche Wahrheit: Die leibhaftigen Assassinen existierten noch immer und hatten das Vorhaben der Janitscharen vereitelt. Die Sippen der einstigen Elitekrieger wähnten sich in größter Gefahr. Die Existenz eines Gegners, der jederzeit aus den Schatten zuschlagen kann, war eine größere Bedrohung für ihre Macht als sämtliche Modernisierungspläne des Sultans. Hektisch versuchten sie, ihrerseits ein Netzwerk geheimer Meuchelmörder aufzubauen, das den Assassinen das Handwerk zu legen vermag. Sie rekrutierten ihre gedungenen Klingen in der Gosse, unter den Verzweifelten und Gierigen, denen sie das Gold des Sultans und den Segen Allahs versprachen. Auf diese Weise erschufen sie in beachtenswert kurzer Zeit wie aus dem Nichts eine Gruppe von Mördern, die ihr fehlendes Können und mangelnde Finesse durch pure Brutalität wettmachen.

Da die Janitscharen nichts von der edelmütigen Philosophie des wiedergeborenen Ordens wissen, vermuten sie ihre Feinde erneut in den Kreisen der Nizariten, unter denen ihre barbarischen Meuchler nun Angst und Schrecken verbreiten.

Die Assassinen wiederum haben weder ihre Ursprünge vergessen noch gedenken sie, dieses an Unschuldigen verübte Unrecht unbestraft zu lassen. Die Folge ist ein geheimer Krieg der Attentäter, der die Metropolen des Orients bereits vielerorts erschüttert und womöglich noch größere Wellen schlagen wird.

Der westliche Flügel

So unwahrscheinlich es klingen mag: die Assassinen sind bei Weitem nicht nur im Osmanischen Reich tätig. Sie besitzen einen westlichen Flügel, dessen Zentrum in Frankreich liegt und der sich „die Tempelritter von der geheiligten Kathedrale der drei Ringe" nennt („Templiers de la cathédrale sanctifiée des trois anneaux"). Diese Bezeichnung ist nicht zufällig gewählt, denn bei den ersten westlichen Assassinen handelte es sich in der Tat um Angehörige des Templerordens, die während der Prozesse von 1307 in den Osten geflüchtet waren. Bereits während der Kreuzzüge waren die christlichen Ritterbrüder und die Assassinen ein ums andere Mal Zweckbündnisse eingegangen. Durch die Reformen des Kesselflickers war der Geheimorden zudem deutlich aufgeschlossener gegenüber anderen Glaubensausrichtungen. So kam es, dass sich einige der geflohenen Templer den Assassinen anschlossen und ihre finanziellen Mittel, die sie zur Seite geschafft hatten, gegen das Wissen tauschten, wie man sich geschickt im Untergrund verbirgt.

Über die Jahre wurden die Überreste der zwei gefallenen Organisationen zu einer. Während die Assassinen im Osten blieben, gingen die Templer zurück in den Westen, und doch waren (und sind) sie eins. Zwar besitzen die Ritter von der geheiligten Kathedrale eigene Anführer, aber ihre Philosophie entspricht exakt der, der die östlichen Assassinen anhängen. Auch die geheimen Tempelritter folgen der toleranten Lehre der drei Ringe und versuchen, aus dem Schatten heraus für das Gute zu streiten, selbst wenn dafür finstere Methoden notwendig sind. Wenngleich der strukturelle Aufbau derselbe ist, besitzen sie eine eigene Nomenklatur: Fidā'ī heißen bei ihnen „Knappen", Rafiq „Ritter" und Dā'ī „Meister".

Die Assassinen der Tempelritter sind nicht so zahlreich wie ihre orientalischen Vettern, haben aber erfolgreich Teile des französischen Adels und der Gelehrtenschaft unterwandert. Im Verborgenen führen sie einen immerwährenden Kampf gegen Unterdrücker, verderbte Okkultisten und leider auch gegen die Inquisition, die die Ritter von der geheiligten Kathedrale für Ketzer hält.

Das geheime Schisma der Templer

Als die Templer 1307 aufgelöst wurden, flohen nicht nur etliche Ordensmitglieder in den Untergrund – viele von ihnen gründeten auch unabhängig voneinander Geheimorganisationen, die die Nachfolge des Ritterordens antreten sollten. Das führt im Jahre 1733 zu der absurden Situation, dass es gleich mehrere verborgene Gruppierungen gibt, die von sich behaupten, sie seien *die* Templer. Die in diesem Buch vorgestellten „Tempelritter von der geheiligten Kathedrale der drei Ringe" und die „Wahren Templer" (siehe: Der Hospitaliterorden – Die geheimen Hallen der Ritter, S. 35) sind nur zwei davon.

Die ägyptischen Assassinen

Zwar lässt sich durchaus sagen, dass sich hinter der Maske der kaltblütigen Meuchelmörder eine Kraft des Guten verbirgt, doch das macht die Assassinen keinesfalls immun dagegen, von den Mächten der Dunkelheit korrumpiert zu werden. Unbemerkt von ihren Brüdern und Schwestern und selbst dem Prinzen der Tulpen, ist genau dies mit den ägyptischen Zellen des Ordens geschehen. Unter den Einflüsterungen des zum finsteren Schwarzmagier gewordenen Dā'ī Jaffar, genannt „der Scherenschleifer", haben die Rafiq und Fidā'ī Ägyptens angefangen, das Ideal der Religionsfreiheit, das die Assassinen anstreben, als „frei von Religion" auszulegen. Sie haben einen blutigen Feldzug gegen die Weisen des Landes begonnen, seien es nun islamische Imame, koptische Priester oder andere religiöse Führer. Nur Jaffar und seinen engsten Vertrauten ist klar, dass sie direkt im Dienste der Hölle handeln. Zunehmend bedienen sich die ägyptischen Zellen auch Methoden, die die Assassinen gemeinhin verabscheuen und das Leben Unschuldiger fordern – so wie Sprengstoffattentate oder Massenvergiftungen. Ja, sie machen sogar gemeinsame Sache mit den Sklavenhändlern und Korsaren unter Feysal Bey. Es ist nur eine Frage der Zeit, bis dies die Aufmerksamkeit des Groß-Dā'ī auf sich ziehen wird.

Die Kunst von Stock und Dolch

Der Volksmund sagt den Assassinen übermenschliche, sogar magische Kräfte nach. Ihre Dolche seien schneller als das menschliche Auge, sie könnten aus dem Stand zehn Klafter weit springen, glatte Wände emporklettern wie Eidechsen und vieles mehr. Dass all dies mit Zauberei zu tun hätte, ist Unsinn. In Wahrheit beruhen die Mittel und Methoden der Assassinen auf einer an Vollendung grenzenden Körperbeherrschung, der Meisterschaft in der Alchemie und einer über Jahrhunderte perfektionierten Kampfkunst. Im Laufe der vergangenen

500 Jahre studierte der Orden in der gesamten islamischen Welt sowie angrenzenden Gebieten eine Vielzahl von Kampftechniken und verband diese zu einer ebenso geheimen wie tödlichen Schule des Nahkampfs: der Kunst von Stock und Dolch. Sie enthält Elemente des persischen und türkischen Ringens, des ägyptischen Stockfechtens und sogar der Kampfkunst Pencak Silat von der weit entfernten Insel Java. Anwenden lässt sie sich waffenlos, mit zwei Dolchen oder einem Kampfstab und ist vor allem eines – effizient!

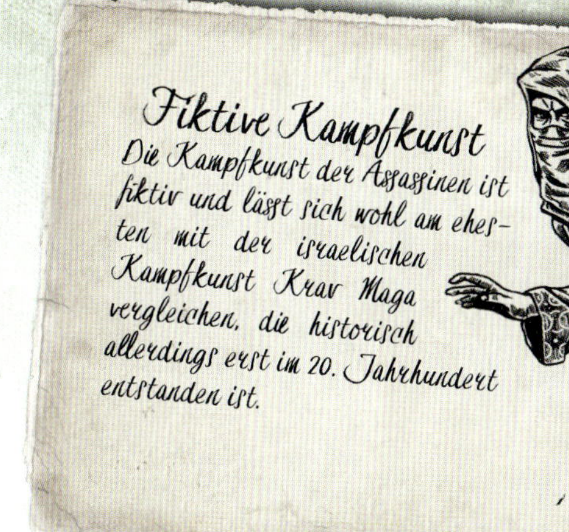

Fiktive Kampfkunst

Die Kampfkunst der Assassinen ist fiktiv und lässt sich wohl am ehesten mit der israelischen Kampfkunst Krav Maga vergleichen, die historisch allerdings erst im 20. Jahrhundert entstanden ist.

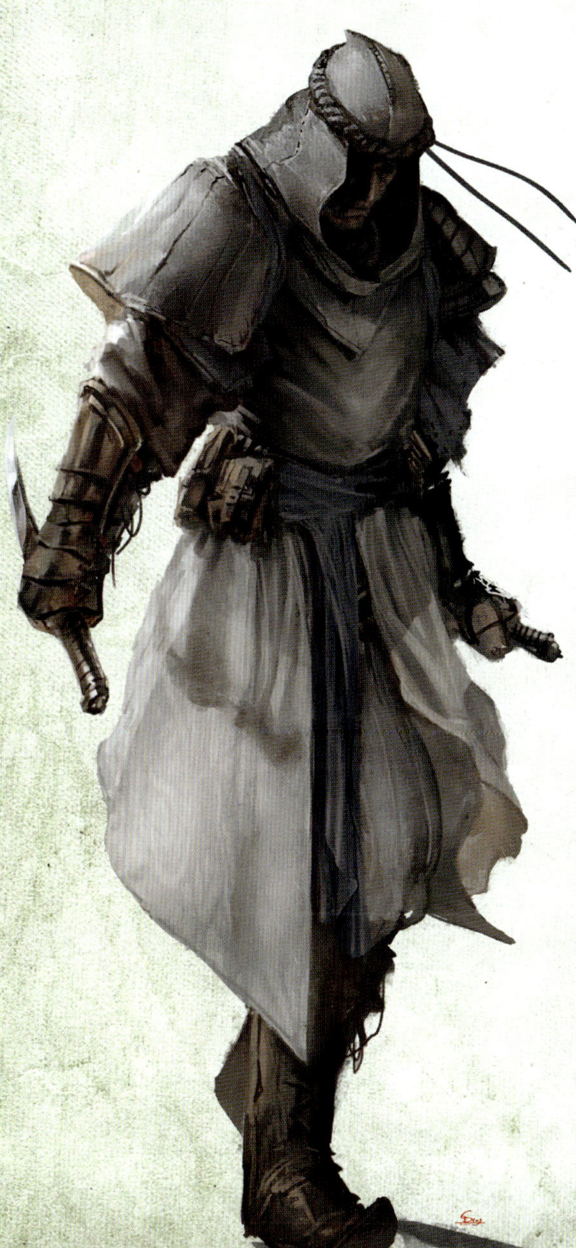

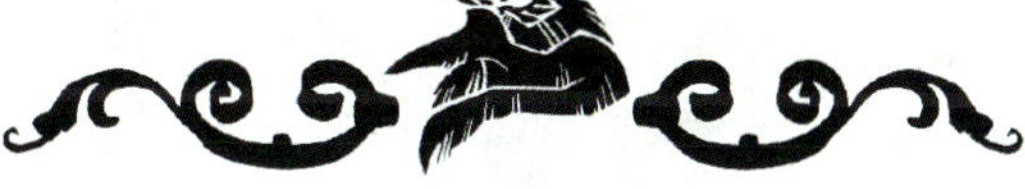

Assassinen als Gegner

Sollten den Jägern Assassinen als Feinde begegnen, kann der HeXXenmeister folgende Spielwerte benutzen oder nach eigenen Vorstellungen anpassen.

Assassine

(Anführer 2)

Kkr 9, Ath 10, Ges 10, Wil 7, Wis 6, Sin 7
LeP: Jz x 15 | **Pw: 2** (lederverstärkte Robe)
Ini: 17 | **Strategie:** Allrounder

Fausthieb (Ath) Angriff 12, Schaden 0
Dolch (Ges) Angriff 12, Schaden 1 *+innerer Schaden (je 1, Vergiftung)*
Säbel (Kkr) Angriff 11, Schaden 5
Handarmbrust (Sin) Angriff 9, Schaden 5

- **Deckungshaltung** (SR –5/Fernkampfangriffe, freistehend)
- ***Droge der Assassinen*** (+1 -Handlung, Ini 0: Elixierwürfel Schmerzschaden; 1x pro Kampf)
- **Hinterhalt** (+5/städtische Umgebung)
- **Raserei** (LeP < 50 %: +1 -Handlung)
- **Resistenz** (Malusschaden)
- **Sicherheitssprung** (: lösen von allen Gegnern, danach -Handlung)

Beute: 350 Gulden (Beutegut: Gifte, Drogen, Ingredienzen)

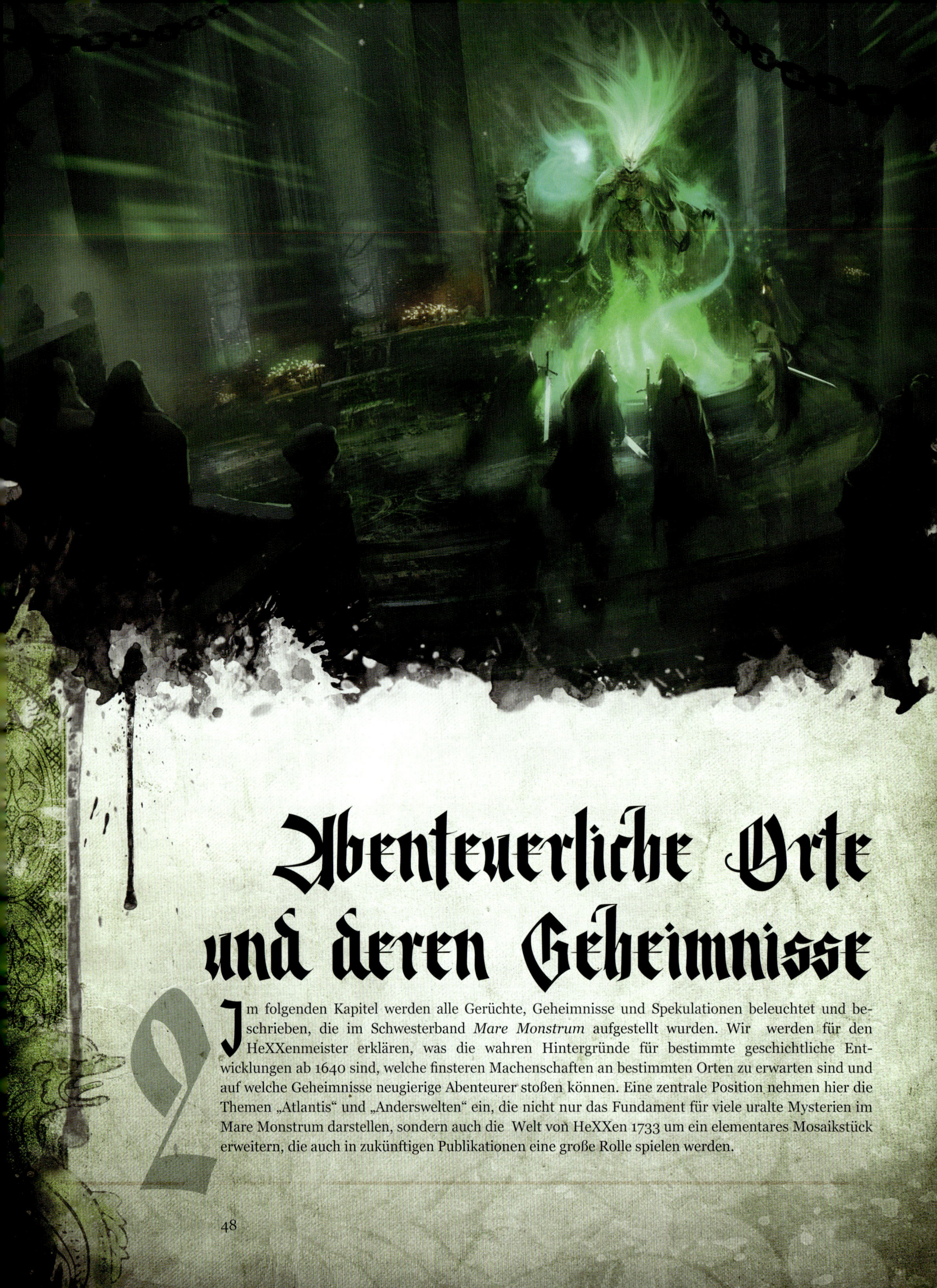

Abenteuerliche Orte und deren Geheimnisse

2

Im folgenden Kapitel werden alle Gerüchte, Geheimnisse und Spekulationen beleuchtet und beschrieben, die im Schwesterband *Mare Monstrum* aufgestellt wurden. Wir werden für den HeXXenmeister erklären, was die wahren Hintergründe für bestimmte geschichtliche Entwicklungen ab 1640 sind, welche finsteren Machenschaften an bestimmten Orten zu erwarten sind und auf welche Geheimnisse neugierige Abenteurer stoßen können. Eine zentrale Position nehmen hier die Themen „Atlantis“ und „Anderswelten“ ein, die nicht nur das Fundament für viele uralte Mysterien im Mare Monstrum darstellen, sondern auch die Welt von HeXXen 1733 um ein elementares Mosaikstück erweitern, die auch in zukünftigen Publikationen eine große Rolle spielen werden.

Verschwindende Inseln: Eilande zwischen den Welten

Zusammenfassung

Ein unheimliches Phänomen sucht seit der Öffnung des Höllentors die Weltmeere heim und sorgt vor allem im östlichen Mittelmeer, aber auch in anderen Seegebieten für Schrecken und Verwunderung. Magische Inseln erscheinen und verschwinden, begleitet von allerlei seltsamen Monstren und Mysterien. Diese zauberhaften Inseln waren es, die die Gelehrten der Prager Burg zu Forschungen im Mare Monstrum aufbrechen ließen. Auf der Suche nach geheimen Wegen in die Sphären der Anderswelt entdeckten sie mythische Seerouten, die aus dieser Realität in eine andere führen, und stellten die Okeanos-Hypothese auf: Zwischen den Welten müsse es eine Art Zwischenebene geben in der Gestalt eines gewaltigen Gewässers, das sich allerdings nur mit den richtigen Wegpunkten gefahrlos befahren lasse. Mit der Unterstützung des auf ihre Initiative gegründeten Schatzjägerrings forschen die Prager Gelehrten an antiken mythischen Stätten nun nach Hinweisen auf diese Wegmarken und versuchen gleichzeitig, einen magischen Kompass zu bauen, mit dessen Hilfe sie den geheimnisumwobenen Seerouten folgen können. Dass sie dabei allerdings die Aufmerksamkeit der uralten Wächter dieser Pfade, der Nymphen, auf sich gezogen haben, ist ihnen noch verborgen geblieben. Doch lange werden sich die Naturgeister nicht mehr auf zurückhaltende Maßnahmen beschränken.

Geheimnisse der verschwindenden Inseln

Das Sphärenbeben

Entgegen der Annahme der Prager Burg, es hätte in der Antike eine Art Kataklysmus gegeben, der unsere Realität und die Anderswelt schon einmal zusammenführte, besteht diese Verbindung vielmehr seit Anbeginn der Zeit und war seitdem mal mehr, mal weniger durchlässig. Erst die Nymphen versiegelten diese Brücken zwischen den Sphären. Als das große Reich von Atlantis im Meer versank (siehe: Atlantis – Reich der Tore, S. 65), überlebten einige jener Priesterinnen, die für die Katastrophe verantwortlich waren: die Plejaden. In den

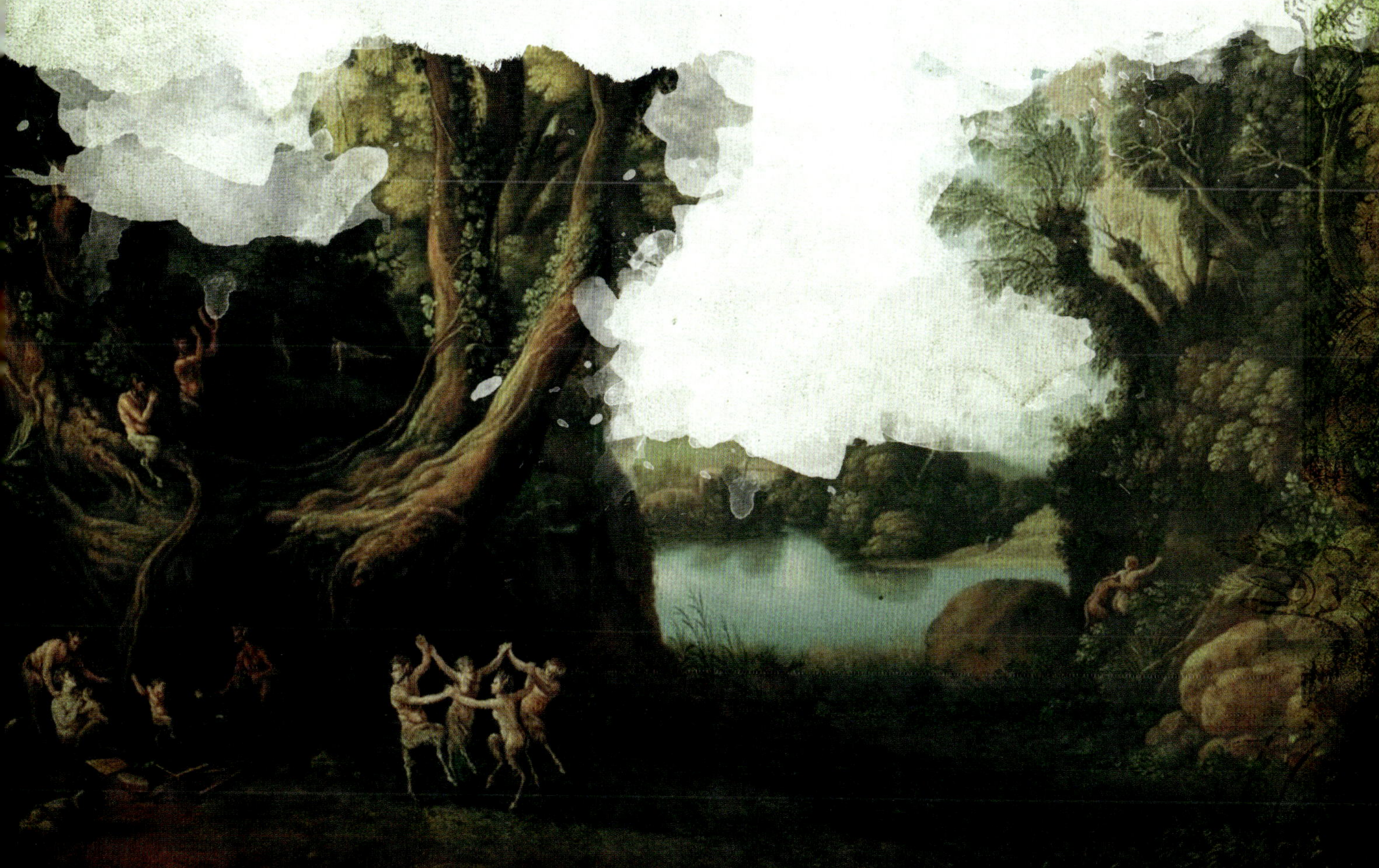

kommenden Jahrhunderten kümmerten sich diese zwar noch um das Wohlergehen der überlebenden Atlanter, aus denen sich schließlich das Meervolk entwickelte, doch mehr und mehr Plejaden zogen sich aus der realen Welt zurück, folgten den mythischen Seerouten und Pfaden in die Anderswelt oder in die Okeanos genannte Zwischenebene. Dabei verbargen sie die Eingänge zu den Wegen oder versiegelten sie mithilfe magischer Sigillen, auf dass kein Wesen aus den jenseitigen Welten in die der Alben und Menschen eindringen könne. Die Kreaturen, die Eingang in Mythen und Legenden fanden, entschwanden dieser Welt und die geheimen Pfade gerieten in Vergessenheit.

Mit der Zeit wurden aus den Plejaden die Nymphen (siehe: Nymphen – Wächterinnen der Wege, S. 82), doch selbst sie hätten nicht vorhersehen können, dass der Zufall eine gewisse Gruppe von Söldnern 1640 zu einem der verborgenen Siegel führen würde. Die folgenden Ereignisse sind Geschichte: Durch menschliche Unbedarftheit wurdenw die magische Sigille geöffnet und ein Tor zur Hölle aufgestoßen. Doch was sich auf der Erde als Schwarzer Sturm zeigte, hatte in Wahrheit viel tiefgreifendere Folgen. Einem Erdbeben gleich erschütterte der gesamte Äther und an vielen Orten zerbarsten die Siegel der einstigen Plejaden. Die Nymphen, von Visionen einer schrecklichen Zukunft geplagt, kehrten über die nunmehr geöffneten Wege zurück in die materielle Welt. Viele versuchten, die Risse und Spalten wieder zu schließen, doch das alte Wissen der Sigillen war verloren gegangen.

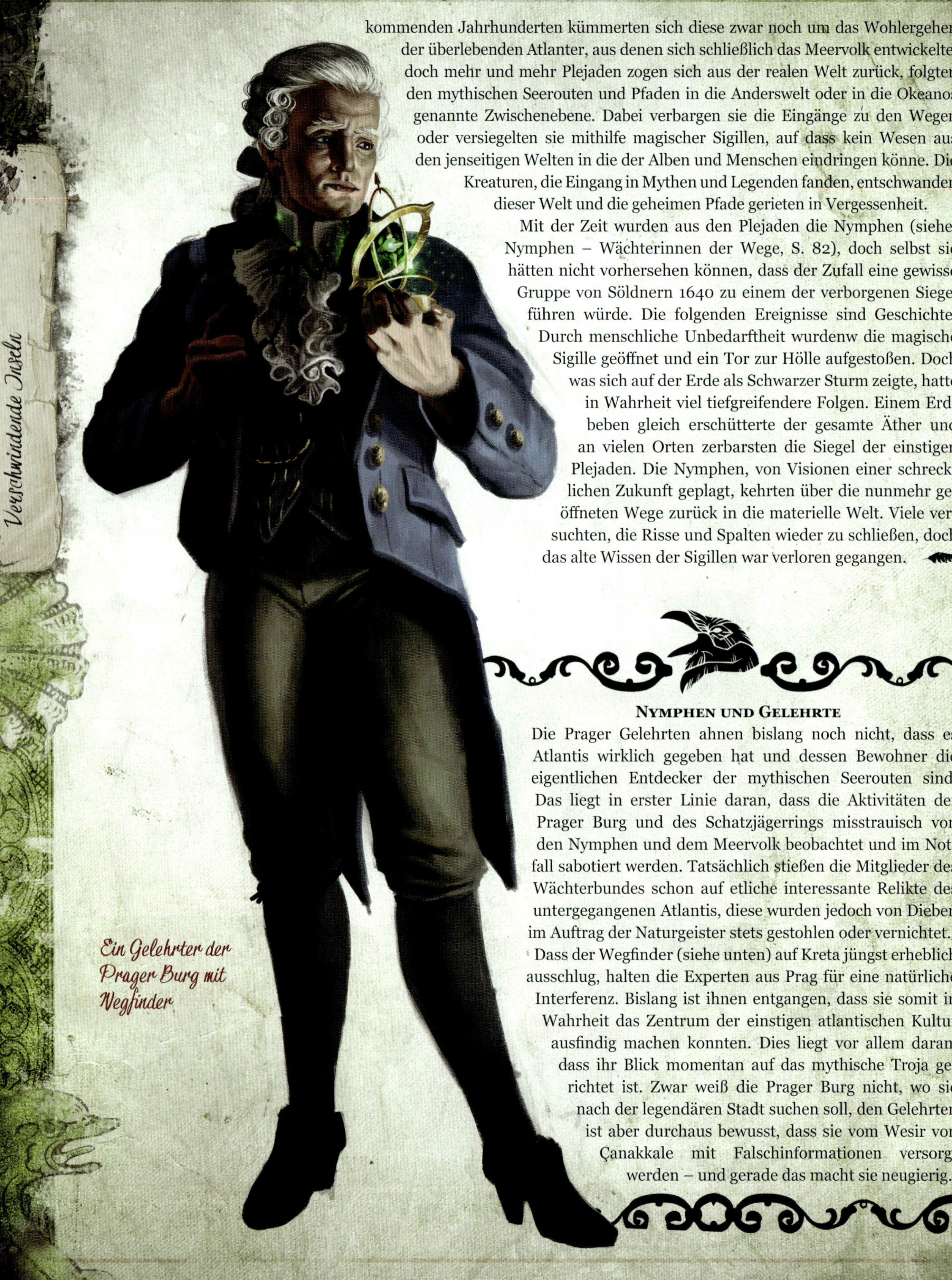

Ein Gelehrter der Prager Burg mit Wegfinder

Nymphen und Gelehrte

Die Prager Gelehrten ahnen bislang noch nicht, dass es Atlantis wirklich gegeben hat und dessen Bewohner die eigentlichen Entdecker der mythischen Seerouten sind. Das liegt in erster Linie daran, dass die Aktivitäten der Prager Burg und des Schatzjägerrings misstrauisch von den Nymphen und dem Meervolk beobachtet und im Notfall sabotiert werden. Tatsächlich stießen die Mitglieder des Wächterbundes schon auf etliche interessante Relikte des untergegangenen Atlantis, diese wurden jedoch von Dieben im Auftrag der Naturgeister stets gestohlen oder vernichtet.

Dass der Wegfinder (siehe unten) auf Kreta jüngst erheblich ausschlug, halten die Experten aus Prag für eine natürliche Interferenz. Bislang ist ihnen entgangen, dass sie somit in Wahrheit das Zentrum der einstigen atlantischen Kultur ausfindig machen konnten. Dies liegt vor allem daran, dass ihr Blick momentan auf das mythische Troja gerichtet ist. Zwar weiß die Prager Burg nicht, wo sie nach der legendären Stadt suchen soll, den Gelehrten ist aber durchaus bewusst, dass sie vom Wesir von Çanakkale mit Falschinformationen versorgt werden – und gerade das macht sie neugierig.

Sich dem Schutz der Pfade verpflichtet fühlend, bewachen die Nymphen seitdem die Übergänge zwischen den Sphären – sowohl vor den Menschen als auch den widernatürlichen Kreaturen, die aus den finstersten Bereichen der Anderswelt hervorkriechen. Somit sind die Mitglieder der Prager Burg, die alles daransetzen, das Geheimnis der jenseitigen Welten zu lüften, ihre erklärten Feinde. Doch die friedliebenden Alben sind in der Wahl ihrer Mittel stark eingeschränkt. Ein offenes Vorgehen gegen die Gelehrten und die Schatzjäger verbietet sich, also beschränkt sich der Handlungsspielraum der Nymphen meist auf Beobachten, Abwarten und Einflussnahme durch ihre Nachkommenschaft.

Okeanos

Der Grund für das Phänomen der verschwindenden Inseln ist vergleichsweise trivial – sofern man die wahre Geschichte von Atlantis kennt (siehe: Atlantis – Reich der Tore, S. 65). Als die Atlantiden das große Ritual vollzogen, das alle Städte des großen Reiches untergehen ließ, entfesselte dies gewaltige Kräfte, in deren Folge viele Orte aus der uns bekannten Realität entrissen wurden. Darunter auch die Hauptstadt Atlantis selbst, welche vormals an der Küste Kretas angesiedelt war und nun gefangen ist zwischen den Sphären – an einem Ort, der der antiken Vorstellung eines die Welt umfassenden Gewässers tatsächlich sehr nahekommt. Okeanos ist eine Art Zwischenebene, eine Sphäre zwischen den Sphären, halb im Diesseits und halb im Jenseits gelegen, die wahrhaftig nur aus einem einzigen endlosen Ozean besteht und an keine Naturgesetze gebunden ist. In Teilen der Sphäre herrscht ewige Nacht mit strahlend hellen Sternen, die alles in ein silbriges Zwielicht tauchen. In manchen Bereichen hingegen sendet eine leuchtend weiße Sonne ihre glänzenden Strahlen aus. In wiederum anderen besteht das Wasser aus einer Art festem Nebel. Hier in Okeanos sind alle Inseln und Stätten gestrandet, die der Realität entrissen wurden. Dazu zählt Britannien ebenso wie Atlantis, Troja, die vom Neuen Attischen Seebund genutzte Insel Chryse sowie zahlreiche weitere, meist unbewohnte Eilande aus dem atlantischen Großreich.

Okeanos zu befahren, ist schwierig, aber nicht unmöglich. Da normale Naturgesetze nicht gelten, verirrt man sich mitunter sogar dann, wenn man sich aller Künste der Navigation bedient. Wer ans Ziel kommen will, muss jenen mythischen Seerouten folgen, nach denen die Gelehrten der Prager Burg so sehr suchen. Die alten Atlanter besaßen dieses Wissen und waren in der Lage, bei ihren Fahrten kurzfristig in die Sphäre des Okeanos einzutauchen, nur um sie am Ende wieder am gewünschten Ort zu verlassen.

Seit dem Sphärenbeben 1640 sind nicht nur die mythischen Seerouten wieder befahrbar, auch kommt es immer wieder zu willkürlichen Überschneidungen zwischen Okeanos und anderen Sphären. Zum einen erzeugt dies das Phänomen der plötzlich erscheinenden und verschwindenden Inseln, zum anderen führte dies dazu, dass immer mehr Kreaturen der Anderswelt in Okeanos stranden und von dort aus einen Weg in unsere Realität finden, ob per Zufall oder im Fahrwasser eines Schiffes.

Mythische Seerouten und Pfade

Obwohl die Verbindungen zwischen unserer Welt und den Sphären der Anderswelt gänzlich verschieden aufgebaut und unterschiedlich lang sein können, besitzen alle eine Gemeinsamkeit: Sie beginnen an einem Anfangspunkt und führen dann über verschiedene Zwischenetappen zu einem Ziel. Menschen besitzen kein Gespür für diese mythischen Wege, daher ist es eher unwahrscheinlich (wenngleich nicht gänzlich ausgeschlossen), dass sie zufällig einem solchen folgen. Einige Kreaturen der Nacht, vor allem

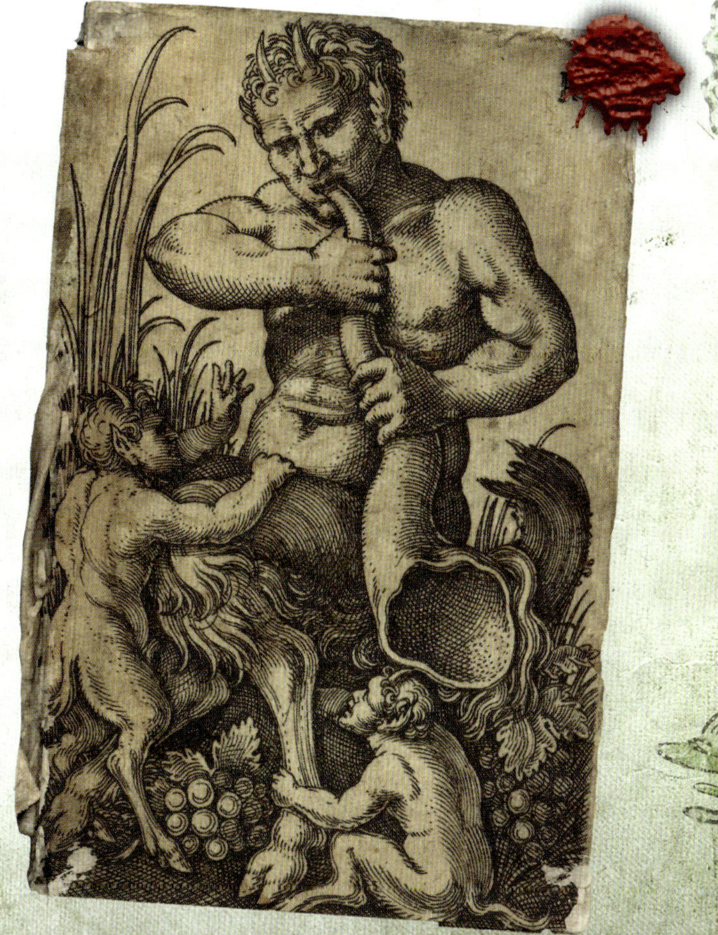

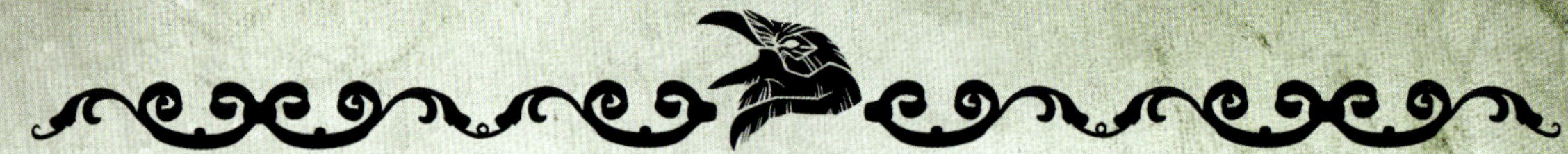

Kreaturen der Nacht, aber auch Alben und zauberkundige Menschen nutzen die Verbindungen zu jenseitigen Sphären, um Wesen aus der Anderswelt herbeizurufen – jedoch auf sehr unterschiedliche Weise.

- **Hexen** rufen Wesen herbei, mit denen sie meist lange im Voraus Freundschaft geschlossen haben oder die sie zu einem Handel bewegen konnten. Um den ersten Kontakt herzustellen, wandeln sie über mythische Pfade in die Anderswelt oder betreten sie durch Portale. An manchen Tanzplätzen oder durch bestimmte Rituale sind sie zudem in der Lage, eine direkte Verbindung ins Reich ihrer Verbündeten herzustellen.
- **Schwarzmagier** besitzen zwar kein Gespür für mythische Pfade, vermögen aber durch Rituale, Visionen oder unter Einfluss bewusstseinsverändernder Drogen eine Verbindung zum Geist eines Dämonen aufzunehmen. Einmal hergestellt, wirkt diese wie eine Richtschnur, entlang der sich herbeigerufene Kreaturen (in der Regel weniger mächtige Dämonen) hangeln können, um in unmittelbarer Nähe des Rufers zu erscheinen.
- **Dämonen** haben keine Schwierigkeiten, eine Brücke zu ihrer Heimatsphäre aufzubauen und weitere ihrer Art herbeizurufen. Dämonen eines anderen Volkes können sie hingegen nur dann in unsere Welt führen, wenn sie im Vorfeld ein Band zu ihnen geknüpft haben.
- **Vampire und Untote** sind zwar Kreaturen der Nacht, besitzen aber häufig keinen Bezug zur Anderswelt. Da sie Zauberanwender sind, können sie diesen jedoch wie Schwarzmagier herstellen. Einige Wiedergänger sind stark mit den Sphären der Toten verbunden und können Wesen aus diesen herbeirufen.
- **Wandler** interessieren sich meist einfach nicht für jenseitige Welten, obwohl einige über so scharfe Sinne verfügen, dass sie Pfade in die Anderswelt zu erspüren vermögen. Ansonsten müssen sie wie Hexen eine Verbindung zu einem Wesen herstellen, bevor sie es in unsere Welt rufen können. Zwar verfügen Wandler nicht über Tanzplätze, aber auch sie kennen Ritualplätze und Zeremonien, um diese Verbündeten zu beschwören.
- Da das Volk der **Alben** immens vielseitig ist, lassen sich nur schwer allgemeingültige Aussagen über sie machen. Einige besitzen eine sehr innige Verbindung zur Anderswelt, was daran liegt, dass auch sie einen Funken Magie in sich tragen. Die Nymphen etwa zogen sich sogar gänzlich aus unserer Sphäre zurück. Einige ortsgebundene Alben verändern ihre Umgebung allein durch ihre Anwesenheit in einer Weise, dass sie der Realität entrückt erscheint. Gleichzeitig sind die meisten Alben jedoch sehr vorsichtig im Umgang mit den Wesen der Anderswelt, nicht zuletzt weil sie durch den jahrtausendealten Angriff der Titanen auf Atlantis eine Erfahrung gemacht haben, die sich tief ins kollektive Bewusstsein vieler Albenstämme eingebrannt hat.

Hexen und Dämonen, sowie auch Alben vermögen die Brücken zwischen den Sphären wahrzunehmen, wenngleich nicht alle von ihnen auch ein Interesse daran, sie zu beschreiten. Folgt man einem mythischen Pfad oder einer Seeroute, verändert sich die Umgebung immer mehr und nimmt Charakteristika der Sphäre an, in die sie führt. Der Himmel könnte seine Farbe verändern, die Sternbilder sich verschieben, die Tierwelt sich verändern und Naturgesetze außer Kraft gesetzt werden. So unterschiedlich die jenseitigen Welten sind, so unterschiedlich sind die wahrgenommenen Phänomene.

Jene Verbindungen zur Anderswelt, die von Hexen begangen werden, sind oft Pfade durch knorrige alte Wälder, finstere Schluchten oder andere Formen der Wildnis. In der Regel enden sie an einem Portal, einer letzten Schranke, die es zu überwinden gilt, um die jenseitige Welt zu erreichen. Die von den Atlantern genutzten Seerouten hingegen führen nicht zu einem solchen Durchgang. Gewissermaßen schrammen sie auf Okeanos nur an der Anderswelt vorbei und führen am Ende wieder zurück in unsere Realität. Aufgrund der unterschiedlichen Gegebenheiten der Sphären mag ein Schiff dadurch sehr viel schneller, aber auch langsamer sein Ziel erreichen. In seltenen Fällen dauert eine Fahrt Jahre oder sogar Jahrzehnte, während für die Mannschaft nur Tage vergingen. Dennoch sind diese Routen alles andere als ungefährlich, denn wenn das Schiff nur leicht vom Kurs abkommt, kann es die Aufmerksamkeit von Wesen aus der Anderswelt erregen, die ihm in seinem Fahrwasser folgen und meist weniger freundlich gesinnt sind als ein Meeresalb auf Brautschau.

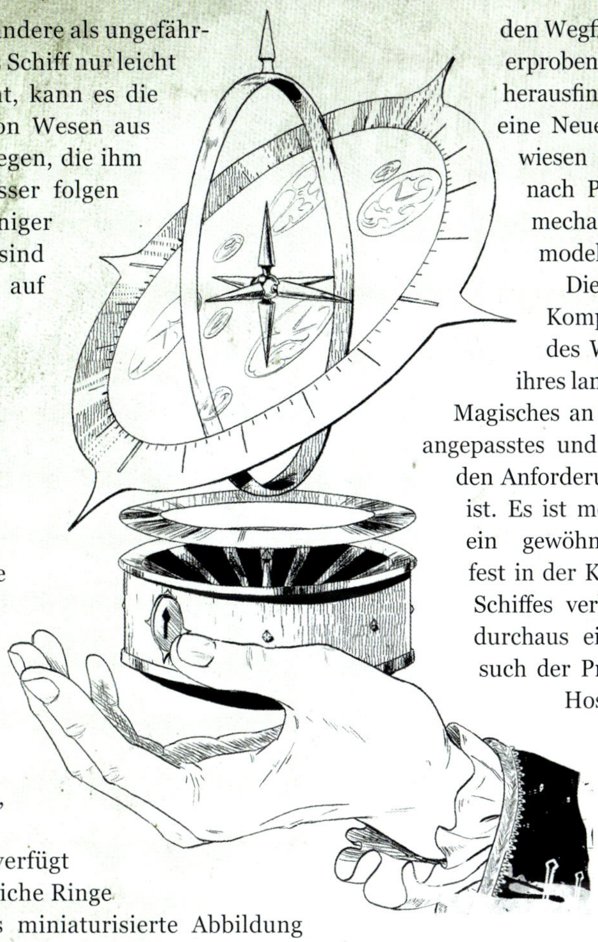

Der Wegfinder
Dreh- und Angelpunkt in den Bemühungen der Prager Burg ist der Wegfinder. Dieses fragile mechanische Konstrukt von der Größe eines Kürbisses ähnelt in seinem Grundaufbau einem Astrolabium, ist jedoch deutlich komplizierter und verfügt über etliche zusätzliche Ringe und Elemente. Als miniaturisierte Abbildung soll er das verworrene Geflecht der jenseitigen Kontinua darstellen, wie es die Gelehrten der Prager Burg ausdrücken. Tatsächlich ist ein solches Vorhaben im dreidimensionalen Raum zum Scheitern verurteilt – doch das ändert nichts daran, dass der Wegfinder tatsächlich funktioniert.

In seiner Wirkungsweise gleicht er dem Nexus-Finder, mit dem Sorbonniker Störungen des Äthers aufspüren. Im Unterschied zu diesem wird der Wegfinder allerdings nicht durch Seelenlicht angetrieben, sondern allein durch die Anordnung seiner feinmechanischen Elemente. Diese beginnen automatisch zu rotieren und zu schwingen, sobald sie einer Ätherstörung nahekommen. Eine solche Störung kann auf eine Verbindung in die Anderswelt hindeuten, aber genauso auf eine Entfaltung arkaner Kraft durch die Anwesenheit eines Zauberers oder einer Hexe. Besonders stark schlägt der Wegfinder in der Nähe von Aktivitäten von Dämonen und Geistern aus, die im Äther leben.

In den vergangenen 40 Jahren hat die Apparatur mehrere Entwicklungsstufen durchlaufen und befindet sich aktuell in Phase VII. Die Geräte werden allesamt in Prag hergestellt und unter äußerster Geheimhaltung an die Feldforscher versendet, die den Wegfinder vor allem ausgiebig erproben und Schwachstellen herausfinden sollen. Sobald sich eine Neuerung als erfolgreich erwiesen hat, werden die Pläne nach Prag geschickt, wo Feinmechaniker ein neues Basismodell fertigen.

Die als „magischer Kompass“ bekannte Variante des Wegfinders, die entgegen ihres landläufigen Namens nichts Magisches an sich hat, ist schlicht ein angepasstes und robusteres Modell, das den Anforderungen auf See gewachsen ist. Es ist meist doppelt so groß wie ein gewöhnlicher Wegfinder und fest in der Kajüte des Kapitäns eines Schiffes verbaut. Allerdings gibt es durchaus einen gemeinsamen Versuch der Prager Gelehrten und der Hospitalitern, den Wegfinder mit übernatürlichen Maßnahmen zu verstärken. Angestrebt ist, dass die Johannei die Apparatur mit sogenannter Göttlicher Essenz anfüllen, einer in okkulten Ritualen hergestellten alchemistischen Substanz aus widernatürlichen Kreaturen. Obwohl ein erster Prototyp dieses „Essenzkompasses“ in Kürze getestet werden soll, stecken die Bemühungen noch in den Kinderschuhen, da beide Parteien nur zögerlich Informationen preisgeben.

Ausgewählte Inseln und Phänomene

Die Atlanter sind auf ihren Expeditionen durch die Anderswelt in unfassbare Gegenden vorgestoßen, zu denen sich nun chaotisch immer wieder Seewege auftun. Hier einige Beispiele für Inseln und Phänomene, auf die man dadurch treffen kann:

Planktai – Die Irrfelsen
Der panische Schrei „Planktai voraus!“ zählt wohl zu den Ausrufen, die Kapitäne am wenigsten hören wollen, denn die „Irrfelsen“ (was das griechische Wort übersetzt bedeutet) sind eine der tödlichsten Gefahren, die das Mittelmeer heimsuchen. Es handelt sich um schwimmende Klippen, manche nur groß wie Heuballen, manche von den Ausmaßen einer ganzen Insel, die in kleinen Gruppen auf dem Wasser treiben und jederzeit unvermittelt auftauchen können. Sie kündigen sich

durch Dampfschwaden an, da sie unnatürlich heiß sind. Einige sind sogar in Feuer gehüllt. Schiffe, die ihnen nicht mehr ausweichen können, sind unrettbar verloren. Seeleute sind fest davon überzeugt, dass es sich bei den Irrfelsen um Gestein aus der Hölle handelt.

Canavar Adası – Ort der Bestien

Canavar Adası, „Insel der Ungeheuer" – der Name, den osmanische Seefahrer diesem von schwarzen Klippen umgebenen Eiland gegeben haben, könnte passender nicht sein. In einem für die Ägäis völlig untypischen Tropenwald leben dort allerlei monströse Kreaturen wie gigantische Nattern und Riesenspinnen, aber auch intelligente Lebewesen: merkwürdige, bocksbeinige Kyklopen, die ein Horn auf der Stirn tragen und vorbeifahrende Schiffe mit Felsen groß wie Weinfässer bewerfen. Auf dem höchsten Gipfel der Insel befindet sich zudem das Nest des gewaltigen Vogels Roch, der im Stande ist, ganze Elefanten in die Luft zu heben.

Aiaia – Insel der Verwandlungen

Das von Eichenwäldern bewachsene, gebirgige Aiaia zählt zu den größten bisher beobachteten Zauberinseln und wirkt äußerst einladend. Im Osten besitzt das Eiland eine Bucht, die einen perfekten natürlichen Hafen bildet. Kleine Flüsse und Bäche bieten frisches Trinkwasser. Doch die Seeleute, die Aiaia betraten, berichten Erschreckendes und gaben ihr den Beinamen „Insel der Verwandlungen". Die Wälder sind idyllisch, doch die Tiere dort verhalten sich merkwürdig und es wurde beobachtet, wie sie sich auf seltsamste Weise verändern: Vögel wurden bei der Landung zu Katzen, Schlangen zerfielen zu Mäusen und Ähnliches. Je länger man sich auf der Insel aufhält, die schon in den Epen der Antike als Heim der Zauberin Kirke beschrieben wird, desto wahrscheinlicher ist es auch, dass man sich selbst auf unvorhergesehene Weise verwandelt.

Leuke – Vergessenes Reich der Heroen

Im Schwarzen Meer kann man der Zauberinsel Leuke begegnen, die stark bewaldet ist und nur so von wilden Tieren wimmelt. Über Jahrtausende war Leuke der abgelegene Treffpunkt der atlantischen Plejaden und ist den Nymphen auch heute noch heilig. Die Insel hat stets einen Heroen als Wächter, der in Anlehnung an den mythischen Helden immer den Namen „Achilleus" trägt. Der derzeitige Achilleus, der 207. seines Namens, hat jedoch große Mühe, das Eiland zu verteidigen. Denn Leuke wird zunehmend stärker ins Diesseits gezogen und hat bereits das Interesse osmanischer Edelleute erweckt, die die reichen Naturschätze der Insel auszubeuten planen.

Panchaia – Jenseitiges Utopia

Grüne Felder, lichte Wälder und eine Stadt aus weiß getünchten Häusern. Vor der Küste treiben kleine Fischerboote. Von Ferne wirkt Panchaia wie eine gewöhnliche ägäische Insel. Merkwürdig wird es erst, wenn man einen Fuß auf ihre Gestade setzt. Die freundlichen, in antik aussehende Kleidung gehüllten Einheimischen sprechen sowohl einen Dialekt des Altgriechischen sowie, kurioserweise, modernes Englisch – letzteres angeblich, weil sie in diplomatischem Kontakt mit dem Königshaus von England stünden. Die Stadt wirkt sauber und einladend, aber auch schlicht, fast primitiv. Das Gesellschaftssystem der Menschen hier ist eine vernunftbasierte direkte Demokratie und daher, verglichen mit den Monarchien der diesseitigen Welt, ein wahres Utopia. Noch seltsamer ist, dass selbst der einfachste Ziegenhirte auf Panchaia über wissenschaftliche Kenntnisse verfügt, die denen der besten europäischen und orientalischen Gelehrten ebenbürtig, wenn nicht gar überlegen sind.

Tatsächlich sind die Bewohner der Insel Nachfahren der Atlanter und beherrschen das Befahren des Okeanos wie kein anderer. Bereits kurz nach der Großen Flut 1695 trafen sie so auf die verlorenen Britischen Inseln und stehen seitdem im Austausch mit Engländern, Walisern, Iren und Schotten. Sollte es gelingen, mit den Panchaianern in Kontakt zu treten, wäre dies eine Möglichkeit, Britannien zu erreichen und auch wieder zu verlassen.

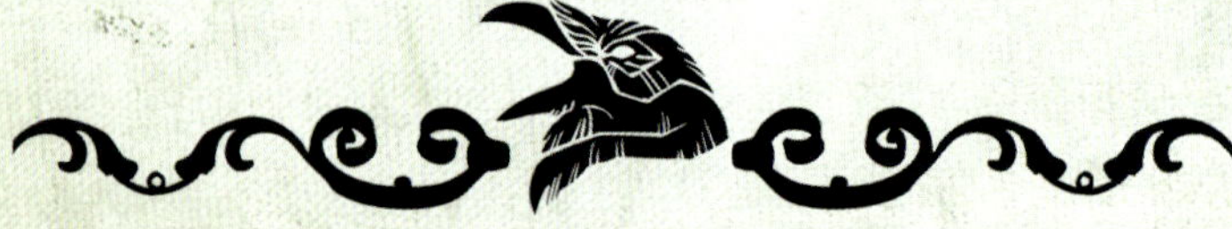

Abenteueridee

Die Jäger erfahren in einer Hafenstadt von Schmugglern, die Waren zwischen Venedig und dem Osmanischen Reich transportieren und angeblich eine geheime Basis auf einer geheimnisvollen Insel haben. Sie könnten wahlweise von der einen oder anderen Seite angeheuert werden, um die Insel zu entdecken und die Schmuggler zu verpfeifen. Um die Insel jedoch zu finden, müssen sie sich als Schmuggler ausgeben und auf einem ihrer Schiffe anheuern. Sie finden heraus, dass es sich um eine seltene Zauberinsel handelt, die nur in bestimmten Mondnächten in der Realität erscheint. Doch auf der Insel fliegt die Tarnung der Jäger auf. Sie müssen fliehen und feststellen, dass auf der Insel noch schlimmere Gefahren existieren als Schmuggler.

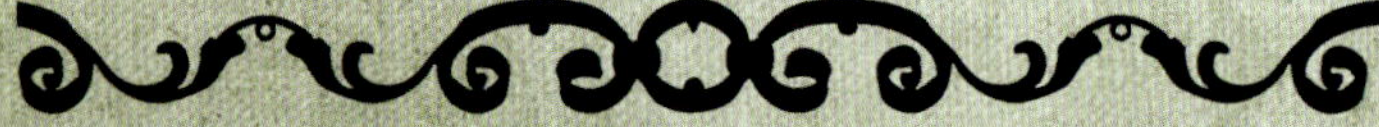

Kreta: Alte und neue Labyrinthe

Zusammenfassung

Kreta ist eine der größten Mittelmeerinseln und von besonderer strategischer Bedeutung. Im Laufe der Jahrhunderte sah sie viele Herren. Seit mehr als 500 Jahren ist sie nun in der Hand der Venezianer, die Kreta 1669 jedoch fast an das Osmanische Reich verloren. Obwohl die Invasoren abgewehrt werden konnten, ist die Insel seitdem geteilt. Doch nicht nur das, auch die griechisch-orthodoxen Einheimischen haben zu den Waffen gegriffen und wollen sich keinem Fremdherrscher mehr beugen. Nur die wenigsten wissen allerdings, dass die wahren Schrecken der Insel widernatürlicher Art sind: Ob es sich nun um von der Gilde der Schöpfer beschworene Schaitane handelt oder kunstliebende Vampire. Da hilft es wenig, dass die Minotauren in den Tiefen des Minenlabyrinths von Candia den Menschen in Wahrheit besser gesinnt sind, als der Mythos des Menschenfressers vermuten lässt.

Geheimnisse Kretas

Das Minenlabyrinth

Der unterirdische Krieg um Candia wurde mit erbarmungsloser Härte geführt. Um die Vorherrschaft zu gewinnen, setzten die in der Stadt stationierten Konstrukteure der Universität von Padua in den Stollen experimentelle Seelenlichttechnologie ein (eine Wissenschaft, die damals noch in den Kinderschuhen steckte). Die Freisetzung großer Mengen Seelenlicht verseucht nicht nur einige Abschnitte der Minen mit Geistern und Schreckgespenstern, sie lockte auch Dämonen an, die durch die dortigen Nexus-Punkte (siehe unten) in unsere Sphäre eindrangen. Doch die Venezianer nutzten diesen Umstand zu ihrem Vorteil: Mit ihrer genauen Kenntnis des Gangsystems gelang es ihnen, die Truppen des Sultans genau in jene Bereiche zu führen und die Schlacht so zugunsten der Verteidiger zu entscheiden. Um ihren Rückzug zu decken, blieb den Osmanen nichts anderes übrig, als einen Teil der Minen zu sprengen.

In den kommenden Jahren hatten die Venezianer in Candia alle Hände voll damit zu tun, die Schrecken aus der Tiefe unter Kontrolle zu bringen. Bannzeichen wurden angebracht und einzelne Abschnitte des Labyrinths mithilfe von Türen aus einer Elektrumlegierung versiegelt. Das verhinderte jedoch nicht, dass die Phantasmen und Dämonen bisweilen aus den Stollen an die Oberfläche entkommen. In der Tiefe graben sie zudem mit Klauen und Zähnen beständig an Fels und Erde und bauen das ohnehin schon weitverzweigten Gangsystem immer mehr aus, sodass niemand mehr seinen genauen Umfang kennt.

Das wahre Labyrinth

Kaum einer der Forscher und Abenteurer, die in den unterirdischen Gängen von Candia das legendäre Labyrinth des Königs Minos vermuten, weiß, wie nahe an der Wahrheit er mit dieser Annahme wirklich ist. Als die Atlantiden das schicksalshafte Ritual durchführten, das den Untergang von Atlantis besiegelte (siehe: Atlantis – Reich der Tore, S. 65), spürten sie, wie groß die von ihnen entfesselten Kräfte wirklich waren. Voller Schuldgefühle beschlossen sie, sich selbst

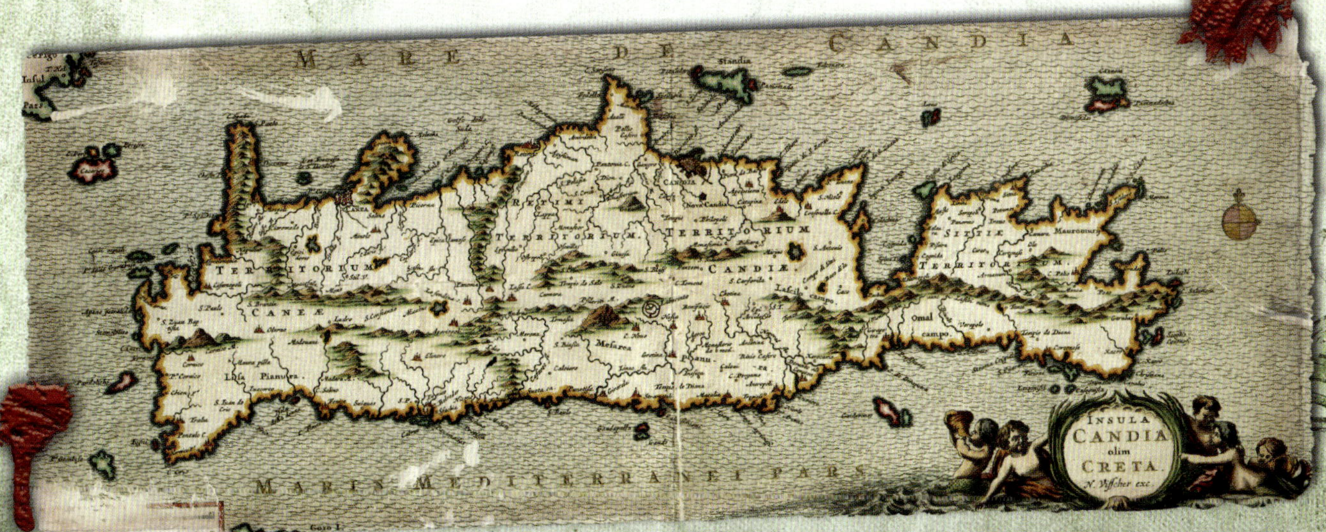

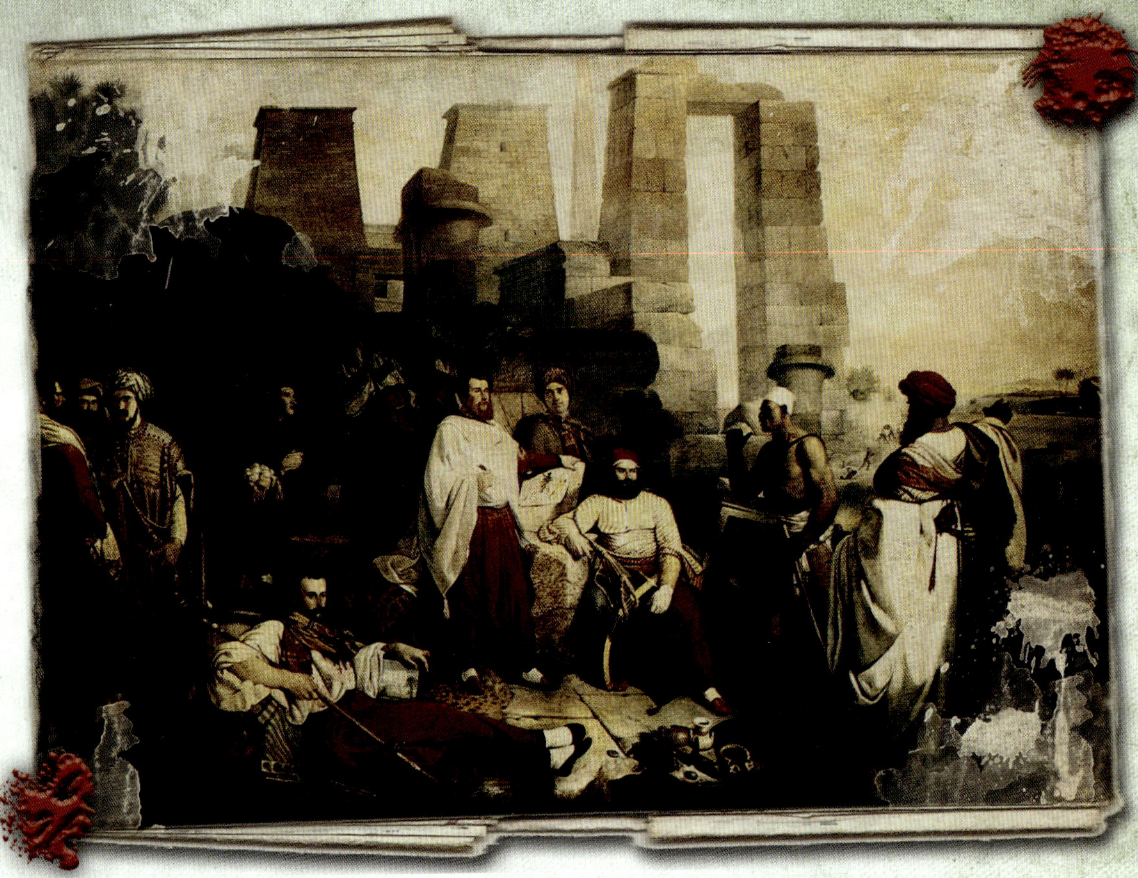

zu opfern, um zumindest den Untergang der Hauptinsel aufzuhalten. Ihr Vorhaben gelang – teilweise. Während die Priesterinnen zu Staub zerfielen, brach Kreta entzwei und der Teil der Insel, auf dem sich das prächtige Atlantis erhob, versank in den Tiefen.

Doch selbst unter dem Meervolk ist nicht bekannt, dass das Zentrum der atlantischen Kultur nicht in den Fluten der Ägäis unterging, sondern in die des Okeanos gerissen wurde. Dort, zwischen den Welten, schwimmt die Königsstadt ebenso wie die der Realität entrissenen Britischen Inseln. Erst seit der Öffnung des Höllenportals im Jahre 1640 und dem dadurch verursachten Sphärenbeben nähert sich die Existenzebene von Atlantis wieder der realen Welt an. An einigen Orten der Insel Kreta entstanden dadurch Nexus-Punkte, die theoretisch einen Übergang in die legendäre Stadt Atlantis möglich machen. Allerdings befinden sich alle von ihnen unter der Erde, in den Tiefen der Minen von Candia. Zudem gibt es eine weitere Schwierigkeit: Während seiner Herrschaft über Atlantis ließ der sagenumwobene König Minos tatsächlich ein Labyrinth anlegen, das sich auf magische Weise beständig veränderte und als geheime Schatzkammer diente, aber auch als Kerker für die finstersten Kreaturen der Anderswelt. Die Nexus-Punkte führen nun genau in diese unterirdischen Hallen und Gänge, deren gefahrloses Durchqueren nahezu unmöglich ist. Bislang vermochten erst eine Handvoll Abenteurer, die dort auf unermessliche Schätze und unbeschreibliches Wissen der Atlanter stießen, lebendig aus dieser Sphäre zurückzukehren.

Das wiederum hat die Aufmerksamkeit der Nymphe Krete hervorgerufen, die einst dem Schutz der Insel verpflichtet war und nun die geheimen Zugänge im Minenlabyrinth bewacht. Aber auch für sie stellen die Kreaturen unter Candia eine große Gefahr dar, weshalb sie unerkannt als Gemüsehändlerin Isabella da Sant'Erasmo in Candia lebt. Unerwartete Hilfe bekam Krete aus der Anderswelt: Das Volk der Minotauren (siehe: Legendäre und sagenhafte Monster, S. 102), das bereits vor Äonen Seite an Seite mit den Atlantern gelebt hatte, erklärte sich dazu bereit, die Tiefen des unheimlichen Labyrinths zu bewachen und dafür zu sorgen, dass weder Schatzjäger noch Dämonen nach Atlantis vordringen. So mancher Abenteurer, der sich im Labyrinth verirrte, wurde von den Minotauren gerettet und zu einem der Eingänge gebracht, wo Krete mithilfe magischer Früchte dafür sorgte, dass sich der Betreffende an nichts erinnert.

Gilde der Schöpfer

Die Anwesenheit von Dämonen unter Candia führte im Laufe der Jahre dazu, dass die Gilde der Schöpfer nicht länger nur mit Seelenlicht experimentiert, sondern auch mit den okkulten Methoden der Dämonologie. Viele Mitglieder sind inzwischen kompetente Dämonenbeschwörer und forschen an technischen Einsatzmöglichkeiten für gefangene Schaitane, die sich besonders häufig unter den vordringenden Kreaturen befanden. Doch die Beschäftigung mit schwarzmagischen Lehren hat viele Konstrukteure der Gilde kaltherzig und rücksichtslos werden lassen, sodass sie ihre finsteren Kräfte immer mehr dazu nutzen, um private Interessen durchzusetzen.

Allerdings müssen die Dämonen regelmäßig dezimiert werden, da sie sich immer wieder innerhalb der leicht erreichbaren Bereiche der Minen ausbreiten und ihre Zahl auch durch fehlgelaufene Beschwörungsrituale der Schwarzmagier wächst. Der Vorstand der Gilde, Gioseppe de Trani, unterhält zu diesem Zweck eine eigene Leibwache, die sogenannten Detergenti (ital. „Reiniger“), erfahrene Söldner, die einst an der Grenze Markovias ihren Dienst versahen. Von jedem innerhalb der Gilde, der die Klinge der Spezialisten anheuern möchte, verlangt de Trani eine spezielle „Reinigungsgebühr“. Um Kosten und Personal zu sparen, heuert er zudem immer wieder entbehrliche Abenteurer an, von denen die meisten nie mehr das Tageslicht erblicken.

Retimo und die Kretische Schule

Die Stadt Retimo im venezianischen Teil der Insel ist äußerst pittoresk. Sogar der Konflikt zwischen der venezianischen Oberschicht und der griechisch-orthodoxen Bevölkerung tritt hier in den Hintergrund. Dies ist jedoch weder christlicher Nächstenliebe geschuldet noch dem verbindenden Geist der Kunst. In der Stadt haben sich einige Strigae ausgebreitet (siehe: Vampire – Schrecken des Balkans, S. 86) und damit begonnen, das künstlerische Schaffen unter ihre Kontrolle zu bringen. Viele der Einheimischen, insbesondere in Künstlerkreisen, sind in diese Machenschaften eingeweiht, halten sich aber bedeckt, weil sie von den unheimlichen Mäzenen profitieren. Dass einige junge Ausnahmetalente einen frühen Tod aufgrund einer zehrenden Krankheit erleiden, wird stillschweigend akzeptiert.

Jüngst sind in Retimo einige herausragende Artefakte aufgetaucht, die angeblich aus Atlantis stammen. In der Tat sind es einige der wenigen Schätze, die aus den Tiefen des Labyrinths unter Candia geborgen werden konnten. Besitzer ist der Strigoi und Kunsthändler Ionnes Spatanes, der mehrere Fundstücke für unvorstellbare Summen erwarb und nun danach trachtet, mehr zu bekommen.

Auf Rache sinnend

An dem Tag anno 1669, an dem die Schrecken unter Candia über die osmanischen Soldaten herfielen, war auch Emir Issetzade Ibrahim Ateşli zugegen. Als blutjunger Offizier führte er einen der Trupps an, die über die Stollen in die Stadt gelangen sollten. Insgeheim gehörten Ateşli und seine engsten Vertrauten jedoch dem Orden der Assassinen an und hatten die Aufgabe, den Kampf möglichst schnell zu beenden und ein großes Blutvergießen zu verhindern. Er war es auch, der die Sprengung der Minen befahl, um den Rückzug der osmanischen Soldaten zu sichern und die finsteren Wesen unter Fels und Stein einzusperren. Doch „der Feuertänzer“, so der Deckname des heutigen Emirs, ahnte, dass dies die Dämonen nicht ewig aufhalten würde. Als der Sultan seine Truppen von der Insel abkommandierte, weigerte sich Ateşli und zog sich mit seinen Getreuen in den Osten der Insel zurück.

Von dort aus wurde er bald auf die Umtriebe der Gilde der Schöpfer aufmerksam und verschrieb sich ihrer Zerschlagung. Immer wieder gab er Attentate und Sabotageakte in Candia und La Canea in Auftrag gab, um dem schwarzmagischen Treiben der Organisation ein Ende zu setzen. Niemals jedoch hätte sich der Emir auf Kreta halten können, wäre er nicht im Verborgenen eine Allianz mit dem Neuen Attischen Seebund eingegangen. Dieser sorgte für gute Kontakte zu den freien Kretern und erhielt im Gegenzug Sonderrechte in den Häfen der Osmanen. Der Emir bezahlt sogar Prämien für gekaperte Schiffe aus La Canea und erbeutete Pläne der Gilde. Inzwischen ist Ateşli jedoch ein Greis und fürchtet, seine Aufgabe nicht erfüllen zu können. Darum hat er in den vergangenen Jahren eine Reihe namhafter Assassinen aus dem gesamten Osmanischen Reich um sich versammelt, um den fähigsten zu seinem Erben zu machen. Doch bis jetzt konnte ihn keiner überzeugen.

Von altem Blut

Wie es den griechisch-orthodoxen Kretern gelingt, gegen die militärisch überlegenen Osmanen und Venezianer zu bestehen, ist ein wohlgehütetes Geheimnis, für dessen Wahrung schon viele ihr Leben lassen mussten. Schon nach dem Fall von Konstantinopel ließen sich im Landesinneren von Kreta Flüchtlinge nieder, in deren Blut der

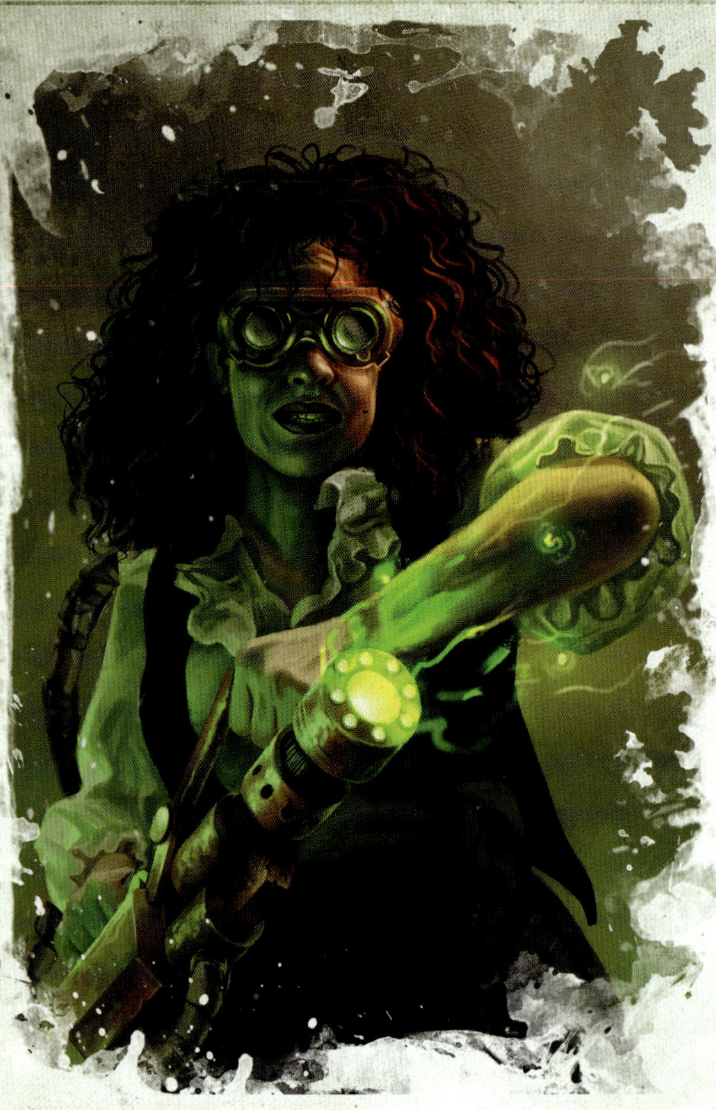

Mitglied der Gilde der Schöpfer

Fluch der Wrukolakas pulsierte (siehe: Vampire – Schrecken des Balkans, S. 86). Mehr noch: Über Jahrtausende hinweg hatte sich in einigen auf der Insel lebenden Familien das Erbe der Atlanter erhalten. Aus der Verbindung der Vampire mit den Nachfahren von Atlantis ging ein besonders mächtiges Geschlecht hervor, bei dessen Angehörigen, vor allem den weiblichen, sich schon zu Lebzeiten magische Kräfte zeigen. Diese als Zauberinnen verehrten Frauen schlossen sich inzwischen zu einem Bund zusammen: der Schwesternschaft des Zeus, die auf der ganzen Insel tätig ist und ihre Treffen in der Zeushöhle auf der Lasithi-Hochebene abhält.

Von Außenstehenden werden diesen Zauberinnen oft als Hexen verunglimpft, was natürlich falsch ist, da sie keinen Sturmgeist in sich tragen – zumindest bis zu ihrem Tod. Werden die Haemophagen in ihrem Blut erst aktiv, potenzieren sich die Kräfte der nun untoten Wrukolakas, jedoch zum Preis des Blutdurstes und einer wachsenden Boshaftigkeit. Eine frisch auferstandene Vampirin wird für einige Jahre in einem geheimen Bereich der Zeushöhle gefangen gesetzt, beobachtet und nur mit dem Blut der Schwesternschaft ernährt. Dieses besondere Blut wirkt beschwichtigend und kann der Wrukolakas helfen, ihre finstere Seite zu unterdrücken. Solange ihr dies gelingt, darf sie der Schwesternschaft als Astrapí (griech. „Blitz“) dienen und die Feinde der freien Kreter niederstrecken, andernfalls wird sie rituell hingerichtet. Viele Astrapí töteten sich sogar selbst, bevor sie der Finsternis anheimfielen. Eine Besonderheit ist, dass sie keine Menschen mit ihrem Blut zu verwandeln vermögen.

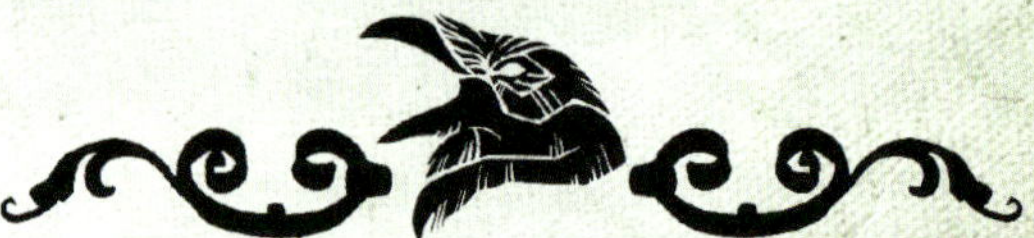

Abenteueridee

In Candia taucht über Nacht eine verwirrte Frau auf, die in antike griechische Kleidung gehüllt ist, ein archaisches Griechisch spricht und offenbar der Zauberei mächtig ist. Bald schon wird die Gilde der Schöpfer auf sie aufmerksam und versucht, sie zu fangen, doch um zu entkommen, versteckt sich die Frau auf dem Schiff der Jäger. Nur indem die Jäger einen Experten für Altgriechisch aufsuchen, können sie mit der Frau kommunizieren. Es stellt sich heraus, dass sie aus dem alten Atlantis stammt. Sie habe sich in einem Labyrinth verlaufen, sei tagelang herumgeirrt und schließlich in Candia herausgekommen. Tatsächlich handelt es sich um eine der legendären Plejaden, Anthea, die durch einen Wink des Schicksals in diese Zeit versetzt wurde. Damals bekämpfte sie einen mächtigen Titanen, konnte ihm jedoch nicht Herr werden und musste durch das Labyrinth fliehen. In der Jetzt-Zeit findet Anthea heraus, dass der Titan wieder aktiv wurde. Nur sie kann ihn stoppen. Doch dazu benötigt sie die Hilfe der Jäger.

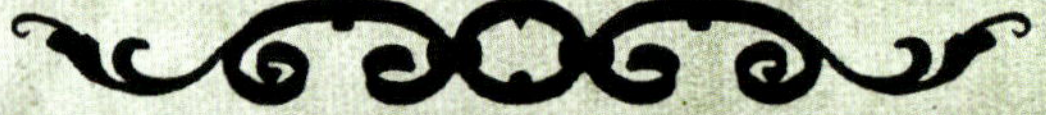

Zypern: Im Bann der Hexe

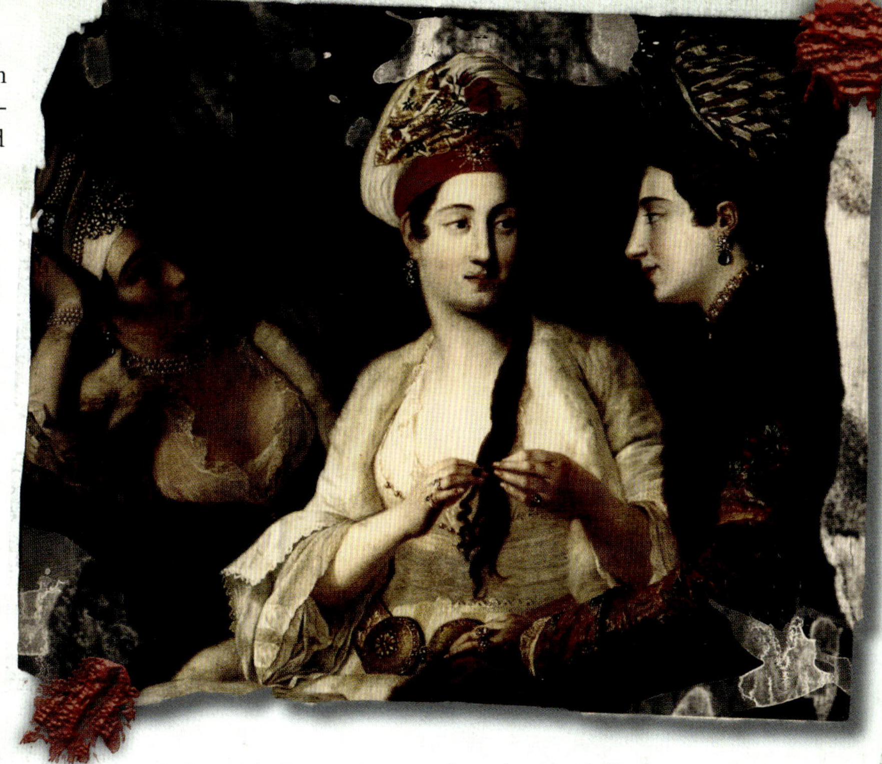

Zusammenfassung

Die Insel Zypern wechselte in den vergangenen Jahrhunderten mehrfach den Besitzer. Nachdem Richard Löwenherz sie im Mittelalter erobert hatte, fiel sie zunächst ans Heilige Römische Reich, dann an Venedig und schließlich ab 1571 ans Osmanische Reich. Unterbrochen wurde deren Regentschaft nur durch die Schreckensherrschaft der Ritter vom Heiligen Grab, die jedoch 1700 ein Aufstand der Zyprioten beendete. Seitdem hält die geheimnisvolle Cevri die wahre Macht über die Insel in der Hand und hat diese zu großem Reichtum geführt. Trotz des neuen Wohlstands wächst der Unmut in der Bevölkerung, geschürt von den letzten Verbliebenen eines uralten Vampirgeschlechts, die gegen die neue Herrscherin aufwiegeln – eine wahre Hexe des Dionysos.

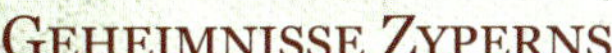

Geheimnisse Zyperns

Die Hexenkönigin

Dass die Ritter vom Heiligen Grab gestürzt werden konnten, ist entgegen der landläufigen Meinung nicht allein dem Mut der Zyprioten zu verdanken. Es ist auch das Werk einer osmanischen Händlerin, die bereits in den Jahren der Tyrannei an vielen Orten der Insel gesehen wurde und sich als „Cevri, Witwe von Anamur“ vorstellte. Doch nur Eingeweihte wissen, dass es sich bei ihr um eine Mänade, eine Hexe des Dionysos handelt (siehe: Die Hexen des Mediterraneum – Wein und Wahnsinn, S. 95), die seit geraumer Zeit nach einer neuen Heimat für sich und ihren Zirkel suchte. In ihrer Geburtsstadt Anamur und dem Umland war es für sie und ihre Schwestern immer gefährlicher geworden, da die osmanischen Behörden auf ihre ausufernden Orgien aufmerksam geworden waren.

Lange war Zypern durch die hier seit Generationen ansässigen Vampire für die Hexen ein unattraktiver Ort, doch die lasterhaften Ordensritter hatten nicht nur die Macht der bluttrinkenden Kreaturen gebrochen, sie machten es den Hexen auch leicht, die Bevölkerung für sich zu gewinnen. In der Nacht zum 12. Juni 1700 erhoben sich die Zyprioten und machten mithilfe der Mänaden kurzen Prozess mit ihren despotischen Herren. Als am Morgen die Sonne aufging, waren alle Ritter tot. Zur Feier des Sieges ließ Cevri ein Fest veranstalten, das an vielen Orten der Insel gleichzeitig stattfand, bei dem es sich aber in Wahrheit um nichts anderes handelte als ein gewaltiges Ritual zu Ehren des Dionysos. Dies stärkte nicht nur Cevris Macht, auf dem Gipfel des Olympos öffnete sich auch kurzzeitig ein Portal in die Anderswelt und entließ eine wahre Flut von Sturmgeistern des Hexengötzen auf die Insel. In der Folge wurden zahlreiche weitere Frauen vom Bösen beseelt und verwandelten sich in Mänaden. Sie bildeten den örtlichen Kult des Dionysos, der unter Führung Cevris die Macht über die gesamte Insel an sich riss.

Dabei gingen die Mänade diffizil vor: Zwar sprach sich schnell herum, dass jeder, der Kritik an der neuen Herrscherin übte, rasch verschwand, gleichzeitig aber sorgte der Kult für einen beträchtlichen wirtschaftlichen Aufschwung, von dem fast jeder Einwohner profitiert. Der Handel mit der Außenwelt floriert, wenngleich sämtliche Kontakte allein über den Hafen von Girne abgewickelt werden. Hinter der schönen Fassade herrscht jedoch eine Atmosphäre der Paranoia und der Angst, die es dem Kult ermöglicht, nach Belieben zu schalten und zu

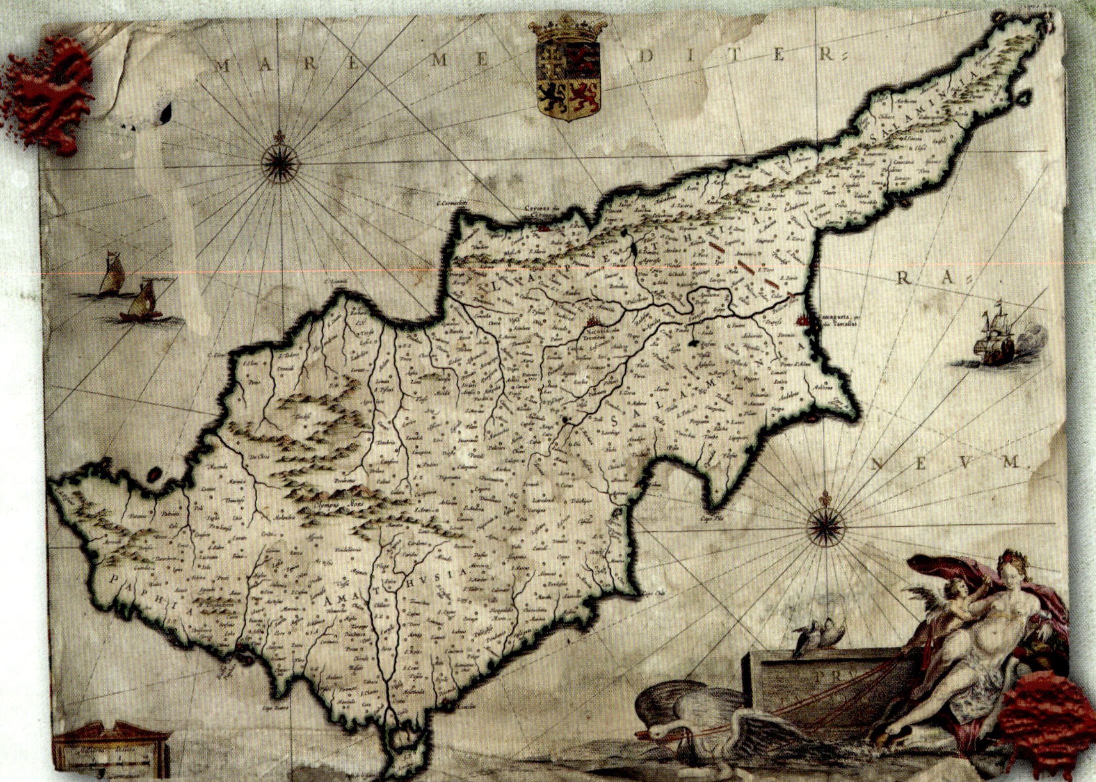

walten. Dass die Osmanen diese Umtriebe dulden, liegt zum einen an dem ausgezeichneten Netzwerk von Kultanhängern im gesamten Reich, das sich bis hinein in den Palast des Sultans erstreckt, und zum anderen an den hohen Bestechungsgeldern, die Cevri dem durch und durch korrupten Gouverneur des Eyâlet Kıbrıs zahlt.

Der Kult des Dionysos

Grundsätzlich agiert der Kult des Dionysos im Geheimen, immer wieder aber nehmen die Mänaden ausgewählte Zyprioten in seine Reihen auf. Vor allem die öffentliche Verwaltung und andere einflussreiche Stellen sind mit Anhängern des Kultes besetzt. So geht die Initiation durch die von Lefkoşa aus regierenden Hexen meist mit einem gesellschaftlichen Aufstieg einher und ermöglicht es dem Betreffenden, als Statthalter, Steuereintreiber oder Leiter einer Behörde Karriere zu machen. Aber die Mitgliedschaft hat auch einen Haken: Von allen Anhängern des Kultes wird erwartet, dass sie an den regelmäßig stattfindenden rituellen Orgien teilnehmen. Was sich zunächst unbedenklich oder sogar positiv anhört, kann sich schnell ins Gegenteil verkehren, denn die Feste der Mänaden laufen oft aus dem Ruder – und nicht selten entwickelt eine der Hexen bei ihren sexuellen Entgleisungen einen besonderen Appetit auf Menschenfleisch oder beschließt, dass ihr Götze ein blutiges Opfer benötige. Die konsumierten Rauschmittel sorgen dabei dafür, dass sich die verbliebenen Kultanhänger im Nachhinein an nichts erinnern.

Ein besonderer Ort für den Kult ist das Heiligtum des Apollon Hylates, an dem einmal im Jahr ein gewaltiges rauschendes Fest abgehalten wird. Der klaffende Riss im Boden ist jedoch gefährlicher, als selbst die Hexen ahnen. Er ist ein unerwarteter Nebeneffekt des Rituals von 1700 und nichts anderes als ein Durchgang zu einem andersweltlichen Kerker, in den die Atlanter einst einen gefangenen Titanen verbannten. Noch ist der Riss zu klein, als dass sich das dämonische Wesen befreien könnte, doch durch die kultischen Handlungen und Opfergaben wächst seine Kraft mit jedem Jahr. Zum Glück der Bevölkerung gelangen durch den Spalt allerdings keine Äthersporen, weshalb auf Zypern keine Kyklopen entstanden wie an ähnlichen Orten der Ägäis (siehe: Legendäre und sagenhafte Monster, S. 102).

Der Widerstand der Vampire

Schon seit Jahrtausenden schlummert in Teilen der zypriotischen Bevölkerung der Fluch des Vampirismus. Würde man alte Grabstätten öffnen, fände man immer wieder Leichname, die mit schweren Steinen daran gehindert werden sollten, ihrem Grab zu entsteigen. Trotzdem war die Zahl der Vampire auf Zypern nur sehr gering. Dies änderte sich auch mit der Öffnung des Höllenportals nicht grundlegend, obwohl sich die alteingesessene Sippe der zypriotischen Vampire nach 1640 mit einigen aus Rumänien geflohenen Moroi vermischte. Dass die Ritter vom Heiligen Grab Zypern als Ziel ihres Angriffs auserkoren, ist ursprünglich ihrem Wissen über die Vampire geschuldet, deren unheiligem Treiben sie in einer Verzweiflungstat ein Ende setzen wollten. Die meisten der widernatürlichen Kreaturen fielen den Ordenskriegern zum Opfer. Allein dem von Limasol aus herrschenden Vampirfürst András gelang mit einigen Getreuen die Flucht in die Gewölbe der Festung von Girne. Zur Untätigkeit verdammt, musste er 1700 mitansehen, wie die Mänaden unter Cevri schließlich die Macht an sich rissen, wodurch die bereits zuvor leicht psychotische Kreatur dem Wahnsinn heute näher ist als jeder Vernunft.

Seitdem setzt der vertriebene Moroi alles daran, die Hexen aus dem angestammten Herrschaftsgebiet seines Geschlechts wieder zu verjagen, und tatsächlich gelang es ihm und seinen Blutjüngern bereits, Teile der Bevölkerung gegen Cevri aufzuwiegeln. Sein Hass auf die Hexen ist so groß, dass er sich sogar mit Jägern einlassen würde, träten diese mit ihm in Kontakt (und würden sie alle Vorbehalte gegenüber seiner Art über Bord werfen). Seit Kurzem versucht er, Bande zum Osmanischen Reich zu knüpfen ebenso wie zu den Venezianern und dem Neuen Attischen Seebund.

Cevri hingegen streut immer wieder gezielt Gerüchte über die blutrünstigen Kreaturen, um den Einfluss der Vampire zu schwächen und Jäger auf die Spur des geflohenen Moroi András zu bringen. Dafür bedient sie sich der tatsächlich vermehrt vorkommenden unheimlichen Phänomene, von denen Seefahrer oft berichten. In Wahrheit sind dies allerdings Manifestationen von Sturmgeistern, die bei den regelmäßigen Ritualen des Dionysoskults herbeigerufen wurden und immer dichter den Äther um die Insel bevölkern.

Die Gelehrten von Limasol

Einst florierende Handels- und Bildungsmetropole ist Limasol seit Cevris Übernahme nur noch ein Schatten seiner selbst. Da die Hafenstadt an der Südküste liegt und das Anfahren fremder Schiffe hier verboten ist, dauert es lange, bis dringend benötigte Waren aus Girne und Lefkoşa eintreffen. Das hat jedoch auch seine Vorteile, denn das Augenmerk der Behörden liegt fast ausschließlich auf dem Hafen, und mithilfe von Bestechungen und anderer Zuwendungen lassen sich die korrupten Beamten dazu bringen, an anderer Stelle wegzuschauen. So konnte vor Kurzem sogar eine freie Universität ihre Pforten öffnen.

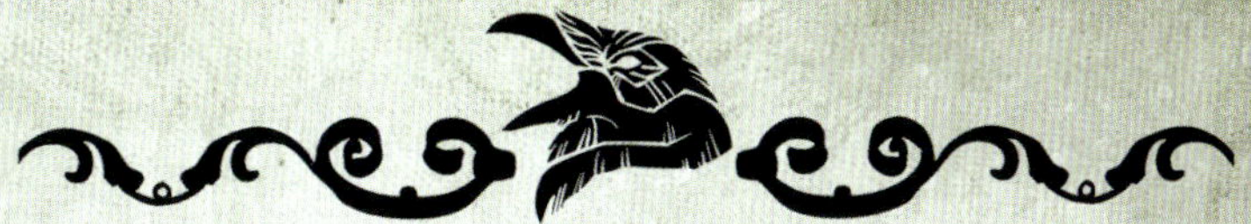

Abenteueridee

Der Mythos verborgener Schätze der Ritter vom Heiligen Grab ist auch an den Jägern nicht vorbeigegangen. Sie entdecken in der Gasse der Wunder eine alte Schatzkarte, auf der mindestens ein Versteck auf Zypern beschrieben ist. Jedoch ist diese Schatzkarte nur eine Finte. Der Kult des Dionysos plant, in einer finsteren Grotte eine Orgie mit Menschenopfern durchzuführen, und der einfachste Weg, dies zu erreichen, besteht darin, einen Köder auszuwerfen und zu warten, bis die „willigen Opfer“ zu ihnen kommen. Tappen die Jäger in diese Falle? Oder riechen sie den Braten? In jedem Fall sollten sie erfahren, dass der Kult des Dionysos von wahren Hexen geleitet wird. Diese Bedrohung sollte ausgemerzt werden.

Dass das dazu benötigte Geld aus den Taschen der verbliebenen Vampire kommt, weiß kaum jemand. Und so forschen die Gelehrten der Einrichtung, die nach außen hin Fremdsprachen und Geschichte unterrichten, insgeheim nach Möglichkeiten, um die Hexen des Dionysos von der Insel zu vertreiben. Die wenigen eingeweihten Verbündeten der Vampire sind zudem die Einzigen, die neben der wahren Natur des Kultes auch die der unheimlichen Phänomene kennen, von denen Zypern geplagt wird.

Die 1590 wiederaufgebaute Burg der Stadt, unter deren Mauern sich bereits die Überreste einer alten Basilika aus dem 4. Jahrhundert und einer byzantinischen Festung befinden, war seit ehedem der Sitz der Vampire Zyperns. Nun ist sie in der Hand des Kults der Mänaden.

Verlorene Schätze

Tatsächlich hinterließen die Ritter vom Heiligen Grab unzählige Schätze auf der Insel, die sie teils selbst mitbrachten, teils der Bevölkerung abpressten. Auch wenn viele dieser Reichtümer in Höhlen und Gewölben verborgen lagen, wurden die meisten der Horte inzwischen vom Kult des Dionysos geplündert, der damit den Grundstein des neuen Wohlstands legte. Nicht nur wird das Geld zur Bestechung der Osmanen genutzt, die profitsüchtigen Hexen verwendeten es auch zum Ausbau des Handels und der Erweiterung des Hafens in Girne – sowie nicht zuletzt zur Finanzierung ihrer ausschweifenden Rituale. Dennoch lockt der Mythos legendärer Artefakte noch immer Abenteurer nach Zypern, und auch der Schatzjägerring hat ein waches Auge auf die Insel.

Rhodos: Heroen und Hospitaliter

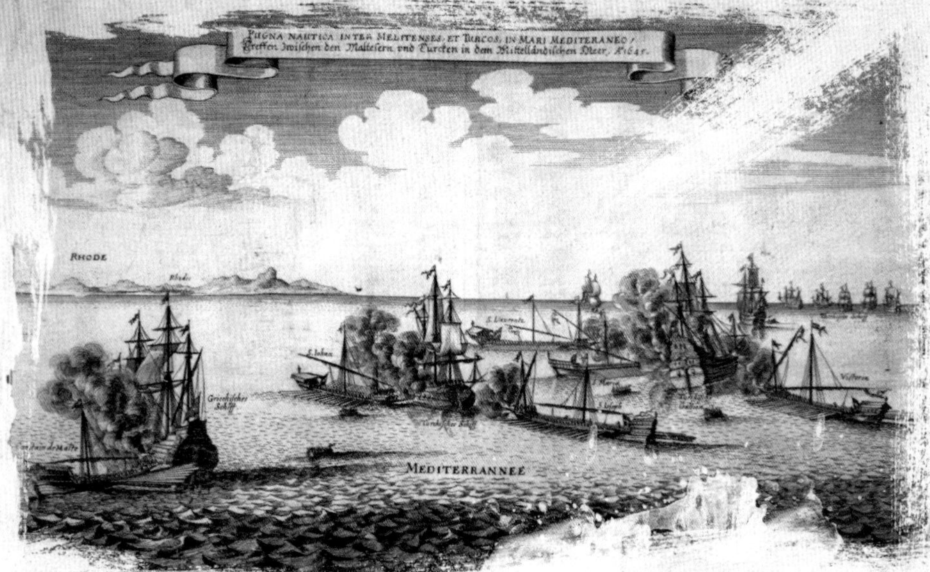

Zusammenfassung

In antiker Zeit war Rhodos bekannt als Insel mit den meisten Sonnentagen im Jahr, wodurch sich deren Bewohner besonders mit dem Sonnengott Helios verbunden fühlten, dem zu Ehren sie den berühmten Koloss errichteten. Nach der Eroberung durch die Römer wurde Rhodos immer wieder zum Spielball der großen Mittelmeermächte bis schließlich der Hospitaliterorden die Insel ab 1309 zu neuer Blüte führte. 200 Jahre später fiel Rhodos an das Osmanische Reich, das sich aber kaum um die Insel kümmerte und duldete, dass sich Korsaren ansiedelten. Als diese unter einem Piratenkönig vereint 1731 Malta angriffen, wurden sie vernichtend geschlagen, und die Hospitaliter eroberten ihre einstige Heimat zurück. Die Rhodier begrüßte den Orden erneut und profitieren seitdem von der harten, aber fortschrittlichen Führung der Ritter, die in den Gewölben unter dem Großmeisterpalast insgeheim okkulten Forschungen nachgehen. Doch nicht nur plagen weiterhin die verbliebenen Korsaren die Insel, auch die Wahren Templer lauern im Verborgenen darauf, ihre verhassten Rivalen zu vernichten. Wie gut, dass sich in der westlichen Küstenstadt Gennadi eine Gruppe von Menschen mit ganz besonderen Fähigkeiten niedergelassen hat: Heroen.

Geheimnisse der Insel Rhodos

Der wahre Grund des Angriffs

Großmeister Thomas von Klingenberg hatte nicht allein aus nostalgischen Gefühlen heraus die Rückeroberung Rhodos angeordnet. Durch den Stützpunkt auf der Insel kann der Orden auch im östlichen Mittelmeerraum wieder frei agieren und seinen Einfluss ausbauen. Doch noch ein weiterer Umstand verleitete ihn zu dem gewagten Angriff: Auf Rhodos wurde Oreichalkos vermutet, das legendäre Metall der Atlanter. Bereits auf Malta hatte der Orden Brocken der eigentümlichen Legierung entdeckt, doch alten Schriften zufolge, die noch aus der Zeit vor der Vertreibung von Rhodos stammten, sollten in den Ruinen der Insel weitaus mehr dieser Artefakte verborgen sein. Tatsächlich fanden die Hospitaliter in der einstigen Kolonie der Atlanter entsprechende Relikte, was der eigentliche Grund dafür ist, dass sie weder Forscher noch Schatzsucher auf der Insel dulden.

Okkulte Forschungen

Der Traum des Großmeisters, die Hospitaliter als neue Verteidiger des Glaubens anstelle einer in seinen Augen korrupten und für die Öffnung des Höllentors verantwortlichen Kirche zu etablieren, ist der Ansporn all seiner Bestrebungen. Dazu treibt er die Nutzung der sogenannten okkulten Alchemie voran (siehe: Der Hospitaliterorden – Die geheimen Hallen der Ritter, S. 35), mit deren Hilfe er die Überlegenheit des Ordens sicherstellen will. Bereits von Beginn an war diese von den Johannei praktizierte Geheimlehre nahe der Häresie und rief schon mehr als einmal die Inquisition auf den Plan. Aus diesem Grund verlegte der Großmeister die geheimsten Forschungen nach der Eroberung von Rhodos auf die recht abgeschiedene Insel.

In den unterirdischen Gewölben des alten Großmeisterpalastes in der Stadt Rhodos experimentieren seitdem die klügsten Johannei unter dem Siegel der völligen Verschwiegenheit an den vielfältigen Möglichkeiten der okkulten Alchemie, vor allem dem Einsatz der sogenannten Göttlichen Essenz. Als Versuchsobjekt benutzt man dabei nicht nur so manchen kranken oder verletzten Rhodier, dessen Behandlung in den

Hospitälern des Ordens aussichtslos erschien, sondern seit Kurzem auch drei Heroen, derer man habhaft werden konnte. Denn dass es sich bei den Gennadiern (siehe unten) um mehr als nur gewöhnliche Menschen handelt, war den Rittern unter Adriano da Marciano nicht verborgen geblieben. In einer von langer Hand geplanten Aktion gelang es ihnen, drei der Heroen zu verschleppen. Ohne die Hilfe des wohlhabenden gennadischen Kaufmanns Patanos Angelistos wäre dies allerdings unmöglich gewesen. Die Ankunft der Heroen hatte Angelistos, der mit dem Schutz der Bevölkerung durch Söldner reich geworden war, über Nacht aus dem Geschäft gedrängt. Obwohl die Hospitaliter nach außen bestreiten, irgendetwas über den Verbleib der Gennadier zu wissen, sind die drei Gefangenen seitdem in den Kellergewölben des Palastes den unheimlichen Experimenten der Johannei ausgesetzt.

Mit dem besonderen Blut der Heroen, in dem das albische Erbe der Nymphen stark ist, konnten die Gelehrten einige Experimente erfolgreich abschließen, die indes eher enttäuschend verlaufen waren. Ein besonderer Durchbruch gelang ihnen auf dem Gebiet der sogenannten spektralen Übertragung, einer besonderen Anwendung der Höheren Mysterien. Ihr liegt die Idee zugrunde, Kenntnisse und Fähigkeiten längst verstorbener Ordensbrüder mithilfe der okkulten Alchemie in lebende Menschen zu übertragen. Besonders auf Rhodos, wo Generationen von Hospitalitern gelebt und ihr Wissen mit ins Grab genommen hatten, erhoffte man sich für diese Forschung einen Erfolg. Bislang jedoch waren alle Versuchspersonen dem Wahnsinn zum Opfer gefallen oder gestorben. Erst als man das Experiment mit einem der Heroen vollzog, wurde dieser tatsächlich vom Geist eines seit 200 Jahren toten Ritters beseelt, ohne dass der Proband dabei den Verstand verlor. Allerdings vereinnahmte ihn die Seele des lange Verstorbenen völlig. Verwirrt wähnte sich dieser noch inmitten der Schlacht, der er zum Opfer fiel, und begann, wild um sich zu schlagen. Dank seiner übernatürlichen Kräfte konnte sich der besessene Heroe befreien und machte daraufhin die Gewölbe unter der Festung unsicher. Vor Kurzem erst konnte er entkommen und sucht seitdem die Stadt und die umliegenden Dörfer heim, was sich in zunehmenden Gerüchten über Geistererscheinungen niederschlägt. Die Hospitaliter versuchen, diese missliche Lage selbst zu bereinigen, indem sie einen Upir für die Übergriffe verantwortlich machen und gleichzeitig versuchen, den alten Ritter zur Besinnung zu bringen und von Gennadi fernzuhalten. Denn würden die Heroen von den Experimenten erfahren, könnte dies in einen offenen Konflikt münden.

Die Enklave der Heroen

Bei den mysteriösen Beschützern mit sagenhaften Kräften, die sich in der Hafenstadt Gennadi niedergelassen haben, handelt es sich nicht um Jäger, sondern um weniger als ein Dutzend Heroen. Sie gehören zu jenen ihrer Art, die sich von dem ihnen zugedachten Schicksal abgewendet haben (siehe: *Mare Monstrum*). Die meisten wollen nichts mehr mit dem Kampf gegen das Böse zu tun haben und einfach nur ein normales Leben führen, obwohl auch sie kaum die Augen vor einem Unrecht verschließen würden. Einige von ihnen streiten zudem weiterhin aktiv für das Gute, allerdings aus freien Stücken und nicht aufgrund der Vision ihrer Nymphenmutter. Gennadi ist der einzige Ort, an dem mehrere Heroen Seite an Seite leben, weshalb sich die wahre Natur der Gruppierung unter Eingeweihten langsam herumspricht und manchmal neue Heroen zu ihr hinzustoßen.

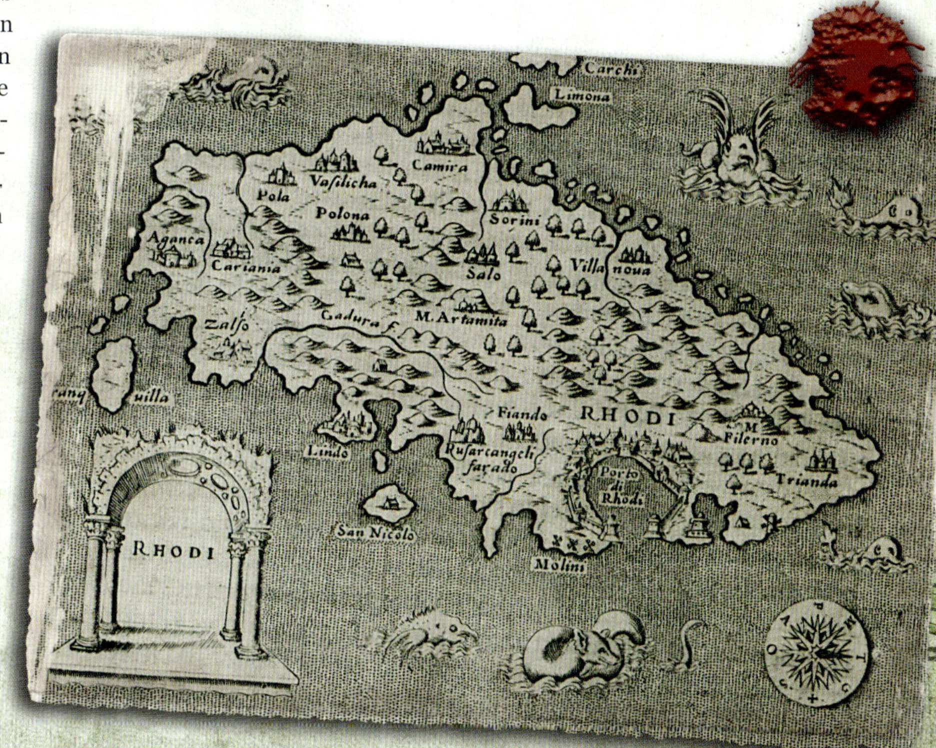

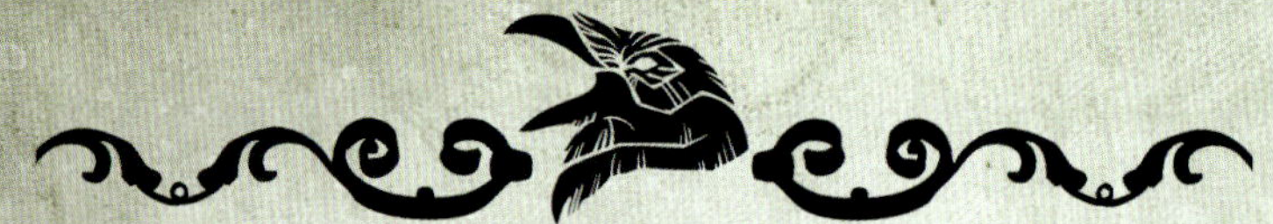

Abenteueridee

Auf Rhodos kommt es immer wieder zu vereinzelten Angriffen und Sabotageakten, so dass die Hospitaliter kaum noch in der Lage sind, allen Anschlägen nachzugehen. Die Jäger werden gebeten, die Hospitaliter zu unterstützen, indem sie die Küste patrouillieren oder sich in den entlegenen Städten umsehen. Tatsächlich finden sie heraus, dass alle Anschläge von einer mysteriösen Frau ausgehen. Hierbei handelt es sich um Zarah bint Mohammed, doch die Jäger müssen tief graben, um dies herauszufinden. Irgendwann während ihrer Mission werden sie jedoch feststellen, dass die Ordensburg der Hospitaliter in Rhodos-Stadt kaum noch besetzt ist. Davon alarmiert eilen sie nach Rhodos-Stadt zurück, nur um dort gerade noch rechtzeitig einzutreffen, als die Burg von den Wahren Tempelrittern attackiert wird.

Dass die Wahl der Heroen auf Rhodos fiel, liegt nicht nur an der natürlichen Schönheit und der Abgeschiedenheit der Insel. Die Höhlen des Attavyros-Gebirges, die zudem im Notfall einen hervorragenden Rückzugsort darstellen, beherbergen auch ein Portal in die Anderswelt – allerdings nicht in eine der idyllischen Sphären der Nymphen, sondern in die düstere Schattenwelt der Tantaliden (siehe: Der Orakelbund – Kinder alter Götter, S. 29). Die Heroen, die ihrem Schicksal mit allen Mitteln zu trotzen versuchen, betrachten es als letzten Ausweg, um ihrem unvermeidlich scheinenden Tod nach zwölf Jahren zu entgehen, da ihre Alterung in den jenseitigen Sphären aufgehoben ist. Bislang hat noch keiner der Gennadier länger als elf Jahre in unserer Realität verbracht; was mit der Gruppierung geschehen wird, sollte es den Heroen nicht gelingen, ihr Schicksal aufzuhalten, bleibt ungewiss.

Anführer der Gruppe ist ein junger Mann namens Attilus. Getrieben von dem Verlangen, seinen eigenen Lebensweg zu gehen, stieß er vor fünf Jahren auf das Höhlensystem und spürte dort die Nähe zur Anderswelt. Er verbrachte die folgenden Jahre und Monate damit, Gleichgesinnte zu suchen, um diesen wichtigen Ort für freiheitsliebende Heroen zu bewahren und zu schützen. Mit der Machtübernahme der Ordensritter sah er seine Zeit gekommen und etablierte die Enklave in Gennadi. Seitdem besteht ein fragiler Friede mit den Rittern, der durch das Verschwinden dreier Heroen stark belastet wird. Attilus verdächtigt die Hospitaliter, in die Vorkommnisse verwickelt zu sein, kann dies aber nicht beweisen und will zudem keinen offenen Konflikt mit dem Orden riskieren – die Chancen der Heroen bei einer militärischen Konfrontation stünden denkbar schlecht.

Die unheilige Allianz

Unbemerkt sowohl von den Hospitalitern als auch den Heroen braut sich Unheil über Rhodos zusammen. Nach der Rückeroberung der Insel galt die Korsarenallianz als besiegt. Die schlecht organisierten Angriffe und Überfälle, die die Bevölkerung plagen, erwecken den Anschein, dass es sich um die versprengten Reste der einst großen, aber letztlich besiegten Flotte handelt. Leider ist dies jedoch weit von der Wahrheit entfernt. Der große Korsarenfürst Mohammed bin Fahjid fiel zwar in der Schlacht um Malta, aber er hinterließ einige Reichtümer – und eine Tochter: Zarah bint Mohammed. In rasendem Zorn über den Tod ihres Vaters fasste sie den Plan, sein Werk zu vollenden und die Hospitaliter endgültig zu vernichten. Sie wandte sich an den Sultan, der die Korsaren schon bei ihrem vorherigen Angriff insgeheim gefördert und auch zuvor für Kaperfahrten angeheuert hatte. Doch Süleyman II. hatte kein Interesse an der Fortführung eines Vorhabens, das er für gescheitert hielt. Wutentbrannt und verzweifelt suchte Zarah nach Verbündeten bei den Kapitänen der Barbareskenstaaten und des Neuen Attischen Seebundes, doch beide Fraktionen lehnten das Ansinnen ab.

Als der Unmut auf den verbliebenen Schiffen von Zarahs kleiner Flotte immer mehr wuchs und eine Meuterei kurz bevorstand, senkte sich plötzlich dichter Nebel über das Meer und zwei Schiffe mit rotem Tatzenkreuz auf weißem Grund erschienen aus dem Dunst. An Bord trugen sie seltsame missgestaltete Wesen, die wohl einst menschlich gewesen waren, doch nun offensichtlich mit dem Makel des Bösen befleckt waren: Der alte Feind der Hospitaliter hatte von Zarahs Suche und ihren Träumen von Rache gehört, die Wahren Templer waren gekommen (siehe: Der Hospitaliterorden – Die geheimen Hallen der Ritter, S. 35). Sie versprachen der Korsarin nicht nur die Erfüllung ihrer Rache, sondern auch die Kontrolle über die Insel, sobald die verhassten Ordensritter vertrieben wären. Im Gegenzug verlangten die Templer sämtliche Ausrüstung der Hospitaliter und zudem alle Gefangenen sowie möglichst viele Kinder der Bevölkerung, um sie in neue Knappen ihres verdorbenen Ordens zu verwandeln. Angewidert, aber von Rachedurst getrieben willigte Zarah in den unheiligen Pakt ein.

Gegenwärtig sondieren die Korsaren durch nadelstichartige Überfälle die Schutzmaßnahmen um und auf Rhodos, während die Wahren Templer geduldig in den Schatten lauern, um das Verderben über ihre alten Rivalen und die ganze Insel zu bringen.

Atlantis: Reich der Tore

Zusammenfassung

Seitdem der antike Philosoph Platon Atlantis erstmals beschrieb, ist der Mythos des überlegenen Inselreiches Bestandteil der europäischen Kultur. Im 6. Jahrhundert geriet die Geschichte in Vergessenheit, wurde aber im Rahmen der Renaissance und der neuerlichen Beschäftigung mit antikem Wissen wieder populär. Atlantis wurde zur Grundlage von Utopien, sozialkritischen Texten, aber auch Propagandaschriften. Nach 1640 verstärkte sich das Interesse an dem sagenumwobenen Reich der Atlanter. Mit der Zeit bildeten sich vor allem drei Geheimlogen heraus, die neben den Gelehrten der Prager Burg heute im östlichen Mittelmeer nach Spuren der untergegangenen Zivilisation suchen. Wie richtig sie mit ihrer Vermutung liegen, dass sich das Zentrum des legendären Inselreiches entgegen Platons Beschreibung nicht außerhalb der Säulen des Herakles befand, sondern vor allem Kreta umfasste, ist den Gelehrten allerdings noch nicht klar. Ebenso sind sie völlig unwissend, was die wahre Geschichte der Atlanter betrifft.

Geheimnisse von Atlantis

Die atlantischen Alben

Um die Hintergründe von Atlantis zu beleuchten, ist es notwendig, die Geschichte der Alben zu beschreiben. Seit Urzeiten existiert dieses Volk zusammen mit den Menschen auf der Erde. Die äußerlichen Unterschiede zwischen Alben und Menschen waren vor allem zu Beginn sehr gering, sodass Forscher, die glauben, ein frühes Menschenskelett entdeckt zu haben, in Wahrheit nicht selten die Überreste eines Alben in den Händen halten. Was die beiden Völker unterscheidet, ist der angeborene Sinn für Magie, der in jedem Alben schlummert, während Menschen eher ein Talent für Werkzeuge und Handwerk innewohnt.

Diese Veranlagung führte oft dazu, dass sich einzelne Alben zurückzogen und in Naturgeister verwandelten, die manchmal bösartig und rachsüchtig, aber auch gutmütig und hilfsbereit waren. Zudem ist den Alben ein Gespür für die mysteriösen Pfade gegeben, die in die verschiedenen Sphären der Anderswelten führen, jenen Orten abseits unserer Realität, den Reichen von Göttern und Monstern.

Mit der Zeit entzweiten sich Alben und Menschen mehr und mehr. Immer öfter wanderten Alben in die Anderswelt ab oder zogen sich in entlegene Territorien auf oder unter der Erde zurück, wo sie, vergessen von den Menschen, ihr eigenes Leben führten. Im Mittelmeerraum jedoch schlug die Entwicklung einen anderen Weg ein: Hauptsächlich aufgrund der vielen Kulturen, die über das Mittelmeer im ständigen kulturellen Austausch standen, war es schon vor Jahrtausenden zu einer Vermischung von Menschen und Alben gekommen – das Volk von Atlantis entstand.

Die wahre Geschichte von Atlantis

Die Atlanter, in denen das Blut zweier Welten floss, errichteten im Laufe der Jahrhunderte ein gewaltiges Reich, dessen entfernteste Kolonien von Südafrika über Nordeuropa bis hin an die Nordküste Amerikas reichten, dessen kulturelles Zentrum jedoch Kreta war. Besonders half ihnen dabei ihr albisches Erbe, das sie jene mythischen Seerouten entdecken ließ, die über Okeanos die diesseitige mit den jenseitigen Sphären verbinden

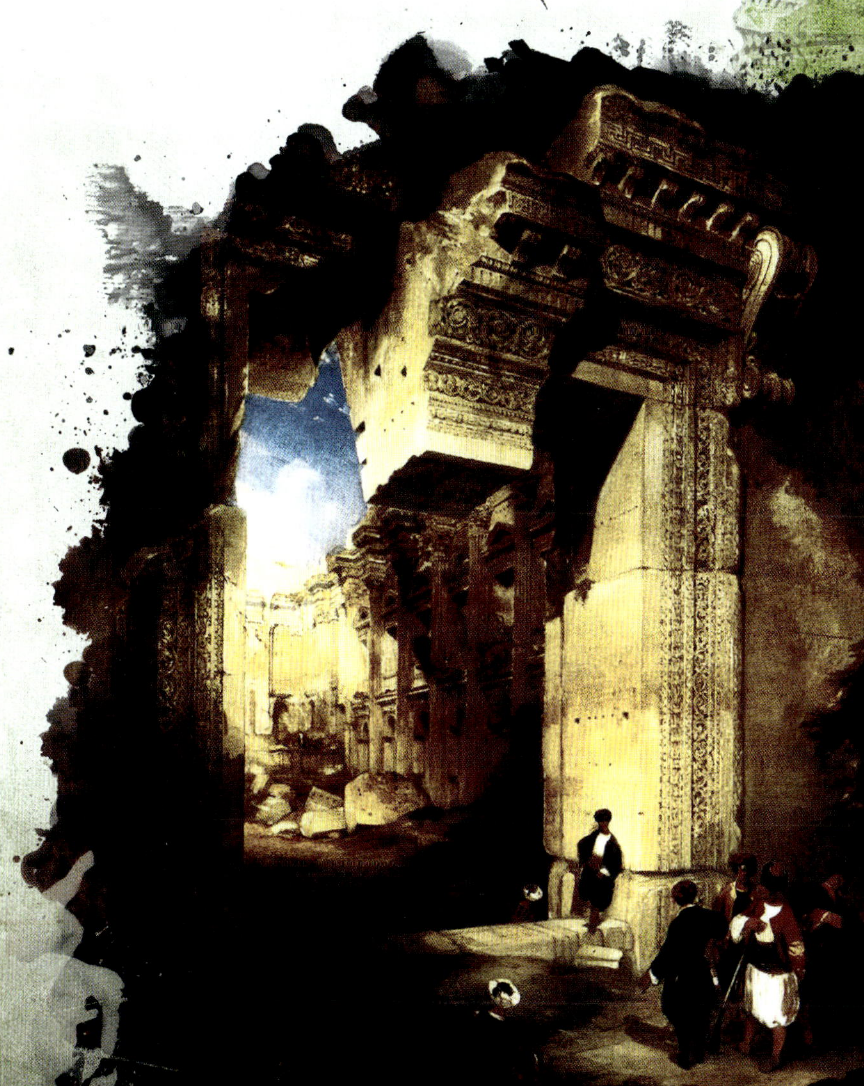

(siehe: Verschwindende Inseln – Eilande zwischen den Welten, S. 49). Auf ihren Reisen begegneten die Atlanter den seltsamen Wesen der Anderswelt und begannen, sie als Götter und übernatürliche Kreaturen zu verehren, um sie durch ihre Anbetung milde zu stimmen. Letztlich säten sie damit selbst den Samen ihres Untergangs. Denn während das Reich nach außen wuchs und gedieh, begann es innerlich schleichend zu zerfallen. Es bildeten sich Kulte, die jeweils einem Gott huldigten und mithilfe ihrer Priester Kontakt zu ihm aufnahm. Dabei wurden die Atlanter den von ihnen angebeteten Wesenheiten immer ähnlicher, manche wurden bösartig und kriegerisch, andere verstohlen und heimtückisch, andere ergingen sich in Feiern und Orgien. Viele der später verfassten antiken Epen über Götter und Halbgötter basieren auf dieser Veränderungen der atlantischen Kultur.

Als es überall im Reich zu Unruhen und Auseinandersetzungen kam, versuchte eine Gruppe weiblicher Priester, die sich selbst als Atlantiden bezeichneten, Frieden zu stiften. In ihnen war das Erbe der Alben stärker als das Blut der Menschen, weshalb sie eine innige Verbindung zur Magie und zur Anderswelt besaßen. Doch die Bemühungen der Priesterinnen scheiterten, und die ersten fernen Siedlungen sagten sich von der Krone los und riefen ihre Unabhängigkeit aus. Der legendäre atlantische König Minos war es schließlich, der die von den Atlantiden gehüteten Seerouten für militärische Zwecke nutzen wollte, um die Rebellion mit schnell entsandten Flotten niederzuwerfen. Doch die Priesterinnen weigerten sich, da sie ihre Bestimmung in der Aufrechterhaltung des Friedens sahen und nicht in der Förderung von Krieg und Unterdrückung. Minos und seine Nachfolger schlugen daraufhin einen anderen Weg ein: Sie stahlen eines der goldenen Bücher der Atlantiden, in denen die Geheimnisse der Seerouten beschrieben wurden, und hielten nach den begabtesten jungen Mädchen Ausschau. Diese überschütteten sie mit Luxus und Reichtümern und gewährten ihnen Einblick in das geheime Wissen des geraubten Buches. Als Gegenleistung verlangten sie lediglich von ihnen, neue Seewege durch Okeanos ausfindig zu machen.

Anfangs waren diese Frauen, die sich selbst Plejaden nannten, erfolgreich. Doch ohne die langjährige Unterweisung älterer Priesterinnen stießen sie schnell in Gefilde vor, in denen das Böse hauste. Heute würde man die Geschöpfe, die auf

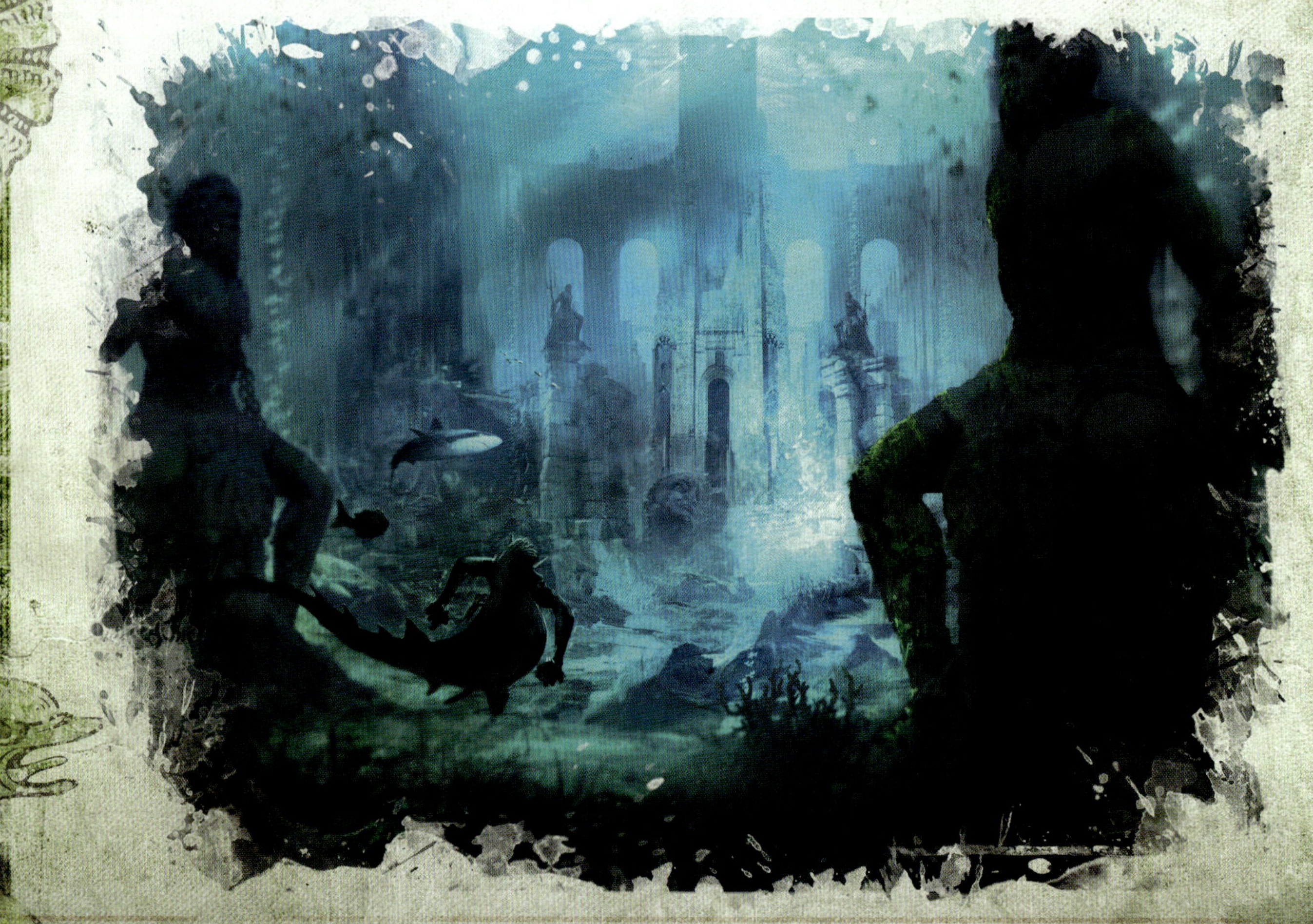

die unerfahrenen Plejaden aufmerksam wurden, als Dämonen bezeichnen und ihre Heimatlande als Regionen der Hölle; in die Legenden der Atlanter und die später auf ihnen aufbauenden Mythen der Antike gingen sie jedoch als Titanen ein. Diese Wesen folgten den Spuren der unvorsichtigen Plejaden und gelangten so in die irdische Realität. Eine nach der anderen gerieten die Kolonien unter den verderbten Einfluss der andersweltlichen Kreaturen. Die Atlantiden waren machtlos. Ihre Visionen hatten zwar den Untergang der Kolonien vorausgesagt, aber kein Mittel offenbart, um dies zu verhindern. So sahen sie letztlich nur noch einen Ausweg und fassten einen folgenschweren Entschluss: Sie vereinbarten, sämtliche der bereits auf Erden wandelnden Titanen mit einem Schlag auszulöschen. Zu diesem Zweck bündelten sie all ihre magische Kraft in einem Ritual, das in einem gewaltigen Kataklysmus alle korrumpierten Kolonien im Meer versinken ließ. Selbst die Plejaden erkannten die Notwendigkeit dieses Vorgehens an und sorgten mithilfe ihrer Kräfte dafür, dass die unschuldigen Angehörigen ihres Volkes zwar von den Fluten fortgerissen wurden, aber nicht sterben müssten.

Binnen eines Tages wurde das Atlantische Reich nahezu vollständig vom Meer verschlungen, auch Teile der Hauptinsel Kreta gingen unter (siehe: Kreta – Alte und neue Labyrinthe, S. 55). Die Atlanter jedoch konnten aufgrund des Zaubers der Plejaden unter Wasser atmen und verwandelten sich über Jahrhunderte hinweg in das heutige Meervolk, das lange gegen die überlebenden Titanen kämpfte und schließlich obsiegte. Die Priesterinnen der Atlantiden allerdings wurden durch das Rituals vollends aufgezehrt und zerfielen vor den Augen der Plejaden zu Staub. Voller Scham wandten sich diese mit der Zeit vom Meer volk ab und zogen sich in die Sphären der Anderswelt zurück. Mit magischen Sigillen verschlossen sie dabei die mythischen Pfade und Seerouten, um die Verbindung zwischen den Welten, die für so viel Leid ihres Volkes verantwortlich war, endgültig zu trennen. In den folgenden Jahrhunderten entzweiten sich die Plejaden immer mehr und aus ihnen wurden die heutigen Nymphen und all ihrer Unterarten (siehe: Nymphen – Wächterinnen der Wege, S. 82).

Orte von Interesse

Kreta

Kreta ist auch heute noch der Ort, an dem die meisten atlantischen Artefakte gefunden werden können. Allerdings haben Tausende Jahre der Besiedelung die Spuren zu ihnen fast völlig verwischt, mit zwei Ausnahmen: Etliche versunkene Ruinen schlummern in Küstennähe unter dem Meeresspiegel (sollte man eine Methode finden, in diese Tiefen vorzustoßen), ebenso geht auch das legendäre Labyrinth der Insel auf die Atlanter zurück (siehe: Kreta – Alte und neue Labyrinthe, S. 55).

Kykladen

Wenngleich sich auf fast allen Inseln der Kykladen Kolonien der Atlanter befanden, sind die meisten jedoch infolge des Rituals der Atlantiden im Meer versunken. Eine Ausnahme bildet Santorin. Im Süden der Insel lag der atlantische Kriegshafen, Schauplatz des Kampfes gegen einen der fürchterlichsten der Titanen, von den Atlantern Talos genannt. Als dieser kurz davor war, die Insel zu erobern, opferten sich einige Atlantiden und brachten einen Vulkan zum Ausbruch, der weite Teile der Insel mit Feuer und Asche überschüttete. Talos wurde in der Lava gefangen, kam aber nicht ums Leben. Auch Santorin sollte beim Ritual der Atlantiden untergehen, doch die Priesterinnen waren aufgrund des Kampfes so geschwächt, dass nur der brennende Berg im Meer versank – und mit ihm der in der aushärtenden Glut gefangene Talos. In den vergangenen Jahrhunderten regte sich der Titan immer wieder in seinem Kerker, was dazu führte, dass sich um 1570 die Insel Mikri Kameni („die kleine Verbrannte") aus dem Wasser erhob, gefolgt von der Insel Nea Kameni („die neue Verbrannte") zwischen 1707 und 1711. Auch ist dies der Ursprung der hiesigen Kyklopen, die die Insel zur bekanntesten ihrer Burgen ausbauten (siehe: Legendäre und sagenhafte Monster, S. 102).

Rhodos

Tatsächlich hatten die Atlanter einst Rhodos besiedelt und auf der Insel eine der damals größten Städte des gesamten Mittelmeeres erbaut: Ialysos. Dort überdauerte die atlantische Kultur noch lange nach der Katastrophe, die die Siedlung durch ihre Lage und schlichten Zufall unbeschadet überstand, und hinterließ auf Rhodos beeindruckende Relikte und Artefakte. Der Hospitaliterorden hat eigene Pläne mit der Insel (siehe: Rhodos – Heroen und Hospitaliter, S. 62) und kann keine neugierigen Glücksritter in seiner Nähe gebrauchen. Daher brandmarken die Johannei die Untersuchung der atlantischen Hinterlassenschaften als Frevel, forschen jedoch insgeheim selbst in einigen der Ruinen, wobei sie es vor allem auf das legendäre

Oreichalkos abgesehen haben, das sie für ihre alchemistischen Künste benötigen.

Helikonossos

Erbaut von den Stämmen des Meervolks, ist Helikonossus die größte Stadt, die je im atlantischen Stil und noch dazu am Meeresgrund errichtet wurde. Sie befindet sich nahe der tiefsten Stelle des Mittelmeers, dem Calypsotief, westlich der peloponnesischen Küste. Mit ihren Mauern, Palästen und Tempeln vermittelt sie einen imposanten Eindruck von der einstigen Macht und Größe des Atlantischen Reiches. Tatsächlich findet sich hier noch immer viel des geheimen Wissens der uralten Hochkultur. Allerdings ist die Stadt schon seit Jahrhunderten ein Kampfgebiet, da sich dort die einzelnen Herrscher des Meervolks, die sogenannten Tritonen, mit ihren Heeren einfinden, um den Titel des Poseidon an sich zu reißen, des Königs unter dem Meer. Heute wird die Stadt von vier Tritonen gehalten, die jeder für sich beanspruchen, der neue Poseidon zu sein. Ein weiteres halbes Dutzend lagert mit seinen Streitern vor der Stadt und harrt auf eine günstige Gelegenheit, den eigenen Anspruch geltend zu machen. Ständige Scharmützel sind an der Tagesordnung.

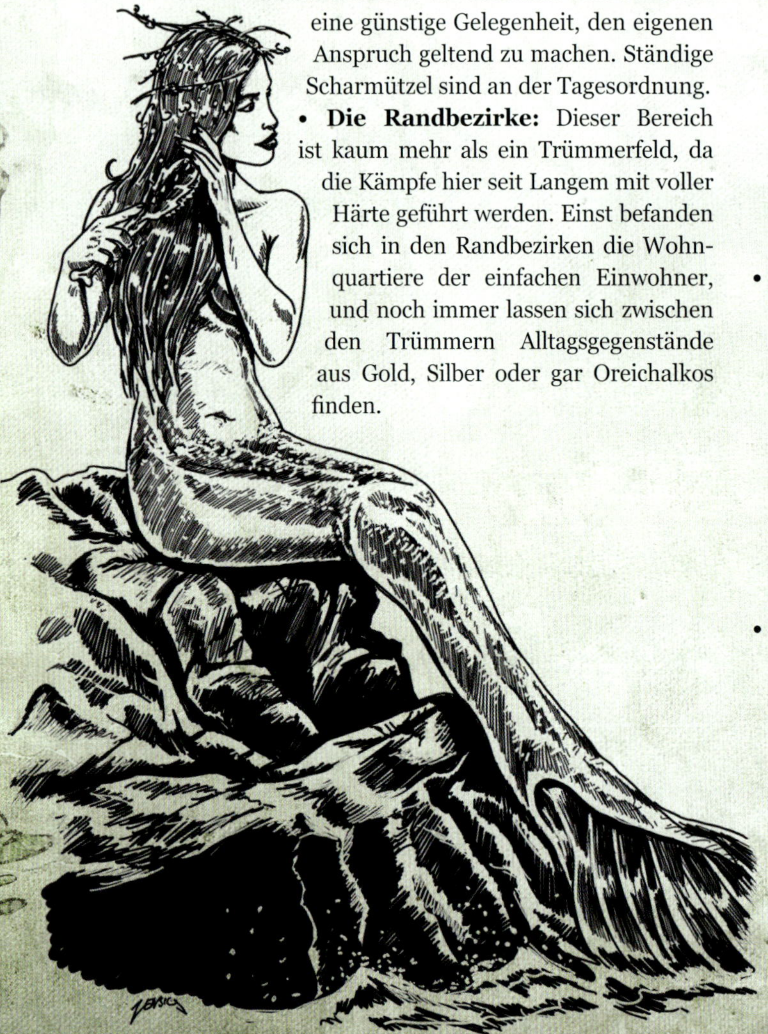

- **Die Randbezirke:** Dieser Bereich ist kaum mehr als ein Trümmerfeld, da die Kämpfe hier seit Langem mit voller Härte geführt werden. Einst befanden sich in den Randbezirken die Wohnquartiere der einfachen Einwohner, und noch immer lassen sich zwischen den Trümmern Alltagsgegenstände aus Gold, Silber oder gar Oreichalkos finden.
- **Der Tempelbezirk:** Bevor sich die Plejaden in die Anderswelt zurückzogen und zu Nymphen wurden, weihten sie einige ihrer begabtesten Schülerinnen in das Geheimnis ein, mithilfe von Träumen und Ritualen Kontakt zu ihnen aufzunehmen. Mit der Zeit entwickelte sich um diese Gruppe von Zauber- und Seherinnen, die Kirken genannt werden, ein regelrechter Kult, der zum Aufbau des Tempelbezirks führte. Bis heute rufen sie die „entrückten Ahnen“ in Zeiten der Not um Beistand an und tatsächlich folgen immer wieder vereinzelte Nymphen ihrem Ruf. Zuletzt geschah das im Jahr 1695, als die Nereide Amphitrite im Haupttempel erschien und verkündete, die Braut des zukünftigen Poseidon zu sein. Seither ist er ihre Heimstatt, dort empfängt sie die Bewerber und unterzieht sie einer strengen Prüfung. Dabei spielt die Nereide auf Zeit und ist bemüht, die Anwärter höflich, aber rigoros abzuweisen. Denn sie hat eine andere Aufgabe: Im Tempel befindet sich ein Portal in eine besondere Sphäre der Anderswelt, ein Ort hinter den Sternen, den die Plejaden einst zum letzten Rückzugsort auserkoren, falls die Erde unter dem Ansturm der Titanen tosend untergehen sollte. Seit 1640 die Tore zur Anderswelt erneut geöffnet wurden und wieder Dämonen auf der Erde wandeln, hielt es Amphitrite für weise, diesen Durchgang nicht unbeaufsichtigt zu lassen. Denn tatsächlich könnte er dazu missbraucht werden, ein zweites Höllenportal wie im Schwarzwald aufzustoßen.
- **Die Schmiede:** Die Schmiede ist neben dem Palast das wohl am stärksten umkämpfte Gebiet. Einst war sie das Zentrum des großen Handwerkerviertels und der Ort, an dem das legendäre Metall Oreichalkos hergestellt und verarbeitet wurde. Doch das magische Feuer der Unterwasserschmieden, gespeist aus einem flammenden Schlot, ist inzwischen erloschen. Nichtsdestotrotz finden sich hier noch immer viele Waffen und Maschinen aus alter Zeit, darunter auch Bruchstücke von Oreichalkos.
- **Die Bibliothek:** Bereits vor ihrem Untergang legten die Atlanter großen Wert darauf, ihr Wissen an die nächste Generation weiterzugeben, und entwickelten dazu eine eigene Schrift. Nach ihrer Verwandlung in das Meervolk begannen sie erneut damit, ihre Kenntnisse festzuhalten, von denen jedoch viele für immer verloren gegangen waren. Da Holztafeln oder Papyrusrollen den Anforderungen der Tiefe nicht standhielten, gravierten sie ganze Bücher auf dünnen Platten aus Gold und Silber. Die Bibliothek ist eine umfassende Sammlung, die

sowohl geschichtliches, kulturelles, technisches als auch magisches Wissen umfasst.

- **Der Palast:** Dies ist das Machtzentrum der einstigen Herrscher und der wohl prächtigste und begehrteste Teil der Stadt. Der Palast verfügt über magische und mechanische Sicherheitsvorkehrungen, die es Angreifern äußerst schwer machen, ihn einzunehmen. Hier befindet sich auch die Schatzkammer der Könige, die überaus mächtige Artefakte in sich birgt. Allerdings wurde der Schließmechanismus beschädigt und auch der benötigte Schlüssel aus Oreichalkos ist lange verschollen.

Geheimnisse der Atlantisforscher

Die Ritter von Atlantis

Es war eine Nereide, die den Anstoß zur Gründung der Ritter von Atlantis gab. Im Jahre 1700 offenbarte sie sich einer Gruppe Schatzsucher, die vom Exilengländer Thomas Clark angeführt wurde und auf Kreta zufällig in ein atlantisches Heiligtum eingedrungen war. Die Nereide hegt die Hoffnung, dass es der Loge gelingt, Bruchstücke des sagenumwobenen Buchs der Wege zu finden, jenem Werk, in dem die Atlantiden ihr Wissen über die mythischen Seerouten festhielten. Um Thomas Clark gefügig zu machen, schenkte sie ihm ein Schwert aus Oreichalkos, die Schwurklinge Mártyras. Doch Clark hat andere Pläne: Sollte er das Buch der Wege in die Hände bekommen, will er mit dessen Hilfe die magische Barriere um die Britischen Inseln durchbrechen. Er ahnt jedoch nicht, dass es in seiner Heimat nie eine atlantische Siedlung gab und er in dem Buch daher keine Hinweise auf eine solche Route finden wird. Er und seine direkten Gefolgsleute sind romantisch veranlagte Gentlemen, doch die Fokussierung auf ihr großes Ziel hat dazu geführt, dass sich von ihnen unbemerkt ein Dunstkreis aus Kriminellen um die geheime Loge entwickelte.

Società alla luce della scienza

Diese Loge von Atlantisforschern begann tatsächlich als wissenschaftliches Projekt venezianischer Adeliger, wurde aber zusehends von reichen Neumitgliedern übernommen. In Wahrheit kaufte sich so mancher Schwarzmagier und Dämonenbeschwörer in die Gruppierung ein, um auf diese Weise an Wissen und Artefakte zu gelangen. Die Società verfügt heute über gewaltige Geldmittel und exzellente Ausrüstung, hat aber ihr ursprüngliches Ziel, Atlantis zu entdecken, völlig aus dem Auge verloren, da es den geldgebenden Hintermännern allein um die Beschaffung okkulter Schriften und Artefakte geht. Das wohl berühmteste Mitglied ist der venezianische Generalgouverneur Cosimo Calergi, der viel von seinem Wissen und große Teile seiner Sammlung der Società zu verdanken hat.

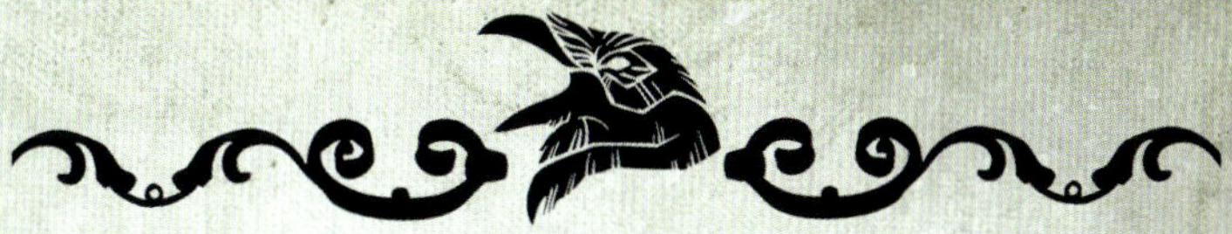

Abenteueridee

Vor der Küste Kretas tauchen über Nacht Ruinen aus den Fluten auf, und schon stürzen sich Atlantisforscher auf diese Relikte. Dass die Ruinen sich jedoch aus dem Wasser erhoben, haben sie nur dem seltenen Umstand zu verdanken, dass ein Titan unter ihnen eingekerkert wurde, und sich dieser in seinem unruhigen Schlaf regte. Bald schon werden die Ruinen wieder im Meer versinken, aber bis dahin versuchen Atlantisforscher, Schatzjäger, Korsaren und Glücksritter an Schätzen zu bergen, was es zu bergen gibt. Und so entbrennt ein erbitterter Kampf unter den menschlichen Suchern. Als es jedoch zu einem Großangriff des Meervolks kommt, muss es den Jägern gelingen, die Menschen zu vereinen, da sie sonst alle untergehen. Buchstäblich.

Xénos Psarás

Die „fremden Fischer" gingen aus einigen Prager Gelehrten hervor, die sich durch die Befragung des Meervolks Aufschluss über das Schicksal von Atlantis erhofften. Auch heute noch sind sie die Einzigen, die regelmäßig Kontakt mit den Nachkommen der einstigen Atlanter pflegen. So kümmern sich die Xénos Psarás um frisch geborene Meerjungfrauen, die mit ihrer Verwandlung hadern, und versuchen, ihre Pein zu lindern. Diese sind oft überaus dankbar für die Hilfe der altruistischen Forscher und werden nicht selten zu deren Augen und Ohren unter Wasser. Durch das so erlangte Wissen gelang es den Alchemisten der Loge, ein Elixier herzustellen, dass es einem Menschen erlaubt, für eine begrenzte Zeit unter Wasser zu atmen, zu sprechen und hohem Druck standzuhalten. Einige Mitglieder konnten schon einige der kleineren Unterwassersiedlungen befreundeter Stämme des Meervolks bereisen, aber noch nie gelang es einem Menschen, einen Fuß auch nur in die Nähe von Helikonossos zu setzen. Immerhin sind die fremden Fischer über die Existenz dieser Stadt im Bilde, halten sie allerdings fälschlicherweise für das Ziel ihrer Suche: das versunkene Atlantis. Noch konnte dieser Irrtum nicht aufgeklärt werden, und auch dass sie in Wahrheit schon lange Kontakt mit den verbliebenen Atlantern haben, entzieht sich ihrem Wissen.

Troja: Träume von Mythen und Heroen

Zusammenfassung

Die antike Region Troas, der die von Homer beschriebene Stadt Ilios den Namen „Troja" verdankt, gehört 1733 zum Osmanischen Reich. Heute heißt diese Landschaft Çanakkale, was gleichzeitig der Name einer Festungsstadt an der engsten Stelle der Dardanellen ist. Hier entbrannte im Jahr 1656 eine Seeschlacht zwischen den Osmanen und den Venezianern, die den Nachschub des Sultans nach Kreta unterbinden wollten. Zwar gewann die Serenissima die Schlacht, doch wurden in ihr auch zwei wichtige Admiräle getötet, wodurch man sich gezwungen sah, den Rückzug anzutreten. Bis heute kommt es jedoch immer wieder zu Auseinandersetzungen zwischen beiden Mächten in der Meerenge und Çanakkale selbst, was Nachforschungen zum legendären Troja erheblich erschwert.

Geheimnisse Trojas

Trojas wahre Geschichte

Einen Konflikt, der die Vorlage für Homers dichterisches Werk lieferte, gab es einst ebenso wie die legendäre Stadt selbst – auch wenn die wahren Ereignisse völlig anders abliefen, als der Dichter sie schilderte. In Troja lebte das Erbe der Atlanter fort. Die Einwohner waren zwar Menschen, doch in vielen floss noch das alte Blut von Atlantis, dessen albischer Teil ihnen mitunter die Gabe großer magischer Fähigkeit schenkte. Auch waren es nicht die vereinten griechischen Stadtstaaten, die Troja angriffen, sondern die Titanen, die den Kataklysmus überlebt hatten. Zwar konnten die Angriffe zunächst zurückgeschlagen werden, doch bald waren selbst die Mystiker der Stadt hilflos gegenüber der Macht der widernatürlichen Wesenheiten. Troja versank in Feuer und Blut, und so sahen die Beschützer des Volkes nur einen Ausweg: Sie baten die verblieben Plejaden um Hilfe und entrissen die umkämpfte Stadt der diesseitigen Welt. Die geballte magische Kraft zog sie in den Okeanos, wo die Trojaner noch heute ihren verzweifelten Kampf gegen die letzten der Titanen ausfechten.

Mit dem Sphärenbeben von 1640 erkannten die widernatürlichen Wesenheiten ihre Chance, das Gefängnis zwischen den Welten zu verlassen. Es war Kidemóna, eine Nymphe, die der Welt dieses blutige Schicksal ersparte. Es gelang ihr, einen Bannkreis um die seit zweitausend Jahren im Krieg befindliche Stadt zu legen. Selbst die Wut der Titanen vermag ihn nicht zu durchbrechen. In unserer Welt zeigt sich der magische Schutz in

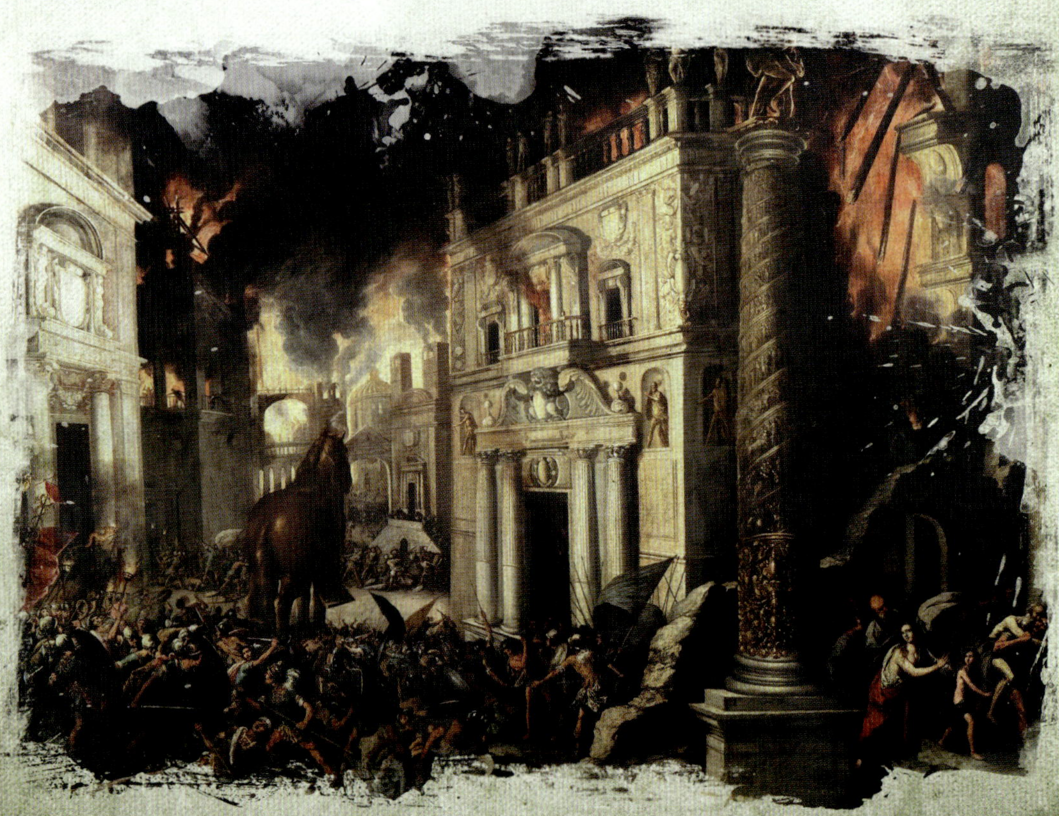

einer lebenden Mauer aus Bäumen und Bächen, die genau um den Ort wächst, wo sich Troja einst befand: den stark überwucherten Hisarlık („kleiner Hügel"), heute etwa 6 Kilometer von der Küste der Ägäis entfernt, in der Vorzeit jedoch Hafenstadt. Kaum jemand würde vermuten, dass sich hier, gerade einmal 30 Kilometer von der Stadt Çanakkale entfernt, unter Disteln und Oliven vor langer Zeit die prächtige Stadt erhob. Zwar finden sich unter all dem Grün mächtige Mauerreste, doch besonders bekannt ist dieser Umstand nicht. Dafür sorgen die Verbündeten der Nymphe: Heroen, die hier als Schäfer verkleidet über den Ort wachen.

Wächter des Hügels

Die Heroen der Kidemóna entstammen allesamt der Region, die durch die Gunst der Nymphe besonders fischreich und fruchtbar ist, und gehören einflussreichen Familien an. Ihre Aufgabe ist es, den Bannkreis ihrer anderweltlichen Mutter zu beschützen, doch sie bewahren auch ein weiteres Geheimnis, denn Kidemóna (deren Name in etwa „Wächterin" bedeutet) ist darüber hinaus die Hüterin des königlichen Schatzes, der nach wie vor in den Ruinen Trojas verborgen liegt und einige mächtige Artefakten der Vergangenheit umfasst. Artefakte, die in den falschen Händen das alles verschlingende Übel zum Sieg führen könnten. Die Grabungen wissensdurstiger Gelehrter und gieriger Schatzsucher gefährden also nicht nur den Bannkreis. Um sie zu verhindern, gehen die Heroen behutsam vor. Sie lassen Vorräte verschwinden, zerstören Werkzeuge und bestechen den Geleitschutz oder die Fremdenführer, nur in höchster Not legen sie Feuer oder greifen zu den Waffen.

Manchmal erkennt Kidemóna unter den Suchenden außergewöhnliche Individuen und entschließt sich, diese auf die Probe zu stellen. Sie beeinflusst die Träume der Anwärter und führt ihren Geist in das kriegsumtoste Nebelreich der Anderswelt, das sie bewacht. Hier erleben die Träumenden die blutige und traurige Wahrheit über den legendären Konflikt. Obwohl die Prüfung harmlos beginnt, führt sie nicht selten zum Tod des Betreffenden. Neben Stärke, Wille und Mut, legt die Nymphe auch Wert auf Klugheit und Einfühlungsvermögen. Wer Kidemóna durch seine Taten beeindruckt, dem erscheint sie persönlich im Traum und offenbart ihm den Weg zum Grab des Achilleus. Dort werde sie den Betreffenden erwarten und ihm eine Belohnung zukommen lassen. Die letzte Ruhestätte des legendären Helden ist heute ein kleiner Hügel in einer Bucht, die sich unweit nördlich von Çanakkale befindet. Dort entsteigt die Nymphe dem Ägäischen Meer und weiht den Betreffenden in das Geheimnis Trojas ein, der sich daraufhin dem Schutz der

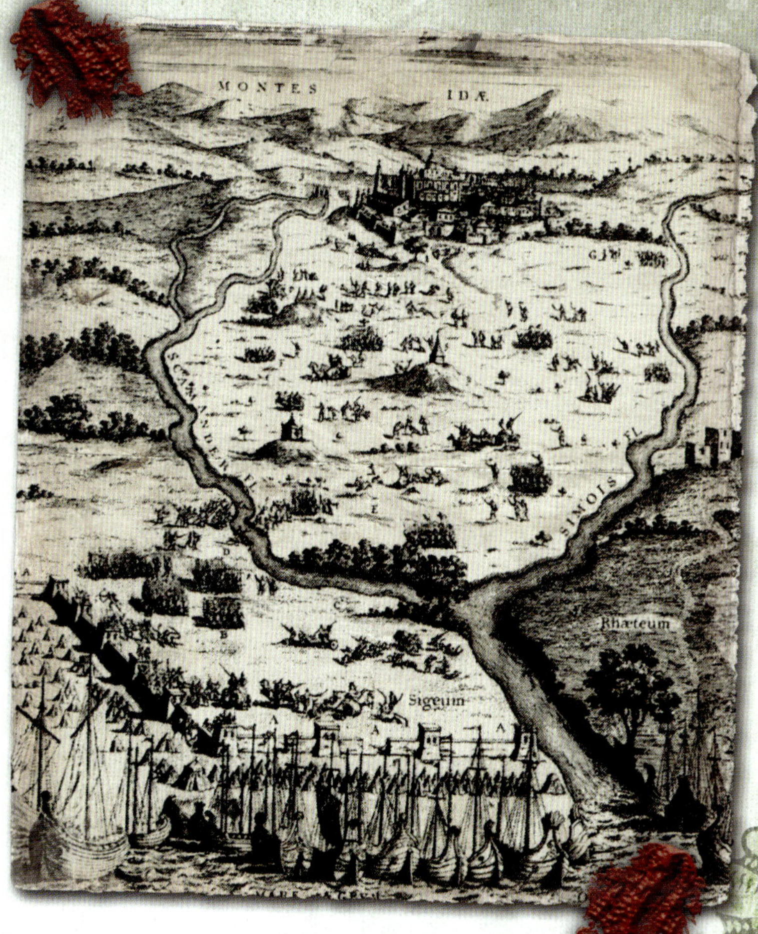

jenseitigen Stadt verpflichten muss. So hat sich ein kleiner Kreis von Eingeweihten gebildet, der alles daransetzt, dass Troja für die meisten das bleibt, was es derzeit ist: ein Mythos.

Unruhen im Land

Von der Obrigkeit möglichst unter Verschluss gehalten wird die Tatsache, dass in der Region Çanakkale immer wieder Tumulte ausbrechen. Die von der gleichnamigen Stadt aus regierenden Paschas schieben dies den Venezianern in die Schuhe und behaupten, dass diese im Süden einen Brückenkopf errichten wollen. In Wahrheit jedoch handelt es sich einzig und allein um eine große Lüge, der wahre Grund für die anhaltenden Unruhen im Land sind nicht die Venezianer, es sind die Paschas selbst.

Seit dem 17. Jahrhundert erkaufen sich die Regenten von Çanakkale ihr Amt und setzen alles daran, dass sich ihre Investition möglichst schnell rentiert. Konnten die Bürger ihre Steuern früher noch in Naturalien begleichen, forderten die Paschas bald ausschließlich Silberwährung. Viele Bauern sind daher gezwungen, ihre Kinder in die Sklaverei zu verkaufen oder sich als Räuber oder Piraten zu betätigen. Mit der Zeit verbündeten sich die vielen kleinen Banden gegen den Pascha, und so schwand dessen Einfluss vor allem im Süden der Region im gleichen Maße wie die Distanz zur Hauptstadt zunimmt. Erst 1725 durch den Bau der Festung Babakale an der Südspitze Çanakkales konnte der amtierende Pascha Açgözlü Hali seine Herrschaft wieder festigen.

Das Geld für diesen Bau stammt vor allem von den vielen Europäern, die in der Region nach dem verlorenen Troja suchen wollen und dafür so manche Münze springen lassen. Zusammen mit der wiederholten Sichtung venezianischer Kriegsschiffe führte dieser Umstand dazu, dass die Menschen im Süden der Region besonders schlecht auf Fremde zu sprechen sind. So kommt es, dass Trojasuchende immer wieder von Einheimischen entführt und entweder für ein hohes Lösegeld entlassen oder sogar getötet werden.

Der gierige Pascha

Für Açgözlü Hali Pascha sah es bis 1716 recht schlecht aus. Der anhaltende Konflikt mit den Venezianern sorgte für immer weniger Einkünfte durch Zölle, und die Aufständischen im Süden waren ein fortwährendes Ärgernis. Doch auf einmal kamen mehr und mehr Europäer in seine Stadt, zeigten ihm eine Abbildung des längst untergegangen Troja und verkündeten, dass sie es suchen wollten. Die Reisenden hatten Geld und gaben es nur zu gern für jeden noch so kleinen Hinweis aus. So begann der Pascha selbst Nachforschungen anzustellen. Nicht etwa, um die legendäre Stadt zu entdecken, sondern um herauszufinden, wo man die Europäer überall danach suchen lassen könnte. Der findige Regent befriedigte die Nachfrage der Trojasuchenden und machte aus dem einträglichen Geschäft eine regelrechte Industrie. Europäer dürfen nur in speziellen (besonders teuren, aber luxuriösen) Unterkünften einkehren. Falsche Hinweise werden in den städtischen Archiven platziert oder Gerüchte in Teehäusern verbreitet. Expeditionen und Grabungen müssen angemeldet und bewilligt werden, natürlich gegen eine hohe Gebühr. Auch Ausrüstung und Geleitschutz müssen bezahlt werden. Geht dabei einem der Forscher das Geld aus, so wird ihm gern Kredit gewährt, und wer endgültig mittellos ist, den verkauft man in die Sklaverei. Zudem lässt sich der Pascha immer neue Verdienstmöglichkeiten einfallen. So veranlasst er etwa bereits die Neubestückung eines schon erforschten Ortes mit neuen „Artefakten" und sorgt so ganz nebenbei für viel Verwirrung, Kopfzerbrechen und Disputen bei den Forschern. Da Açgözlü Hali weiß, dass die Europäer im Süden seines Gebietes häufig von Aufständischen angegriffen werden, schickt er sie vor allem in die sicheren nördlichen Regionen. Diese gelten inzwischen jedoch unter Experten als völlig abgesucht, weshalb immer mehr Abenteurer, gegen den Willen des Paschas, in den gefährlicheren Süden Çanakkales vorstoßen.

Die Erben des Teukros

Als „Erben des Teukros" bezeichnet sich ein Clan von Werratten, der die Kontrolle über die Troas erringen möchte. Er beruft sich auf den mythischen König und nutzt dessen Legende, um die unzufriedene Landbevölkerung für seine Zwecke einzuspannen. Şişman Fatma, die höchste Matriarchin des Clans, den sie nach außen hin als Bewegung von Freiheitskämpfern darstellt, genießt es, die Wut der einfachen Leute zu schüren und aus deren Taten Kapital zu schlagen. Oft spielt sie die aus verarmten Bauern bestehenden Räuberbanden der Region gegeneinander aus und sicherte sich dann deren Beute. Doch seit die Festung Babakale errichtet wurde fürchtet Fatma um das Fortbestehen der Familie. Daher hat sie begonnen, einen Aufstand von ungeahnter Größe vorzubereiten, der das Land auf Generationen ins Chaos stürzen und die Bedrohung für ihre Sippe so beenden soll. Dabei kommen ihr allerdings immer wieder neugierige Trojaforscher in die Quere, indem sie unabsichtlich ein geheimes Waffenlager aufdecken, dem Pascha über die Entwicklungen berichten oder die alten Sagen hinterfragen, auf deren Fundament die Macht der Werratenfamilie fußt. Aus diesem Grund brachten deren Attentäter schon so manchem Schatzsucher den Tod; vor allem in letzter Zeit handelt Fatma lieber präventiv, da sie ihren großen Plan gefährdet sieht.

Das unscheinbare Dorf Gülpınar ist das Hauptquartier der alten Matriarchin, obwohl es nur 10 Kilometer von der verhassten Festung Babakale entfernt ist. Doch nahe des Dorfes befinden sich die Reste des Tempels von Chryse, in dem einst Apollon Smintheus (von „sminthos" für „Maus/Ratte") verehrt und dem Gott zum Schutz vor Pest und Plagen geopfert wurde.

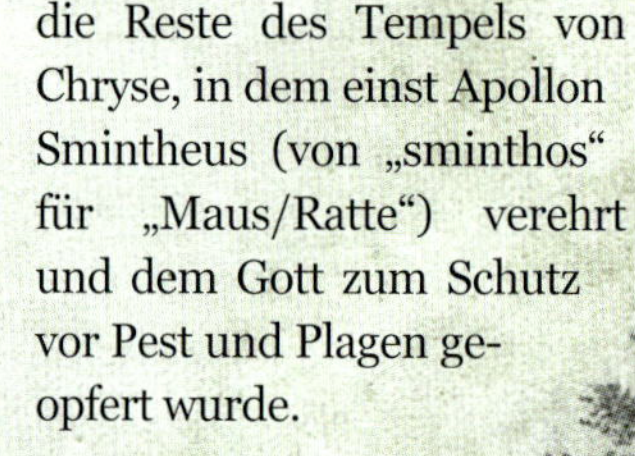

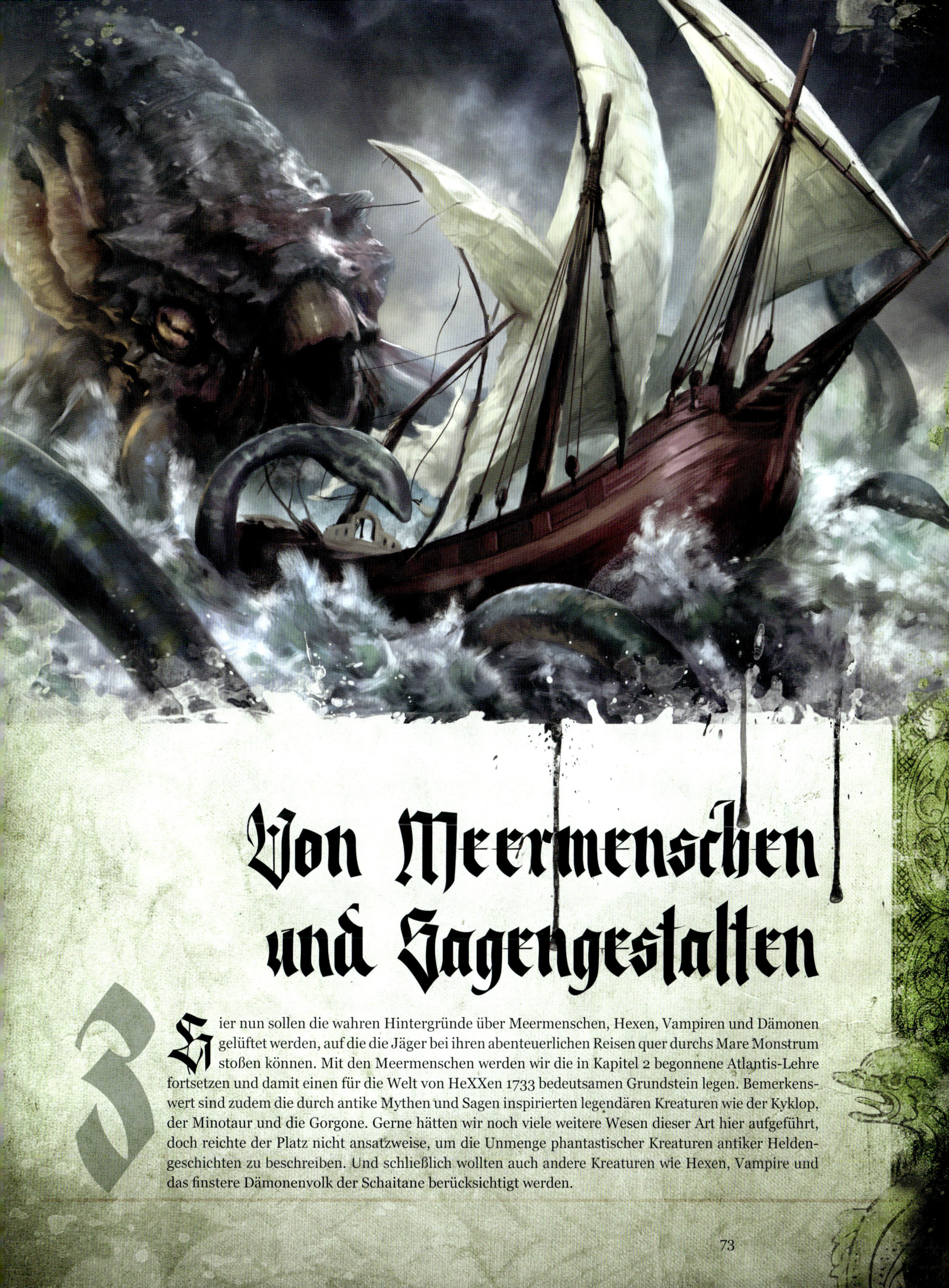

3 Von Meermenschen und Sagengestalten

Hier nun sollen die wahren Hintergründe über Meermenschen, Hexen, Vampiren und Dämonen gelüftet werden, auf die die Jäger bei ihren abenteuerlichen Reisen quer durchs Mare Monstrum stoßen können. Mit den Meermenschen werden wir die in Kapitel 2 begonnene Atlantis-Lehre fortsetzen und damit einen für die Welt von HeXXen 1733 bedeutsamen Grundstein legen. Bemerkenswert sind zudem die durch antike Mythen und Sagen inspirierten legendären Kreaturen wie der Kyklop, der Minotaur und die Gorgone. Gerne hätten wir noch viele weitere Wesen dieser Art hier aufgeführt, doch reichte der Platz nicht ansatzweise, um die Unmenge phantastischer Kreaturen antiker Heldengeschichten zu beschreiben. Und schließlich wollten auch andere Kreaturen wie Hexen, Vampire und das finstere Dämonenvolk der Schaitane berücksichtigt werden.

Kreaturen der Meere: Erben von Atlantis

Zusammenfassung

Ob es nun das Meervolk selbst ist, die Nereiden, Sirenen oder Seeschlangen – die meisten der Kreaturen, die das Meer bevölkern, gehen auf das sagenumwobene Volk von Atlantis und seinen tragischen Untergang zurück, dessen wahre Geschichte unter „Atlantis: Reich der Tore" ab S. 65 beschrieben ist. Selbst die Gelehrten der Prager Burg, die sich am ehesten als Experten auf dem Gebiet der mythischen Seekreaturen bezeichnen können, ahnen nicht einmal, welchen Ursprung die meisten dieser Wesen haben.

Das Meervolk

Nach dem schicksalhaften Ritual, das Atlantis untergehen ließ, entstand aus den überlebenden Atlantern in Laufe der Jahrhunderte ein neues Volk, das dank des Zaubers der Plejaden sowohl über als auch unter Wasser zu atmen vermochte: das Meervolk, dessen Angehörige von menschlichen Gelehrten auch als „Meeresalben" bezeichnet werden. Da sich in ihren Adern allerdings das Blut von Menschen und das von Alben vermischt, ist diese Annahme im Grunde falsch.

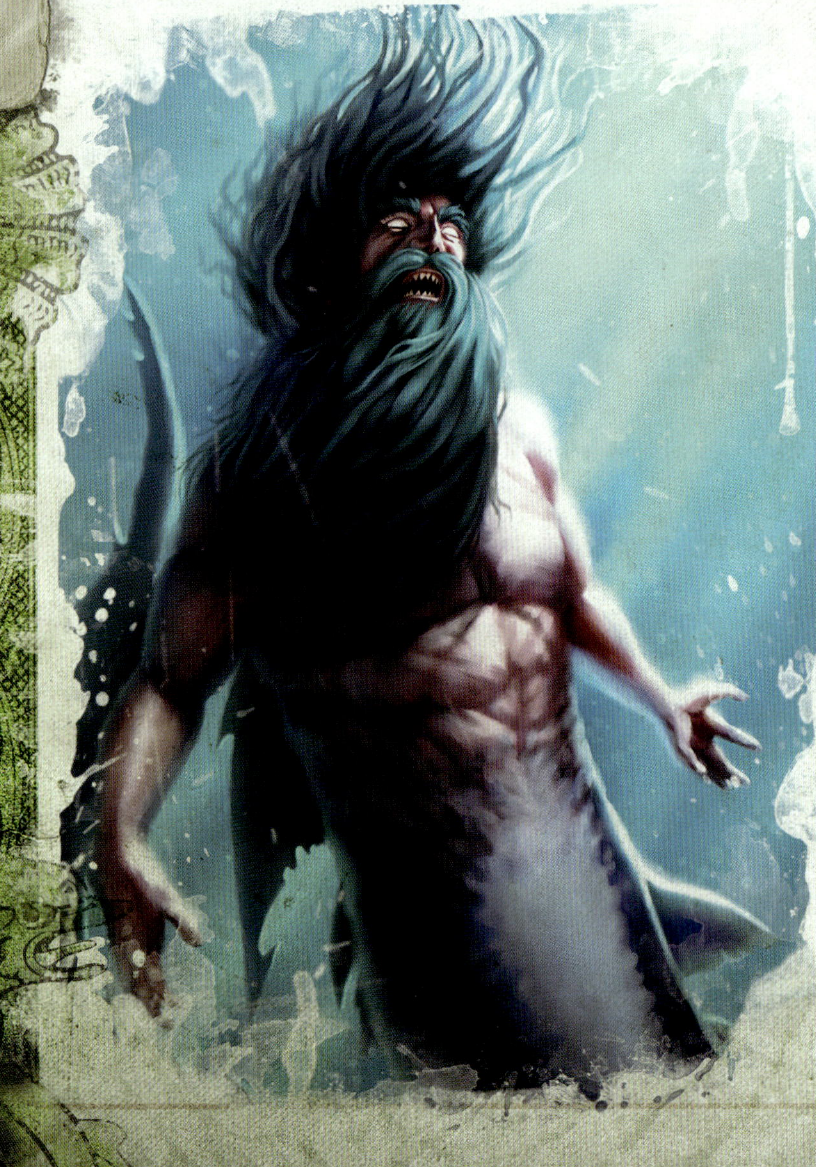

Durch den sich auch nach der Katastrophe fortsetzenden Krieg gegen die Titanen (den das Meervolk aber letztlich für sich entscheiden konnte) war ihre Zahl stark gesunken, sodass es nur selten zu Kontakten mit der menschlichen Zivilisation kam. Doch mit der Zeit erholte sich das Meervolk wieder und gründete mehrere Siedlungen am Grunde des Meeres, von denen Helikonossos (siehe S. 68) die größte war. Die Anforderungen des langen Kampfes gegen die Titanen hatten es erforderlich gemacht, so viele neue Krieger wie möglich zur Welt zu bringen. Bevor sich die Plejaden gänzlich aus dieser Welt zurückzogen, beschleunigten sie diese evolutionäre Entwicklung des Meervolks mit ihren Zauberkräften. Ein Nebeneffekt des Eingriffs war jedoch, dass immer weniger Töchter geboren wurden. Der Anteil der Frauen nahm immer mehr ab, sodass diesen bald allein die Funktion zukam, im Schutze der Tiefe Nachkommen das Leben zu schenken. Um diesen Mangel zu kompensieren, behalf man sich damit, menschliche Frauen zu entführen oder durch Umgarnen freiwillig ins Meer zu locken, um sie in Meerjungfrauen zu verwandeln. Dennoch blieb der Anteil der Männer im Meervolk stets erheblich größer, zumal die geraubten menschlichen Frauen fast ausschließlich Socii hervorbrachten, eine Art unfruchtbare „Fischmenschen". Noch dazu tragen die verwandelten Meerjungfrauen wenig Liebe für die kalten Tiefen des Meeres in sich und sehnen sich oft zurück an Land.

Nur selten – und noch seltener, wenn sie einst ein Mensch war – gebärt eine Meerjungfrau ein Mädchen. Allein diese sogenannten Töchter der Tiefe sind in der Lage, männliche Nachkommen in die Welt zu setzen, was sie innerhalb der Gesellschaft des Meervolks äußerst begehrt macht. Um seine Linie aufrecht zu erhalten, ist jeder Meermann darauf erpicht, eine Tochter der Tiefe zu ehelichen. Die Seltenheit dieser besonderen weiblichen Mitglieder des Meervolkes führt daher oft zu erheblichen Unruhen am Grunde der See und prägte die Gesellschaft des Meervolkes nachhaltig. Durch die anhaltenden Kämpfe um die Töchter der Tiefe zersplitterte das Reich der einstigen Atlanter erneut und das Meervolk breitete sich in vielen kleinen Gruppen über die Ozeane der Erde aus. Bis heute bestimmen der Traum von einem geeinten starken Reich, wie es einst war, ebenso wie der Streit um die Töchter der Tiefe die Politik der Meervolkstämme.

Gesellschaft

Die Anführer des Meervolkes werden bei den Stämmen des Mittelmeeres als Tritonen bezeichnet. Der Haushalt eines solchen Meermannes besteht aus ihm selbst, mindestens einer Tochter der Tiefe und einem Harem an Meerjungfrauen. Jeder Triton gebietet zudem über eine Schar von Socii. Bringt eine Tochter der Tiefe einen Sohn zur Welt, wird dieser als Nachfolger des herrschenden Meermannes aufgezogen. In den seltenen Fällen, in denen innerhalb eines Stammes mehrere männliche Nachkommen entbunden werden, verlassen alle bis auf den Erstgeborenen die elterliche Sippe, sobald sie für sich selbst sorgen können, um einen eigenen Stamm zu gründen. Viele dieser Einzelgänger ziehen umher, um ihren Wissensdurst zu befriedigen oder Abenteuer zu erleben. Da sie intuitiv die Kunst des Gestaltwechsels beherrschen, durchstreifen sie nicht nur die Tiefen der Ozeane, sondern auch die Länder der Menschen. Meist verwandeln sie irgendwann die Tochter eines Menschen in eine Meerjungfrau, zeugen mit ihr einige Socii und legen damit den Grundstein eines neuen Stammes.

Ein ansässig gewordener Meermann vertreibt sich die Zeit mit der Jagd und der Aufzucht von Nutztieren, darunter den Hippokampen, aber auch Delfinen und Krebsen, die verschiedene Funktionen erfüllen. Seine Frau sammelt oder züchtet Wasserpflanzen, die oft auch in der Magie des Meervolkes Verwendung finden. Einige Meermänner lassen es dabei bewenden und führen ein beschauliches Leben, doch die Mehrzahl strebt höhere Ehren an. In ihrer Jugend sind Meermänner meist zornig, streitsüchtig, ungestüm, stürmisch und geradezu versessen darauf, eine Tochter der Tiefe für sich zu gewinnen und so die eigene Blutlinie fortzuführen. Um sich Gehör zu verschaffen und von ihrem Volk als Triton anerkannt zu werden, benötigen Meermänner jedoch einen starken Rückhalt. So erweitern sie ihren Harem, indem sie häufig das Meer verlassen und menschliche Frauen verführen, und zeugen mit ihren Meerjungfrauen eine regelrechte Armee von Socii. Mit dieser trachten sie danach, sich eine Führungsrolle in einem bestimmten Territorium zu sichern oder sogar den begehrten Titel des Poseidon zu erringen, indem sie die alte Hauptstadt Helikonossos einnehmen. Jenen Meerjungfrauen, die einst Menschen waren, wird in der Gesellschaft des Meervolkes Respekt entgegengebracht. Allerdings stehen sie im Rang unter den Töchtern der Tiefe, die von frühster Jugend an in den Geheimnissen der ehemaligen Atlanter unterwiesen werden. In vielen von ihnen ist das Erbe der Atlantiden stark, sodass sie die Fähigkeit der Zauberei und der Hellsicht beherrschen. Da die meisten Meermänner ab einem bestimmten Alter das Interesse daran verlieren, sich neue Kenntnisse anzueignen, sind es vor allem die Töchter der Tiefe, die als Bewahrer von Kultur und Wissen auftreten. Untereinander spricht das Meervolk die alte Sprache von Atlantis und nutzt auch dessen Schrift, die man auf Artefakten und in den Ruinen jener atlantischer Siedlungen finden kann, die durch Grabräuberei oder Bewegungen des Untergrunds (seien sie natürlichen oder

Kämpfe im Wasser

Kämpfe zwischen schwimmenden oder tauchenden Gegnern werden durch den Umgebungseffekt „Über Bord“ dargestellt (siehe: Kämpfe auf See, S. 113). Generell gelten die dort beschriebenen Regeln nicht für Kreaturen, die im Wasser heimisch sind und darin atmen können (ob auf natürliche oder magische Weise). Jägern ist dies unter anderem durch die Heldenkraft „Poseidons Atem“ oder das alchemistische Elixier der Xénos Psarás möglich.

widernatürlichen Ursprungs) freigelegt wurden. Durch verwandelte Meerjungfrauen und die Aufenthalte an Land lernte das Meervolk in der Vergangenheit aber auch die gängigen Sprachen der benachbarten Menschen, und so kommt es vor, dass bei manchen Stämmen ausgestorbene Sprachen wie Altgriechisch oder Latein geläufig sind.

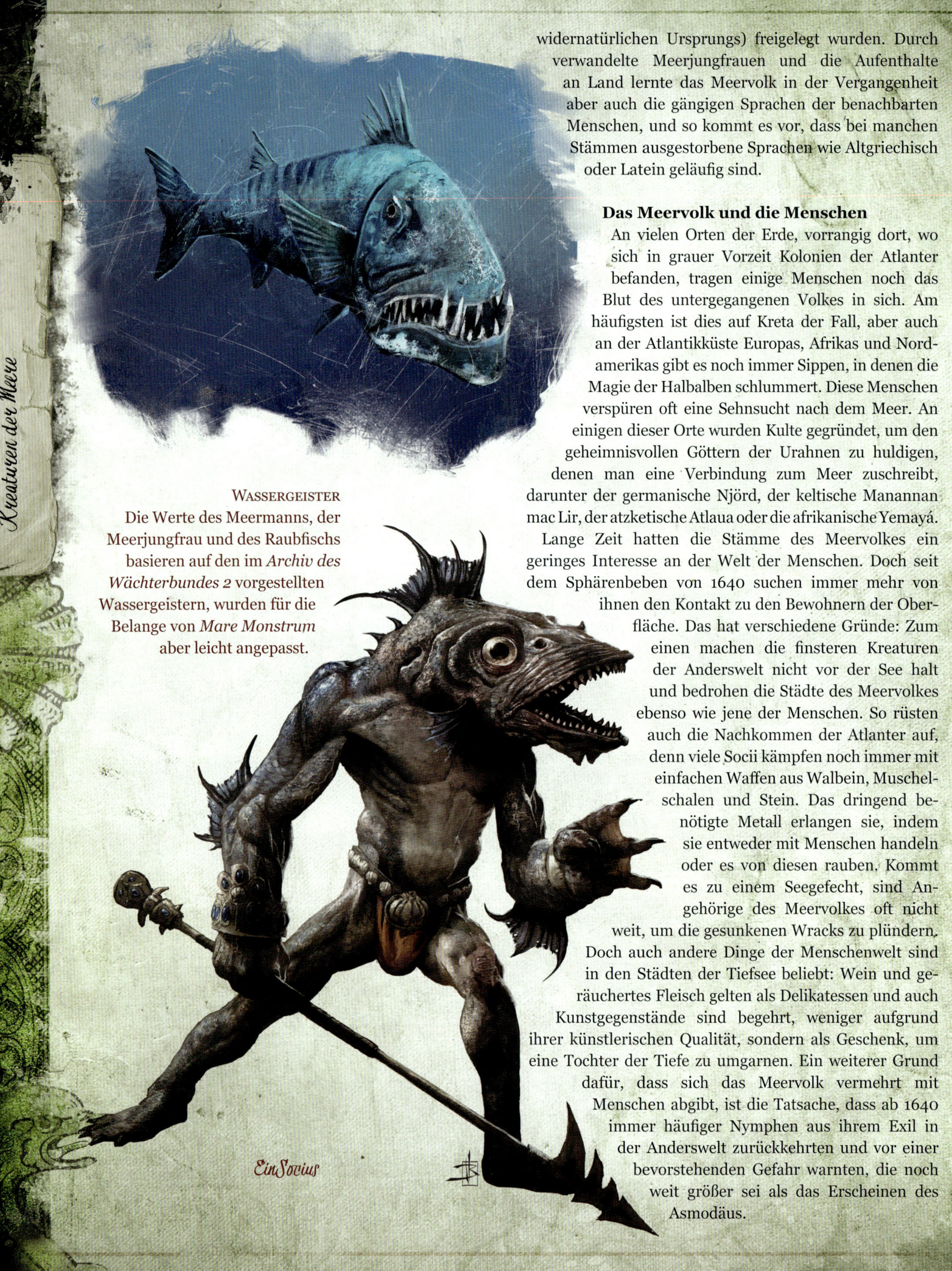

Das Meervolk und die Menschen

An vielen Orten der Erde, vorrangig dort, wo sich in grauer Vorzeit Kolonien der Atlanter befanden, tragen einige Menschen noch das Blut des untergegangenen Volkes in sich. Am häufigsten ist dies auf Kreta der Fall, aber auch an der Atlantikküste Europas, Afrikas und Nordamerikas gibt es noch immer Sippen, in denen die Magie der Halbalben schlummert. Diese Menschen verspüren oft eine Sehnsucht nach dem Meer. An einigen dieser Orte wurden Kulte gegründet, um den geheimnisvollen Göttern der Urahnen zu huldigen, denen man eine Verbindung zum Meer zuschreibt, darunter der germanische Njörd, der keltische Manannan mac Lir, der atzketische Atlaua oder die afrikanische Yemayá.

Lange Zeit hatten die Stämme des Meervolkes ein geringes Interesse an der Welt der Menschen. Doch seit dem Sphärenbeben von 1640 suchen immer mehr von ihnen den Kontakt zu den Bewohnern der Oberfläche. Das hat verschiedene Gründe: Zum einen machen die finsteren Kreaturen der Anderswelt nicht vor der See halt und bedrohen die Städte des Meervolkes ebenso wie jene der Menschen. So rüsten auch die Nachkommen der Atlanter auf, denn viele Socii kämpfen noch immer mit einfachen Waffen aus Walbein, Muschelschalen und Stein. Das dringend benötigte Metall erlangen sie, indem sie entweder mit Menschen handeln oder es von diesen rauben. Kommt es zu einem Seegefecht, sind Angehörige des Meervolkes oft nicht weit, um die gesunkenen Wracks zu plündern. Doch auch andere Dinge der Menschenwelt sind in den Städten der Tiefsee beliebt: Wein und geräuchertes Fleisch gelten als Delikatessen und auch Kunstgegenstände sind begehrt, weniger aufgrund ihrer künstlerischen Qualität, sondern als Geschenk, um eine Tochter der Tiefe zu umgarnen. Ein weiterer Grund dafür, dass sich das Meervolk vermehrt mit Menschen abgibt, ist die Tatsache, dass ab 1640 immer häufiger Nymphen aus ihrem Exil in der Anderswelt zurückkehrten und vor einer bevorstehenden Gefahr warnten, die noch weit größer sei als das Erscheinen des Asmodäus.

Wassergeister

Die Werte des Meermanns, der Meerjungfrau und des Raubfischs basieren auf den im *Archiv des Wächterbundes 2* vorgestellten Wassergeistern, wurden für die Belange von *Mare Monstrum* aber leicht angepasst.

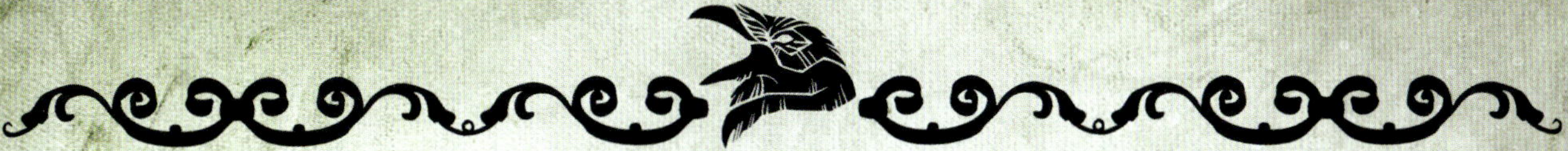

Meermann
(Anführer 3)

Kkr 14, Ath 11, Ges 5, Wil 11, Wis 12, Sin 6
LeP: Jz x 35| **Pw: 3** (dicke, teils schuppige Haut)
Ini: 11 | **Strategie:** Mächtiger Allrounder (|)

Fausthieb (Ath) Angriff 14, Schaden 0
Dreizack (Kkr) Angriff 17, Schaden 5

- ***Abtauchen*** (| : Probe auf Ath, pro gebundenem Gegner 2 Erfolge nötig, Erfolg: Nsc flieht)
- **Beschwörung** (| : Raubfisch (Bande 1, 3 für 1 Hex; nur im Wasser), Socius (Bande 2, 2 für 1 Hex))
- **Ersticken** (: 17 gegen Muskelspiel, 1 innere Schadenstufe (Atemnot) pro Differenzerfolg)
- **Hex-Macht** (Jz + 2 Hex bei Start)
- **Hex-Wachstum** (Jz – 1 Hex in Ini 0)
- **Hex-Wachstum** (+2 Hex in Ini 0, wenn im Wasser)
- **Immunität** (Malusschaden; nur im Wasser)
- **Kettenblitz** (| : Angriff 15, Schaden 4 Bl, 1 Hex pro Ziel (1–3 Ziele))
- **Taubheit** (| : 14 gegen Geistesstärke, 1 Malusstufe (Taubheit, 5: MFD) pro Differenzerfolg, 1 Hex pro Ziel (1–3 Ziele))
- ***Tödlicher Sog*** (| : 14 gegen Akrobatik, 1 innere Schadensstufe (Atemnot) pro Differenzerfolg, 1 Hex pro Ziel (1–3 Ziele))
- **Versetzung** (| : Zaubernder verliert alle Bindungen, 3 Hex; nur im Wasser)
- **Wahrer Name** (: 2 Erfolge)
- ***Wasserfontäne*** (| : Jäger verliert Elixierw. Ap, für jeden Ap zu viel 1 Blutw. Sc, 1 Hex pro Ziel (1–3 Ziele))
- ***Wasserwelle*** (| : Bereichseffekt, 15 gegen Akrobatik, 1 Malusstufe pro Differenzerfolg, 1 Blutwürfel Sc pro 2 Differenzerfolge, 3 Hex)

Erzählkräfte: Anlockung, Beherrschung des Wassers, Bewegung (Wasser), Kontrolle, Lebensraum (Wasser), Verwandlung (beliebiges menschenähnliches Wesen)
Beute: 120 Gulden (Beutegut: Waffen, Schmuckstücke), 5000 Gulden (verborgener Schatz)

Meerjungfrau
(Anführer 2)

Kkr 7, Ath 10, Ges 10, Wil 9, Wis 7, Sin 5
LeP: Jz x 15 | **Pw: 2** (teils schuppige Haut)
Ini: 15 | **Strategie:** Defensiv (|)

Fausthieb (Ath) Angriff 12, Schaden 0
Perlenschleuder (Ges) Angriff 12, Schaden 2*

- ***Abtauchen*** (| : Probe auf Ath, pro gebundenem Gegner 2 Erfolge nötig, Erfolg: Nsc flieht)
- **Anfällig** (Blitzschaden)
- **Beschwörung** (| : Raubfisch (Bande 1, 3 für 1 Hex; nur im Wasser))
- **Hex-Heilung** (4 LeP pro Hex, 1–5 Hex)
- **Hex-Macht** (Jz + 1 Hex bei Start)
- **Hex-Wachstum** (+1 Hex in Ini 0)
- **Hex-Wachstum** (+3 Hex in Ini 0, wenn im Wasser)
- **Immunität** (Malusschaden; nur im Wasser)
- ***Tödlicher Sog*** (| : 12 gegen Akrobatik, 1 innere Schadensstufe (Atemnot) pro Differenzerfolg, 1 Hex pro Ziel (1–3 Ziele))
- **Versetzung** (| : Zaubernder verliert alle Bindungen, 3 Hex; nur im Wasser)
- ***Wasserfontäne*** (| : Jäger verliert Elixierw. Ap, für jeden Ap zu viel 1 Blutw. Sc, 1 Hex pro Ziel (1–3))

Erzählkräfte: Anlockung, Beherrschung des Wassers, Bewegung (Wasser), Kontrolle, Lebensraum (Wasser), Verwandlung (beliebiges menschenähnliches Wesen)
Beute: 40 Gulden (Beutegut: Schmuck, Perlen*)
** Maximal Elixierwürfel Vorrat an Perlen, jede Perle hat einen Wert von 10 Gulden.*

Raubfisch
(Bande 1)

LeP: 2 | **Ini: 9** | **Beute:** 1 Gulden (Proviant)
Biss Erfolge 2, Schaden 2

- **Chaotisches Verhalten** (Ini 0: : neue Bindung)

Socius
(Bande 2)

LeP: 10 | **Ini: 8** | **Beute:** 4 Gulden (Beutegut: einfache Waffen)
Speer Erfolge 3, Schaden 2
Harpune Erfolge 3, Schaden 2 +*Zusatzschaden (Blutwürfel)*

Wasserpferde

Tatsächlich züchten Meermänner gern Hippokampen, haben sie doch Freude an den freundlichen und gutmütigen Tieren, die das Meervolk nicht nur zum Reiten, sondern auch zum Ziehen von Streitwägen und Transportieren von Lasten nutzt. Ein Hippokamp im Wasser ähnelt mehr einem riesigen Seepferdchen mit zwei kräftigen Hinterbeinen und einem fast schlangenartigen langen Schwanz, mit der die Kreatur wie ein gewöhnliches Pferd mit den Hinterbeinen „austreten" kann. Der Körper eines Hippokamps ist bedeckt von Schuppen, die ihn sowohl schützen als auch verbergen. Steht das Wesen still, ist es unter Wasser kaum zu entdecken. An Land hat es das Aussehen eines normalen Pferdes, wenngleich sein Fell immer feucht und glänzend wirkt. Für gewöhnlich sind Hippokampen friedlich und fliehen eher, als dass sie kämpfen – es sei denn ein Meermann

Hippokamp als Nsc-Reittier

Die hier abgebildeten Werte beschreiben einen einzelnen oder in kleiner Schar auftretenden, unberittenen Hippokamp. Dient das Wesen als Unterwasserreittier, so zählen Reiter und Hippokamp wie ein einziger Kampfteilnehmer, wobei der Reiter jedoch +20 Lep erhält.

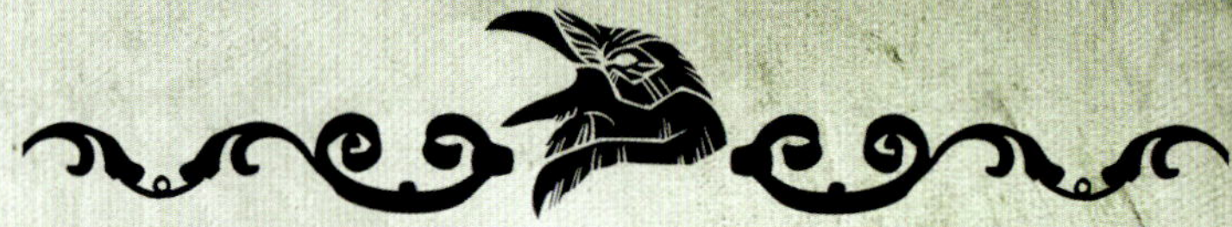

Hippokamp

(Anführer 0)

Kkr 6, Ath 6, Ges 4, Wil 4, Wis 2, Sin 3
Lep: Jz x 5 | **Pw: 2** (schuppenartige Haut)
Ini: 7 | **Strategie:** Offensiv (⚔⚔|⟋)

Biss (Kkr) Angriff 6, Schaden 2
Hufe/Flosse (Kkr) Angriff 6, Schaden 4

- **Immunität** (Feuer (nur im Wasser), Malusschaden)
- ***Wellen*** (nur im Wasser: Jäger legt in eigener Ini-Phase Akrobatik-Probe ab, −1 pro Nsc mit dieser Eigenschaft (kein Malus wenn tauchend), bei Misslingen Blutwürfel Sc)

Beute: 15 Gulden (Beutegut: alchemistische Ingredienzen, Trophäe)

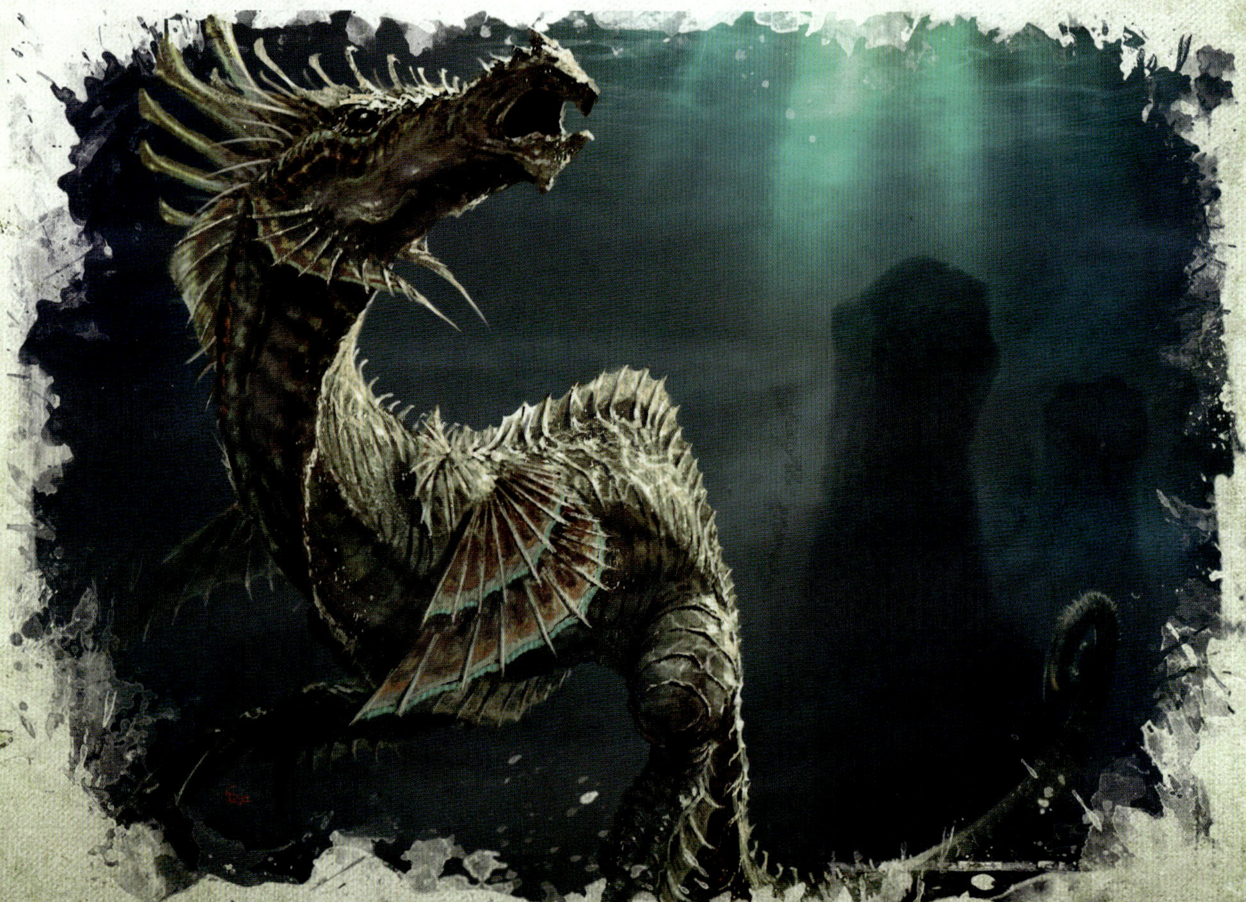

oder Socius reitet auf ihnen in die Schlacht. Ohne Reiter allerdings wehren sich die Tiere nur, wenn sie keinen anderen Ausweg sehen.

Hippokampen sind in der Lage, für einige Tage das Wasser zu verlassen. Sie nehmen dann die Gestalt eines gewöhnlichen, aber besonders prachtvollen Pferdes an. In seltenen Fällen gelang es Menschen, das Zutrauen eines Hippokamps zu erlangen, sodass sie auf ihnen reiten durften (Werte eines Schlachtrosses, siehe *Buch der Regeln*).

Teufelskalmare

Hinter dem Phänomen, das von Matrosen in Anlehnung an die Sagen der Antike als Skylla und Charybdis bezeichnet wird, stecken tatsächlich dämonische Kreaturen, denen die Seehexen den Namen „Teufelskalmar" gegeben haben. Sie waren es auch, die das erste dieser Wesen züchteten. Als der Kalmar immer größer und schließlich unkontrollierbar wurde, entließ der Zirkel griechischer Seehexen ihn ins offene Meer, wo er zu einer der größten Monstrositäten der Ägäis anwuchs. Zwar starb der ursprüngliche Teufelskalmar nach einiger Zeit, aber er hinterließ eine Reihe von Nachkommen, die nun ebenfalls das Mittelmeer unsicher machen.

Teufelskalmare sind geduldige Jäger, die ihre Opfer lange Zeit verborgen in der Tiefe belauern. Sie warten vor Küstensiedlungen und sondieren die Gewässer für den perfekten Hinterhalt. Manchmal folgen sie sogar Schiffen unbemerkt in deren Fahrwasser. Wenn er glaubt, dass der richtige Moment gekommen ist, bezieht der Teufelskalmar Position in einer Engstelle, die das Boot auf seiner Route passieren muss. Er lässt sich auf den Grund sinken und beginnt, mit pumpenden Bewegungen seines Leibes, die Strömung zu verändern. Das erzeugt einen gewaltigen Strudel, der das Schiff fängt und ein Entkommen der Beute fast unmöglich macht. Anschließend benutzt er seinen Fangarme, um die wie auf dem Präsentierteller angerichtete Nahrung genüsslich vom Schiff zu pflücken.

Anders als bei gewöhnlichen Tintenfischen besitzen die Tentakel eines Teufelskalmars keine Saugnäpfe, weisen jedoch ein blattförmiges, konkaves Ende auf, das innen mit nadelspitzen Dornen versehen ist. Zum einen machen diese das Greifen der Beute leichter, zum anderen entzieht die Kreatur ihrem Opfer durch sie die Lebensessenz. Denn Teufelskalmare benötigen als Nahrung nicht nur das Fleisch ihrer intelligenzbegabten Beute, sondern auch deren Seele. So finden sich im Körper

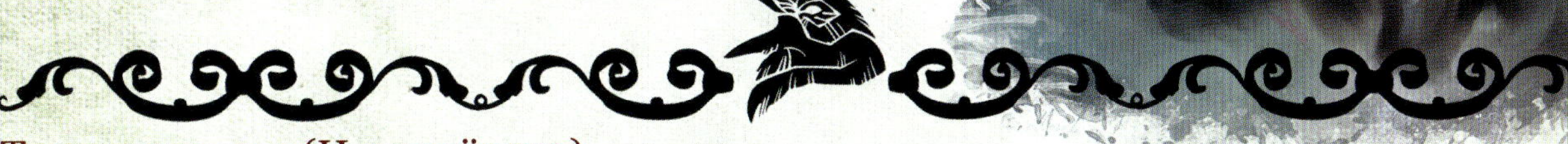

Teufelskalmar (Hauptkörper)

(Anführer 4, Widernatürlich)

Kkr 12, Ath 8, Ges 3, Wil 8, Wis 2, Sin 4
LeP: Jz x 40 | **PW:** 7 (panzerartige Haut)
Ini: 7 | **Strategie:** Allrounder

Biss* (Kkr) Angriff 16, Schaden 7

- **Hex-Macht** (Jz x 3 Hex bei Start)
- **Immunität** (äußerer Schaden, innerer Schaden, Malusschaden)
- ***Meeresstrudel*** (: Schiffe im Kampfgebiet nehmen 1 Treffer oder 2 Treffer, wenn manövrierunfähig, 1 Hex pro Runde)
- **Riesig** (wird nicht gebunden)
- ***Unter Wasser*** (Nsc ist nicht angreifbar durch Schusswaffen und Bordkanonen)

Tentakel: Teufelskalmar besitzt in der Regel Jz x 4 Kalmar-Tentakel, pro Runde erscheinen Jz x 1 Kalmar-Tentakel.
Beute: 7000 Gulden (Beutegut: Seelenkristalle)
** nur gegen schwimmende oder tauchende Jäger.*

Kalmar-Tentakel

(Bande 3, Widernatürlich)

LeP: 20 | **Ini: 6** | **Beute:** 10 Gulden (Beutegut: alchemistische Ingredienzen)

Tentakelhieb Erfolge 3, Schaden 4 +*Schwäche (je 1)*

- **Amorpher Körper** (kein Angriff von hinten möglich)
- **Glitschige Haut** (SR −3/Schwerter, Fechtwaffen, Dolche und Messer)
- **Immunität** (Malusschaden)

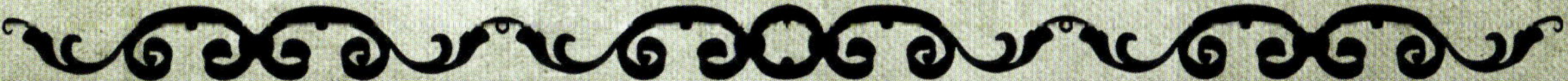

der Kreaturen große Mengen von Seelenkristallen, verfestigte Ablagerungen von Seelenlicht, die sich beim Verdauungsprozess bilden. Bislang ist es jedoch noch niemandem gelungen, einen Teufelskalmar gänzlich zu töten und diesen verborgenen Schatz zu entdecken. Allenfalls konnten die Tentakel abgeschlagen und die Kreatur dadurch vertrieben werden.

Sirenen

Die Entstehung der vogelartigen Sirenen geht auf die außergewöhnliche Zusammenarbeit von Nereiden und wahren Hexen zurück. Einige der Meeresnymphen wünschten sich eine effektive Möglichkeit, die Seerouten in die Anderswelt vor den immer neugieriger werdenden Menschen zu schützen, konnten durch ihre friedliche Veranlagung aber kein geeignetes Mittel dafür finden. In ihrer Verlegenheit wandten sie sich an die Hexen des Dionysos, die nur zu gern bereit waren, ihre Zauberkräfte mit denen der Nereiden zu vereinen und so eine neue Form von Dienerkreatur zu züchten.

Nereiden und Nymphen
Nereiden werden im Abschnitt über Nymphen ab S. 82 beschrieben.

Tatsächlich wurden Sirenen anfangs vor allem in der Nähe der mythischen Seerouten eingesetzt, doch die Kreaturen vermehrten sich ungehemmt und wurden oft auch von Menschen vertrieben, sodass sie nun an vielen Orten im Mittelmeer zu finden sind. Die Nereiden fühlen sich noch immer für die menschenfressenden Kreaturen verantwortlich und haben schuldbewusst ein wachsames Auge darauf, dass sie möglichst keine Unbeteiligten gefährden. Oft tragen sie Sorge dafür, dass die Kolonien der Sirenen weit von den üblichen Seewegen entfernt liegen.

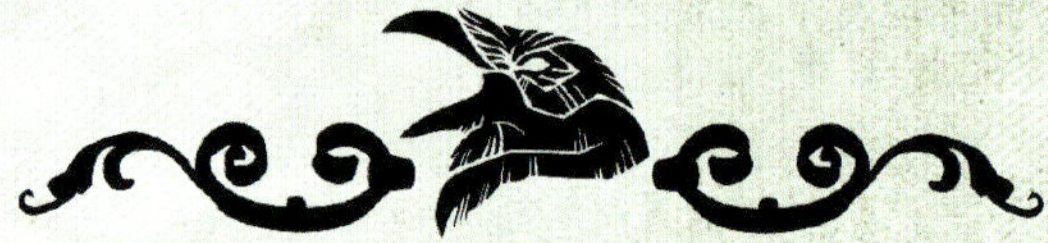

Sirene

(Bande 2, Widernatürlich)

LeP: 8 | **Ini: 10** | **Beute:** 6 Gulden (Beutegut: alchemistische Ingredienzen)

Schnabel Erfolge 3, Schaden 2

- **Glitschige Haut** (SR −2/Schwerter, Fechtwaffen, Dolche und Messer)
- **Immunität** (Feuer (nur im Wasser), Malusschaden)
- ***Sirenenaura*** (in eigener Ini-Phase: jeder lebende Kampfteilnehmer außer Verursachern erleidet 1 Ge pro 3 Bandengegner)

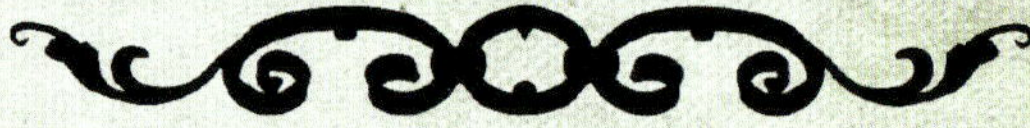

Seeschlangen

Seeschlangen waren in atlantischer Zeit Diener der Priesterschaft der Atlantiden, doch im Kampf gegen die Titanen wurden die majestätischen Kreaturen fast vollständig ausgelöscht. Erst als die Hexen von Amsterdam 1695 ihr folgenschweres Ritual ausführten, erwachten die letzten Angehörigen der mächtigen Seeungeheuer in ihren Verstecken, die sie sich in den finsteren Tiefen am Grund der See gesucht hatten. Doch geschwächt durch ihren jahrtausendelangen Schlaf kamen fast alle der einstigen atlantischen Kreaturen ums Leben. Nur einige wenige Jungtiere überlebten und wurden schließlich von Seehexen gefunden. Diese kümmerten sich nicht nur um die letzte Brut der Seeschlangen, sie veränderten sie auch mithilfe unheiliger Rituale, sodass aus den Geschöpfen der Atlanter eine neue Gattung widernatürlicher Kreaturen entstand.

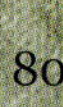

Seeschlange

(Anführer 4, Widernatürlich)

Kkr 12, Ath 8, Ges 3, Wil 12, Wis 8, Sin 5
LeP: Jz x 50 | **Pw: 5** (dicke Schuppenhaut)
Ini: 8 | **Strategie:** Mächtiger Offensiver (|)

Biss (Kkr) Angriff 16, Schaden 6
Rammangriff (Kkr) Angriff 16, Schaden 3 *+Lähmung (je 1, Taumeln)*

- **Beschwörung** (| : Giftschlange (Bande 1, 3 für 1 Hex))
- **Hex-Macht** (Jz + 3 Hex bei Start)
- **Hex-Wachstum** (Jz Hex in Ini 0)
- **Immunität** (Feuer (nur im Wasser), Malusschaden)
- **Kettenblitz** (| : Angriff 12, Schaden 5 Bl, 1 Hex pro Ziel (1–3 Ziele))
- **Riesig** (wird nicht gebunden)
- ***Schiffswürger*** (: 1 Treffer gegen Schiff, 2 Hex)

Beute: 20 Gulden (Beutegut: alchemistische Ingredienzen)

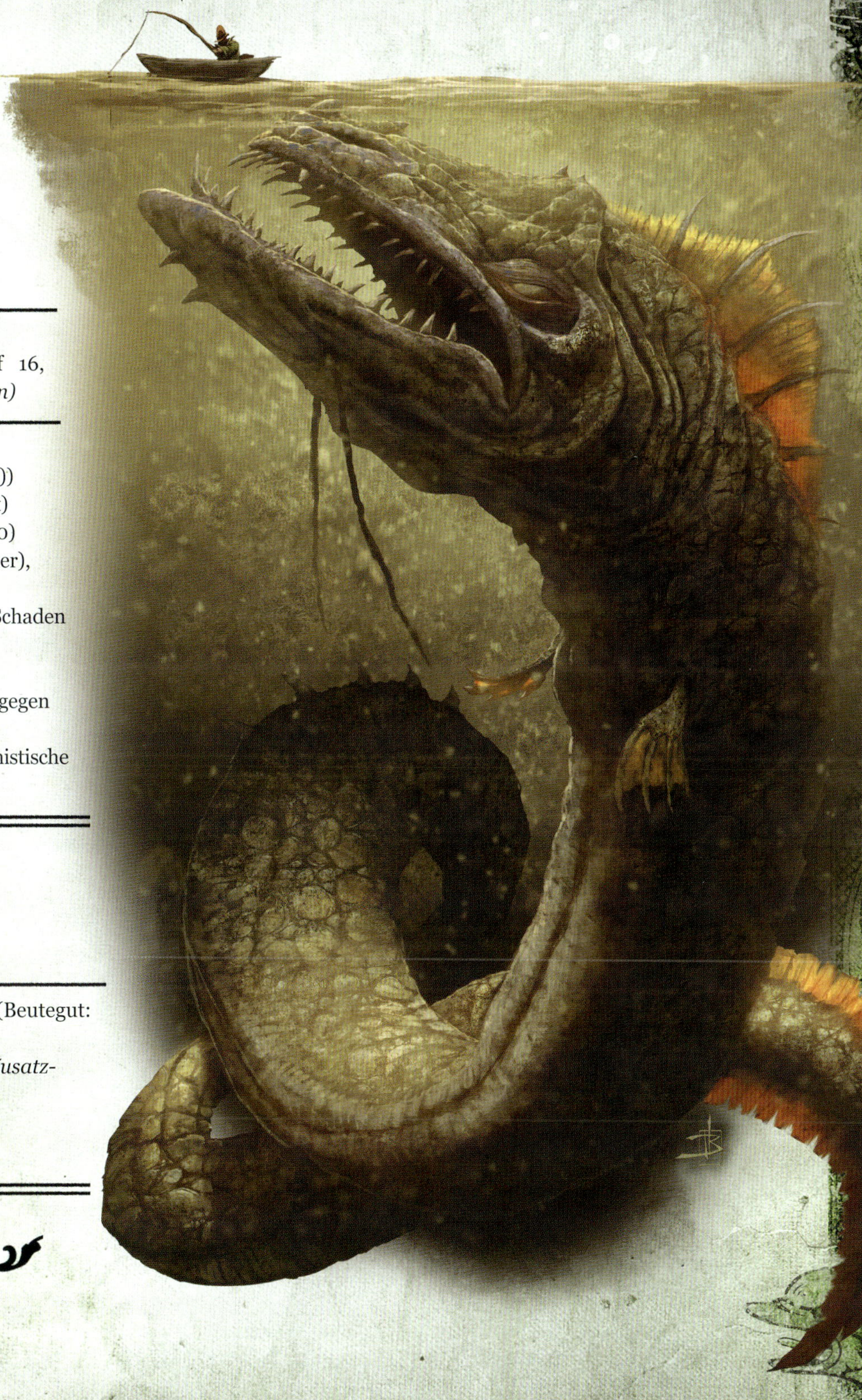

Giftschlange

(Bande 1)

LeP: 3 | **Ini: 6** | **Beute:** 3 Gulden (Beutegut: Giftingredienzen)
 | **Biss** Erfolge 2, Schaden 2 *+Zusatzschaden (Elixierwürfel)*

- ***Langsam*** (Bewegung kostet -oder -Handlung)

Nymphen: Wächterinnen der Wege

Zusammenfassung

Jene Wesen, die sich heute als Nymphen bezeichnen, sind die direkten Nachfahren jener Priesterinnen, die vor Tausenden von Jahren das große Reich von Atlantis im Meer versinken ließen. Während die Atlantiden dabei jedoch allesamt vernichtet wurden, überlebten viele ihrer Schwestern: die Plejaden (siehe: Atlantis – Reich der Tore, S. 65). Mit der Zeit verwandelten sich diese in Naturgeister, die je nachdem, wo sie sich niederließen, typische Eigenschaften dieser Umgebung annahmen.

Als sie sich mehr und mehr in die Anderswelt zurückzogen, sahen sie sich verantwortlich dafür, die Grenzen zwischen den Welten zu verschließen und versiegelten viele Durchgänge auf magische Weise. Doch der Zufall und menschlicher Leichtsinn öffneten eine dieser Sigillen und das Sphärenbeben von 1640 war die Folge. Ohnmächtig mussten die Nymphen mitansehen, wie der Schleier zwischen den Welten erneut durchlässig wurde. Doch das alte Wissen über die magischen Sigillen war verloren gegangen und so betrachteten sie es als ihre Pflicht, diese Pfade zu bewachen. Viele der Nymphen kehrten in die irdische Realität zurück und verteilten sich über das Land. Seitdem gelten sie als Wächterinnen der Wege.

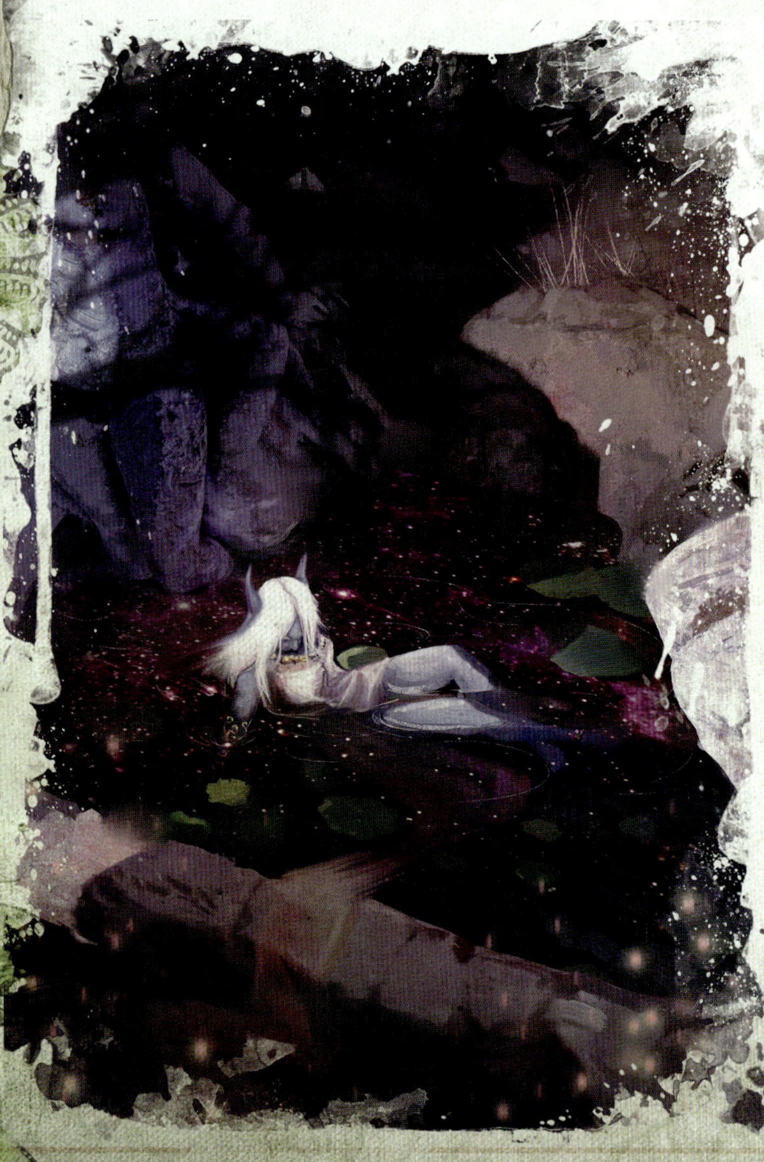

Lebensraum

Nymphen sind sehr territorial veranlagt. Ein einmal auserkorenes Revier verlassen sie nur, wenn es gar nicht anders geht, denn immer befindet sich darin ein Zugang in die Sphären der Anderswelt, dessen Schutz sie sich verschrieben haben. Ihre Anwesenheit sorgt für ein gutes und starkes Wachstum von Pflanzen und erhöht die Erträge nicht nur bei der Ernte und dem Fischfang, sondern auch der Jagd und der Viehzucht, denn unter ihrem Schutz sterben gebärende Muttertiere seltener und bringen besonders kräftigen Nachwuchs hervor. Bereits in der Antike waren diese Eigenschaften der Ursprung vieler Sagen und Legenden über Nymphen, und auch heute noch geben sie vielen Menschen Anlass zu einer mythischen Verklärung der Wesen.

Nymphen hegen große Zuneigung zu allem, was wächst und gedeiht, und sie setzen ihre Kräfte ein, um das Leben zu fördern und zu bewahren. Doch das hat einen Preis, denn eine Nymphe ist unwiederbringlich mit ihrem Revier verbunden und büßt an Macht ein, je weiter sie sich davon entfernt und je stärker die natürlichen Energien in ihrem Gebiet schwinden. Wird die Umgebung irreparabel beschädigt, etwa weil Menschen dort eine Stadt bauen oder sie durch Minenarbeiten zerstören, kann dies sogar den Tod der Nymphe zur Folge haben.

Nymphen der Meere

Eine Untergruppe der Nymphen stellen die Nereiden dar. Dabei handelt es sich um Nymphen, die den größten Teil ihres Lebens im Meer verbringen und dort riesige, teils unberührte Reviere beschützen. Diese bestehen vor allem aus weiten algenbewachsenen Flächen voller Fische und

Meereslebewesen am Grunde der See, denen die Menschen bislang wenig anhaben konnten. Ebenso finden sich Nereiden aber in an Küsten gelegenen Wäldern, Grotten und Hainen, in deren Nähe lange schon Menschen wohnen.

Wie Nymphen bewachen auch Nereiden die Pfade in die Anderswelt, auch wenn diese auf dem Meer gänzlich anders beschaffen sind als auf dem Land. In letzter Zeit kommen die Nereiden immer häufiger mit den Forschern der Prager Burg und dem Schatzjägerring in Konflikt, die bei der Vermessung dieser mythischen Seerouten durch den Okeanos immer größere Erfolge erzielen.

Aussehen

Generelle Aussagen zur äußeren Erscheinung von Nymphen sind schwierig, da sie sich je nach der Umgebung, in der sie leben, deutlich voneinander unterscheiden: Dryaden (Baumnymphen) haben eine borkige, braune und grüne Haut und ihre Haare ähneln frischen Blättern, die heiteren Najaden (Quellnymphen) besitzen eine blaue Haut, wohingegen Oreaden (Bergnymphen) eher düster in Hautfarbe und Charakter sind. Darüber hinaus gibt es viele weitere Arten und Unterarten dieser Wesen, die sich teils stark, teils überhaupt nicht ähneln.

Ebenso wie viele andere Kreaturen mit albischem Blut besitzen Nymphen zudem die Fähigkeit der Verwandlung und nutzen diese vor allem, um sich zu verbergen. Wenn sie in Erscheinung treten, zeigen sie sich am häufigsten in der Gestalt eines bildschönen Menschen, meist einer jungen Frau, manchmal aber auch eines Mannes, wobei Nymphen selbst ausschließlich weiblich sind. Nur selten offenbaren sie ihre wahre Gestalt, in der sich zugleich ihre Art zeigt.

Als Naturgeister sind Nymphen zeitlose Wesen. Sie altern nicht, zumindest nicht offensichtlich, und scheinen außerhalb des normalen Flusses der Zeit zu existieren. Viele Nymphen ziehen sich allerdings nach einiger Zeit für immer in die Anderswelt zurück und werden ein Teil von ihr.

Wesen

Nymphen bevorzugen es, im Verborgenen zu wirken, weil sie so sicher und unbehelligt bleiben. Dies bedeutet allerdings nicht, dass sie schwächlich sind. Die Wesen gebieten über die Kräfte des Lebens, des Wachstums und der Elemente selbst und können in ähnlicher Weise wie Hexen Tiere und Pflanzen verändern und zu ihrem oder dem Schutz der Natur herbeirufen. Mächtige Nymphen sind zudem in der Lage, große Veränderungen ihres Reviers zu bewirken, wie Flutwellen, Überschwemmungen, Vulkanausbrüche oder Erdbeben.

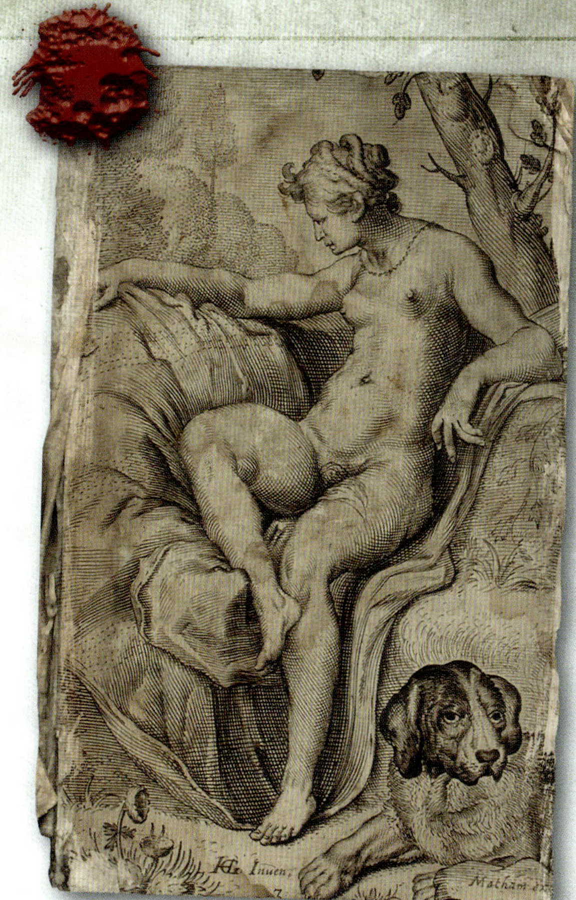

Trotzdem sind die meisten Nymphen gutmütige und fröhliche Zeitgenossen. Zwar spielen sie gern Streiche, achten aber stets darauf, dass dabei niemand zu Schaden kommt. Insgesamt sind sie wankelmütige Kreaturen, die von einem unbedingten Freiheitswillen erfüllt sind, sich ungern festlegen und mit Vorliebe in Rätsel sprechen.

Das ist jedoch nur ein Teil der Wahrheit: Jede Nymphe ist zudem eine Verkünderin des Schicksals. Früher oder später spürt sie, dass etwas Schreckliches geschehen wird; eine Katastrophe, die in der Zukunft eintreten wird, oder ein mächtiger Feind, der bald schon zu einem Feldzug gegen das Leben aufbricht. Sogar die Nymphen selbst, die weder Götzen noch Götter anbeten, wissen nicht, dass diese Visionen aus ihrer innigen Verbundenheit mit der Anderswelt entstehen. Was viele als „Gabe des Hellsehens“ bezeichnen würden, ist für die friedliebenden Wesen allerdings mehr ein Fluch. Hat eine Nymphe die Vorausahnung von etwas Dunklem, Bedrohlichem und unsagbar Bösem, verändert sie sich dauerhaft, wird nachdenklicher, bedrückter und verschlossener. Da derartige Visionen nur aus einem vagen Gefühl bestehen und keine Details offenbaren, beginnt die Nymphe im Anschluss meist damit, nach Spuren einer potenziell gefährlichen Entwicklung zu suchen. Oft gehen diese von Menschen aus, was die Betreffende bisweilen zwingt, ihr Revier zu verlassen und sich mit Bewohnern von Dörfern und Städten abzugeben, und sei es nur für kurze Zeit. Aus diesen Phasen geht häufig der Nachkomme einer Nymphe mit einem Sterblichen hervor (siehe unten).

Fortpflanzung

Nymphen können sich auf drei verschiedene Arten fortpflanzen: Sie können neue Nymphen erschaffen, einen Wechselbalg zeugen oder einen Heroen gebären.

Lediglich in äußerst seltenen Fällen wird eine neue Nymphe erschaffen. Nicht nur müssen dazu mehrere der scheuen Naturgeister zusammenkommen, es benötigt auch ein Kind, in dessen Venen das alte Blut von Atlantis pulsiert. In einem aufwändigen Ritual, das nur in den Sphären der Anderswelt vollzogen werden kann, müssen einige Nymphen gemeinsam das albische Erbe des Kindes erwecken und verstärken. Wie dereinst bei den Priesterinnen von Atlantis ist diese magische Veranlagung meist nur in Mädchen stark genug, dass die anstrengende Prozedur erfolgreich ist. Da ihnen dieser Umstand bewusst ist, vollziehen Nymphen sie bei Jungen erst gar nicht, weshalb es auch heute noch nur weibliche Vertreterinnen dieser Art gibt.

Häufiger geschieht es, dass sich eine Nymphe in Gestalt eines Mannes mit einer menschlichen Frau verbindet. Dabei muss es nicht zwingend zum Paarungsakt kommen, denn ein Kuss reicht der Nymphe völlig. Auch achten die Naturgeister stets darauf, dass ein potenzieller menschlicher Vater vorhanden ist, dem der Säugling zugeordnet werden kann. Kinder dieser Vereinigung werden als „Wechselbälger" bezeichnet, wobei der Begriff auch allgemein für Kinder albischer und menschlicher Eltern genutzt wird. Der Wechselbalg einer Nymphe unterscheidet sich nur insofern von seinen Mitmenschen, dass es dem Naturgeist möglich ist, sich seiner Sinne und seines Geistes zu bemächtigen. So spürt eine Nymphe alles, was ihr Wechselbalg wahrnimmt und kann durch ihn sogar handeln. Allerdings nutzt sie diese Kontrolle nur selten, etwa um ihr Kind in eine hohe Führungsposition innerhalb der menschlichen Gemeinde emporzuheben, damit es von dort aus für ein Gleichgewicht zwischen Mensch und Natur sorgen kann. Manchmal besitzt ein Wechselbalg intuitive Zauberkräfte, die es ihm ermöglichen, andere Menschen zu beeinflussen, ihn aber auch in Gefahr bringen, sollten sie entdeckt werden.

Die letzte Art von Nachkommen entsteht, wenn sich die Nymphe in Gestalt einer Frau mit einem menschlichen Mann paart. Aus dieser Verbindung geht einer der mächtigen Heroen hervor, die von den Naturgeistern nur in die Welt gesetzt werden, um sich einer schicksalhaften Gefahr entgegenzustellen (siehe: *Mare Monstrum*). Anders als bei Wechselbälgern hat die Nymphe allerdings keine Kontrolle über ihre Heroen, wodurch es geschehen kann, dass diese sich mit der Zeit gegen ihre Mutter stellen, sie verlassen und in die Sphäre der Menschen ziehen. Weder Wechselbälger noch Heroen können selbst Kinder zeugen.

Freunde und Feinde

Als Bewahrerinnen der Natur betrachten Nymphen Dämonen sowie auch Untote als ihre eingeschworenen Feinde, da ihre Existenz den natürlichen Kreislauf des Lebens verhöhnt. Besonders die Kreaturen der Hölle verabscheuen sie als verdrehte und verdorbene Wesen, was erklären mag, warum Nymphen sehr empfindlich auf Seelenlicht reagieren, das aus der dämonischen Essenz von Sturmgeistern besteht. Außerdem repräsentiert Seelenlicht wie kaum etwas sonst die zunehmende Industrialisierung der Menschen (auch wenn diese noch am Anfang steht) und die damit einhergehende

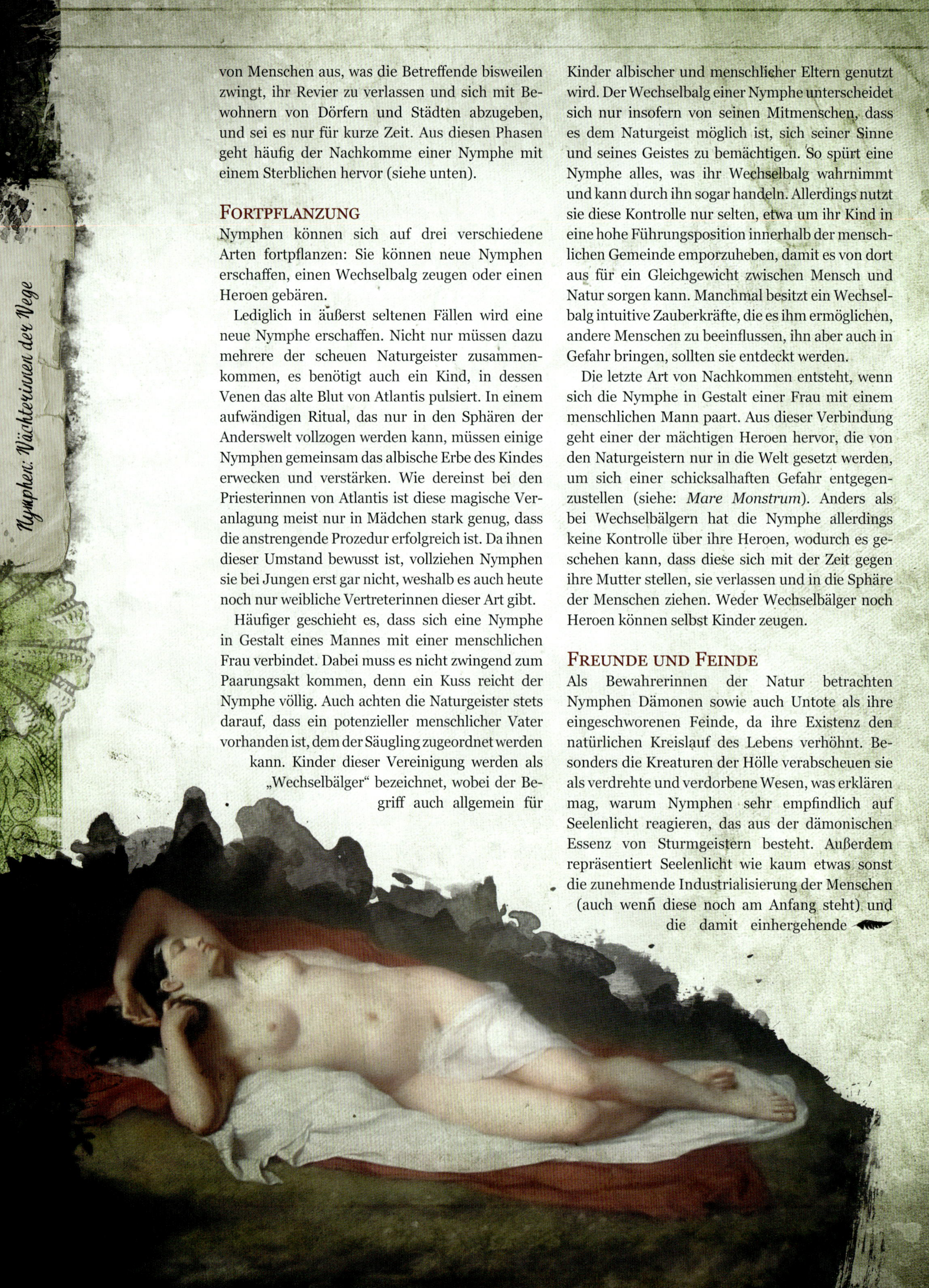

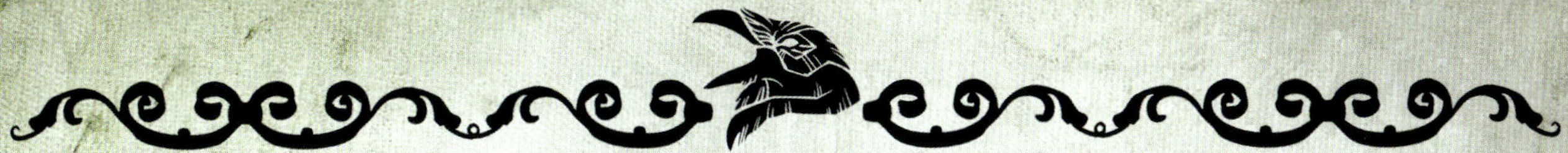

Nymphen als Gegner

Nymphen sind eher friedfertige Geschöpfe. Aber es mag geschehen, dass sich eine von ihnen gezwungen sieht, sich gegen die Jäger zu stellen, z. B. wenn diese einen mythischen Pfad zu beschreiten versuchen oder dazu beitragen, dass das Revier der Nymphe zu Schaden kommt.

Nymphe

(Anführer 4)

Kkr 8, Ath 12, Ges 10, Wil 12, Wis 8, Sin 7
LeP: Jz x 40 | **Pw: 1** (leichtes Gewand)
Ini: 17 | **Strategie:** Mächtiger Allrounder (|)

Berührung (Ath) Angriff 16, Schaden 0 +*Lähmung (je 1, Befriedet)*
Schleuder (Ges) Angriff 14, Schaden 2

- **Albenstich** (Fernkampfangriff mit 11, Schaden 4, +3 Schaden pro Hex)
- **Beschwörung** (| : beliebige Tiere nach Wahl des HeXXenmeisters)
- **Chaotisches Verhalten** (Ini 0: HeXXensymbol: neue Bindung)
- **Deckungshaltung** (SR –5/Fernkampfangriffe, freistehend; nur im eigenen Revier)
- ***Fluch der Anderswelt*** (| : 16 gegen Aufmerksamkeit, 1 Malusstufe (Entrückung, 5: Ziel kann keine Ressourcen nutzen) pro Differenzerfolg, 1 Hex pro Ziel (1–3 Ziele))
- **Halluzinationen** (: 16 gegen Geistesstärke, 1 Lähmungsstufe (Verzauberung, 5: MFD) pro Differenzerfolg, 1 Hex pro Ziel (1–3 Ziele))
- **Hex-Macht** (Jz + 3 Hex bei Start)
- **Hex-Wachstum** (Jz Hex in Ini 0; +2 im eigenen Revier)
- **Regeneration** (Ini 0, im eigenen Revier: +Jz x 5 LeP)
- **Unsichtbarkeit** (| : Zaubernder wird unsichtbar, 2 Hex freistehend, 4 Hex gebunden)
- **Wahrer Name** (: 2 Erfolge)

Nereide/Wassernymphe (zusätzliche Kräfte)

- ***Wasserfontäne*** (| : Jäger verliert Elixierw. Ap, für jeden Ap zu viel 1 Blutw. Sc, 1 Hex pro Ziel (1–3 Ziele))
- ***Wasserwelle*** (| : Bereichseffekt, 12 gegen Akrobatik, 1 Malusstufe pro Differenzerfolg, 1 Blutwürfel Sc pro 2 Differenzerfolge, 3 Hex)

Dryade/Waldnymphe (zusätzliche Kräfte)

- **Wurzeldorn** (| : Angriff 12, Schaden 3 +*Lähmung (je 1 pro Lep-Verlust, Fixierung)*, 1 Hex pro Ziel (1–3 Ziele))

Erzählkräfte: Hellsicht, Illusion, Lebensraum (je nach Art), Prophezeiung, Schabernack, Sphärenwechsel, Verwandlung

Beute: 300 Gulden (Beutegut: alchemistische Ingredienzen, Schmuck)

Ausbreitung von Technik und kühler wirtschaftlicher Logik, der die Natur oft zum Opfer fällt und die das urwüchsige Gleichgewicht der Welt empfindlich stört. Generell lehnen die traditionsliebenden Nymphen die meisten Arten von Fortschritt ab, dessen Auswirkung im Mittelmeerraum sich vor allem am Kahlschlag vieler küstennaher Wälder für den Schiffsbau zeigt, vor allem durch die Venezianer und Osmanen.

Doch neben der Sorge um ihr Revier und die Natur im Allgemeinen liegt das Augenmerk jeder Nymphe immer auch auf dem Schutz jenes mythischen Pfades in die Anderswelt, der sich in ihrem Gebiet befindet. Misstrauisch beäugen die Naturgeister daher die Bemühungen der Gelehrten des Wächterbundes, hier vor allem der Prager Burg, diese Durchgänge mithilfe ihrer fortschrittlichen Geräte und wissenschaftlicher Methoden zu finden und zu nutzen.

Verbündete finden die Nymphen nicht nur bei den Kreaturen der Anderswelt, sondern bisweilen auch unter den Hexen. Wie sie selbst achten diese, obwohl von einem Sturmgeist besessen, auf besondere Weise den natürlichen Kreislauf von Leben und Tod. Lediglich ihre Meinung darüber, was die Natur selbst ausmacht, unterscheidet Hexen und Nymphen. Während Letztere keine Veränderung der natürlichen Welt dulden, streben Erstere danach, diese in ihrem Sinne zu verbessern und gegen den Einfluss des Menschen zu wappnen. Auch wenn es selten vorkommt, dass beide Wesen zusammenarbeiten, empfinden sie doch gegenseitig Respekt füreinander. Manchmal aber verbindet eine Nymphe und eine Hexe sogar das Band der Freundschaft, sodass der Hexe die Aufgabe zukommt, den Pfad in die Anderswelt zu bewachen, falls der Naturgeist sich längere Zeit dorthin zurückzieht oder seine dunkle Vision ergründet.

Vampire: Schrecken des Balkans

Zusammenfassung

Schon seit Urzeiten wird die Halbinsel südlich der Karpaten von allerlei blutsaugenden Geschöpfen heimgesucht. Bereits aus der Antike kennt man zahlreiche Vampirarten. Daher verwundert es nicht, dass hier seit der Öffnung des Höllenportals nicht Hexen, sondern Vampire die größte offensichtliche Bedrohung durch Kreaturen der Nacht sind.

Der Ursprung aller Vampire

„Was bei Satans Höllenzitzen hat so ein Upir denn jetzt mit einer Striga gemein?" Diese und ähnliche Fragen stellen sich Jäger immer wieder, denn die einzelnen Vampirbruten sind so unterschiedlich, dass man sich leicht fragt, ob zwischen all den Blutsaugern wirklich ein Zusammenhang besteht. Doch diesen gibt es in der Tat. So wie jede Hexe durch einen Sturmgeist entsteht, mit dessen Hilfe sie einen Pakt mit einem Hexengötzen eingeht, ist der Ursprung jedes Vampirs der Befall mit sogenannten Haemophagen. Diese sind im weitesten Sinn Sturmgeister, verhalten sich aber in vielerlei Hinsicht wie Mikroorganismen. Statt in der Seele ihres Opfers nisten sie sich in dessen Körper ein, genauer gesagt in seinem Blut. Bei der Bluttaufe (siehe unten) passiert nichts anderes, als dass ein Vampir sein Opfer mit den Haemophagen in seinem eigenen Körper infiziert.

Pseudowissenschaft?
Der Grund, warum wir uns bei Vampiren für einen pseudowissenschaftlich angehauchten Ursprung entschieden haben, ist einfach: In der klassischen Vampirgeschichte sind die Feinde der untoten Bluttrinker nicht nur Priester, sondern auch Männer der Wissenschaft. Draculas Erzfeind Prof. van Helsing etwa ist Arzt und Wissenschaftler. Trotzdem sind Haemophagen noch immer Sturmgeister, weshalb die teuflischen Mikroorganismen ebenso mit dem Kreuz wie mit dem Mikroskop bekämpft werden müssen.

Warum es so viele unterschiedliche Vampirarten gibt, erklärt sich durch zwei Faktoren: Zum einen sind sie von der Art und dem Zeitpunkt der Infektion abhängig, zum anderen vom Stamm der Haemophagen selbst, da diese wie herkömmliche Mikroben recht schnell mutieren. Wird ein lebender Organismus befallen oder bereits mit Haemophagen im Blutkreislauf geboren (wie z. B. viele Wrukolakas), bleibt bei der Verwandlung in einen Vampir viel von der Persönlichkeit des einstigen Menschen erhalten. Befallen die winzigen Sturmgeister hingegen einen Kadaver, hat der entstandene Vampir meist nichts Menschliches mehr an sich.

Haemophagen kamen mit der Öffnung des Höllentors im Schwarzwald zu Tausenden in unsere Welt, es gab sie aber auch schon vorher, jedoch nur in relativ geringer Zahl und oftmals verborgen im Blut abgelegen lebender Stämme. So verwandelten sich auch schon vor 1640 immer wieder Menschen in Vampire, deren Kräfte allerdings erheblich schwächer als nach dem Sphärenbeben und oft auf ein bestimmtes Gebiet begrenzt waren. Durch die neuerliche Verbindung zwischen unserer Realität und den Sphären der Anderswelt, schöpften auch die Vampire neue Stärke und überwanden alte Schwächen.

1733 sind diese Zusammenhänge den meisten Gelehrten noch unbekannt. Erst gegen Ende des 17. Jahrhunderts werden Mikroskope entwickelt, die fein genug sind, Mikroorganismen zu erkennen. Forscher an der Berliner Charité arbeiten derzeit daran, das Blut von Untoten und anderen widernatürlichen Kreaturen zu untersuchen (siehe auch: *Geheimnisse der Deutschen Lande*, S. 26/27), und formulieren erste Thesen, die auf die Existenz der Haemophagen hindeuten. Da diese Forschungen aber streng geheim gehalten werden, hat sich das Wissen noch nicht verbreitet, wobei auch der Wächterbund ähnliche Experimente durchführt.

Die Bluttaufe

Die Bluttaufe ist das vampirische Pendant zur Sturmtaufe der Hexen. Durch sie erschaffen Vampire bewusst neue Angehörige ihrer Art. Dazu müssen sie in der Regel einem Lebenden alles Blut aussaugen und ihm dann ihr eigenes einflößen. Nachdem der Tod des Opfers eingetreten ist, verändern die Haemophagen dessen Körper und verwandeln es schließlich in eine Kreatur der Nacht. Mitunter gibt es allerdings je nach Vampirart große Unterschiede, sowohl was das Vorgehen als auch die Wirkung der Bluttaufe betrifft.

Moroi

Die Vampire, die im *Buch der Regeln* vorgestellt werden, treiben ihr Unwesen natürlich auch im Osmanischen Reich. Bei dieser Art der untoten Kreaturen handelt es sich um eine ursprünglich in Rumänien beheimatete Brut, die sich dort selbst als „Moroi" bezeichnet. Da sich die Moroi gut in die Gesellschaft zu integrieren und sich unerkannt unter Menschen zu bewegen vermögen, konnten sie sich weit über Europa ausbreiten. Für mitteleuropäische Jäger sind sie so etwas wie der stereotype Vampir – schon allein, weil sie kaum mit anderen Unterarten zu tun hatten. Amüsanterweise teilen viele Moroi diesen Glauben, da ein Großteil ihrer Gemeinschaften für sich bleibt und längst nichts mehr mit der rumänischen Heimat zu tun hat, geschweige denn mit der übrigen Balkanhalbinsel. Es mag sogar sein, dass ein junger mitteleuropäischer Moroi mit diesem Begriff überhaupt nichts anfangen kann und sich selbst unwissend schlicht als „Vampir" bezeichnet.

Wrukolakas

Wrukolakas sind eine bemerkenswerte Art von Vampiren, die auf der gesamten Balkanhalbinsel zu finden sind. Bemerkenswert deshalb, weil die Kreaturen zwar Vampire sind, aber nicht zwingend untot. Viele Wrukolakas werden nicht erschaffen, sondern mit Haemophagen im Blut geboren, was insbesondere in abgelegenen Dörfern und Sippen der Fall ist, in denen die Sturmgeister seit grauer Vorzeit überdauern – wodurch nur wenige der Kreaturen höhergestellten Kreisen entstammen. Lebendige Wrukolakas, ob männlich oder weiblich, sind in der Regel ganz gewöhnliche Menschen, die nur wenige übersinnliche Kräfte besitzen. Was sie verbindet, ist häufig ein gemeinsamer Stammbaum sowie eine Vorliebe für blutiges Fleisch. Auch können sie Kinder zeugen, wobei die Wahrscheinlichkeit, den Fluch weiterzugeben, gering ist. Da solche Gemeinschaften bisweilen allerdings mit wahren Hexen verkehren, kann es geschehen, dass ein Mensch mit einer Hexe verlustiert und diese einen Nachkommen gebiert. In diesem Fall handelt es sich nahezu immer um einen Wrukolakas, wobei sein Fluch in der Regel von der väterlichen Seite weitergeben wird.

Stirbt ein lebendiger Wrukolakas, so erhebt er sich in der nächsten Nacht als Untoter, und erst jetzt erwachen seine wahren Kräfte als Vampir, und er vermag sich etwa in einen Wolf zu verwandeln. Nun ist die Kreatur in der Lage, Opfer mit seinem verdorbenen Blut zu infizieren und ebenfalls in Wrukolakas zu verwandeln, wobei diese bei der Bluttaufe meist am Leben gelassen werden und wie üblich erst nach dem Tod als wahrhaftiger Vampir dem Grab entsteigen. Sobald die Haemophagen in seinem Körper aktiv werden, benötigt ein Wrukolakas Blut zum Überleben.

Vor diesem Ereignis sind die Kreaturen nicht mehr oder weniger böse als gewöhnliche Menschen. Auch wenn sie den Fluch in ihrem Blut tragen, können sie ihr Schicksal selbst bestimmen und sich sogar gegen ihre verdorbene Sippe wenden. Einige Vampirjäger des Balkans sind in Wahrheit Wrukolakas, manchmal ohne etwas davon zu ahnen. Erst mit dem Untod ändert sich ihr Verhalten. Auch wenn die Kreatur dann noch Herr ihres Willens ist, wird sie von der Gier nach Blut getrieben und ist oft gezwungen, Menschen zu überfallen und zu töten. Bereits zu Lebzeiten zeigt sich dieses Verlangen darin, dass Wrukolakas nach den einfachen Dingen des Lebens gieren: Wein, gutes Essen und die Freuden der Fleischeslust sind für sie oftmals Motivation genug. Selbst untote Wrukolakas, deren Organismus eigentlich keine gewöhnliche Nahrung mehr benötigt, haben eine Vorliebe für Völlerei und Trinkgelage.

Eine weitere Nebenwirkung des Fluchs ist ein stark ausgeprägter, nach menschlichen Maßstäben meist kranker Sinn für Humor. Wrukolakas haben einen Hang zu allerlei makabren Scherzen, Tricks und Spielereien, der sich nach ihrem Tod noch verstärkt. Sucht ein boshafter Wrukolakas oder ein ganzes Rudel von ihnen eine Siedlung heim, überziehen sie ihre Opfer mit einer ganzen Kaskade perfiden Psychoterrors, bevor sie sich an ihrem

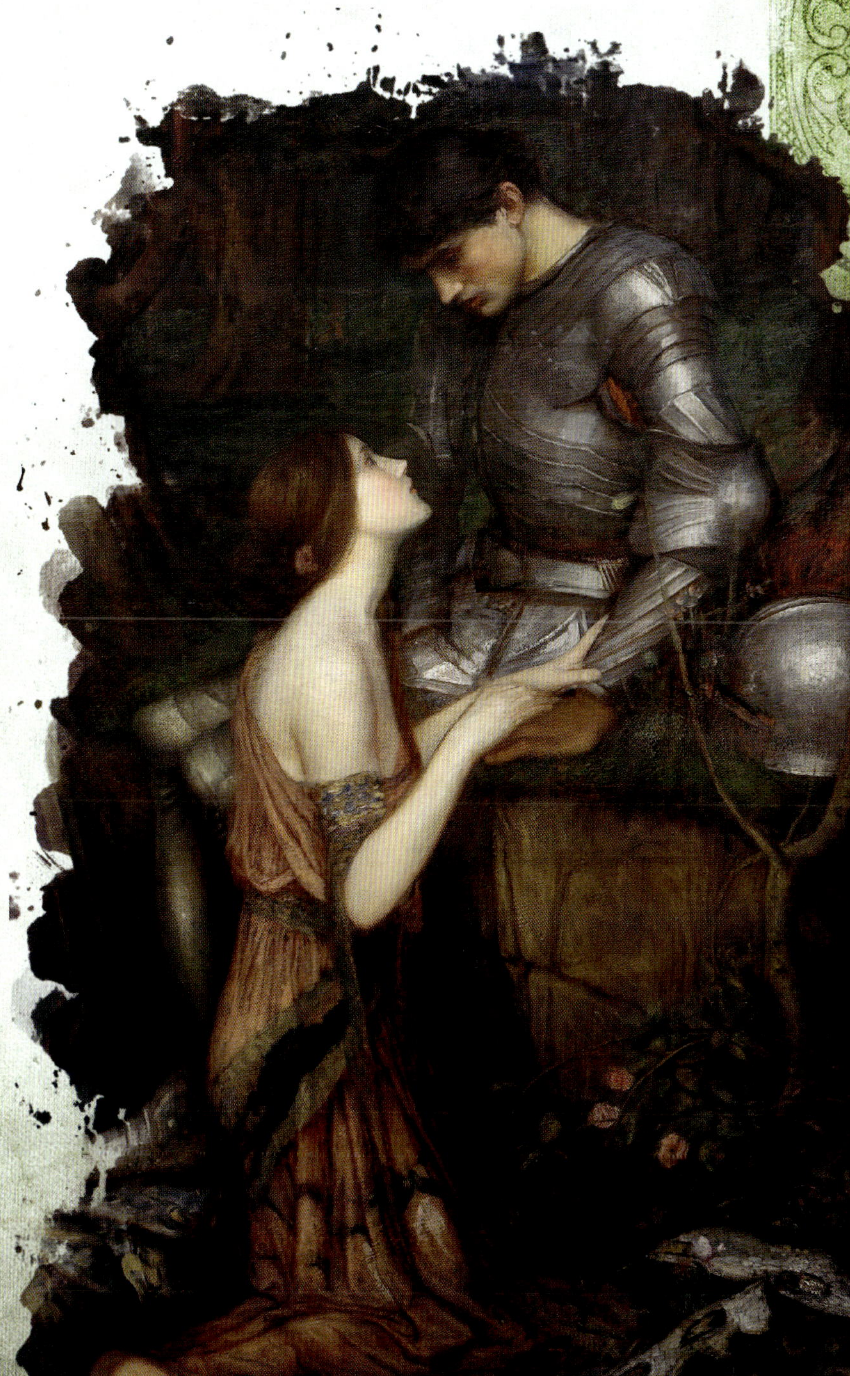

Blut laben. Trotzdem bleiben die Kreaturen auch im Untod meist gesellige Geschöpfe und finden sich oft in der Gesellschaft von jenen, die sich an ihrer makabren Art nicht stören, wie Räuberbanden, Piratenmannschaften und Söldnereinheiten – wobei durchaus die Gefahr besteht, dass bald die gesamte Gruppe nur noch aus Vampiren besteht.

Wrukolakas bekämpfen

Wrukolakas gehören zu den schwächsten Vampirarten und können auch von weniger gut ausgebildeten Jägern oder Kämpfern besiegt werden. Richtig gefährlich werden sie erst, wenn sie im Rudel agieren. Ein eindeutiger Hinweis darauf, dass man einen Wrukolakas vor sich hat, ist der kleine Schwanz, der ihm aus dem Steiß wächst. Wird die Kreatur getötet (ob sie nun lebendig oder bereits untot war), aber weder geköpft noch gepfählt oder ihr Körper vollständig vernichtet, erhebt sie sich in der nächsten Nacht erneut als Untoter. Der Anblick heiliger Symbole schreckt Wrukolakas nicht ab und auch Kirchenglocken oder der Ruf des Muezzins verursachen ihnen keine Schmerzen. Sonnenlicht schwächt nur die untoten der Kreaturen. Das beste Mittel, einen Wrukolakas anzulocken, besteht darin, ihn mit einer Feier, der Gelegenheit zu einem Streich oder dem Geschlechtsakt zu ködern. Die wenigsten der wölfischen Vampire sind in der Lage, dem zu widerstehen.

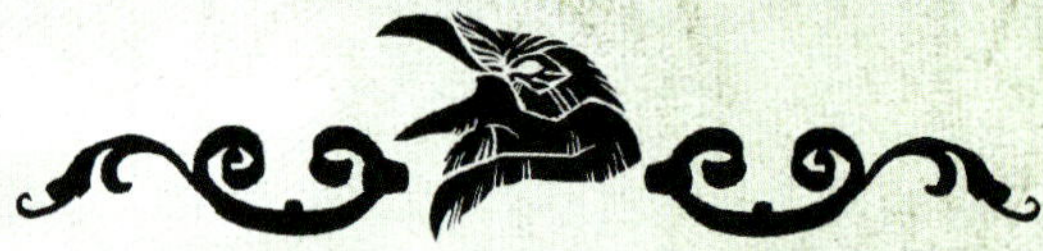

Untoter Wrukolakas

(Anführer 0, Widernatürlich)

Kkr 6, Ath 6, Ges 4, Wil 3, Wis 3, Sin 5
LeP: Jz x 5 | **Pw: 1** (einfache Kleidung)
Ini: 9 | **Strategie:** Offensiv (|)

Fausthieb (Ath) Angriff 6, Schaden 0
Schlagwaffe (Kkr) Angriff 6, Schaden 5
Pistole (Sin) Angriff 5, Schaden 3

- **Staub zu Staub** (Körper regeneriert nach wenigen Stunden; außer nach Köpfen, Pfählen oder Vernichtung des Körpers)
- **Untot** (Immunität Gift, Anfällig heiliger Schaden, in Ini 0: –2 Einflussstufen pro 1 Hex)
- **Verwandlung Wolf** (| : Kkr +4, Ath +2; Biss (Kkr + As) +*Lähmung (je 1, Taumeln)*, Schaden 3; zusätzliche Kräfte: Hex-Wachstum (+2 Hex in Ini 0), Terrorwelle)
- **Von Gott verflucht** (Anfällig Licht, Feuer)

Erzählkräfte: Aufruhr, Infiltration, Schabernack, Zirkel[Hzo]

Beute: 150 Gulden (Beutegut: Grabbeigaben, Ausrüstung)

Lebendiger Wrukolakas

(Bande 2)

LeP: 10 | **Ini: 7** | **Beute:** 8 Gulden (Beutegut: Geld und Ausrüstung)
Knüppel Erfolge 3, Schaden 2
Schleuder Erfolge 3, Schaden 2
- **Zusammenrotten** (+1 Treffererfolg)

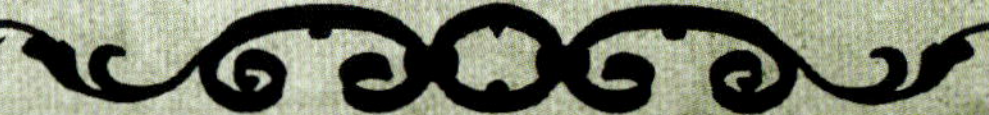

Upire

Die erschreckenden und widerwärtigen Upire zählen wohl zu den absonderlichsten Vampiren, denen man auf dem Balkan begegnen kann. In ihrer Ursprungsform sind die Kreaturen nicht mehr als körperlose Haemophagen eines bestimmten Stamms auf der Suche nach frischen Leichen, von denen sie Besitz ergreifen können, um Terror unter den Lebenden zu verbreiten. Es heißt, dass sich Upire nur Toter bemächtigen können, die nicht mit den korrekten Begräbnisriten bestattet wurden. In Wahrheit spielt jedoch eher eine Rolle, ob der Verstorbene mit der Liebe der Hinterbliebenen zu Grabe getragen wurde. Wie alle anderen Sturmgeister auch spüren Haemophagen die niederen Gefühlsregungen der Menschen und werden von ihnen angelockt. Sollten sich unter den Trauernden eines Begräbnisses viele Personen befinden, die den Toten innig hassen, zieht das die Haemophagen an und ermöglicht es ihnen, sich in dem Leichnam einzunisten.

Sobald die Sturmgeister in den Toten gefahren sind, fällt diesem binnen Stunden die Haut vom Fleische. Haemophagen bewohnen nur diesen Bestandteil des Körpers, während der übrige langsam verfault. Der neugeborene Upir zieht daraufhin als knochenlose Leichenhaut auf Beutezug aus.

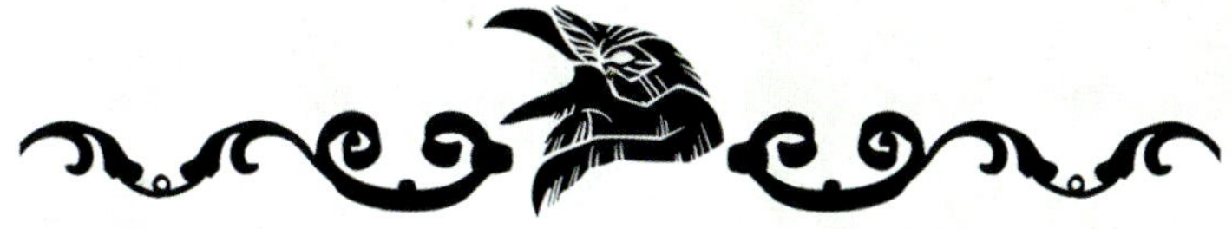

Vollständiger Upir

(Anführer 2, Widernatürlich)

Kkr 5, Ath 10, Ges 1, Wil 10, Wis 1, Sin 4
Lep: Jz x 25 | **Pw: 1** (formlose Haut)
Ini: 5 | **Strategie:** Offensiv

Umhüllen (Ath) Angriff 12, Schaden 4 +*Blutheilung (je 1 bei Lep-Verlust)*

Blutfontäne (Ath) Angriff 12, Schaden 2 +*Lähmung (je 1, Taumeln)*

- ***Amorpher Körper*** (kein Angriff von hinten möglich)
- ***Blutwachstum*** (Lep-Verlust bei Jäger: +1 Blutmarker (max. 5); pro Blutmarker: +1 Bonus auf Angriffe, 1 Blutwürfel Lep in Ini 0 regenerieren)
- **Immunität** (innerer Schaden, Malusschaden)
- **Löchriger Körper** (Sr −5/ Dolche und Messer, Fechtwaffen, Schwerter, Pistolen und Armbrüste)
- **Schweber** (Nsc befindet sich auf Augenhöhe oder schwebt hoch in der Luft)
- **Schmerzen** (: 12 gegen Geistesstärke, 1 äußere Schadensstufe (Blutung, 5: MF) pro Differenzerfolg, 3 Lep* pro Ziel (1–3 Ziele))
- **Terrorwelle** (: 12 gegen Geistesstärke, 1 Malusstufe (Furcht, 5: MFD) pro Differenzerfolg, 3 Lep* pro Ziel (1–3 Ziele))
- **Übermenschliche Geschwindigkeit** (6 oder 12 Lep*, +1/+2 -Handlung)
- **Untot** (Immunität Gift, Anfällig heiliger Schaden, in Ini 0: −2 Einflussstufen pro 3 Lep*)
- **Von Gott verflucht** (Anfällig Licht, Feuer)

Erzählkräfte: Sabotage, Schwächung

Beute: 40 Gulden (Beutegut: alchemistische Ingredienzen)

**Der Upir benutzt keine Hex-Punkte, um Kräfte zu wirken, sondern verbraucht Lep. 3 Lep entsprechen hierbei 1 Hex.*

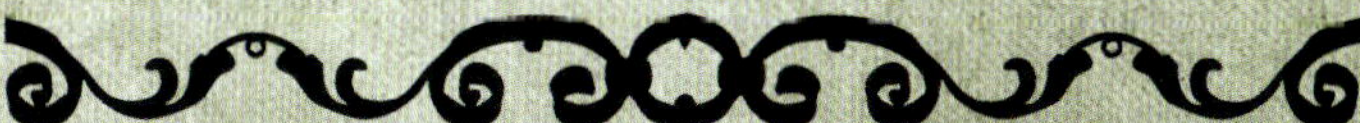

In der ersten Nacht kriecht die labberige, untote Haut durch ein winziges Loch aus dem Grab, wühlt sich durch die Erde und saugt kleinen Lebewesen das Blut aus. Nebenbei richtet sie auch erste Schäden an. Sie öffnet Viehverschläge, wirft Kerzen um und verursacht ähnliche Lappalien. Mit jeder weiteren Nacht saugt der Upir mehr Blut, wobei seine Beute im gleichen Maße wächst, wie er selbst voller und voller wird. Dabei richtet er zunehmend größere Schäden in dem Gebiet an, das er heimsucht. Etwa ab der zehnten Nacht ist der Upir so mit Lebenssaft vollgesaugt, dass er sich in einer annähernd menschlichen Gestalt bewegen kann. Zu diesem Zeitpunkt beginnt er, auch Menschen zu attackieren und auszusaugen – zunächst kleine Kinder, Kranke oder Alte. Hat der Upir eine ausreichend große Menge Blut absorbiert, ist er gewissermaßen vollständig. Trotzdem setzt er sein grausiges Treiben fort, denn die widernatürliche Kreatur wird von keiner anderen Motivation angetrieben, als zu morden und zu zerstören.

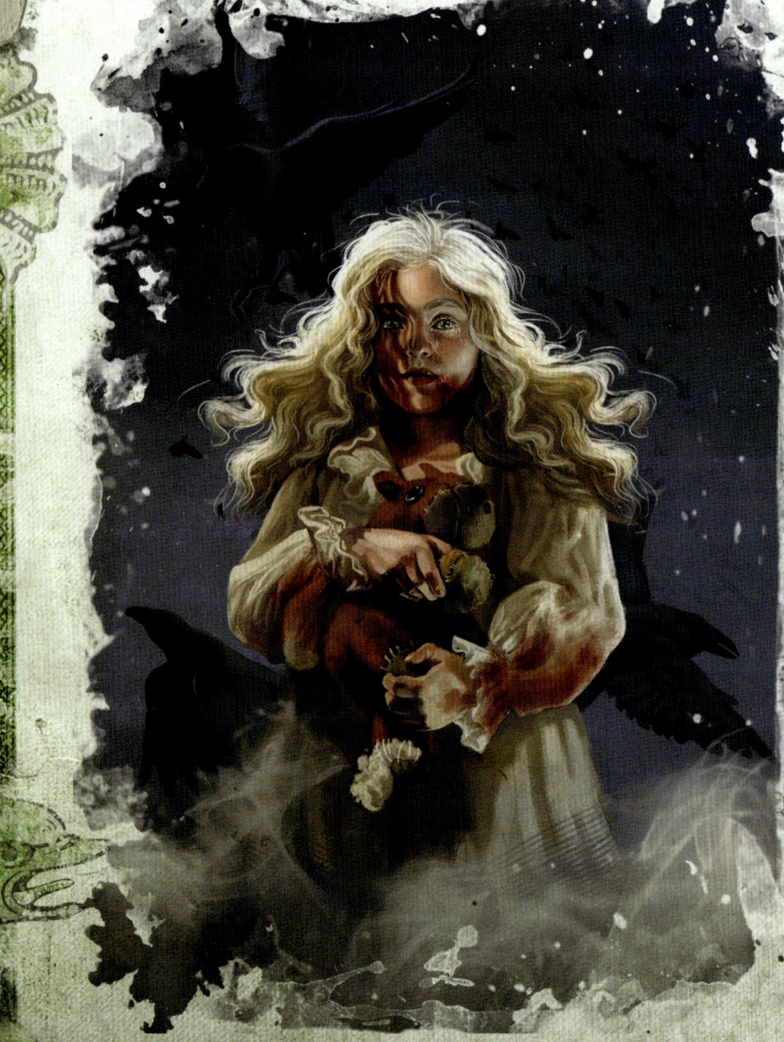

Upire bekämpfen

Upire werden ausnahmslos von Haemophagen gesteuert, daher ist ihr gesamtes Handeln äußerst instinktgesteuert. Sie reden nicht, besitzen keine Erinnerung an ihr früheres Leben und keine Emotionen. Da sich die Kreatur aufgrund ihres körperlichen Zustands in kleinsten Ecken verbergen kann, ist es mitunter äußerst schwierig, sie zu finden. Erst wenn sie voller wird, wird dies zunehmend leichter, wobei sie dann auch bedeutend gefährlicher ist. Die volkstümliche Methode, ein Pferd über die Gräber zu führen, um einen Upir ausfindig zu machen, kann mitunter durchaus erfolgreich sein, da Tiere instinktiv vor den widernatürlichen Kreaturen zurückscheuen. Upire reagieren empfindlich auf heilige Symbole, da die dämonische Essenz in ihnen stark ist. Obwohl sie nachtaktiv sind, vernichtet die Sonne sie nicht. Vielmehr unterbindet sie lediglich sämtliche Aktivitäten der Kreatur. Entscheidend ist dabei, ob die Sonne am Himmel steht, und nicht, ob der Upir dem Licht tatsächlich ausgesetzt ist. Wie der landläufige Aberglaube besagt, sind die Kreaturen nicht unsterblich: Genau 49 Wochen nach ihrer Entstehung vergehen sie unweigerlich. Dabei zerfällt der ursprüngliche Haemophagenstamm und teilt sich in drei neue auf, die auf gleiche Weise die Welt der Sterblichen terrorisieren.

Gello

Als leichenhafte, kalkweiße Mädchen erscheinen die Gello, jene Vampire, die schon seit der Antike die Menschen Griechenlands heimsuchen und in Gestalt unsäglich hässlicher Nachtvögel oder als Schwärme von Schmeißfliegen plagen. Feige vergreifen sie sich mit Vorliebe an jenen, die am schwächsten sind: Gello ernähren sich fast ausschließlich von Neugeborenen, Kindern oder Frauen im Wochenbett. Wenn sie ihr Opfer nicht gleich qualvoll töten, schwächen sie es durch den Blutverlust und infizieren es aus purer Boshaftigkeit auch noch mit einer tödlichen Krankheit wie dem Roten Krupp (siehe: Das Osmanische Reich – Koloss auf tönernen Füßen, S. 6).

Ebenso wie ein Upir entsteht eine Gello, indem sich Haemophagen in einer Leiche einnisten und den Toten als Vampir wiederbeleben. Dabei vermag sich dieser Stamm der körperlosen Sturmgeister nur weiblicher Verstorbener zu bemächtigen, die im Leben jungfräulich waren, zutiefst verzweifelt und durch traumatische Umstände ums Leben kamen. Die Haemophagen spüren dieses Leid

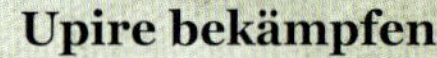

Gello

(Anführer 1, Widernatürlich)

Kkr 7, Ath 7, Ges 8, Wil 8, Wis 5, Sin 3
LeP: Jz x 20 | **Pw: 1** (einfache Kleidung)
Ini: 11 | **Strategie:** Allrounder (1 2 |)

---

1 Klauenangriff (Kkr) Angriff 8, Schaden 4
2 Seuchenbiss (Kkr) Angriff 8, Schaden 2 +*Blutheilung (je 1 bei LeP-Verlust)* +*Vergiftung (je 1 bei LeP-Verlust)*

- **Böser Blick** (| : 9 gegen Geistesstärke, 1 Malusstufe (Fluch) pro Differenzerfolg, 1x pro Tag: +1 Hex pro Malusstufe, 1 Hex pro Ziel (1 Ziele))
- **Halluzinationen** (: 9 gegen Geistesstärke, 1 Lähmungsstufe (Verzauberung, 5: MFD) pro Differenzerfolg, 1 Hex pro Ziel (1–3 Ziele))
- **Hex-Macht** (Jz + 3 Hex bei Start)
- **Hex-Wachstum** (1 Hex pro 2 regenerierte LeP)
- **Immunität** (innerer Schaden)
- **Übermenschliche Geschwindigkeit** (2 oder 4 Hex, +1/+2 -Handlung)
- **Untot** (Immunität Gift, Anfällig heiliger Schaden, in Ini 0: −2 Einflussstufen pro 1 Hex)
- **Verdorbenes Land** (| : 9 gegen Geistesstärke, 1 Malusstufe (Krankheit, 5: MFD) pro Differenzerfolg, 5 Hex)
- ***Verwandlung Schmeißfliegenschwarm*** (| : Angriffe werden ersetzt durch: Schwarmangriff (, jeder Jäger erleidet automatisch Elixierwürfel Ge); zusätzliche Kräfte: Schweber, Löchriger Körper (SR −10); bei Jz x 5 verlorenen LeP, verwandelt sich Nsc sofort zurück und kann die Kraft in diesem Kampf nicht mehr einsetzen)
- ***Verwandlung Eulenschwarm**** (| : zusätzliche Kräfte: Flieger, Löchriger Körper (SR −6), Krallenangriff (Ges) Schaden 2 +*Panzerdurchdringer* (−1); anwesende Eulen regenerieren alle LeP in Ini 0; bei Jz x 5 verlorenen LeP, verwandelt sich Nsc sofort zurück und kann die Kraft in diesem Kampf nicht mehr einsetzen)
- **Von Gott verflucht** (Anfällig Licht, Feuer)

Erzählkräfte: Infiltration, Kontrolle, Korruption, Kulterschaffer[Hzo], Schwächung, Wahnsinn

Beute: 200 Gulden (Beutegut: Schmuck, alchemistische Ingredienzen)

* *Statt Eulen verwandelt sich die Gello in hässliche Nachtvögel, regeltechnisch macht dies aber keinen Unterschied.*

---

zum Zeitpunkt des Todes und ergreifen daraufhin Besitz von dem Leichnam. Anders als beim Upir beleben sie allerdings nicht nur die Haut, sondern den gesamten Körper und sogar den Geist der Verstorbenen, wobei dieser aufgrund der Todeserfahrung und durch den Einfluss der Sturmgeister meist von Wahnsinn und Verfall geprägt ist.

Tatsächlich macht dies die Gello zu nichts anderem als einer untoten Hexe. Dass sie dennoch zu den Vampiren zählt, liegt allein daran, dass sie keinen freiwilligen Pakt mit einem Hexengötzen einging. Aber die Übergänge sind fließend. Nicht einmal Blut benötigen die Kreaturen, sie könnten auch von gewöhnlicher Nahrung leben, wobei ihnen geringste Mengen reichen. Sie saugen ihre Opfer nur aus dem einen Grund aus, weil sie diesen perverse Qualen bereiten wollen. Dabei vollzieht sich zudem keine Bluttaufe, vielmehr übertragen sich statt der Haemophagen selbst tödliche Krankheitserreger in den Zielkörper, die je nach Herkunft der Gello variieren.

Grundsätzlich werden die widernatürlichen Kreaturen allein von dem Wunsch angetrieben, Leid und Entsetzen so effektiv wie möglich zu verbreiten. Ihre gesamte Existenz besteht nur daraus, zu jagen, zu töten und zu quälen. Dazu ist ihnen jedes Mittel recht, sei es körperlich oder psychologisch. Wie andere wahre Hexen sind Gello dabei in der Lage, komplexe Pläne zu schmieden und sich großer Tücke zu bedienen. Bei allem, was jedoch von diesem Ziel abweicht, wirken sie geistig äußerst beschränkt, regelrecht stupide. Das hat mit ihrem zerrütteten Geist zu tun, der aufgrund des Verfalls seit dem Tod nur noch in der Lage ist, einer einzigen Sache nachzugehen. Zwar kommt es durchaus vor, dass die untoten Hexen mit Menschen oder anderen Wesen kooperieren, dies geschieht aber ausschließlich zu ihrem eigenen Vorteil und mit der Absicht, den Partner zu hintergehen. Das macht Gello selbst unter widernatürlichen Kreaturen unbeliebt. Untereinander sind sich die Kreaturen allerdings stets so einig, als würden sie von einem Kollektivbewusstsein gelenkt. Bei näherer Betrachtung zeigen einzelne Gello tatsächlich nie individuelle Charakterunterschiede.

Dass sie als leichenblasse Mädchen in Erscheinung treten, liegt an ihrem einzigartigen Vettelgesicht, das in den meisten Fällen jungendhafte Züge besitzt. Gello können jedoch wie andere Hexen auch das Menschengesicht annehmen und sich so unbemerkt in der Gesellschaft bewegen. Das tun sie jedoch nur äußerst ungern, da es ihnen große Konzentration abverlangt, die sie aufgrund ihres geistigen Zustands nicht lange aufrechterhalten können. Im Gegensatz zu gewöhnlichen Hexen können sie dabei aber nur die Gestalt des Menschen annehmen, der ihr Körper zu Lebzeiten war.

Gello bekämpfen

Gello reagieren empfindlich auf heilige Gegenstände und Handlungen, aber auch auf Sonnenlicht. Wird der Körper der Kreatur nur durch Gewalteinwirkung vernichtet, zerstört dies nicht die ihm innewohnenden Sturmgeister, die sich daraufhin einfach ein neues Gefäß suchen. Um eine Gello endgültig zu vernichten, muss sie mit einer gesegneten Waffe oder ähnlichen sakralen Mitteln getötet werden. Oft haben Jäger allerdings keine Möglichkeit, um den Erfolg ihres Vorgehens zu überprüfen. Da freigesetzte Sturmgeister zudem die Eigenart besitzen, ihre früheren Gegner in neuer Gestalt aufzusuchen und solange zu attackieren, bis sie vernichtet sind, kommt es nicht selten vor, dass sich eine vermeintlich siegreiche Gruppe bald wieder der Gello gegenübersieht. Die untoten Hexen können die Haemophagen in ihnen nicht weitergeben und auf diese Weise neue Gello erschaffen. Jede von ihnen kam nach 1640 aus den Sphären der Hölle in unsere Welt.

Strigae

Strigae nennt man jene mysteriösen Vampire, die den Mittelmeerraum schon seit undenklichen Zeiten plagen. Da sie sich in Nachtvögel verwandeln können, werden sie von vielen gemeinhin mit den Gello gleichgesetzt, doch dies könnte falscher nicht sein. Denn im Gegensatz zu diesen werden sie durch eine Bluttaufe aus den Lebenden geschaffen und besitzen daher noch viel ihrer menschlichen Persönlichkeit. Kaum jemand weiß, dass die Strigae auf einen Geheimkult innerhalb der antiken Athene-Priesterschaft zurückgehen. Die ersten von ihnen nahmen vor Jahrtausenden freiwillig den Fluch des Vampirismus auf sich, um geheimes Wissen bis in alle Ewigkeit bewahren zu können. Noch heute gelten die Vampire als Bewahrer okkulten magischen Wissens und als mächtige Zauberwirker. Früher einmal waren alle Strigae weiblich, da die Bluttaufe nur bei Frauen durchgeführt wurde (daher auch die entsprechende Namensendung, die sich als Bezeichnung der ganzen Art gehalten hat). Mittlerweile haben sich die Geschlechterverhältnisse aber angeglichen und es gibt auch männliche Strigoi.

Der kultische Ursprung der Strigae verwässerte mit den Jahren stark. Heute teilen sich diese in Dutzende kleiner Zirkel auf, die mal mehr, mal weniger die alten Traditionen des einstigen Athenekultes pflegen. Ungeachtet dessen gehen viele Verhaltensweisen und Eigenheiten dieser Vampirart auf die einstigen Priesterinnen zurück, etwa die Fähigkeit, sich in Eulen zu verwandeln, symbolhaftes Tier der bei den Römern als Minerva verehrten Göttin. Die meisten Strigae haben zudem einen starken Hang dazu, Wissen zu sammeln oder Kunstwerke zu erschaffen. Das wird auch dadurch befördert, dass insbesondere entsprechend begabte Individuen in ihre Reihen aufgenommen werden – was oft freiwillig geschieht, denn die meisten Strigae begreifen ihr vampirisches Dasein nicht als Fluch, sondern als Geschenk. Ihre Gruppen organisieren sich in kleinen Zirkeln um einen Lehrmeister und üben im Verborgenen großen Einfluss mitunter auf ganze Landstriche aus, halten sich dabei aber stets im Hintergrund, da sie natürlich fürchten müssen, die Aufmerksamkeit von Vampirjägern auf sich zu ziehen.

Dies ist auch der Grund, warum sich Strigae hauptsächlich von Tieren und Leichen ernähren. Menschliche Opfer hingegen lassen sie für gewöhnlich am Leben, in einigen Fällen kümmern sie sich aus den Schatten heraus regelrecht um ihre Herde. Das sollte aber nicht mit Güte verwechselt werden. Strigae erachten sich selbst als den Sterblichen weit überlegen und haben wenig Gewissensbisse, wenn es um Mord geht. Einige Zirkel pflegen ihr menschliches Vieh nur so lange, bis sie es in blutigen Bacchanalien oder magischen Ritualen auszehren. Obwohl eine Striga oder ein Strigoi stets Blut als Nahrung bevorzugt, ist die Kreatur auch in der Lage, sich an Aas, insbesondere den Eingeweiden zu sättigen. Ihr in antiken Quellen beschriebener Hang zum Leichendiebstahl hängt aber nicht nur mit ihrer Ernährung, sondern auch mit ihrer Art

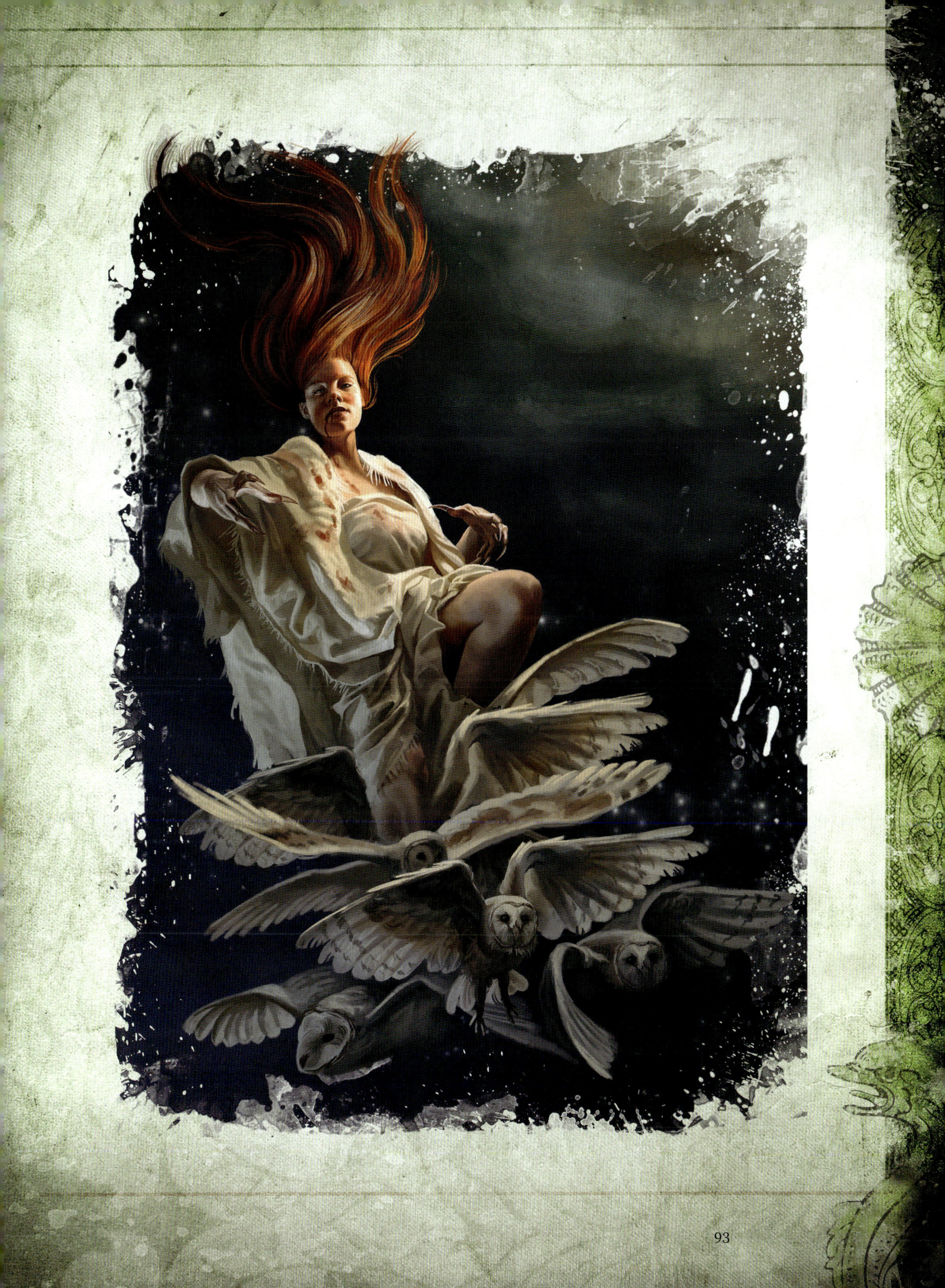

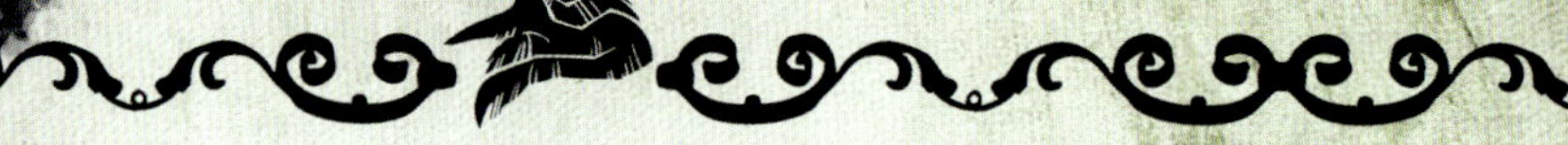

Striga/Strigoi
(Anführer 2, Widernatürlich)

Kkr 6, Ath 8, Ges 10, Wil 10, Wis 10, Sin 10
LeP: Jz x 20 | **Pw: 1** (teure Kleidung)
Ini: 20 | **Strategie:** Allrounder (⚔⚔|➶➶)

⚔ **Fausthieb** (Ath) Angriff 10, Schaden 0
⚔ **Biss** (Kkr), Angriff 8, Schaden 2 +*Blutheilung (je 1 bei LeP-Verlust)*
⚔ **Dolch** (Ges) Angriff 12, Schaden 1
➶ **Armbrust** (Sin) Angriff 12, Schaden 4

- **Beschwörung** (⚔|➶: Eule (Bande 2, 2 für 1 Hex))
- **Halluzinationen** (➶: 12 gegen Geistesstärke, 1 Lähmungsstufe (Verzauberung, 5: MFD) pro Differenzerfolg, 1 Hex pro Ziel (1–3 Ziele))
- **Hex-Macht** (Jz Hex bei Start)
- **Hex-Macht** (1 Hex pro Kunstwerk in der Nähe (max. 5) nach Ermessen des HeXXenmeisters, alternativ Elixierwürfel Hex)
- **Hex-Wachstum** (Jz Hex in Ini 0)
- **Untot** (Immunität Gift, Anfällig heiliger Schaden, in Ini 0: –2 Einflussstufen pro 1 Hex)
- ***Verwandlung Eulenschwarm*** (⚔⚔|➶➶: zusätzliche Kräfte: Flieger, Löchriger Körper (SR –6), Krallenangriff (Ges) Schaden 2 +*Panzerdurchdringer* (–1); anwesende Eulen regenerieren alle LeP in Ini 0; bei Jz x 5 verlorenen LeP, verwandelt sich Nsc sofort zurück und kann die Kraft in diesem Kampf nicht mehr einsetzen)

Erzählkräfte: Infiltration, Kontrolle, Korruption

Beute: 150 Gulden (Beutegut: Schmuck, Kunstgegenstände, seltene Bücher)

Eule
(Bande 2)

LeP: 5 | **Ini:** 13 | **Beute:** 2 Gulden (Beutegut: Federn)
⚔ **Schnabel** Erfolge 3, Schaden 2
- **Flieger** (nicht gebunden)

der Vermehrung zusammen. Wie andere Vampire, die die Bluttaufe an den Lebenden vollziehen, müssen Strigae ihr Opfer bis zur Neige aussaugen und ihm dann ihr eigenes Blut einflößen. Allerdings dauert der sich an den Tod des Opfers anschließende Verwandlungsprozess sieben Tage. Um zu verhindern, dass der junge Vampir sofort von den Hinterbliebenen gepfählt wird, schaffen Strigae die Leiche an einen sicheren Ort und tauschen sie vorher oft durch ein aus Reisig gefertigtes Duplikat aus.

Strigae bekämpfen

Strigae stellen eine immense Gefahr für eine menschliche Gemeinschaft dar. Zwar mögen sie weniger mächtig sein als andere Vampire, dafür sind sie intriganter und verlogener, spannen ein Netz aus Mittelsmännern und bereichern sich auf diese Weise am Leid der Lebenden. Was sie zudem schwierig zu bekämpfen macht, ist die Tatsache, dass sie sich hervorragend als Menschen ausgeben können und sich zudem äußerst selten in der Öffentlichkeit zeigen. Ihre einzige Schwäche ist ihr Sinn für Kunst und Wissen, die Domänen der Athene. Die Zerstörung eines Kunstwerks oder eines besonderen Buchs können sie ebenso wenig mitansehen wie selbst vollziehen. Vergreift man sich an ihren Schätzen, attackiert die Kreatur mitunter in blinder Wut – und offenbart sich damit nicht nur, sondern macht sich auch angreifbar. Darüber hinaus weist jede Striga und jeder Strigoi eine Vorliebe für andere Dinge auf, z. B. ein schönes Äußeres, eine herausragende Gesangsstimme oder überragende Schauspielkunst. Dies unterscheidet sich aber teils deutlich von Fall zu Fall, jede Strigae besitzt ihre eigene Achillesferse.

Die Hexen des Mediterraneum: Wein und Wahnsinn

Zusammenfassung

Hexen gibt es seit der Öffnung des Höllenportals überall auf der Welt. Nur zeigen sie sich nicht an jedem Ort im selben Maße. Der östliche Mittelmeerraum gehört zu jenen Regionen, die scheinbar weniger unter den Buhlen des Teufels zu leiden haben. Doch dies ist nur eine Illusion, denn in Wahrheit agieren die hiesigen Hexen nur auf eine andere, weniger exaltierte Art und Weise.

Wahre Hexen

Hexen des östlichen Mittelmeerraums unterscheidet im Grunde nichts von den Hexen des übrigen Europas. Auch sie geben sich willentlich dem Bösen hin, indem sie einen Pakt mit einem Götzen eingehen, der ihnen daraufhin dämonische Kräfte verleiht. Dass die Hexen des Balkans und Kleinasiens dem Anschein nach weniger vorkommen, liegt an zwei Dingen: Zum einen ziehen andere widernatürliche Wesen, allen voran die Vampire, in dieser Region das Hauptaugenmerk auf sich, sodass Hexen schlicht weniger Aufmerksamkeit erregen. Zum anderen gibt es hier keine Inquisition oder eine vergleichbar mächtige Institution, die sich der Jagd nach den teuflischen Frauen gewidmet hätte. Die osmanische Behörde für Hexenverfolgung besteht hauptsächlich aus Bürokraten und besitzt nur wenig tatsächlichen Einfluss. Außerdem konzentrieren die Ermittler ihre Bemühungen auf Großstädte wie Konstantinopel, um zu verhindern, dass sich die Ereignisse um den verrückten Sultan İbrahim wiederholen.

Beides hat zur Folge, dass Hexen im ländlichen Raum, ähnlich wie in Galizien, relativ offen in der Gemeinschaft von Menschen leben – mit einem Unterschied: Die wenigsten Dörfler wissen, dass die weisen Frauen, die sie in vielen Dingen um Rat fragen, in Wahrheit vom Bösen besessen sind. Da sich Hexen auf diese Weise größtenteils unbehelligt ausbreiten konnten, haben sie teilweise ganze Sippschaften gegründet, in denen jedoch auch die männlichen Nachkommen, sogenannte Hexensöhne (siehe S. 101), geduldet werden – eine weitere Abweichung zur Hexengesellschaft Mitteleuropas.

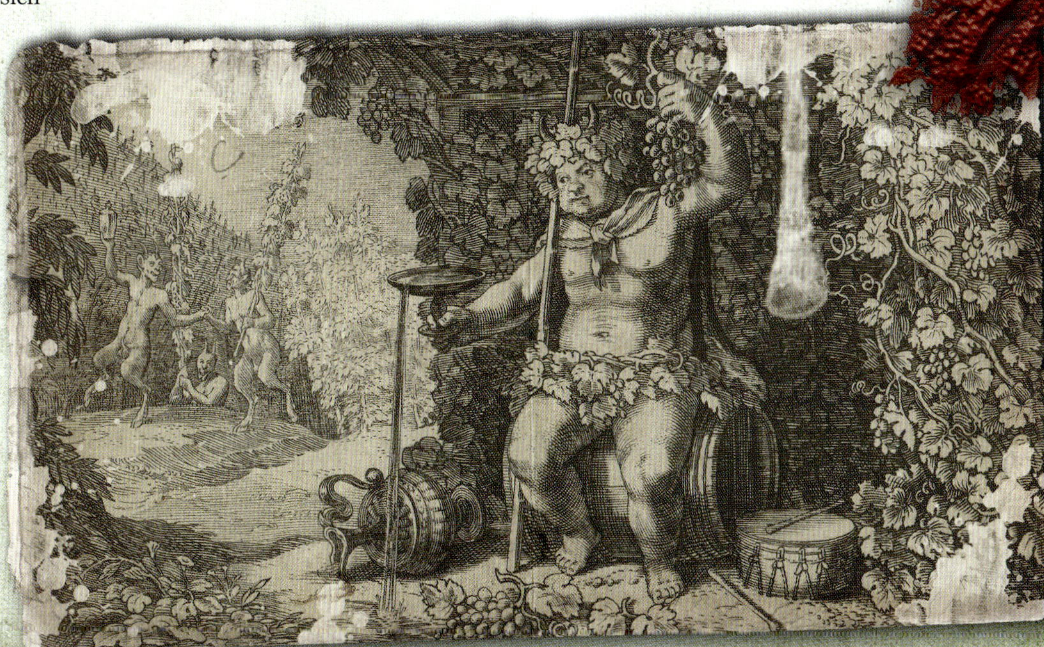

Besondere Götzen

Genau wie im übrigen Europa gibt es an vielen Orten rund um die Ägäis Kulte und Zirkel wahrer Hexen, von denen die meisten mit Götzen wie Belial, Beelzebub, Legion oder Leviathan im Bunde sind (siehe: *Hexenzorn – Grimoire für den HeXXenmeister*, ab S. 11). Aber es gibt auch zwei besondere Götzen, die typisch für die östliche Mittelmeerregion sind:

- **Dionysos:** Dieser Götze fand als Gott des Weines und der Ekstase bereits Eingang in das Pantheon der alten Griechen und der Römer. Er steht für ausuferndes, lasterhaftes Vergnügen ohne Einschränkungen und ohne Moral.
- **Asasel:** Der eingekerkerte Herr der Sünden ist der Gebieter über das uralte Dämonenvolk der Schaitane. Die wahren Templer beschworen ihn 1651 auf der Insel Aruad, und wenngleich der Sündenfresser seitdem eher mit Dämonen und mutierten Templern in Verbindung gebracht wird, unterstehen ihm auch zahlreiche Sturmgeister, die in Hexen einfahren und sie mit Asasels Kräften segnen.

Dionysos
Der Götze, an den die meisten Hexen in den Ländern der Ägäis ihre Seele gebunden haben, ist Dionysos, der Herr des Weins und der Ekstase, der von den Römern Bacchus genannt wurde. In der antiken Mythologie mutet er oftmals als einer der freundlichsten Götter an. Erscheint er einer Hexe, ist er allerdings weniger freundlich als gierig und lüstern. Es ist der Herr aller Ausschweifungen, aller Perversionen und des rauschhaften Wahns. Ein Bund mit ihm verleiht einer Hexe nicht nur immenses Wissen über Rauschmittel aller Art, sondern auch über viele Zauber, die mit Irrsinn, dem Verlust von Selbstkontrolle und Lüsternheit zu tun haben.

Darstellung und Zeichen: Zumeist wird Dionysos als bärtiger Mann mit erigiertem Phallus und Weinschale dargestellt, der entweder auf einem Esel oder einem Leoparden reitet. Beide Tiere sind dem Götzen, und somit seinen Hexen, heilig. Weitere Symbole des Götzen sind Efeublatt, Weinrebe, Spiegel und der sogenannte Thyrsos, ein Stab der aus dem Stängel eines Riesenfenchels gefertigt und von einem Pinienzapfen gekrönt wird. Dieser besitzt eine besondere kultische Bedeutung, da Hexen des Dionysos ihn für gewöhnlich als Zauberstab verwenden. In diesem Fall ist er so lange unzerstörbar, wie die Hexe lebt.

Zentren: Dionysos wird hauptsächlich auf dem Balkan, den griechischen Inseln und im Süden Italiens verehrt. Durch dekadente Geheimkulte hat er auch in den Chateaus des westeuropäischen Adels eine gewisse Verbreitung erfahren und sich in Richtung Osten bis ins Heilige Land ausgebreitet.

Hexentypen: Gifthexe[Hzo], Mänade.

> Und Aaron soll […] zwei Böcke nehmen und vor den HERRN stellen an den Eingang der Stiftshütte und soll das Los werfen über die zwei Böcke: ein Los dem HERRN und das andere dem Asasel, und soll den Bock, auf welchen das Los für den HERRN fällt, opfern zum Sündopfer. Aber der Bock, auf welchen das Los für Asasel fällt, soll lebendig vor den HERRN gestellt werden, auf dass über ihm Sühne vollzogen und er zu Asasel in die Wüste geschickt werde.
>
> – 3. Mose 16,6-10

Bibelzitat

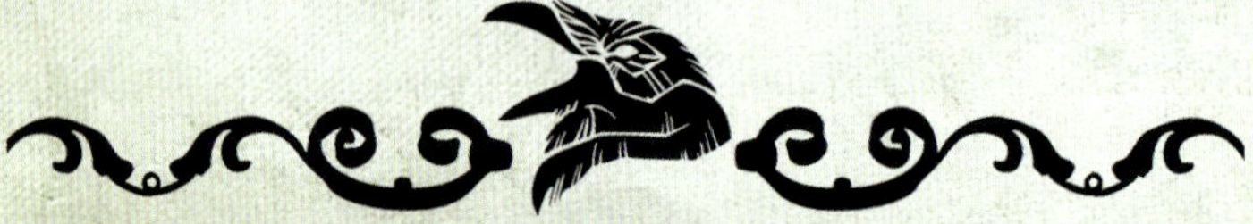

Rätsel um Dionysos

Dass Dionysos einerseits als vergleichsweise gütiger Gott und dann wieder als rasender Irrer erscheint, hat schon manchen Gelehrten der antiken Geschichte verwirrt. Viele Satyrn, die in den abgelegenen Bergtälern Griechenlands leben und deren Herr Dionysos ist, gehen davon aus, dass der Geist ihres Gebieters gespalten ist. Legenden zufolge wurde er in seiner Jugend von Hera, der Gemahlin des Zeus, mit Wahnsinn geschlagen. Seine geistige Gesundheit erlangte er erst wieder, als die Göttin Kybele (oder Rhea) ihn heilte – und zwar, indem sie den wahnsinnigen Teil des Dionysos aus dessen Geist auslagerte.

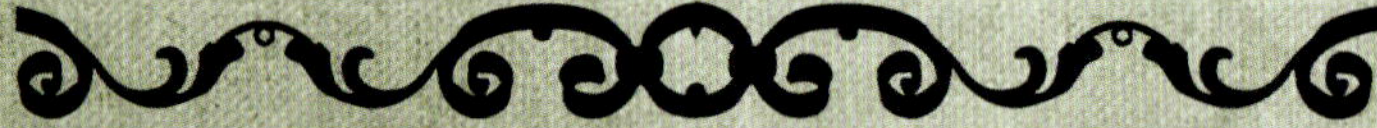

Asasel
Bereits die Israeliten luden einem von zwei Böcken rituell die gesamte Schuld ihres Volkes auf und schickte ihn zu Asasel, dem Herrn der Sünde, der in den heiligen Schriften der Christen und Muslime als gefallener Engel dargestellt wird. Angezogen von der tiefen Scham, einen schweren Frevel begangen zu haben, schickt er seine Sturmgeister zu jenen Frauen, die daraufhin als Sündenhexen bekannt werden. Diesen von Selbsthass zerfressenen Hexen verleiht er viele Kräfte, von denen die meisten mit der Verwandlung der eigenen Gestalt zu tun haben, ebenso wie die Fähigkeit, seine Diener herbeizurufen: das Dämonenvolk der Schaitane.

Darstellung und Zeichen: Die Darstellungen von Asasel sind sehr uneinheitlich. In vielen teilt er traditionelle Attribute des Teufels wie Hörner oder Klauen. Oft ist sein Symbol der Ziegenbock.

Zentren: Da die meisten Gemahlinnen des Asasel nur ihrem persönlichen Rachefeldzug folgen und keinen Wert auf die Gesellschaft anderer Hexen legen, ist ihr Götze kaum verbreitet. Das wahre Zentrum des Sündenfressers ist die Insel Aruad, auf der die verdorbenen Templer ein Portal zu seinem Kerker in den Tiefen der Hölle öffneten.

Hexentypen: Sündenhexe, Verführerin[Hzo]

Der Kult des Dionysos

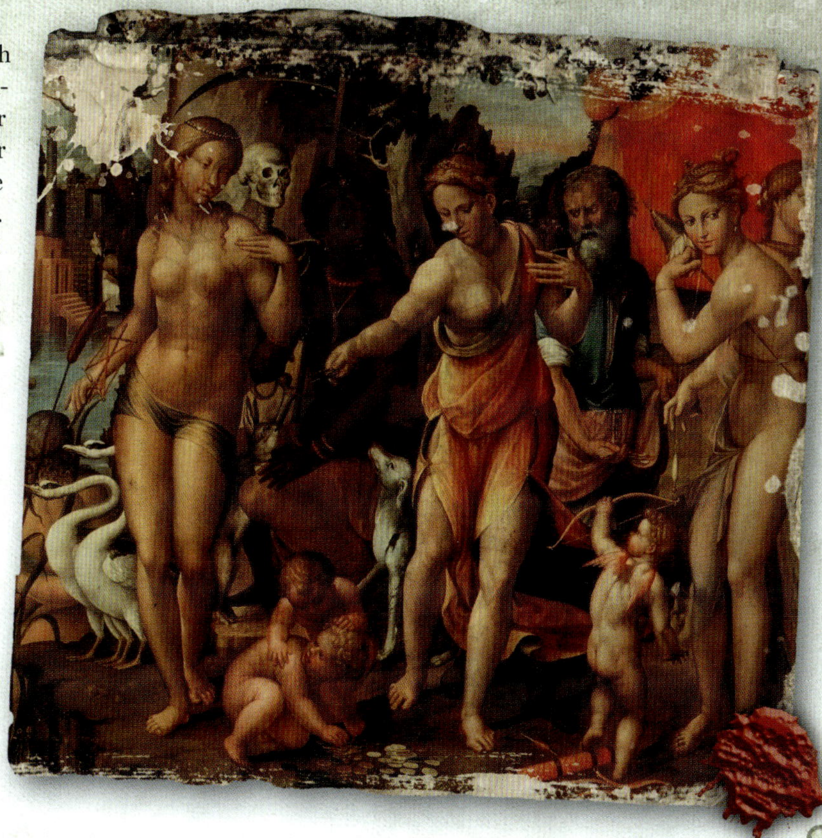

Diese uralte Geheimorganisation, die tatsächlich auf die Tage des antiken Griechenlands zurückgeht, besteht im Verborgenen bis heute. In der Antike operierte der Kult mehr oder weniger offen und praktizierte bei wüsten Orgien eine schwindelerregende Anzahl an Perversitäten. Es schien keine verderbte Ausschweifung zu geben, der die Anhänger des ekstatischen Gottes nicht frönten. Um 186 v. Chr. wurde das Treiben so bunt, dass der Kult des Bacchus (wie die Römer ihn nannten) von den Konsuln der Republik zerschlagen wurde. Tausende Mitglieder starben am Kreuz. Dies beendete das triebhafte Geschehen jedoch nicht, sondern führte nur dazu, dass der Kult seitdem im Geheimen wirkte: Er war Mysterienkult unter den römischen Kaisern und okkulte Sekte in Byzanz, er stand hinter perversen Geheimriten in abgelegenen italienischen Mönchsklostern und hinter den abartigsten Orgien unter den Höflingen des Sultans.

Als das Sphärenbeben 1640 die von den Nymphen errichteten Mauern zwischen den Welten einriss, öffnete sich zwar ein Portal in die Hölle, nicht aber in die Sphäre der griechischen Mythen. Folglich war Dionysos auch nicht unter den Hexengötzen, die ihre Sturmgeister auf die Menschheit losließen. Doch sein bis dahin bestehender Kult erkannte die günstige Gelegenheit, führte eine Reihe schauerlicher Rituale aus und vollzog ausschweifende Orgien, um den Herrn des Weines und der Ekstase herbeizurufen. Tatsächlich gelang es ihnen kurzzeitig, ein Portal zu ihrem Gebieter aufzustoßen, wodurch viele seiner Sturmgeister in unsere Sphäre gelangten. Anders als bei der Beschwörung des Leviathan in Amsterdam ging dies jedoch völlig unbemerkt und ohne katastrophale Auswirkungen vonstatten. Zudem handelte es sich bei den Frauen, die sich von den Sturmgeistern beseelt in wahre Hexen verwandelten, fast ausschließlich um Kultangehörige, die daraufhin im Verborgenen agierten.

Zu den ursprünglichen Hexen, die Dionysos die Treue schworen, gehörten die sieben bis ins Mark verdorbenen Haremsdamen in Konstantinopel, auch bekannt als „die Sieben Haseki", die den geistig schwachen Sultan İbrahim manipulierten. Die Folge war eine kurze Ära des Terrors, in der der Topkapı-Palast und die Hauptstadt des Osmanischen Reiches in einem Wirbel aus Lust, Rausch und Grauen versanken. Zahllose Orgien wurden im Palast gefeiert, und immer wieder wurde dabei Dionysos beschworen, der seine Sturmgeister in unsere Realität entsandte. Als schließlich der heroische Großwesir Hezarpare Ahmed Pascha unter Mithilfe der Mutter des Sultans dem Treiben ein Ende setzte, hatte sich der Kult schon über das gesamte Osmanische Reich ausgedehnt. Die glorreiche Zeit der unseligen Haseki mag Geschichte sein, doch die Anbetung des Dionysos konnte der Großwesir nicht unterbinden. Überall in den Ländern um die Ägäis finden im Untergrund zu bestimmten Zeiten widerwärtige Orgien statt, die so unsäglich sind, dass sie selbst die Ausschweifungen zu Zeiten der Antike in den Schatten stellen.

Um nicht von der Obrigkeit ausgelöscht zu werden, operiert der von Hexen geführte Kult in einer Zellenstruktur und ist weitgehend dezentralisiert. Daher erklärt sich auch, dass Paraskevi, die einzig überlebende, siebte Haseki (siehe: Seeräuber – Untote und Zauberinseln, S. 17), vergleichsweise wenig Einfluss auf die Organisation als Ganzes hat. Dabei verbinden alle Gruppierungen des Kultes durchaus gemeinsame Ziele, von denen das wichtigste ist, die gesamte Gesellschaft so zu korrumpieren, dass überall Dekadenz und Wahnsinn herrschen. Viele haben sich zudem der Rückeroberung des Topkapı-Palast verschrieben und dem gewagten Vorhaben, Rom zu Fall bringen – nicht etwa, weil es der Sitz des Heiligen Stuhls wäre, sondern weil der Hass auf die Ewige Stadt seit 186 v. Chr. tief sitzt.

Kurioserweise hat die Anbetung der Hekate, die bei den Hexen Mittel- und Westeuropas sehr

Der Bacchanalienskandal

Der sogenannte Bacchanalienskandal, den der römische Historiker Titus Livius in seinem Werk „Ab urbe condita" beschreibt, zählt zu den wohl aufsehenerregendsten Kriminalfällen der Antike. Giftmischerei, Intrigen, sexueller Missbrauch und Mord legte man den Priestern einer geheimen Abart des Dionysoskultes zur Last. Die Ereignisse, die schließlich im Jahre 186 v. Chr. zum Fall dieser Sekte führen sollten, lesen sich streckenweise wie ein moderner Thriller: bizarre Rituale, flüchtende Kronzeugen, absurd diffizile Mordkomplotte – dies und noch mehr soll während des Bacchanalienskandals geschehen sein. Ob irgendetwas davon der Wahrheit entspricht, verliert sich im Nebel der Geschichte. Belegt ist nur, dass der Skandal mit der Exekution von knapp 7000 Kultmitgliedern endete und der Bacchuskult fortan streng verboten war.

verbreitet ist, in der Heimatregion der vorchristlichen Göttin nie im gleichen Maße Fuß fassen können. Im östlichen Mittelmeerraum hatte diese Bedeutung stets die kultische Verehrung des Dionysos und besitzt sie auch heute noch.

Göttliche Hexen

Viele der Hexen, die die Behörde für Hexenverfolgung als göttergleiche Wesen einstuft, gab es tatsächlich. Oft handelte es sich um Zauberinnen, die aus den Tagen des alten Atlantis überdauert hatten und schon auf dieser Welt wandelten, bevor die Nymphen nach dem kataklystischen Untergang ihrer Heimat die Pforten zur Anderswelt verschlossen. Dabei waren sie nicht unbedingt mächtiger als die Hexen heutiger Tage, vielmehr verklärte sich ihr Bild im Laufe der Jahrhunderte aufgrund ihrer geringen Zahl und der schwindenden Magie. Dies führte auch dazu, dass sie sich selbst immer mehr als göttliche Kreaturen begriffen und so viele ihrer menschlichen Züge verloren. Unter den heutigen Hexen werden diese Vorfahren als „Alte Hexen", „Alte Harpyien" oder einfach nur „die Alten" bezeichnet (siehe: *Hexenzorn – Grimoire für den HeXXenmeister*, S. 9).

Hexen des Dionysos

Wahre Hexen, die eine Ehe mit Dionysos eingehen, werden auch Mänaden genannt. In der Vergangenheit bezeichnete der Begriff sowohl die mythischen Begleiter der dionysischen Züge als auch weibliche Kultanhängerinnen, für die viele weitere Namen gebräuchlich waren, etwa Bacchantinnen, Thyiaden, Dionysiaden, Bassariden oder Klodonen. Wie sich eine wahre Hexe des Dionysos selbst bezeichnet, hängt oft von persönlichen Vorlieben oder ihrer Herkunft ab, wobei „Mänade" in den Reihen des Kultes am gängigsten ist.

Mänaden sind goldgierige und genusssüchtige Hexen, die den westlichen Gifthexen nicht unähnlich sind. Auch sie brauen mit Vorliebe Tränke und Tinkturen, Pülverchen und andere Substanzen, die Rauschzustände auslösen – ganz gleich, was sie sonst noch bewirken mögen. Dazu tarnen sie sich häufig als Edeldamen, Krämerinnen oder Apothekerinnen und sind geheimen Geschäften mit ihren Gebräuen nie abgeneigt, da diese doch den Geist des Konsumenten schwächen und ihn näher zur Perversion führen. Was sie jedoch von Gifthexen unterscheidet, ist ihr Hang zu ekstatischer Wollust und absoluter Enthemmung. Bei den geheimen Orgien des Kultes nehmen sie stets ihr Vettelgesicht an, das eine seltsam anmutige, satyrartige Form besitzt, und verlieren jegliche Selbstkontrolle. Sie werden derart triebhaft, dass sie mehr Tier als Mensch sind, sogar mehr rasende Bestie als Tier. Meist ist es dieser Zustand, in dem Jäger ihnen begegnen.

Da die Sturmgeister des Dionysos fast ausschließlich durch ausschweifende Orgien und Rituale in die Sphäre der Menschen gelangen, verwandeln sich nur wenige Frauen außerhalb der Reihen des Kultes in eine Mänade.

Hexen des Asasel

Anders als die Hexen des Dionysoskultes sind Asasels Teufelsbuhlen fast ausschließlich wild entstandene Einzelgängerinnen. Das Besondere an ihrem Entstehungsprozess ist, dass Asasels Sturmgeister weniger durch negative Empfindungen wie Wut, Leid oder Trauer angelockt werden, sondern vielmehr durch die tiefe Scham darüber, eine schwere Sünde begangen zu haben. Aus diesem Grund werden Hexen des Asasel auch als „Sündenhexen" bezeichnet.

Getrieben von den sie zerfressenden Schuldgefühlen richtet sich der Hass einer Sündenhexe, verstärkt durch den Sturmgeist, vorrangig auf sich selbst und erst in zweiter Linie auf ihr gesellschaftliches Umfeld. Dabei verfolgt auch sie einen Rachefeldzug, der allerdings jene zum Ziel hat, deren sündhaftes Verhalten die Hexe für ihre eigene Verderbnis verantwortlich macht. Folglich haben die Menschen, die den Zorn einer Sündenhexe auf sich ziehen, immer irgendeine Form von Missetat begangen. Was genau die Hexe allerdings als Verfehlung betrachtet, variiert abhängig von ihren Erlebnissen stark. Viele Sündenhexen nehmen ihre eigenen Frevel als Maß für die Be-

Mänade

(Anführer 2, Widernatürlich)

Kkr 7, Ath 8, Ges 8, Wil 8, Wis 10, Sin 6
LeP: Jz x 20 | **Pw: 1** (leichte Kleidung)
Ini: 14 | **Strategie:** Allrounder (⚔⚔|🏹🏹)

⚔ **Fausthieb** (Ath) Angriff 10, Schaden 0 *+Giftmixtur (Elixierw. innerer Schaden, Vergiftung)**
⚔ **Klauenangriff** (Kkr) Angriff 9, Schaden 2 *+Giftmixtur (Elixierw. innerer Schaden, Vergiftung)**
🏹 **Bogen** (Sin) Angriff 8, Schaden 4 *+Giftmixtur (Elixierw. innerer Schaden, Vergiftung)**

- **Beschwörung** (Dionysos-Kultist (Bande 1, 3 für 1 Hex))
- ***Chemische Explosion*** (⚔|🏹: jeder Jäger verliert Blutw. Verbrauchsgüter, pro Verbrauchsgut 1 Blutw. Fe, 2 Hex)
- ***Fluch der Anderswelt*** (⚔|🏹: 10 gegen Aufmerksamkeit, 1 Malusstufe (Entrückung, 5: Ziel kann keine Ressourcen nutzen) pro Differenzerfolg, 1 Hex pro Ziel (1–3 Ziele))
- ***Gesicht des Satyrs*** (⚔|🏹: +1 ⚔-Handlung für Nahkampfangriffe; Hornattacke (Kkr) Schaden 5 *+äußerer Schaden (je 2 bei LeP-Verlust, Blutung)*
- ***Hexentanz*** (⚔|🏹: Hexe + 1 Jäger beginnen zu tanzen, alle Tänzer Malus in Höhe Gesamtzahl der Tänzer (max. –5), 1 Blutw. Coups in Ini 0: Jäger befreit sich aus Tanz)
- **Hex-Macht** (Jz + 2 Hex bei Start)
- **Hex-Wachstum** (Jz – 1 Hex in Ini 0)
- **Immunität** (innerer Schaden)
- **Meisterschaft** (+3 auf alle Proben während Kultorgien; +1 bei sonstigen Feierlichkeiten)
- ***Schutzzauber*** (⚔|🏹: Immunität gegen Malusschaden, inneren Schaden oder äußeren Schaden, 3 Hex)
- ***Sündige Gedanken*** (⚔|🏹: 10 gegen Geistesstärke (Bonus +1 pro Segnung), Maximum Segnungen –1 pro Differenzerfolg, 1 Hex pro Ziel (max. Jz Ziele))

Erzählkräfte: Infiltration, Kontrolle, Korruption, Kulterschaffer*Hzo*, Zirkel*Hzo*

Beute: 450 Gulden (Beutegut: Schmuck, Chemikalien)

**Die gekennzeichneten Angriffe und Kräfte verbrauchen Giftphiolen. Die Hexe verfügt standardmäßig über 7 Elixierwürfel Giftphiolen bei Kampfbeginn. Übrig gebliebene Giftphiolen können geplündert werden; sie zählen als einfaches Waffengift (siehe: Buch der Regeln).*

Dionysos-Kultist

(Bande 1)

LeP: 4 | **Ini:** 5 | **Beute:** 15 Gulden (Münzen)
⚔ **Dolch** Erfolge 3, Schaden 1
🏹 **Wurfobjekt** Erfolge 2, Schaden 1

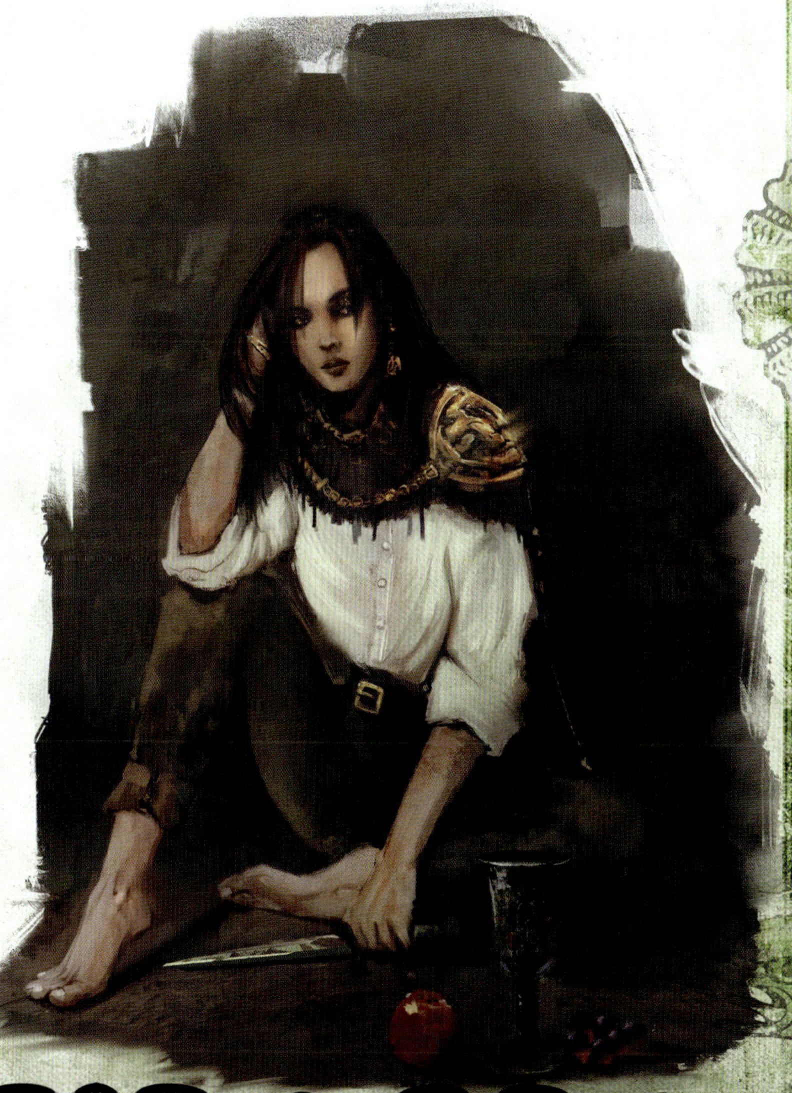

wertung anderer. Aufgrund ihres Selbsthasses scheuen sie den Kontakt zu Menschen wie Kreaturen der Nacht gleichermaßen, selbst die Zusammenarbeit mit anderen Hexen lehnen sie meist ab, einen Zirkel gründen sie nur in äußerst seltenen Fällen (der dann zudem nie mehr als drei Personen umfasst).

Asasel gibt seinen Hexen die Gabe über vielerlei Gestalten. Ganz so wie das Dämonenvolk, über das der eingekerkerte Götze gebietet und das in mannigfaltigen Variationen vorkommt, vermögen Sündenhexen mit ihrer Fähigkeit der Verwandlung sehr unterschiedliche Formen anzunehmen und beispielsweise frei Aussehen und Beschaffenheit ihrer Haut zu bestimmen. Anders als viele ihrer Schwestern können sie ihr Menschengesicht in großem Maße, beinahe beliebig verändern, nicht selten treten sie sogar als Mann in Erscheinung. Auch beherrschen sie die Verwandlung in verschiedene Bestienformen, von denen die absonderlichste die sogenannte Schwärmende Gestalt des Asasel ist: eine brodelnde Masse aus Dutzenden Tentakeln, die allesamt in krebsartigen Scheren münden.

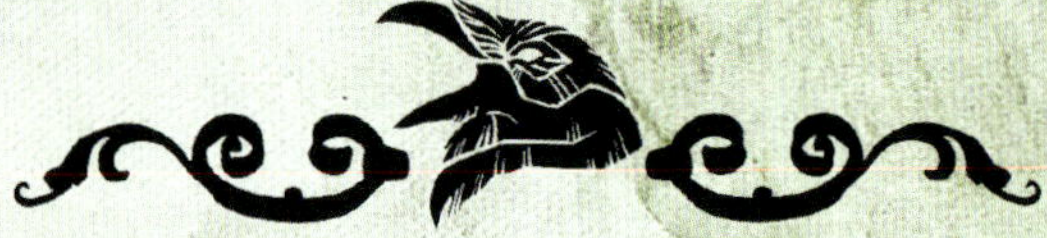

Sündenhexe

(Anführer 3, Widernatürlich)

Kkr 10, Ath 8, Ges 9, Wil 11, Wis 11, Sin 5
LeP: Jz x 25 | **Pw: 2** (widerstandsfähige Haut)
Ini: 14 | **Strategie:** Mächtiger Allrounder
(|)

Fausthieb (Ath) Angriff 11, Schaden 0
Klauenangriff (Kkr) Angriff 13, Schaden 2
Schleuder (Ges) Angriff 12, Schaden 2

- **Beschwörung** (| : Plapperschreck (Bande 1, 3 für 1 Hex), Sündensucher (Bande 3, 1 für 1 Hex))
- **Hex-Macht** (Jz + 2 Hex bei Start)
- **Hex-Wachstum** (Jz Hex in Ini 0)
- **Regeneration** (Ini 0: +Jz x 3 LeP)
- ***Schlechtes Gewissen einflüstern*** (| : 14 gegen Geistesstärke (Malus −1 pro Rage/Bonus +1 pro Segnung), 1 Malusstufe (Schlechtes Gewissen, 5: MD) pro Differenzerfolg, 1 Hex pro Ziel (max. Jz Ziele))
  - ***Schrei der Sirene*** (| : x Hex (max. 5), x Jäger erleiden x Ge (– Malusstufen bei Taubheit))
  - ***Sündige Gedanken*** (| : 14 gegen Geistesstärke (Bonus +1 pro Segnung), Maximum Segnungen −1 pro Differenzerfolg, 1 Hex pro Ziel (max. Jz Ziele))
- **Verwandlung Harpyie** (| : Kkr +4, Ath +2, Ges +4; zusätzliche Kräfte: Flieger, Krallenangriff (Kkr) Schaden 5)
- ***Verwandlung Schwärmende Gestalt*** **(| : +2 -Handlungen;** zusätzliche Kräfte: Amorpher Körper, Tentakelangriff (Kkr) Schaden 5; muss mind. 2 Tentakelangriffe pro Runde ausführen, keine anderen Angriffe möglich)

Erzählkräfte: Infiltration, Sabotage, Schwächung, Verwandlung, Wahnsinn

Beute: 250 Gulden (Beutegut: Schmuck, Wertgegenstände)

Hexensöhne

Mitteleuropäische Hexen mögen ihre Söhne größtenteils verstoßen – oder Gerüchten zufolge sogar auffressen oder opfern –, in den Ländern der Ägäis hingegen leben auch die männlichen Nachkommen in den Clans und Familien der Hexengesellschaft. So manche abgelegen lebende Teufelsbuhle ist sogar die Matrone einer ganzen Großfamilie, wobei deren männliche Mitglieder durch den verderbten Einfluss des Bösen oft subtile oder offensichtliche Missbildungen aufweisen, sowohl körperlich als auch geistig. Wie bei anderen Clanhexen auch werden die meisten Töchter auf ihre Sturmweihe vorbereitet und zur nächsten Generation von Hexen herangezogen. Allerdings ist dies oft nur den würdigsten Familienmitgliedern vorbehalten, sodass unter den Mädchen der Sippe schon in frühen Jahren ein teils blutiges Ringen um die Gunst der wahren Hexen beginnt.

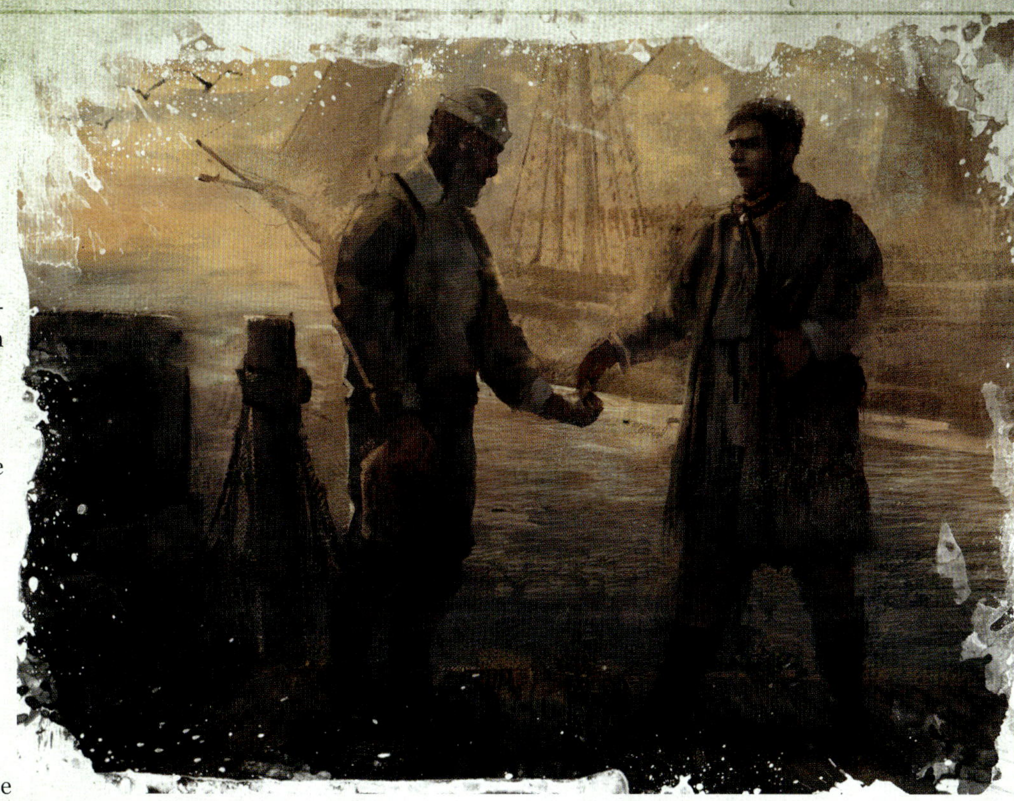

Ebenso wie im übrigen Europa gilt es auch im Mediterraneum unter Hexen als absolutes Tabu, dass Männer einen Pakt mit einem Götzen eingehen. Den Söhnen eines Clans ist dies bei Androhung des rituellen Todes strikt untersagt. Abgesehen davon führen die männlichen Nachkommen in den matriarchalisch geprägten Clans kein schlechtes Leben. Sie übernehmen gröbere körperliche Arbeiten, beschützen die Sippe und zeugen neue Kinder. Da die meisten von ihnen monströse Züge aufweisen (wie abnormen Riesenwuchs, krallenartige Hände, pelzartiges Fell oder geschuppte Haut) und zudem geistig oft minderbemittelt oder sogar dem Wahnsinn nahe sind, verdingen sie sich vornehmlich als Wegelagerer, Schläger, Leichendiebe oder in ähnlich übel beleumdeten Berufen. Die Nähe zum Bösen prägt jedoch ihr gesamtes Wesen, viele Hexensöhne besitzen einen liederlichen und boshaften Charakter, selbst echte Psychopathen und zwanghafte Lustmörder sind unter ihnen keine Seltenheit. Verschlimmernd kommt hinzu, dass Hexen zuweilen echte Monstrositäten gebären.

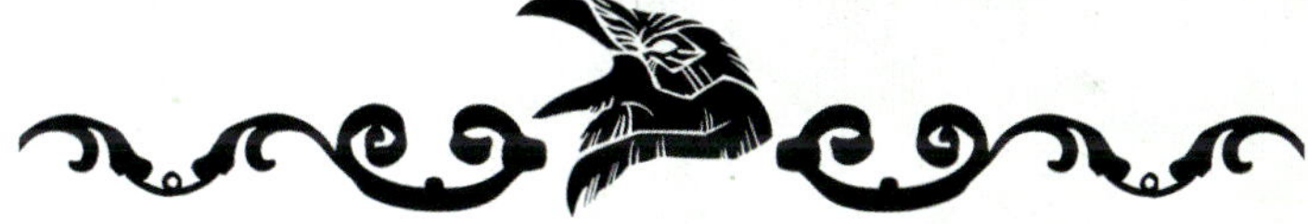

Hexensohn

(Anführer 0)

Kkr 8, Ath 4, Ges 3, Wil 5, Wis 3, Sin 3
LeP: Jz x 5 | **Pw: 3** (geschuppte, dicke Haut)
Ini: 6 | **Strategie:** Offensiv (|)

Fausthieb (Ath) Angriff 4, Schaden 0
Keule (Kkr) Angriff 8, Schaden 3
Schleuder (Ges) Angriff 3, Schaden 2

- ***Ansporn der Schmerzen*** (pro Einflussstufe: Bonus +1 auf Angriffe (max. 5))
- **Raserei** (LeP < 50 %: als einmalige freie Reaktion: Wilder Rundumschlag (alle gebundenen Jäger erleiden 2 Elixierwürfel Sc))

Beute: 15 Gulden (Beutegut: einfache Ausrüstung und Plunder)

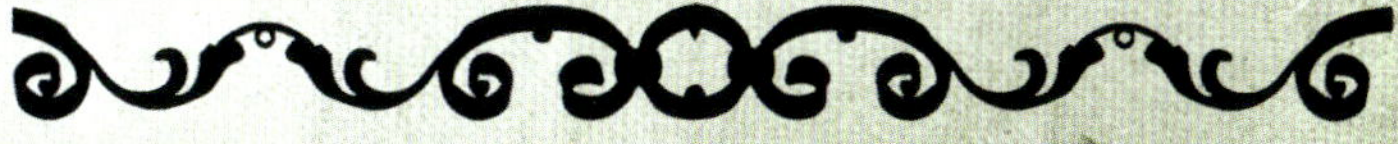

Legendäre und sagenhafte Monster

Zusammenfassung

Viele Legenden des Altertums berichten von Monstern und mythischen Geschöpfe, die von den Titanen oder den Göttern des Olymps abstammen sollen. Mit dem Sphärenbeben von 1640 mussten die Menschen erkennen, dass nicht alle dieser Kreaturen nur fiktive Sagengestalten waren, sondern bittere Realität. Doch die Wahrheit hinter ihnen ist oft eine andere, als die Gelehrten glauben.

Minotauren

Einst durch einen großen Krieg vertrieben, zog das nomadische Volk der Minotauren seit Äonen in der Anderswelt von Sphäre zu Sphäre. Dort fanden es die Atlanter – halb Mensch, halb Alb – bei ihren ersten Expeditionen. Aus Mitgefühl boten sie den Geschöpfen eine neue Heimat in unserer Realität an. Dankbar nahmen die Minotauren an und teilten ihr Wissen um viele geheime Pfade zu den jenseitigen Welten mit ihnen, was den Grundstein legte für das weltumspannende Wegenetz der Atlanter.

Aber die Minotauren waren nicht nur Berater. Lange Zeit beschützten sie ihre neuen Verbündeten auch vor den grausamen Kreaturen, die in den finstersten Ebenen der Anderswelt lebten und die von den Atlantern „Titanen“ genannt wurden. Einige stellten sich sogar in den Dienst der atlantischen Könige und fungierten später als Hüter des magischen Labyrinths von Minos, das sowohl Kerker als auch Schatzkammer war (siehe: Kreta: Alte und neue Labyrinthe, S. 55). Über viele Jahrhunderte lebten die beiden Völker Seite an Seite, deren tiefe Verbundenheit sich durch die atlantischen Relikte erahnen lässt, auf denen Stiere ein immer wiederkehrendes Symbol sind.

Doch als die Atlanter mehr und mehr der Dekadenz anheimfielen und König Minos die Priesterinnen der Atlantiden hinterging, bekam der Bund mit den Kreaturen der Anderswelt Risse und zerbrach schließlich. Die meisten Minotauren verließen unsere Welt und kehrten zurück in jenseitige Gefilde. Nur einige Sippen blieben, um die Atlantiden bei ihrem verzweifelten Versuch zu unterstützen, die Titanen aufzuhalten. Tatsächlich berührte das Opfer der Priesterinnen die Ältesten der Minotauren so sehr, dass sie beschlossen, ihrer zu gedenken, indem sie in Zukunft die Pfade der Anderswelt gegen jede schädliche Nutzung verteidigten. Zusammen mit den Plejaden, aus denen später die Nymphen hervorgehen sollten, bildeten sie eine Schildwache sowohl gegen Titanen und andere Dämonen als auch gegen skrupellose Menschen, die die Pfade für niedere Ziele missbrauchen wollten. Sie erschienen besonders oft auf Kreta, da dort noch viele Zugänge verborgen lagen, aber auch an anderen Orten, die einst Kolonien der Atlanter gewesen waren.

Als die Nymphen begannen, die Tore in die Anderswelt zu versiegeln und sich in diese zurückzuziehen, verschwanden auch viele der verbliebenen Minotauren, weil sie keinen Rückweg mehr ins Diesseits fanden oder sich an fremden Gestaden verirrten. Doch mit dem Sphärenbeben von 1640 öffneten sich erneut viele Durchgänge in die Sphäre der Menschen und einige Minotauren jener Sippen, die sich vor Jahrtausenden dem Schutz der mythischen Pfade verschrieben hatten, kehrten zurück. Noch immer brennt ein starkes Pflichtgefühl in ihnen, das auch die Zeit nicht zu verwässern vermochte. Doch die Zahl der andersweltlichen Schildwachen ist gering, viele gelten bis heute als verschollen. Die meisten Minotauren befinden sich in der Ägäis, dem einstigen Zentrum der atlantischen Zivilisation, wobei sie Kreta als ihre uralte Wahlheimat ansehen.

Mit ihrer Größe von bis zu 2,60 Meter sind Minotauren bedeutend stärker als

Der kretische Stier

In der minoischen Kultur auf Kreta hatten Stiere einen besonderen Stellenwert. Nicht nur findet sich das Tier auf unzähligen Reliefs und Abbildungen (von denen die bekanntesten den vermutlich rituellen Akt des Stierspringens darstellen), auch im sogenannten minoischen Sagenkreis kommt der Stier mehrfach vor: Zeus brachte die entführte Europa in Gestalt eines Stieres nach Kreta, Poseidon entsandte zur Prüfung des Königs Minos einen weißen Stier, mit dem dessen Gattin Pasiphae schließlich den Minotauros zeugte. Bevor Zeus zudem auch von den Griechen des Festlandes als Göttervater verehrt wurde, war er als stiergestaltiger Zeus Asterios der Sonnen- und Himmelsgott der Kreter.

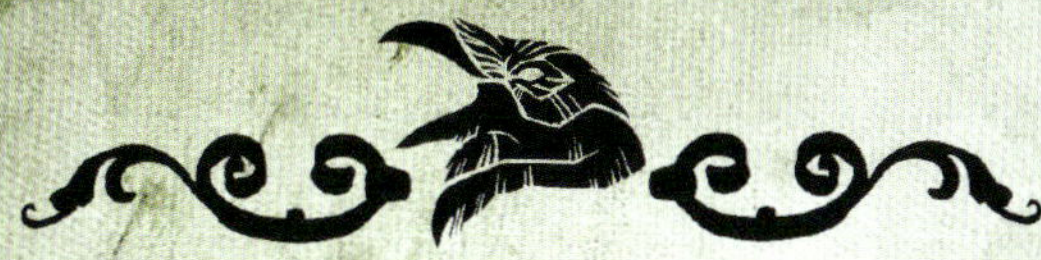

Minotauros
(Anführer 3, widernatürlich)

Kkr 12, Ath 10, Ges 7, Wil 9, Wis 10, Sin 4
LeP: Jz x 25 | **Pw: 4** (dichtes Fell und dicke Haut)
Ini: 11 | **Strategie:**
Mächtiger Offensiver (⚔⚔⚔|⟋)

⚔ **Fausthieb** (Ath) Angriff 13, Schaden 0
⚔ **Hornattacke** (Ath) Angriff 13, Schaden 4
⚔ **Axt** (Kkr) Angriff 15, Schaden 3

In normaler Umgebung

- ***Ätherschritt*** (Reaktion, 1 Hex: Nsc zählt für diesen Angriff als körperlos und ignoriert allen materiellen Schaden)
- ***Atlantische Relikte*** (Vorteil je nach Reliktart)
- **Hex-Macht** (Jz Hex bei Start)
- **Hex-Wachstum** (Jz – 1 Hex in Ini 0)
- **Raserei** (LeP < 50 %: Minotauros agiert, als befände er sich in labyrinthartiger Umgebung)
- **Regeneration** (Ini 0: +Jz x 3 LeP)
- **Resistenz** (Malusschaden)
- **Terrorwelle** (⚔|⟋: 12 gegen Geistesstärke, 1 Malusstufe (Furcht, 5: MFD) pro Differenzerfolg, 1 Hex pro Ziel (1–3 Ziele))
- **Wahrer Name** (Espritstern: 2 Erfolge)

In labyrinthartiger Umgebung (zusätzliche Kräfte)

- **Hex-Wachstum** (+1 Hex in Ini 0)
- ***Fluch der Anderswelt*** (⚔|⟋: 12 gegen Aufmerksamkeit, 1 Malusstufe (Entrückung, 5: Ziel kann keine Ressourcen nutzen) pro Differenzerfolg, 1 Hex pro Ziel (1–3 Ziele))
- **Regeneration** (Ini 0: +Jz x 2 LeP)

Erzählkräfte: Bewachung, Prophezeiung, Sphärenwechsel
Beute: 1200 Gulden (Beutegut: Schätze, atlantisches Relikt)

Menschen. Torso, Arme und Beine sind nahezu humanoid, auch wenn die Hände nur vier Finger und die Füße nur vier Zehen aufweisen. Ihr stierähnlicher Kopf hingegen und das kurze, oft schwarze, aber auch gescheckte Fell, das ihren gesamten Körper bedeckt, verraten eindeutig ihre andersweltliche Herkunft. Sowohl ihre Körperkraft als auch ihre Hörner allein würden sie schon zu gefährlichen Gegnern machen, doch sind viele noch dazu mit atlantischen Waffen und Rüstungen ausgestattet und damit sehr gut vertraut. Außerdem scheinen sie fast mühelos den Schleier der Realität durchdringen zu können und nutzen dies, um einerseits keinen Schaden zu nehmen sowie andererseits plötzliche und scheinbar unmögliche Angriffe zu vollführen.

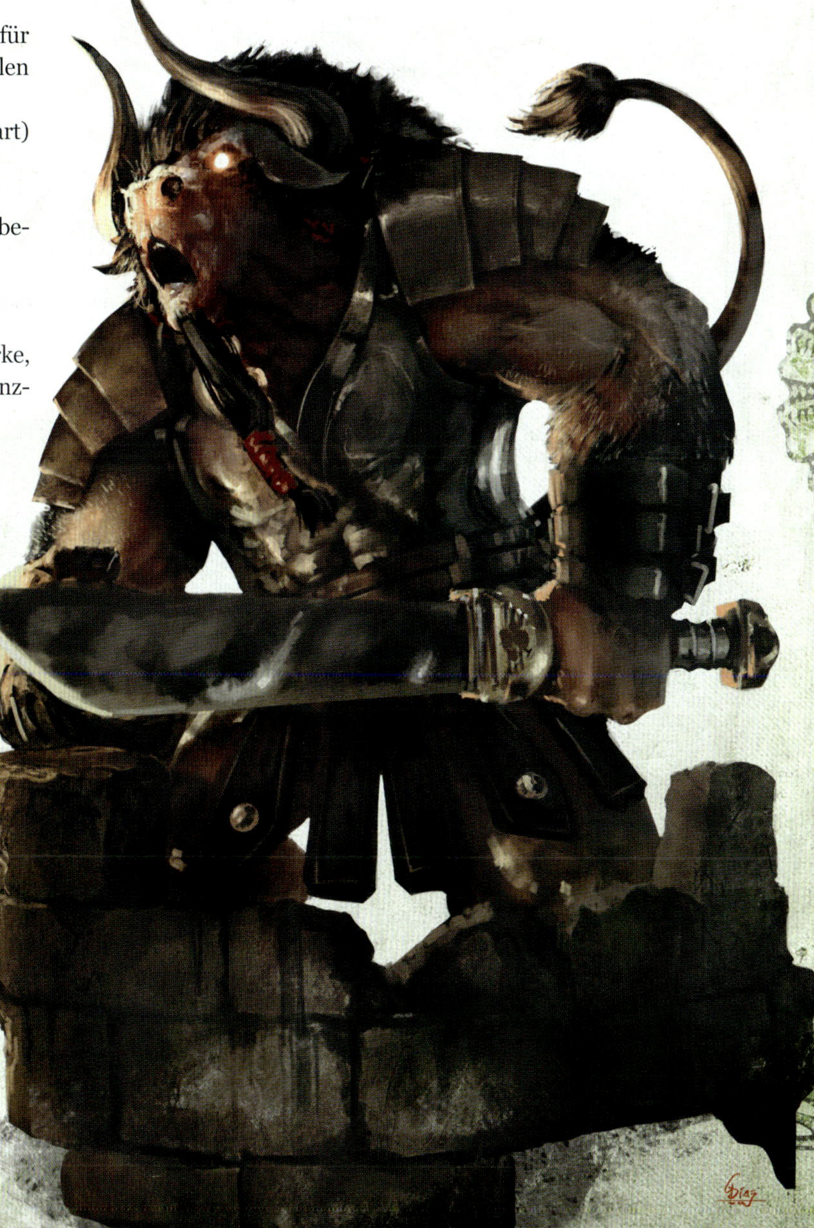

Kyklopen

Viele Erdbeben und Feuerschlote in der Ägäis sind das Ergebnis der uralten Auseinandersetzung zwischen den Atlantern sowie ihren Nachkommen, dem Meervolk, mit den Titanen. Durch das Ritual der Atlantiden wurden zwar viele der andersweltlichen Dämonen ertränkt, doch einige überlebten, darunter das grausige Geschöpf Typhon, dessen Waffenschmiede und Kriegsbaumeister die Kyklopen waren. Diese statteten die Armeen aus Dämonenbrut mit den besten Waffen aus, wodurch das Meervolk in große Not geriet. Wäre es nicht gelungen, den König der Kyklopen, der als Hephaistos in die Mythen der Menschen einging, zum Verrat zu bewegen, hätte Typhon wohl gesiegt. So aber wurde er überwunden und im Ätna auf Sizilien eingekerkert, wie einige weitere Titanen an anderen Orten der Ägäis.

Die Kyklopen starben im Laufe der Zeit aus, auch wenn die Erinnerung an sie in Sagen überlebte. Erst nach 1640 kehrten die legendären Gestalten zurück, jedoch in anderer Form als einst.

Mit dem Sphärenbeben begannen einige Titanen, sich in ihren Kerkern zu regen, und kleinste Bestandteile ihrer Körper gelangten durch Risse und Feuerschlünde an die Oberfläche. Diese sogenannten Äthersporen sind von der dämonischen Präsenz der Titanen durchdrungen und tragen den Keim des Bösen ebenso in sich wie Sturmgeister. Im Gegensatz zu diesen sind sie allerdings nur kurzlebig und vergehen schnell. Befallen sie jedoch einen Organismus, führen sie bei ihm mannigfaltige Veränderungen herbei, die letztlich darin münden, dass sich Menschen in kylopenähnliche Bestien verwandeln. Obwohl sie mehr eine degenerierte Abart der einstigen Diener des Typhon sind, werden sie landläufig mit diesen gleichgesetzt.

Entgegen der volkstümlichen Meinung, Kyklopen seien tumb und tierhaft, besitzen sie jedoch eine perfide Intelligenz, wenngleich sie angetrieben sind von einem animalischen, unstillbaren Hunger. Alle dieser verwandelten Menschen verehren den Feuerschlot in ihrer Nähe auf fast schon religiöse Weise, üben mindestens ein Handwerk aus und lassen den „Willen der Flammen" durch ihre Feuerorakel deuten. Diese Individuen bilden das Zentrum der kyklopischen Gesellschaft und werden durch einen Wettstreit, meist im Schmieden, bestimmt. Sie legen fest, wann die Kyklopen Sklavenjagden und Überfälle unternehmen oder wann sie einen eher friedlichen Austausch mit ihrer Umgebung anstreben.

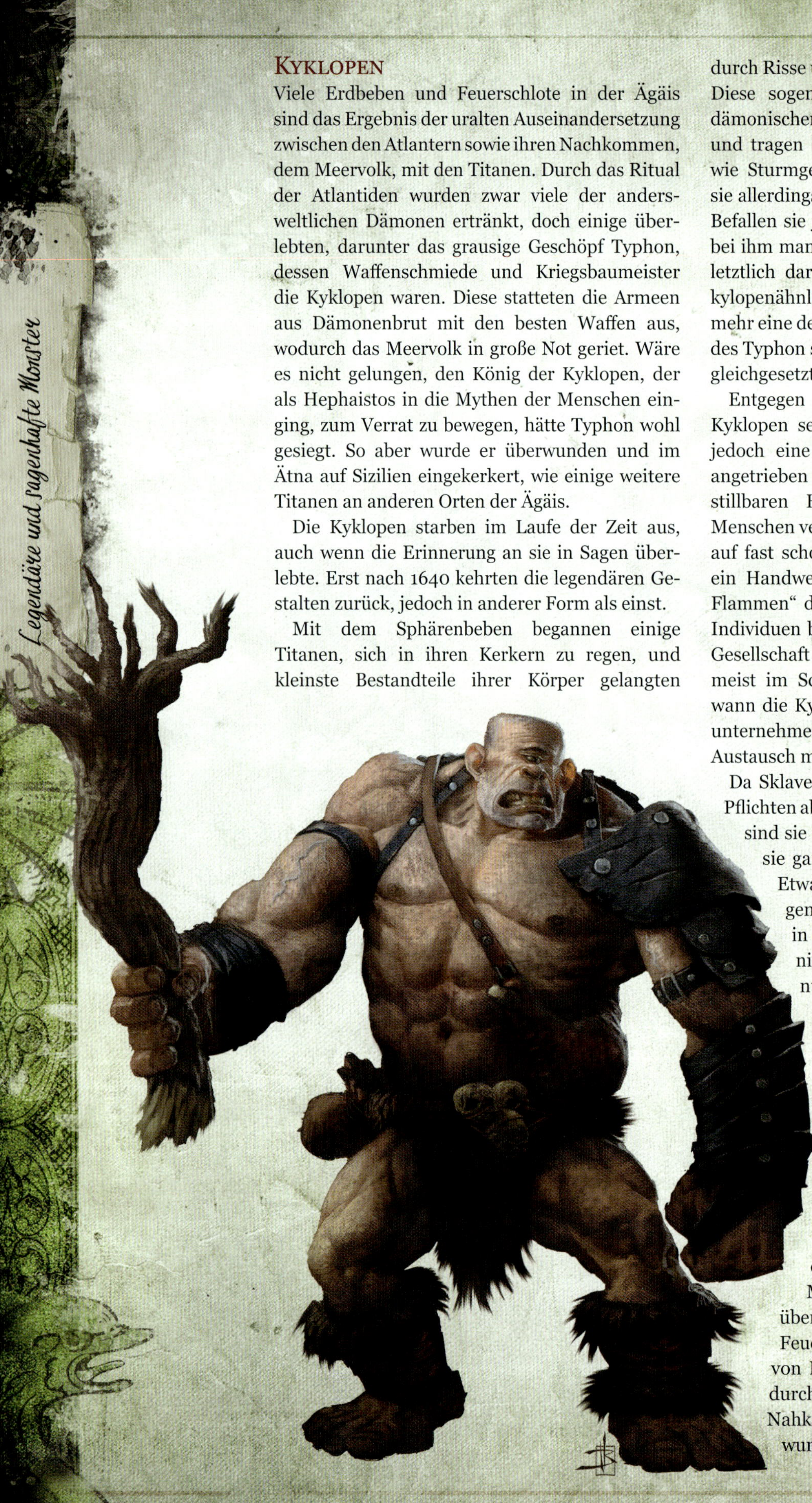

Da Sklaven ihren Kyklopenherren viele lästige Pflichten abnehmen und ihnen Essen beschaffen, sind sie in deren Gesellschaft so wichtig, dass sie gar einer Art Währung gleichkommen. Etwa stellt ein Kyklop im Austausch für genügend Sklaven sein Können auch in den Dienst von Menschen, was nicht nur Piraten und Sklavenhändler nutzen, sondern auch so mancher verruchte Herrscher wie beispielsweise einst Sultan İbrahim der Verrückte. Zwar sind die Werke der Kreaturen exzellent, doch wohnt ihnen immer etwas Böses inne, und tatsächlich sind es Waffen aus Kyklopenhand, die besonders oft für heimtückischen Mord und blutiges Gemetzel sorgen.

Im Kampf sind Kyklopen eindrucksvolle Gegner. Die etwa vier Meter großen Geschöpfe verfügen über eine dicke, zähe Haut, die sie gegen Feuer völlig immun macht und die selbst von Pistolen- und Musketenkugeln kaum durchdrungen werden kann. Einzig im Nahkampf lassen sich die wenigen verwundbaren Stellen der Kreaturen gezielt angreifen. Sie besitzen eine enorme Körperkraft und führen oft gewaltige Waffen, die auf ihre Größe angepasst sind, aber auch Netze, um neue Sklaven zu fangen. Einige von ihnen beherrschen das Feuer in ihnen so gut, dass sie die Ausrüstung ihrer Gegner immer mehr aufheizen können, bis diese in Flammen aufgeht oder schmilzt. Auch ihre eigenen Waffen sind bisweilen so heiß, dass sie brennende Wunden hinterlassen.

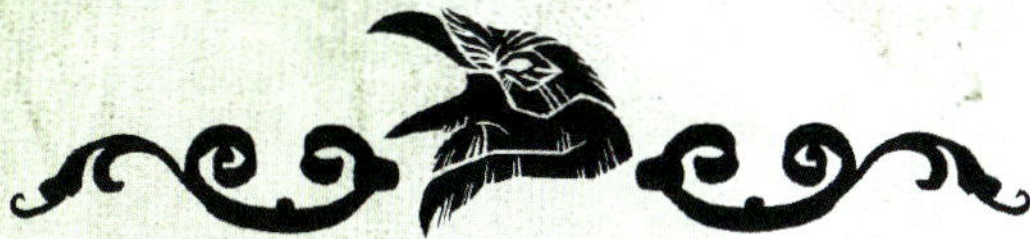

Kyklop

(Anführer 3, Widernatürlich)

Kkr 12, Ath 7, Ges 8, Wil 8, Wis 5, Sin 3
LeP: Jz x 30 | **Pw: 3** (dicke, zähe Haut)
Ini: 11 | **Strategie:** Mächtiger Offensiver (|)

Fausthieb (Ath) Angriff 10, Schaden 0
Schwert (Kkr) Angriff 15, Schaden 3 +*äußerer Schaden (je 2, Verbrennung)*
Steinwurf (Ges) Angriff 11, Schaden 5
| **Netz** (Ges) Angriff 11, Schaden 0 +*Lähmung (je 1, Fixierung)*

- ***Geschossabwehr*** (Sr –5/Schleudern, Armbrüste, Musketen, Pistolen, Wurfwaffen)
- ***Glutofen*** (|: Glutstufe der Umgebung +1 (max. 5), pro Glutstufe in eigener Ini-Phase 1 äußerer Schaden (Verbrennung) sowie in Ini 0 für Jäger 1 Sc bei Pw 2/2 Sc bei Pw 3, 1 Hex)
- **Immunität** (Feuer)
- **Resistenz** (äußerer Schaden, Malusschaden)
- **Riesig** (wird nicht gebunden)

Beute: 350 Gulden (Beutegut: Schmiedeerzeugnisse)

Stymphaliden

Die Stymphaliden sind im weitesten Sinne Hexenkreaturen, denn sie entstehen, wenn die Seele einer Sündenhexe endgültig von ihrem Selbsthass und ihren Schuldgefühlen verzehrt wird. Aller Menschlichkeit beraubt, verwandelt sie sich in ihre Harpyiengestalt und verbleibt in dieser für ihre restliche Existenz – bis auf wenige Ausnahmen, bei denen sie auch die Schwärmende Gestalt Asasels annimmt. Sie wird zu einer sogenannten Schwarmmutter und beginnt, sich ein Gefolge aus Stymphaliden aufzubauen. Dafür sucht sie die Gelege anderer Vögel heim, vertreibt oder tötet die Elterntiere und bebrütet deren Eier weiter, bis aus ihnen durch den verdorbenen Einfluss der Hexe Stymphaliden schlüpfen. Dieser Vorgang dauert nur wenige Tage und binnen kürzester Zeit sind die Jungen flügge und ausgewachsen. So ist die Schwarmmutter schnell von unzähligen ihrer abscheulichen Kinder umgeben, die völlig unter ihrer Kontrolle stehen. Die widernatürlichen Vögel können zwar auch Eier legen, allerdings schlüpfen nur dann Stymphaliden aus ihnen, wenn die Schwarmmutter sie bebrütet. Öffnet man ein solches Ei, findet man nur eine furchtbar stinkende, schwarze Flüssigkeit vor. Die einstige Hexe lässt sich von ihrem Schwarm versorgen und greift

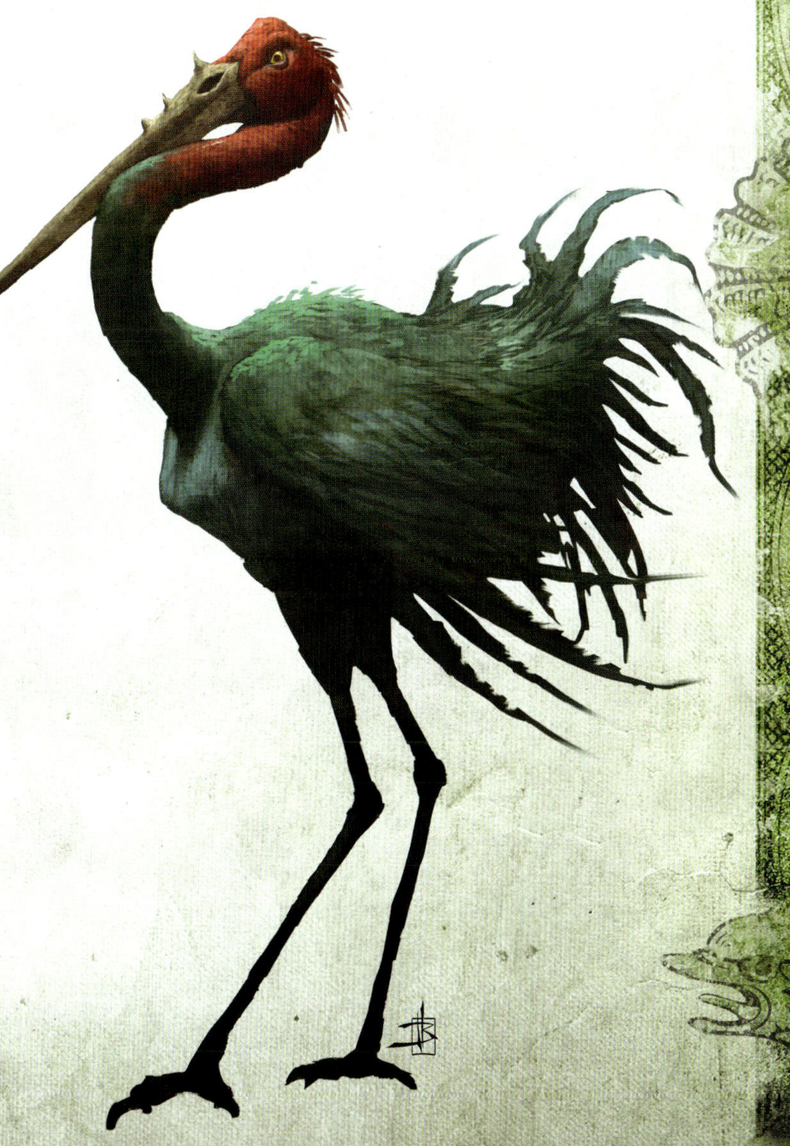

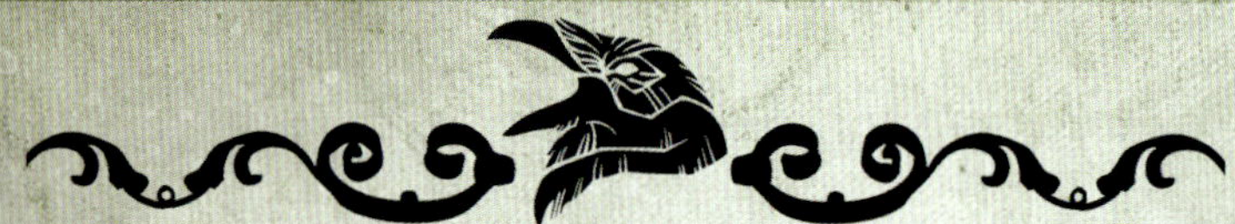

Stymphalide

(Bande 2, Widernatürlich)

Lep: 8 | **Ini: 10** | **Beute:** 4 Gulden (Beutegut: metallisches Gefieder)
Schnabel/Krallen Erfolge 3, Schaden 2
Federgeschoss Erfolge 3, Schaden 2
- **Flieger** (nicht gebunden)

Geschossabwehr (SR –5/Schleudern, Armbrüste, Musketen, Pistolen, Wurfwaffen)

üblicherweise nicht in Konflikte ein. Sie lässt ihre Stymphaliden sogar im Stich, um sich selbst zu retten, wird aber die Mörder des Schwarms bald mit einem noch größeren Gefolge wieder heimsuchen und erst aufgeben, wenn entweder sie oder die Verantwortlichen tot sind. Kommt es zu einer finalen Begegnung mit der Hexe, wird sie sich ihren Häschern in Schwärmender Gestalt stellen.

Stymphaliden selbst sind zwischen 1,10 und 1,30 Meter groß, wobei ihre Flügelspannweite in etwa das Doppelte beträgt. Ihre Gestalt erinnert sehr an die eines Kranichs, doch sind ihre Schnäbel länger und schwertartig, ihre Klauen die eines Greifvogels. Ihre grün-metallisch glänzenden Federn können die Vögel hart und rasiermesserscharf werden lassen, um sie entweder wie Dolche auf ein Ziel zu schleudern oder dieses im Vorbeifliegen tief zu schneiden. Außerdem schützt das metallische Gefieder die Stymphaliden und macht sie besonders gegen Schusswaffen weitestgehend resistent. Am einfachsten lassen sich die vogelartigen Wesen besiegen, indem man die Schwarmmutter ausschaltet – die jedoch erst gefunden werden will.

Dass die sogenannten Büßerinnen so erfolgreich im Kampf gegen die Kreaturen sind, liegt daran, dass es sich in Wahrheit ebenfalls um Sündenhexen handelt. Diese durchstreifen auf der Suche nach Schwarmmüttern das Land, die sie abgrundtief hassen, sind sie doch gescheitert in ihrem Dienst an Asasel. Oft fordern die vermeintlichen Helferinnen als Gegenleistung für ihre Unterstützung Taten, die vordergründig den Anschein einer Buße erwecken, doch tatsächlich Dienste an ihrem dämonischen Götzen sind. So könnten sie die Hinrichtung eines Verbrechers durch eine Jungfrau fordern, das harte Züchtigen von Kindern oder ein solch strenges Fasten, dass die Ärmsten daran verhungern. Bekommt die Sündenhexe, was sie will, beschwört sie die Macht ihres Meisters, vor der die Schwarmmutter instinktiv flüchtet.

Gorgonen

Gorgonen sind mehr Raubtiere als intelligenzbegabte Wesen, auch wenn man deshalb nicht den Fehler machen sollte, sie zu unterschätzen. In grauer Vorzeit mag es sich bei den Wesen noch um besonders furchterregende Alben gehandelt haben, aber als diese sich nach und nach in die Anderswelt zurückzogen, verloren sie immer mehr den Bezug zu sich selbst und wurden zu den von Instinkten getriebenen Kreaturen, die sie heute sind. Dass sie vereinzelt wieder in der Welt der Menschen anzutreffen sind, liegt nicht zuletzt daran, dass die mythischen Pfade seit dem Jahre 1640 wieder offenstehen und auch benutzt werden. Mitunter heften sich Gorgonen an die Spur von Sphärenreisenden, darunter Nymphen, Minotauren, Hexen, aber auch die unvorsichtigen Forscher der Prager Burg, und gelangen dann eher zufällig in unsere Realität. Angelockt werden sie von der Lebenskraft, die besonders stark in den Menschen fließt und von diesen gemeinhin als Seele bezeichnet wird. Die Kreatur hingegen saugt sie wie feinste Nahrung genüsslich in sich auf – was selbstverständlich den Tod des Opfers zur Folge hat. Obwohl sie sich auch von der in Tieren enthaltenen Energie ernähren können, ist sie in diesen nur so schwach, dass die anderweltlichen Geschöpfe zwar überleben, aber immer hungern.

Torso und Arme einer Gorgone sind annähernd menschlich, ihr Unterleib aber ist der einer Schlange und ermöglicht es ihr, sich beinahe lautlos fortzubewegen. Ihr Maul, das sie unnatürlich weit zu öffnen vermag, weist neben vier dolchartig gekrümmten Eckzähnen Dutzende langer, dünner Stacheln auf. Die lid- und pupillenlosen Augen sind groß und tiefschwarz. Anstatt Haaren besitzt die Kreatur ein Bündel sich windender Tentakel auf dem Haupt, die an ihren Enden über Mäuler mit nadelspitzen Zähnen verfügen und aus denen Künstler und Erzähler der Antike Schlangen machten. Vom Kopf bis zur Schwanzspitze sind Gorgonen gut drei Meter lang, auch wenn sie sich nur zum Bogenschießen mannshoch aufrichten und sonst eher eine tiefe Gangart bevorzugen.

Dass die Gorgone ihrem Opfer direkt in die Augen sehen muss, um es erstarren zu lassen, ist ein Mythos. Tatsächlich generiert die Kreatur eine Art Lähmungsfeld, das mehrere Ziele betreffen kann (allerdings nicht genug, um damit eine ganze Gruppe von Opfern auszuschalten). Ist die Beute vollständig gelähmt, saugt die Gorgone ihr mithilfe der Kopftentakel die Lebenskraft aus, wodurch der

Körper letztlich versteinert. Solange dies nicht geschehen ist, kann der Betreffende noch gerettet werden: Die Lähmung ist zwar hartnäckig, kann aber durch Muskelstimulation von außen abgeschüttelt werden. Im Laufe der vergangenen Jahrzehnte lernten die Gorgonen, das Verhalten der Menschen einzuschätzen und sie nur noch anzugreifen, wenn sie sich einzeln oder paarweise durch ihr Jagdgebiet bewegen. Besonders gerissene Gorgonen benutzen nicht nur versteinerte, sondern auch gelähmte Opfer als Köder, da sie wissen, dass die Möglichkeit der Rettung mehr Beute anlockt. Dabei geht das schlangenartige Geschöpf jedoch immer das Risiko ein, dass ganze Scharen von Menschen nach dem Vermissten suchen und sie den Rückzug antreten muss, ohne ihr Opfer ausgesaugt zu haben. Will sie nicht auf ihre Nahrung verzichten, greift sie mit Pfeilschüssen aus dem Hinterhalt an, um die Menge auseinanderzutreiben und sich jedem Verfolger einzeln zu widmen.

Gorgonen sind Einzelgänger und immer weiblich. Sie paaren sich mit Schlangen, jedoch entwickelt sich nur ein Nachkomme unter tausend zu einer neuen Gorgone. Die Kreatur liebt die Jagd und verwickelt kleinere Gruppen von Gegnern gern in ein Katz- und Maus-Spiel, in der Hoffnung, dass sich diese aufteilen oder einzelne Mitglieder den Anschluss verlieren, wodurch sie leichtes Spiel hat. Das ist auch der Grund, warum eine Gorgone wildes und unübersichtliches Terrain als Revier bevorzugt und meist nur nachts unterwegs ist.

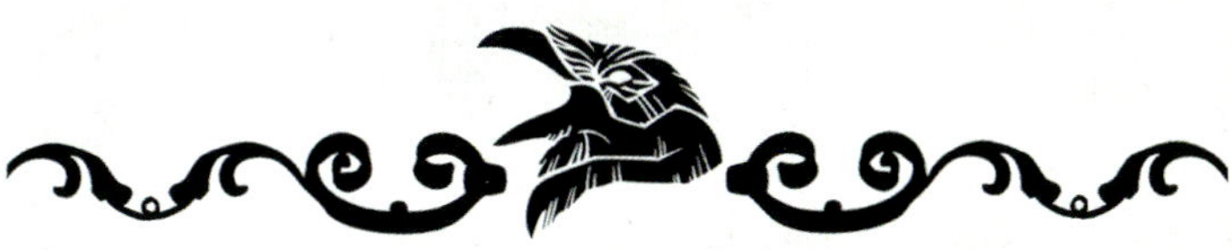

Gorgone

(Anführer 3, Widernatürlich)

Kkr 10, Ath 12, Ges 6, Wil 12, Wis 5, Sin 7
Lep: Jz x 20 | **Pw: 4** (Schuppenhaut)
Ini: 13 | **Strategie:** Mächtiger Allrounder (|)

Krallenangriff (Ath) Angriff 15, Schaden 3 +*innerer Schaden (je 2, Vergiftung)*
Tentakelbiss (Ath), Angriff 15, Schaden 0 +*Seelenabsorption*
Bogen (Sin) Angriff 10, Schaden 4

- **Beschwörung** (| : Giftschlange* (Bande 1, 3 für 1 Hex))
- **Böser Blick** (| : 15 gegen Geistesstärke, 1 Malusstufe (Fluch) pro Differenzerfolg, 1x pro Tag: +1 Hex pro Malusstufe, 1 Hex pro Ziel (1 Ziele))
- **Chaotisches Verhalten** (Ini 0: HeXXensymbol: neue Bindung)
- **Hex-Macht** (Jz Hex bei Start)
- **Hex-Wachstum** (+1 Hex pro erfolgreicher Seelenabsorption)
- **Immunität** (Gift)
- ***Lähmungsaura*** (| : 15 gegen Muskelspiel, 1 Lähmungsstufe (Fixierung, 3: MF) pro Differenzerfolg, 1 Hex pro Ziel (1–3 Ziele))
- **Regeneration** (Ini 0: +2 Lep pro Malus- und Lähmungsstufe der Jäger)
- **Resistenz** (äußerer Schaden, Malusschaden)

Erzählkräfte: Illusion, Schwächung, Wahnsinn
Beute: 120 Gulden (Beutegut: nicht versteinerte Tand)
**Siehe S. 81.*

Schaitane: Asasels Brut

Zusammenfassung

Nach dem Sphärenbeben von 1640 stieß man im östlichen Mittelmeerraum immer wieder auf ein neues Volk von Dämonen, die Schaitane. Erst durch die gemeinsamen Bemühungen von Schatzsuchern und Gelehrten des Wächterbundes erkannte man später, dass die verdrehten und chaotischen Kreaturen Diener eines Höllenfürsten waren: Asasel, Herr der Sünde. Von der Insel Aruad aus, in deren Tiefen die Wahren Templer 1651 ein Portal zum Kerker Asasels geöffnet hatten, versucht der Sündenfresser seither, aus seiner ewig währenden Gefangenschaft auszubrechen.

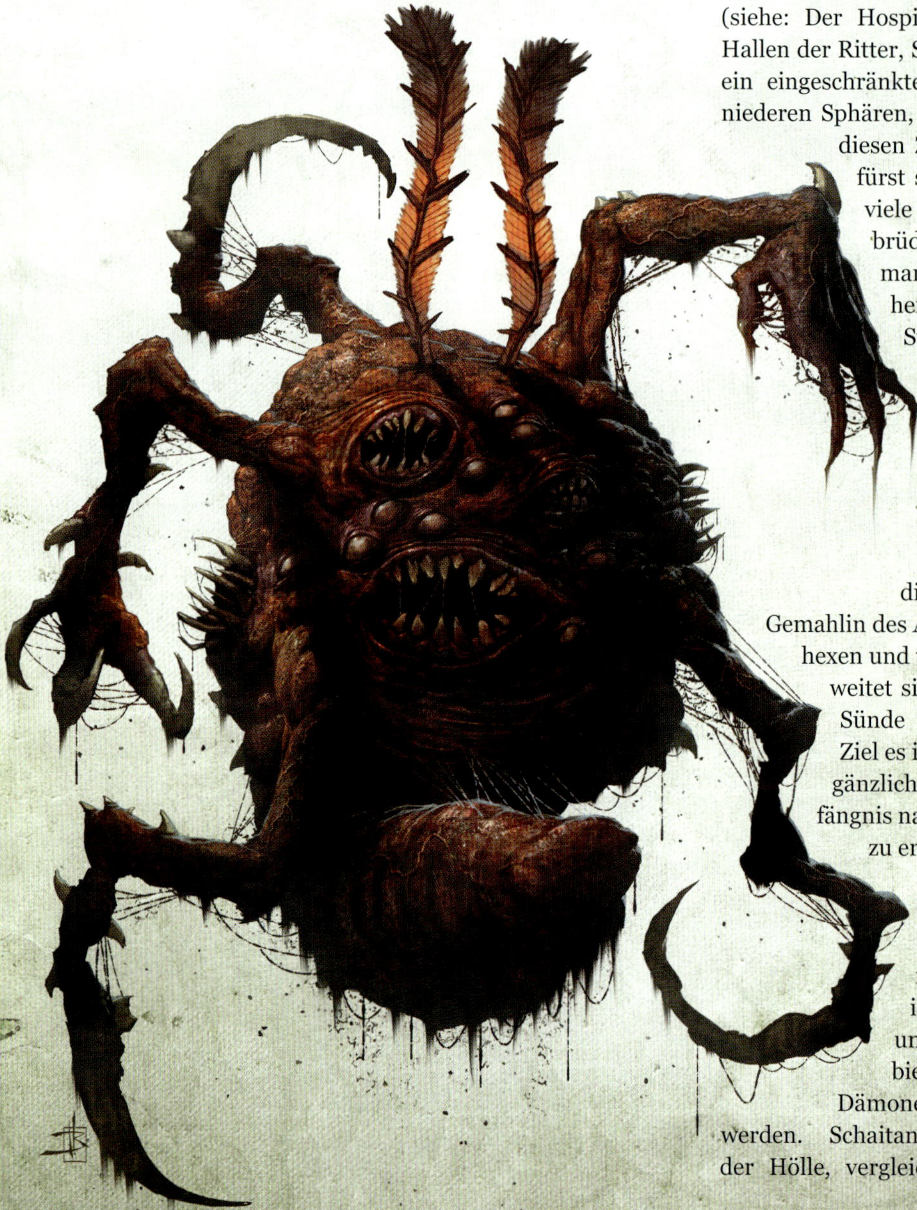

Die Wahrheit über Asasel

Asasel ist ein Mysterium. Ebenso wie viele der anderen mächtigen Dämonen, die seit dem Schwarzen Sturm im Jahre 1640 über die Erde wandeln. Dies allerdings ist ein entscheidender Unterschied zwischen dem sogenannten Sündenfresser und anderen diabolischen Fürsten: Trotz des Sphärenbebens ist er noch immer in den Tiefen der Hölle eingekerkert und unfähig, diese zu verlassen. Doch kaum jemand weiß, dass der Herr der Sünde dennoch eine Möglichkeit besitzt, Macht auszuüben und seine Diener auf diese Welt zu entlassen. Als die verdorbenen Templer auf der Insel Aruad versuchten, Baphomet herbeizurufen (siehe: Der Hospitaliterorden – Die geheimen Hallen der Ritter, S. 35), öffneten sie in Wahrheit ein eingeschränktes Portal in die sogenannten niederen Sphären, das Gefängnis Asasels. Durch diesen Zugang schickt der Dämonenfürst seine Sturmgeister, von denen viele in die verblendeten Ritterbrüder fahren und bei diesen mannigfaltige Deformationen hervorrufen. Aber nicht alle Sturmgeister Asasels ergreifen Besitz von den Templern. Nicht wenige bevölkern mittlerweile den Äther im Bereich des östlichen Mittelmeers und Kleinasiens und warten auf eine Chance, Menschen zu verderben. So gibt es in diesem Raum heute so manche Gemahlin des Asasel. Mithilfe dieser Sündenhexen und vor allem der Wahren Templer weitet sich der Einfluss des Herrn der Sünde beständig aus, dessen letztes Ziel es ist, die Pforte zu seinem Kerker gänzlich aufzustoßen und seinem Gefängnis nach Äonen des Wartens endlich zu entkommen.

Asasels Volk

Doch Asasel verfügt nicht nur über Sturmgeister, die in seinem Namen Verderbnis und Elend verbreiten. Er gebietet auch über ein ganzes Volk: Dämonen, die als Schaitane bezeichnet werden. Schaitane sind geringe Kreaturen der Hölle, vergleichbar mit den Myrmidonen.

Ebenso wie bei diesen finden sich unterschiedliche Mythen über den Ursprung der Dämonen. Vor allem im jüdischen und islamischen Kulturkreis werden Schaitane erwähnt, wobei es eine große Bandbreite von Deutungen als einzelne Figur des Bösen bis zu einem Volk von Teufeln gibt. Das im 8. Jahrhundert verfasste islamisch-gnostische Werk „Umm al-kitāb“ gibt die wahren Begebenheiten erstaunlich treffend wieder. Ihm zufolge gilt Asasel als erste Emanation von Allah, der ihm die Kraft der Schöpfung verlieh. Asasel nutzte diese, um Welten zu erschaffen und sie mit Kreaturen zu bevölkern. Daraufhin erschuf Allah eine eigene Welt und eigene Wesen, um zu zeigen, dass seine Macht die von Asasel übertraf. Dieser weigerte sich jedoch, Allahs Überlegenheit anzuerkennen, worauf er mitsamt seinen Kreaturen verbannt wurde.

Doch auch aus seinem Kerker heraus ist der Dämonenfürst noch in der Lage, Leben zu erschaffen und zu verändern (was die körperlichen Missbildungen der Wahren Templer eindrucksvoll verdeutlichen), wobei seine Schöpfungen stets nur von geringer Wertigkeit sind. In den niederen Sphären, bei denen es sich je nach Überzeugung um eine eigene dunkle Ebene der Anderswelt oder einen Ort der Hölle handelt, erschuf er die Schaitane, verdrehte Kreaturen des Bösen. Auch an ihnen zeigt sich die kränkliche Schöpfungskraft des Götzen: Kein Schaitan gleicht dem anderen, alle weisen andere Deformationen, Farbschattierungen oder besondere Merkmale auf. Während einer Hörner und ein grünes Fell besitzt, ist ein zweiter vielleicht von einer schwarzen Schuppenhaut bedeckt und hat einen zusätzlichen Arm. Anders als Myrmidonen, die aus einem disziplinierten Kriegervolk hervorgingen und Teil eines Schwarms sind, sind Schaitane chaotische Kreaturen. Permanent zanken sie miteinander, versuchen sich gegenseitig zu übertreffen und andere zu ihrem eigenen Vorteil zu überlisten. Aus diesem Grund werden sie nur äußerst selten in großen Gruppen beschworen.

Seitdem das Ritual der Wahren Templer einen winzigen Spalt zu den niederen Sphären öffnete, ist es Dämonenbeschwörern und zauberkundigen Wesen möglich, Schaitane herbeizurufen. Während Sündenhexen die Kunst, Asasels Diener zu beschwören, durch ihre innige Verbundenheit mit dem Götzen schon von Beginn an beherrschten, verbreitete sie sich unter den Dämonologen der Ägäis erst im Laufe der Jahrzehnte. Auch einige Wahre Templer, beseelt von Asasels Sturmgeistern, sind in der Lage, Schaitanen einen Weg in unsere Realität zu weisen.

Plapperschrecken

Plapperschrecken sind die geringsten der Schaitane. Sie ähneln pulsierenden, schwebenden Gewebeklumpen, etwa so groß wie ein Korb oder ein kleines Wagenrad. Augen und Münder der beinlosen Kreaturen sind scheinbar wahllos über den Körper verteilt. Aus dem Hauptkörper wachsen drei bis fünf Gliedmaßen, die in Klauen, Scherenhänden oder Stacheln münden. Aus dem oberen Teil des Körpers sprießt ein Bündel von Membranen, die an überdimensionierte Insektenfühler erinnern. Plapperschrecken besitzen nur eine triebhafte Intelligenz und können nicht im eigentlichen Sinne kommunizieren: Unentwegt geben ihre zahlreichen Münder die Geräusche und Stimmen der Umgebung wieder, was oft ein babylonisches Sprachgewirr hervorruft. Nähert man sich einem Plapperschreck, hat man oft das Gefühl, es mit einer kleinen Menschenmenge zu tun zu haben.

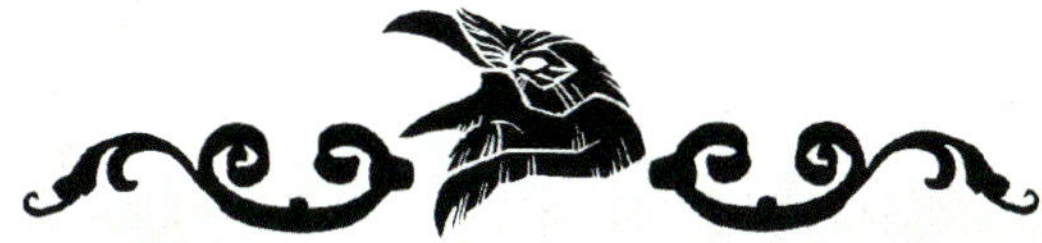

Plapperschreck

(Bande 1, Widernatürlich)

LeP: 5 | **Ini: 4** | **Beute:** keine

Krallenangriff Erfolge 2, Schaden 2

Wahnsinniges Geplapper Erfolge 2, Schaden 2 Ge

- **Anfällig** (heiliger Schaden)
- **Immunität** (Malusschaden)
- **Schweber** (Nsc befindet sich auf Augenhöhe oder schwebt hoch in der Luft)

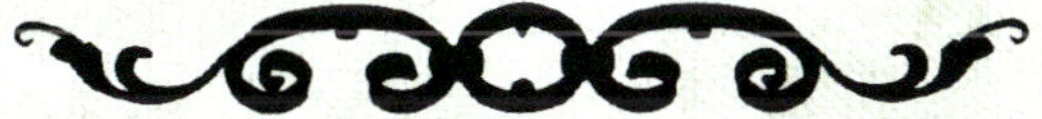

Sündensucher

Von allen Dienern Asasels sind Sündensucher die zahlreichsten. Ihr grobschlächtiger Körper ähnelt dem eines Menschen, doch ihr Schakalgesicht, die schwarzlodernden Feuerhaare und ihre Augen aus Citrin geben eindeutig Aufschluss über ihre widernatürliche Herkunft. Sündensucher sind mit bloßen Klauen und Zähnen schon gefährliche Gegner, doch auch klug genug, um die Waffen ihrer Feinde aufzunehmen und gegen diese einzusetzen. Sie besitzen ein geradezu instinktives Gespür für das Kriegshandwerk und können binnen weniger Augenblicke jede Art von Waffe handhaben. Wie andere Schaitane auch sind Sündensucher

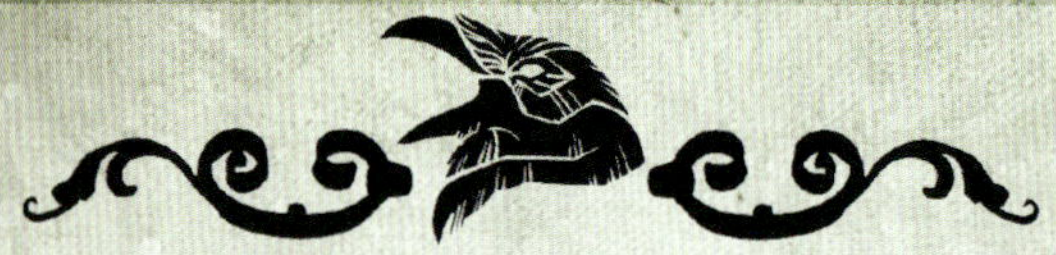

Sündensucher

(Bande 3, Widernatürlich)

Lep: 16 | **Ini: 11** | **Beute:** 15 Gulden (Beutegut: Citrin-Augen)

Zähne und Klauen Erfolge 4, Schaden 2

- **Anfällig** (heiliger Schaden)
- ***Bandenwiderstand*** (+1)
- ***Waffenaufwertung*** (|: +1 Waffenmarker (höchstens 1 pro Runde, max. Bandenstufe); jeder Bandengegner vom gleichen Typ: +1 Treffererfolg pro Waffenmarker)

eher feige. Einer offenen Konfrontation versuchen sie, aus dem Weg zu gehen, es sei denn, ihr Beschwörer gibt ihnen bindende Befehle (die zudem Asasels Zielen dienen) und bleibt in ihrer Reichweite. So wird man Sündensucher nur dann im Kampf antreffen, wenn der Beschwörer ebenfalls anwesend ist. Sind sie auf sich gestellt, vertrauen sie auf Heimlichkeit und Verschlagenheit. Sie legen Hinterhalte, sabotieren die Vorräte ihrer Gegner, wenden Gift an und versuchen Krankheiten zu verbreiten.

Sündensühner

Sündensühner sind die Krieger in Asasels Horden. Nicht nur besitzen sie eine athletische Gestalt und vier kräftige Arme, sie sind auch in der Lage, Metall, Leder oder andere schützende Materialien dauerhaft in ihre Haut aufzunehmen. Oft schon mussten ihre Gegner fassungslos mitansehen, wie die Kreaturen die Panzerungen der Gefallenen an sich rissen und auf ihren Körper pressten, woraufhin diese unter schaurig schmatzenden Geräuschen mit ihm verschmolzen. Trifft man auf Sündensühner in Begleitung der Wahren Templern, haben die unheimlichen Wesen oft bereits einen vollen Templerharnisch in ihr Gewebe integriert. Im Kampf verwenden die Dämonen mit Vorliebe Krummsäbel aus schwarzem Stahl, die in den Ebenen der Hölle selbst geschmiedet zu sein scheinen und von denen sie einen in jeder ihrer vier Hände halten. Mit unheimlicher Ruhe schneiden sie sich so einem schwarzen Wirbelwind gleich durch die Reihen ihrer Opfer. Das Haupt eines Sündensühners gleicht dem eines Löwen mit einer Mähne aus schwarzem Feuer und Augen aus blutroten Rubinen. Dieses Feuer vermag die Kreatur auch auf ihre Feinde zu spucken und sie qualvoll verbrennen zu lassen.

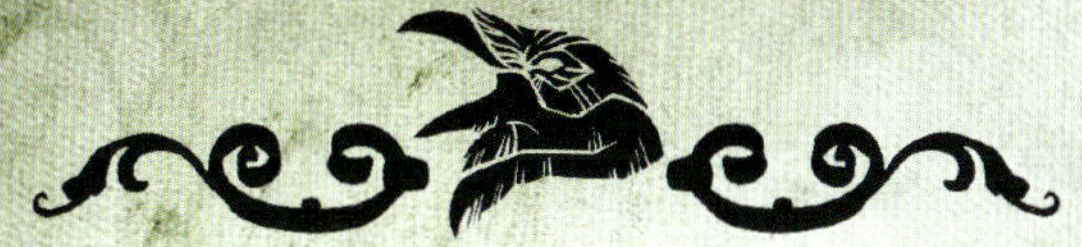

Sündensühner

(Anführer 1, Widernatürlich)

Kkr 8, Ath 8, Ges 8, Wil 6, Wis 5, Sin 4
LeP: Jz x 15 | **Pw: 3** (Haut mit Panzerteilen)
Ini: 9 | **Strategie:** Offensiv (1 2 |)

1 Obere Krummsäbel (Kkr) Angriff 9, Schaden 4 *+Wiederholungshieb (Elixierwürfel LeP)*
2 Untere Krummsäbel (Kkr) Angriff 9, Schaden 4 *+Wiederholungshieb (Elixierwürfel LeP)*
Schwarzes Feuer (Ges) Angriff 9, Schaden 3 *+äußerer Schaden (je 1, Verbrennung)*

- **Anfällig** (heiliger Schaden)
- **Immunität** (Feuer)
- ***Panzerverbesserung*** (| : Pw +1 (max. Jz) pro besiegtem Anführergegner oder Jäger, 1x pro Runde und Kampfteilnehmer anwendbar)
- **Resistenz** (innerer Schaden)

Beute: 80 Gulden (Beutegut: Waffen, Rubin-Augen)

Sündenflüsterer

Diese Kreaturen sind die unheimlichsten und verschlagensten im Gefolge des Asasel. Es sind feige Geschöpfe, die sich jederzeit unsichtbar bewegen und dabei sogar feste Materie durchdringen können. Sündenflüsterer werden von ihrem Gebieter gezielt entsandt, um falsche Informationen zu verbreiten, den Gegner in die Irre zu führen oder ihn zu verdorbenen Taten anzustiften. Dabei wispern sie ihrem Ziel mit flüsternder Stimme so lange zu, bis dieses glaubt, die lasterhaften Einfälle seien seine eigenen, und es mehr und mehr dem Wahnsinn verfällt. Zunächst manipulieren Sündenflüsterer ihr Opfer im Schlaf und erscheinen ihm in dessen Träumen. Sobald die Person langsam den Bezug zur Realität verliert, treten die hinterlistigen Dämonen auch an das wache Opfer heran und sprechen, verborgen im Schutz ihrer Unsichtbarkeit, ganz offen mit ihm. Oft glaubt der Betreffende dann, er würde schlicht ein Selbstgespräch führen, oder er merkt nicht einmal, dass er laut spricht.

Für Sündenflüsterer sind keine Nsc-Werte angegeben. Wird die Kreatur entdeckt und attackiert (dazu reicht ein Schuss in die Luft), flüchtet sie sofort. Sie wird niemals sichtbar und lässt sich nie zu einem Angriff verleiten. Sobald ein Sündenflüsterer vertrieben wurde, kehrt er nicht vor Ablauf eines Jahres zurück. Seine Kraft, Menschen in den Wahnsinn zu treiben und durch Träume zu manipulieren, kann nur auf Nsc angewendet werden.

Sündenherolde

Sündenherolde sind die höchsten Diener Asasels und seine Stellvertreter auf Erden. Sie sind in einen prächtigen Harnisch gehüllt, der den Kopf jedoch stets frei lässt. Strahlend blaue Augen aus geschliffenem Saphir blicken kühl und überlegen aus einem makellosen menschlichen Antlitz mit androgynen Zügen, das von einer seidenmatt schwarzen Mähne aus Rauch umspielt wird. Die gewaltigen Schwingen auf ihrem Rücken machen die Gestalt noch beeindruckender, und wären die Federn nicht schwarz wie Kohle, man hätte keinen

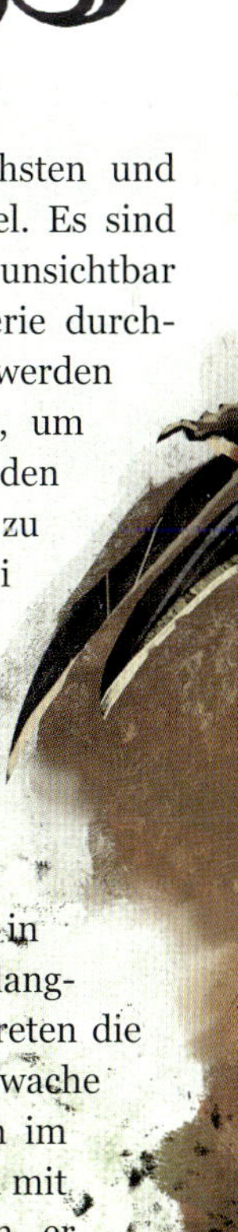

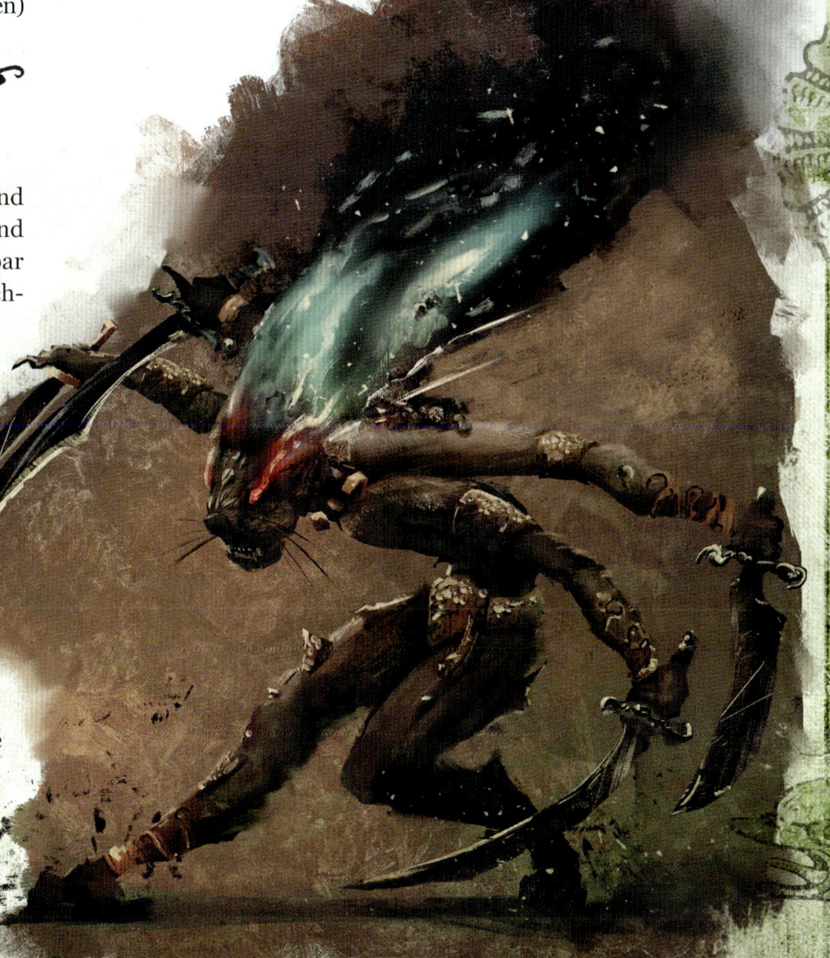

Zweifel daran, einen Gesandten des Herrn vor sich zu haben. Sündenherolde können nicht herbeigerufen werden, allein Asasel selbst entsendet sie und auch dann nur zu den wichtigsten aller Missionen. Obwohl sie hervorragende Kämpfer sind, sind sie in Wahrheit Diplomaten und Sendboten, die zur Sünde verführen wollen. So überreden sie beispielsweise immer wieder Anführer dazu, einen Teil ihrer Truppen für die gerechte Sache zu opfern (die daraufhin in Asasels Kreaturen verwandelt werden). Die Betreffenden geben dem Anliegen der Kreatur oft in dem Glauben nach, sie hätten einen Gesandten Gottes, z. B. einen Engel oder Cherub, vor sich. Dabei wenden die Sündenherolde keinerlei Magie an, allein die Macht ihres Auftretens und die Überzeugungskraft ihrer sorgsam gewählten Worte vermag die Menschen zu manipulieren.

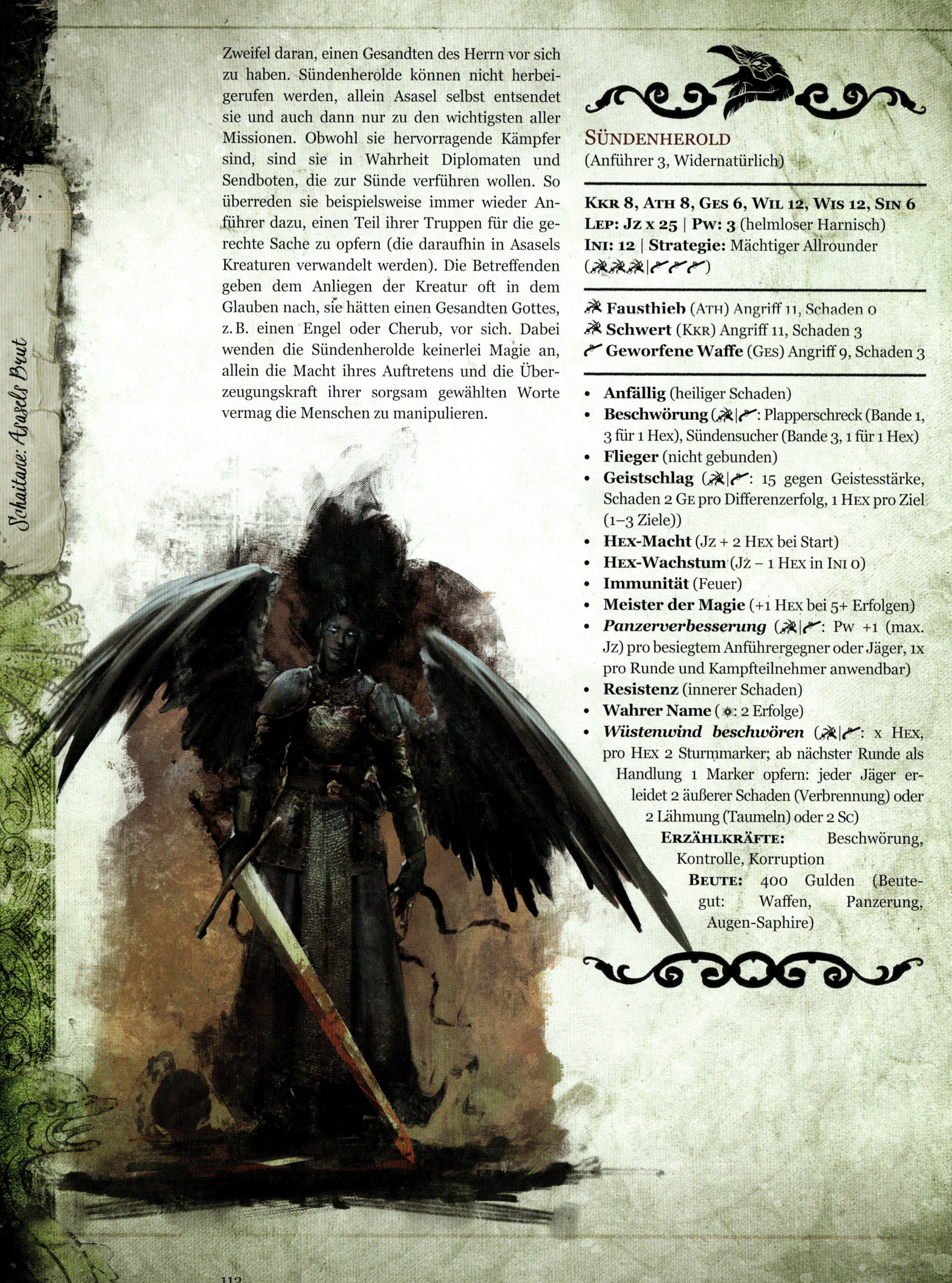

Sündenherold

(Anführer 3, Widernatürlich)

Kkr 8, Ath 8, Ges 6, Wil 12, Wis 12, Sin 6
LeP: Jz x 25 | **Pw: 3** (helmloser Harnisch)
Ini: 12 | **Strategie:** Mächtiger Allrounder (|)

Fausthieb (Ath) Angriff 11, Schaden 0
Schwert (Kkr) Angriff 11, Schaden 3
Geworfene Waffe (Ges) Angriff 9, Schaden 3

- **Anfällig** (heiliger Schaden)
- **Beschwörung** (|: Plapperschreck (Bande 1, 3 für 1 Hex), Sündensucher (Bande 3, 1 für 1 Hex)
- **Flieger** (nicht gebunden)
- **Geistschlag** (|: 15 gegen Geistesstärke, Schaden 2 Ge pro Differenzerfolg, 1 Hex pro Ziel (1–3 Ziele))
- **Hex-Macht** (Jz + 2 Hex bei Start)
- **Hex-Wachstum** (Jz – 1 Hex in Ini 0)
- **Immunität** (Feuer)
- **Meister der Magie** (+1 Hex bei 5+ Erfolgen)
- ***Panzerverbesserung*** (|: Pw +1 (max. Jz) pro besiegtem Anführergegner oder Jäger, 1x pro Runde und Kampfteilnehmer anwendbar)
- **Resistenz** (innerer Schaden)
- **Wahrer Name** (: 2 Erfolge)
- ***Wüstenwind beschwören*** (|: x Hex, pro Hex 2 Sturmmarker; ab nächster Runde als Handlung 1 Marker opfern: jeder Jäger erleidet 2 äußerer Schaden (Verbrennung) oder 2 Lähmung (Taumeln) oder 2 Sc)

Erzählkräfte: Beschwörung, Kontrolle, Korruption

Beute: 400 Gulden (Beutegut: Waffen, Panzerung, Augen-Saphire)

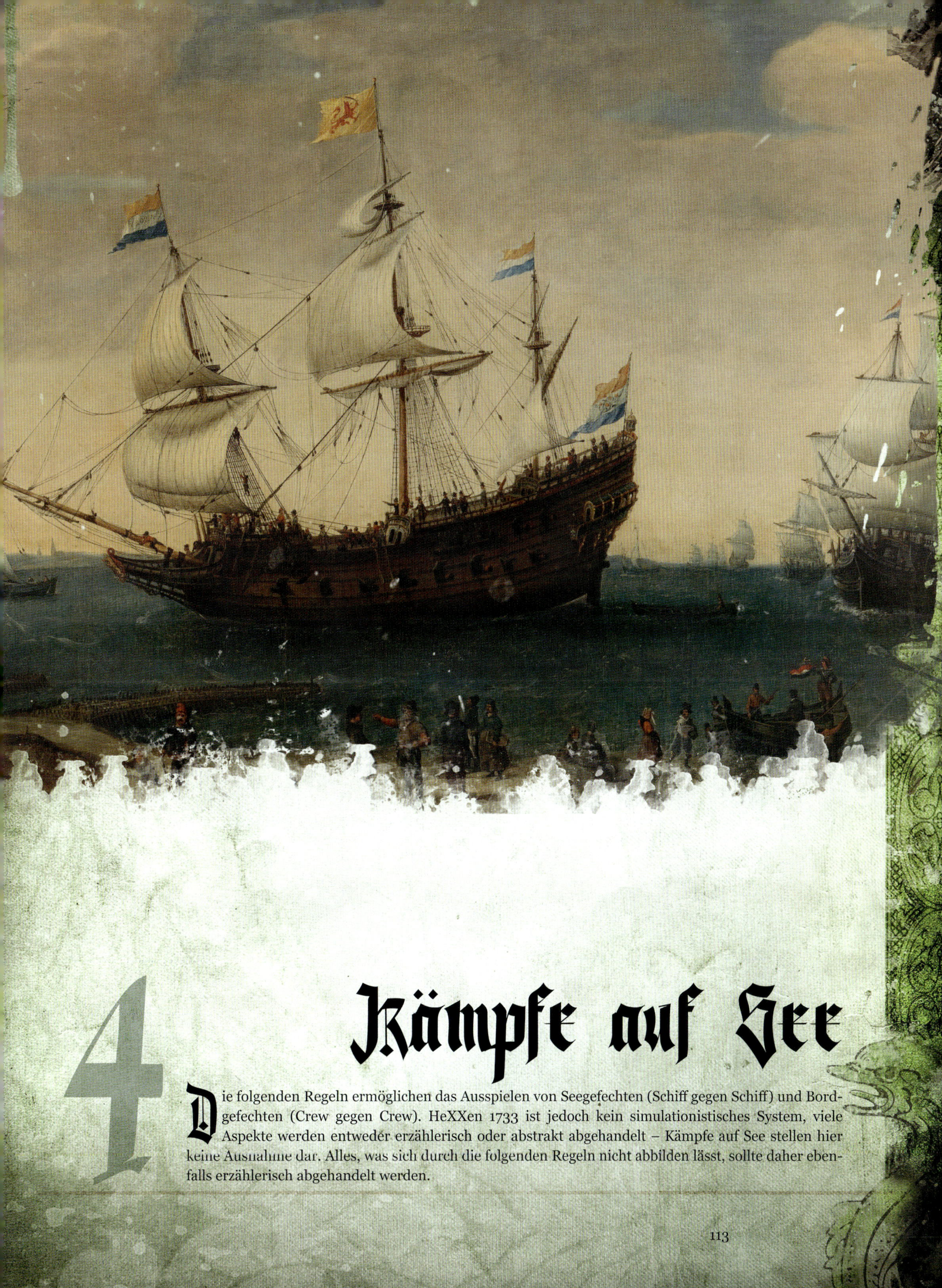

4 Kämpfe auf See

Die folgenden Regeln ermöglichen das Ausspielen von Seegefechten (Schiff gegen Schiff) und Bordgefechten (Crew gegen Crew). HeXXen 1733 ist jedoch kein simulationistisches System, viele Aspekte werden entweder erzählerisch oder abstrakt abgehandelt – Kämpfe auf See stellen hier keine Ausnahme dar. Alles, was sich durch die folgenden Regeln nicht abbilden lässt, sollte daher ebenfalls erzählerisch abgehandelt werden.

Seegefechte

Beim Kampf Schiff gegen Schiff geht es darum, dass die Kontrahenten abwechselnd Manöver ausführen, um Distanz entweder aufzubauen oder zu reduzieren, Schüsse abzugeben oder ein Entermanöver vorzubereiten.

Für alle Proben des gegnerischen Schiffs werden die Werte des Kapitäns herangezogen. Der HeXXenmeister legt fest, über welchen Fertigkeitswert in Schiffsnavigation dieser verfügt. Handelt es sich um einen Anführergegner, entspricht er seinem Wis-Wert, wobei wie üblich jeder Espritstern als ein Erfolg zählt. Ist der Nsc nicht näher bestimmt, kann der HeXXenmeister einen Wert festlegen, Richtlinie: 2 (hat noch nie ein Schiff gelenkt), 4 (Anfänger), 6 (beherrscht Küstenschifffahrt), 8 (kann über die offene See navigieren), 10 (außergewöhnlich gut) 12 (legendärer Ruf).

Hafenkampf
Ein Seegefecht in einem Hafen zählt wie ein Kampf in Küstennähe. Bei der Bestimmung der Distanz kann der Wurf aber mit –1 modifiziert werden.

Das eigene Schiff wird entweder von einem Jäger mit der Fertigkeit „Schiffsnavigation" gesteuert oder von einem Nsc-Navigator (siehe: *Mare Monstrum*).

Ein Seegefecht zählt als relevanter Konflikt, ausgegebene Coups oder Ideen (vor allem letztere, da Schiffsnavigation auf Wis beruht) werden erst im Anschluss an den Kampf regeneriert. Sollte ein Seegefecht aufgrund eines Entermanövers in ein Bordgefecht übergehen, wird der Konflikt fortgesetzt, es beginnt kein neuer. Die Jäger frischen ihre Ressourcen also nicht vorher auf.

Wie bei HeXXen 1733 üblich, gelten auch für Seegefechte keine Positionierungs- bzw. Bewegungsregeln.

Distanz

„Distanz" ist eine abstrakte Größe, die den Abstand des Spielerschiffs zum Gegner darstellt, wobei der Fokus auf kleineren Scharmützeln liegt, typischerweise zwischen zwei Schiffen, und nicht auf groß angelegten Seeschlachten. Sobald mehrere Gefährte auf jeder Seite beteiligt sind, empfehlen wir, das Gefecht zwischen zwei Schiffen auszuspielen und die übrigen erst aktiv werden zu lassen, wenn ein Kampfteilnehmer ausgeschaltet ist (versenkt, manövrierunfähig oder geentert).

Die Distanz zwischen zwei Schiffen beträgt zischen 0 (nur wenige Meter Abstand, Schussdistanz für normale Feuerwaffen und Enterreichweite) und 7 (Gegner bei klarem Wetter gerade noch zu erkennen). Zu Beginn des Konflikts legt der HeXXenmeister die anfängliche Distanz zwischen zwei Schiffen fest oder bestimmt sie zufällig mithilfe eines Elixierwürfels modifiziert durch die Kampfbedingung (siehe Tabelle).

Bedingung	Modifikator	Mögliche Distanzen
Hohe See	+2	3–7
Küstennähe	0	1–5

Manöver durchführen

Bei einem Seegefecht führen die beteiligten Schiffe abwechselnd jeweils ein Manöver aus. Dabei wird die Reihenfolge nicht etwa durch den Ini-Wert des verantwortlichen Crewmitglieds festgelegt, sondern auf hoher See durch den Schnelligkeitsmodifikator der Schiffe, in Küstennähe durch ihren Wendigkeitsmodifikator. Der jeweils höchste Modifikator (bei Gleichstand haben die Sc Vorrang) gibt an, welche Seite zuerst ein Manöver aus der folgenden Liste auswählt und mit einer Probe auf Schiffsnavigation ausführt. Waren beide Schiffe an der Reihe, kommt es zum Ende der Runde (ähnlich der Ini-0-Phase in einem normalen Kampf) und die nächste Runde beginnt.

Fahrt voraus

Die aktive Seite versucht, in möglichster gerade Linie zu fahren, um entweder zu fliehen oder aufzuholen.

Hohe See und Küstennähe
Mit den Begriffen „hohe See" und „Küstennähe" unterscheiden wir zwei grundlegende Kampfbedingungen von Seegefechten, für die teils verschiedene Regeln gelten.

Manöver	Kampfbedingung	Probe	Modifikator
Fahrt voraus	Hohe See	Ja	Schnelligkeit/Umgebung
Schnelle Fahrt voraus	Hohe See	Ja	–5
Schlingerkurs	Küstennähe	Ja	Wendigkeit/Umgebung
Waghalsiger Schlingerkurs	Küstennähe	Ja	–5
Annähern und Entern	Beides	Nein	–
Schussposition einnehmen	Beides	Nein	–

Dieses Manöver kann ausschließlich auf hoher See ausgeführt werden und zudem nur, wenn das Schiff nicht aufgrund eines Entermanövers an ein anderes gebunden ist. Es erfordert eine Probe auf Schiffsnavigation modifiziert durch die Schnelligkeit des Gefährts. Weitere Modifikatoren ergeben sich vor allem durch Strömung, Windstärke und Windrichtung und können entweder frei festgelegt oder mithilfe eines Elixierwürfels zufällig bestimmt werden (siehe Tabelle). Am Ende der Runde können sich diese zudem ändern, wenn der HeXXenmeister abbilden möchte, dass die Schiffe in eine andere Strömung geraten oder der Wind umschlägt.

Gelingt die Probe, erhöht oder reduziert sich die Distanz um 1, je nachdem, ob man fliehen oder aufholen möchte. Eine Flucht gilt als erfolgreich, wenn die Distanz einen gewissen Schwellenwert übertrifft, Richtlinie: 3 (innerhalb dichten Nebels), 5 (in stürmischer See), 7 (bei klarer Sicht) sowie jeweils −1 in der Nacht. Der Verfolger holt sein Ziel ein, wenn die Distanz auf 0 sinkt.

Elixier-würfel	Umgebungsmodifikator
1	−3 (starker Wind von vorn)
2	−1 (starke Strömung von vorn)
3	0 (keine nennenswerten Einflüsse)
4	+1 (starke Strömung von hinten)
5	+3 (starker Wind von hinten)

Schnelle Fahrt voraus
Dieses riskante Manöver entspricht „Fahrt voraus“, nur dass es immer mit einem Malus von −5 ausgeführt wird (unabhängig von Schnelligkeit und Umgebung). Gelingt die Probe, erhöht oder reduziert sich die Distanz um 2. Misslingt sie jedoch, bleibt die Distanz zwar erhalten, aber das Schiff erleidet 1 Treffer, da es zu sehr beansprucht wurde (Taue oder Segel reißen durch die Belastung, Bretter splittern oder Ähnliches). „Schnelle Fahrt voraus“ ist meist nötig, um ein schnelleres Schiff einzuholen bzw. vor ihm zu fliehen.

Schlingerkurs
Die aktive Seite versucht, den Gegner durch geschicktes Ausnutzen von Strömung, Windrichtung, Hindernissen, Untiefen oder Ähnlichem auszutricksen, um die Distanz zu ihm zu erhöhen oder zu verringern.

Das Manöver folgt den gleichen Regeln wie „Schnelle Fahrt“ mit dem Unterschied, dass die Probe durch die Wendigkeit des Schiffs modifiziert wird, nicht die Schnelligkeit, und dass es ausschließlich in Küstennähe ausgeführt werden kann. Bei einem Erfolg erhöht oder reduziert sich auch hier die Distanz um 1. Der Schwellenwert für die Fluchtdistanz hängt von der Umgebung ab, Richtlinie: 3 (schroffe, felsige Küste mit vielen Einbuchtungen), 5 (schlecht einsehbare hügelige oder bewaldete Küste), 7 (flache Küste bzw. Strand oder Insel). Nachts sollte die benötigte Distanz ebenfalls um 1 reduziert werden.

Elixier-würfel	Umgebungsmodifikator
1	−3 (weitgehend offene See)
2	−1 (nur wenige Versteckmöglichkeiten)
3	0 (keine nennenswerten Einflüsse)
4	+1 (mehrere Versteckmöglichkeiten)
5	+3 (viele Versteckmöglichkeiten)

Waghalsiger Schlingerkurs
Dieses riskante Manöver entspricht „Schlingerkurs“, nur dass es immer mit einem Malus von −5 ausgeführt wird (unabhängig von Wendigkeit

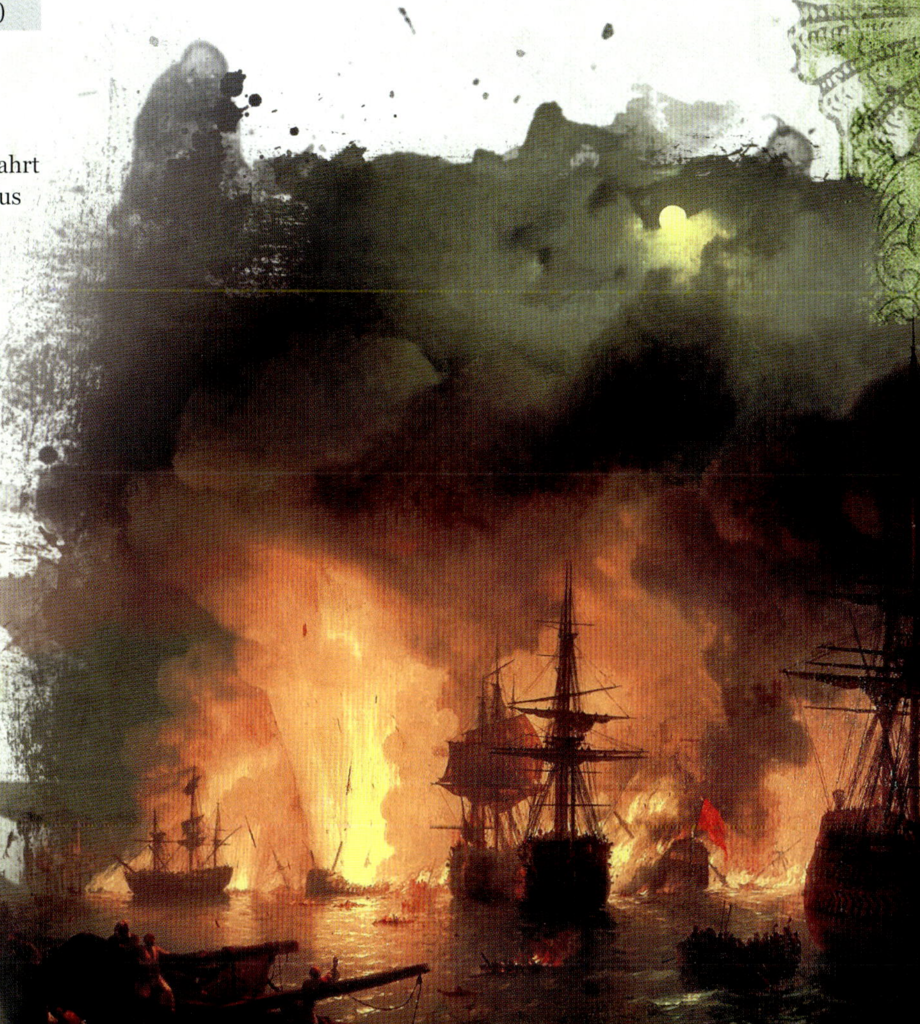

und Umgebung). Gelingt die Probe, erhöht oder reduziert sich die Distanz um 2. Misslingt sie jedoch, bleibt die Distanz zwar erhalten, aber das Schiff erleidet 1 Treffer, da es mit Hindernissen kollidiert. „Waghalsiger Schlingerkurs" ist meist nötig, um ein wendigeres Schiff einzuholen bzw. vor ihm zu fliehen.

Annähern und Entern
Beträgt die Distanz zweier Schiffe 0, kann die aktive Seite ein Entermanöver befehlen. Die Schiffe nähern sich so weit an, dass sie als aneinander gebunden gelten, und es kommt zu einem Bordgefecht (falls sich die gegnerische Crew nicht freiwillig ergibt). Dieses Manöver erfordert keine Probe.

Schussposition einnehmen
Beträgt die Distanz zweier Schiffe 0, 1 oder 2, kann die aktive Seite das Abfeuern der Kanonen befehlen. Das Schiff geht längsseits und gibt eine Breitseite ab. Dies verursacht automatisch 1 Treffer beim Gegner, durch das Beidrehen erhöht/reduziert sich jedoch die Distanz zwischen beiden Schiffen um 1, je nach Wunsch der aktiven Seite. Bedenke, dass unmittelbar im Anschluss der Gegner an der Reihe ist und die Distanz weiter ausbauen oder reduzieren kann. Dieses Manöver erfordert keine Probe.

Ende der Runde

Am Ende jeder Runde kann der HeXXenmeister bestimmen, dass sich durch die Fahrt die Kampfbedingung (hohe See oder Küstennähe) oder der Umgebungsmodifikator ändert, z.B. weil die Schiffe nach mehreren Kampfrunden die Küste einer Insel erreicht haben. Der HeXXenmeister kann dies aber auch dem Zufall überlassen (siehe Tabelle).

Elixier-würfel	Effekt
1–2	Kampfbedingung bleibt gleich, aber Umgebungsmodifikator wird neu ausgewürfelt.
3–4	Keine Veränderung.
5	Kampfbedingung wechselt (von Küstennähe zu hoher See oder umgekehrt) und ein neuer Umgebungsmodifikator wird ausgewürfelt.

Tätigkeiten an Bord

Damit neben dem steuernden Jäger auch die anderen Gruppenmitglieder an Bord etwas zu tun haben, kann ein einzelner Jäger in jeder Runde eine der folgenden Vorbereitungsaktionen ausführen, die aber jeweils nur ein einziges Mal pro Seegefecht möglich sind. Jäger mit der Rolle „Seefahrer" erhalten auf jede entsprechende Probe einen Bonus von +2.

- **Schnellreparatur durchführen:** Du kannst versuchen, Schäden am Schiff notdürftig zu reparieren. Das erfordert eine Probe auf Handwerken mit einem Malus in Höhe der Gesamttreffer (max. 5). Gelingt die Probe, wird 1 Treffer während des Kampfes ignoriert, im Anschluss muss er aber wie gewohnt repariert werden.
- **Crew motivieren:** Du kannst versuchen, die Crew auf ein mögliches Entermanöver vorzubereiten. Das erfordert eine Redekunst-Probe. Pro Erfolg erhöht sich die Stufe eines Bandenfreunds um 1, falls es zu einem Bordgefecht kommt.
- **Kanonen vorbereiten:** Du kannst versuchen, die Kanonen auf eine mögliche Breitseite vorzubereiten. Das erfordert eine Probe auf Handwerken mit einem Malus in Höhe der Schiffsgröße (max. 5). Gelingt die Probe, verursachen die Kanonen beim ersten Abfeuern +1 Treffer.
- **Ausschau halten:** Du kannst versuchen, vom Ausguck oder aus der Takelage Veränderungen in der Umgebung (Strömung, Wind etc.) auszumachen. Das erfordert eine Probe auf Erkennen. Die Erfolge werden als Ausguck-Punkte notiert. Immer wenn sich die Kampfbedingung oder der Umgebungsmodifikator zu Ungunsten der Gruppe verändern sollte, kannst du 1 Ausguck-Punkt ausgeben, um die Veränderung ungeschehen zu machen.
- **Karten studieren:** Du kannst die Seekarten studieren, um einen Kurs zu ermitteln, der das Schiff entweder schnell aufs offene Meer bringt oder in die Nähe einer Küste. Das erfordert eine Probe auf Wissensgebiete mit einem Malus in Höhe der Schiffsgröße. Bei einem Erfolg kannst du zur nächsten Runde des Seegefechts die Kampfbedingung von Küstennähe zu hoher See oder umgekehrt verändern.
- **Verstecken:** Du kannst versuchen, dich mit anderen Mitgliedern deiner Gruppe so unter Deck zu verstecken, dass ihr Gegner bei einem Entermanöver überrascht (gleichgültig, wer es ausführt). Das erfordert eine Probe auf Heimlichkeit mit einem Bonus in Höhe der Schiffsgröße. Pro Erfolg erhält jeweils ein Jäger automatisch +10 Ini in der ersten Kampfrunde eines Bordgefechts. Versteckte Jäger dürfen keine andere Vorbereitungsaktionen ausführen.

Seegefechte mit Meeresungeheuern

Eine besondere Art von Seegefecht stellen Kämpfe gegen riesige Meeresungeheuer dar. Auch wenn sie groß sind wie ein Schiff, haben sie doch Kampfwerte wie jedes andere Monster. Daher werden gegen derartige Kreaturen keine Manöver ausgeführt – man kann sie weder einholen oder ihnen entfliehen noch sie mit einer Breitseite verletzen, geschweige denn entern. Taucht ein Meeresungeheuer auf, tut es das immer in Distanz 0 und es kommt sofort zu einem normalen Kampf der Jäger gegen das Monster, bei dem beide wie üblich Angriffe ausführen und Kräfte einsetzen. Ein Jäger mit der Rolle „Seefahrer" und der Kraft „Kanonier" kann allerdings die Bordgeschütze auf die Kreatur abfeuern (siehe: *Mare Monstrum*), andere Jäger können das nicht.

Die meisten Meeresungeheuer werden sich absetzen, bevor man sie töten kann. Da sie in so gut wie allen Fällen „Riesig" sind und nicht gebunden werden können, tauchen sie in ihrer eigenen Ini-Phase einfach unter und entkommen. Ein solches Seemonster gilt als vertrieben und braucht eine ganze Weile, um sich vollständig zu regenerieren. Als Richtlinie kann angenommen werden, dass es während des laufenden Abenteuers bzw. Abenteuerabschnitts nicht mehr in Erscheinung tritt.

Seemonster können Angriffe gegen Einzelpersonen oder gegen Schiffe ausführen (oder beides, wenn sie über ausreichend Handlungen verfügen). Wie die Angriffe im Detail abgehandelt werden, ist in den Spielwerten des Monsters beschrieben.

Schaden an Schiffen

Durch das Abfeuern von Bordkanonen oder die Angriffe von riesigen Meeresungeheuern entsteht Schaden am Schiff. Dieser wird in Form von „Treffern" festgehalten, wobei jeder Treffer einem Malus von −1 entspricht, der auf jede Schiffsnavigation-Probe eingerechnet wird (zuzüglich sonstiger Modifikatoren). Der Gesamtmalus kann zwar wie üblich nicht über −5 steigen, doch die Zahl der Treffer wird auch über diesen Wert hinaus festgehalten, denn sie geben an, wann ein Schiff außer Gefecht gesetzt ist.

Es gilt: Ein Schiff ist „manövrierunfähig", wenn es Treffer in Höhe seiner Größe erlitten hat. Ein Schiff der Größe 6 wird demnach bei 6 Treffern manövrierunfähig. Ist ein Schiff manövrierunfähig, kann die entsprechende Seite keine Manöver mehr ausführen. Um ein Schiff zu versenken, ist die doppelte Menge an Treffern notwendig (bei einem Schiff der Größe 6 also 12 Treffer). Natürlich kann man ein Schiff auch nach einem erfolgreichen Entermanöver versenken. Ein wohlplatziertes Fass Schwarzpulver reicht dazu für gewöhnlich aus.

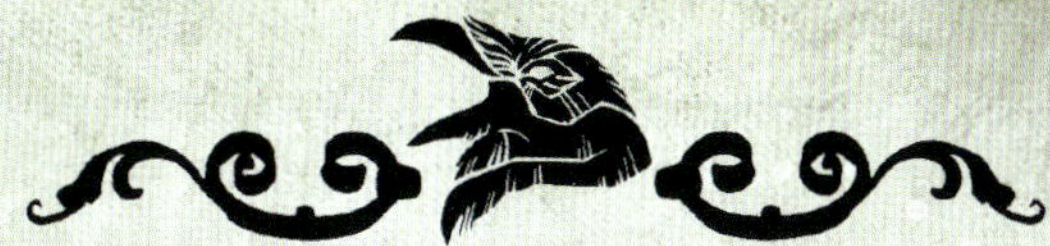

Vereinfachte Schiffskämpfe

Will der HeXXenmeister sich nicht zu lange mit einem ausführlichen Seegefecht aufhalten, kann er stattdessen folgende Kurzregeln anwenden:

Beide Seiten legen insgesamt 3 vergleichende Proben auf Schiffsnavigation ab, wobei auf hoher See der Schnelligkeitsmodifikator des eigenen Schiffs eingerechnet wird, in Küstennähe der Wendigkeitsmodifikator. Der jeweilige Sieger einer Probe notiert die Anzahl der Differenzerfolge. Die Seite, die am Ende der 3 Proben die meisten Differenzerfolge erzielt hat, gewinnt die Auseinandersetzung. Sc dürfen die Probe fokussieren, bei Nsc zählt stattdessen wie üblich jeder Espritstern als Erfolg (auch bei Nsc-Navigatoren an Bord des Spielerschiffs).

Das siegreiche Schiff kann nun entweder fliehen, die Bordkanonen abfeuern oder das gegnerische Schiff entern, wodurch es zu einem Bordgefecht kommt. Das Abfeuern der Kanonen richtet beim Gegner 1 Treffer an, anschließend wird der Kampf fortgesetzt, allerdings nur noch mit 1 Probe pro Runde. Die erzielten Differenzerfolge werden auf die bereits gesammelten addiert und der Sieger nach jeder Runde ermittelt (mit den gleichen Wahlmöglichkeiten wie bei einem anfänglichen Sieg).

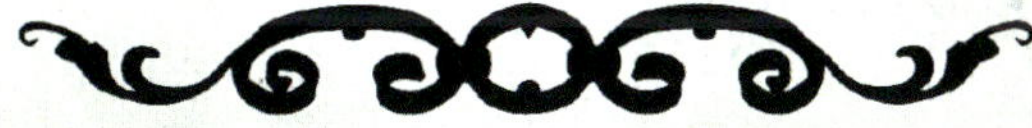

Schiffe reparieren

Schiffe können nur in einem Trockendock vollständig instand gesetzt werden, auf hoher See sind aber zumindest rudimentäre Reparaturen möglich, um das Schiff wieder manövrierfähig zu machen. Ein solcher Vorgang erfordert 1 Fza sowie eine unterstützende Sammelprobe auf Handwerken, abgelegt von einem verantwortlichen Jäger oder wahlweise einem geeigneten Nsc (dem Schiffszimmermann). Alle Jäger können sich an dieser unterstützenden Sammelprobe beteiligen und steuern einen Bonus von +1 bei, wenn sie 1 Fza verbrauchen. Für jeweils eine Anzahl von gesammelten Erfolgen, die der Größe des Schiffs entspricht, wird 1 Treffer repariert. Bei einem Schiff der Größe 5 benötigt die Gruppe also 5 Erfolge, um 1 Treffer zu reparieren. Sobald das Schiff weniger Treffer aufweist, als sein Größenwert angibt (etwa 4 Treffer bei einem Schiff der Größe 5), ist es wieder manövrierfähig.

Darüber hinaus kann es auf offenem Meer aber nicht repariert werden. Um die Treffer weiter zu reduzieren, muss es in ein Trockendock, das jeder größere Seehafen besitzt. Die Kosten dieser Reparatur sind nicht in den Unterhaltskosten des Schiffs enthalten und betragen 25 Gulden x Größe x Treffer. Wurden etwa bei einem Schiff der Größe 4 insgesamt 3 Treffer verursacht, betragen die Reparaturkosten 300 Gulden.

Schiffe plündern
Wurde ein Schiff erfolgreich geentert und die Crew besiegt, kann es geplündert werden. Sollte aufgrund der Umstände oder des Abenteuers nicht bekannt sein, wie viel Fracht das Boot geladen hat, kann die Zahl der vorhandenen Schiffsladungen (siehe: *Mare Monstrum*) auch zufällig mithilfe eines Elixierwürfels bestimmt werden. Das gewürfelte Ergebnis x 20 % gibt an, wie viele Schiffsladungen (aufgerundet) der maximalen Ladekapazität sich im Frachtraum befinden.

Beispiel: *Der Elixierwürfel zeigt eine 3, was 60 % der Ladekapazität bedeutet. Das geplünderte Schiff hat eine Größe von 5, kann also maximal 5 Schiffsladungen transportieren. 60 % von 5 entspricht 3 Schiffsladungen.*

Darüber hinaus können die Jäger zusätzlich Beutegut-Pakete entsprechend der Schiffsgröße plündern (Wertgegenstände der Mannschaft, Ausrüstung, Pulver, Vorräte etc.). In einem Schiff der Größe 7 finden sie somit 7 Beutegut-Pakete (wie üblich zu je 100 Gulden).

Bordgefechte austragen

Sollte es zu einem Kampf Crew gegen Crew kommen, wird nur der Kampf der Spielergruppe gegen eine Auswahl von Gegnern ausgespielt – das übrige Schlachtengetümmel ereignet sich im Hintergrund und trägt lediglich zu einer stimmungsvollen Atmosphäre bei. Die Auseinandersetzung der Jäger wird als „Fokuskampf" bezeichnet. Die Seite, die den Fokuskampf gewinnt, gewinnt das Bordgefecht. Sollten die Jäger verlieren, werden sie entweder gefangen genommen oder gezwungen sein zu fliehen, indem sie über Bord springen. Auf jeden Fall sollte ihnen die Möglichkeit eines Auswegs offenstehen.

Aufbau
Für ein spannendes Bordgefecht sollte die gegnerische Mannschaft natürlich über einen Anführergegner verfügen. Dies könnte entweder der feindliche Kapitän sein, ein mächtiger Leibwächter oder auch eine Kreatur der Nacht. Stellt die Crew des anderen Schiffs keine Gefahr für die Jäger dar und möchte der HeXXenmeister den Kampf nicht allein mit Bandengegnern austragen, kann er ihn auch erzählerisch handhaben (die Jäger sind siegreich).

Kommt es zum Bordgefecht, wird zunächst die Anzahl der Bandenfreunde und Bandengegner bestimmt, die am Fokuskampf teilnimmt (es handelt sich nicht um die gesamte Crew). Die Gesamtstufe der verfügbaren Bandenfreunde entspricht der Schiffsgröße x 3. Auf einem Schiff der Größe 4 können die Jäger somit auf 12 Bandenfreunde der Stufe 1 oder 6 Bandenfreunde der Stufe 2 oder 4 Bandenfreunde der Stufe 3 zurückgreifen. Das Gleiche gilt für die Bandengegner: Ihre Anzahl hängt von der Größe des feindlichen Schiffs ab.

Um das Hin- und Herwogen des Enterkampfs darzustellen, kommen nicht alle Bandenfreunde und -gegner sofort ins Spiel, sondern erscheinen stattdessen pro Kampfrunde in Wellen zu je 5 Personen (unabhängig von ihrer Stufe). So greifen in der ersten Kampfrunde 5 Bandengegner an, den Jägern stehen aber auch nur 5 ihrer Bandenfreunde zur Seite (falls die Gesamtzahl nicht geringer sein sollte). Die Jäger können ihre Bandenfreunde wie üblich einsetzen, um die Bandengegner zu dezimieren (siehe: *Buch der Regeln*, S. 218).

Optional: Chancenlos
Realistisch betrachtet steht die Mannschaft einer Feluke (Größe 1) der einer Galeone (Größe 10) machtlos gegenüber, auch wenn die Jäger auf ihrer Seite kämpfen. Um dies abzubilden, kann der HeXXenmeister jederzeit bestimmen, dass ein Kampf aussichtslos ist. Als Richtlinie gilt, dass ein Kampf dann aussichtslos ist, wenn die Schiffe mehr als 3 Größenkategorien auseinanderliegen. Das muss nicht bedeuten, dass die Jäger automatisch besiegt werden oder in Gefangenschaft geraten. Sie können noch immer im Rahmen des freien Rollenspiels versuchen, zu fliehen, sich zu verstecken oder andere Tricks anzuwenden – nur kommt es nicht zu einem Kampf.

Zufällige Wellen statt 5er-Gruppen
Anstelle Bandengegner und -freunde in 5er-Gruppen aufzuteilen, kann auch mit einem Elixierwürfel bestimmt werden, wie viele Personen jeder Seite sich dem Fokuskampf pro Kampfrunde anschließen. Dies geht zwar mit mehr Verwaltungsaufwand einher, macht ein Bordgefecht aber auch dynamischer.

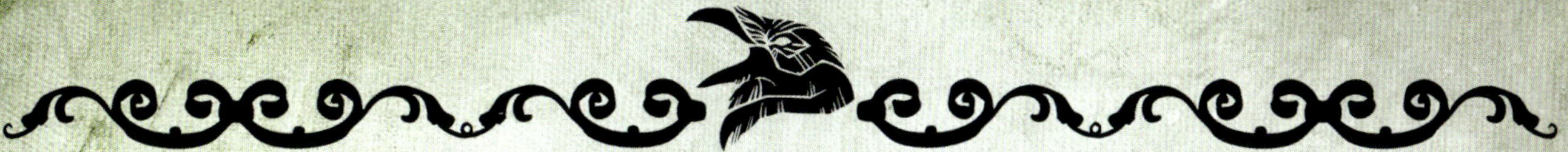

Typische Gegner eines Bordgefechts

Seeräuberkapitän
(Anführer 2)

Kkr 9, Ath 10, Ges 6, Wil 8, Wis 7, Sin 6
LeP: Jz x 15 | **PW: 1** (einfache Kleidung)
Ini: 12 | **Strategie:** Allrounder (⚔⚔|🔫🔫)

⚔ **Fausthieb** (Ath) Angriff 12, Schaden 0
⚔ **Säbel** (Kkr) Angriff 11, Schaden 4
🔫 **Pistole** (Sin) Angriff 8, Schaden 3

- **Ansporn** (⚔|🔫: +1 Treffererfolg für Bandengegner des Typs „Seeräuber")
- **Deckungshaltung** (Sr –5/Fernkampfangriffe, freistehend; nur an Bord von Schiffen)
- ***Versteckte Klinge*** (5+ Erfolge im Nahkampf gegen Nsc, nach Angriffsabwicklung 1 Elixierwürfel Schmerzschaden an Jäger, freiwillige Erfolgsreduzierung nach erster Anwendung)

Beute: 50 Gulden (Beutegut: Ausrüstung), 600 Gulden (Beutegut: Schätze an Bord)

Gewöhnlicher Seeräuber
(Bande 2)

LeP: 10 | **Ini: 8** | **Beute:** 5 Gulden (Beutegut: Ausrüstung und Tand)
⚔ **Entermesser** Erfolge 3, Schaden 2
🔫 **Wurfdolch** Erfolge 3, Schaden 2

Erfahrener Seeräuber
(Bande 3)

LeP: 15 | **Ini: 10** | **Beute:** 10 Gulden (Beutegut: Ausrüstung und Tand)
⚔ **Entermesser** Erfolge 4, Schaden 2
🔫 **Pistole** Erfolge 3, Schaden 3

Einfacher Matrose
(Bande 1)

LeP: 6 | **Ini: 5** | **Beute:** 3 Gulden (Beutegut: Ausrüstung und Tand)
⚔ **Entermesser** Erfolge 2, Schaden 2
🔫 **Wurfdolch** Erfolge 2, Schaden 2
Deckungshaltung (SR –2/Fernkampfangriffe, freistehend; nur an Bord von Schiffen)

Seesoldat
(Bande 2)

LeP: 10 | **Ini: 8** | **Beute:** 10 Gulden (Beutegut: Ausrüstung und Tand)
⚔ **Entermesser** Erfolge 3, Schaden 2
🔫 **Pistole** Erfolge 2, Schaden 3
🔫 **Muskete** Erfolge 2, Schaden 6 +*Wartezeit (2)*

Umgebungseffekte für Bordgefechte

Kämpfe auf den Planken eines Schiffs sind meist rasante und spektakuläre Gefechte, vor allem wenn das Boot Schieflage hat, hohe Wellen gegen den Rumpf hämmern oder starker Nebel die Sicht behindert. Der HeXXenmeister kann die folgenden Umgebungseffekte für Bordgefechte verwenden oder als Grundlage für eigene Ideen nutzen.

Umgebungseffekt: Schieflage

Dieser Effekt tritt ein, wenn das Schiff durch Treffer manövrierunfähig geworden ist und sich durch eintretendes Wasser auf eine Seite neigt. Das Wasser mag nicht ausreichen, um das Schiff schnell auf den Grund des Meeres zu befördern, doch die Schieflage erschwert alle Bewegungen an Bord.

Sonderregel: Alle Kämpfenden würfeln in Ini 0 auf Akrobatik bzw. Ath mit einem Malus von –1 für je 2 erlittene Treffer des Schiffs. Misslingt die Probe, rutscht der Kampfteilnehmer ab und stürzt. Er verliert sofort alle Bindungen und würfelt mit dem Januswürfel: Bei einer leeren Seite kann er sich auffangen und nimmt keinen Schaden, bei einem Janussymbol erleidet er 1 Blutwürfel Schmerzschaden. Befindet sich der Kampfteilnehmer an Deck, muss er zusätzlich 1 Coup opfern oder er fällt ins Wasser (siehe Umgebungseffekt „Über Bord"). Freistehende Jäger und Anführergegner können sich freiwillig an der Takelage oder anderen Gegenständen festhalten und einen Malus von −2 auf alle Proben hinnehmen, um in Ini 0 keine Probe ablegen zu müssen. Jäger und Anführer, die sich in den Nahkampf bewegen oder gebunden sind, können dies nicht.

Umgebungseffekt: Stürmische See

Kämpfe in stürmischer See gehören sicher zu dem spektakulären Höhepunkten vieler Piratenfilme und können auch am Spieltisch die Spannung erhöhen.

Sondereffekt: Alle Kampfhandlungen an Deck (sowohl der Jäger als auch aller Anführergegner) werden mit dem maximalen Malus von −5 ausgeführt, unter Deck beträgt er nur −3. Jeweils in Ini 0 muss jeder der betroffenen Kampfteilnehmer eine Probe auf Akrobatik bzw. Ath ablegen. Befindet sich der Betroffene bei einem Misserfolg unter Deck, erleidet er durch herumfliegende Objekte 1 Blutwürfel Schmerzschaden; auf Deck muss ein Jäger 1 Coup opfern bzw. ein Nsc auf eine Handlung verzichten, um nicht über die Reling gespült zu werden. Jäger können bestimmen, dass sie sich angeseilt haben. In diesem Fall reißt es sie nicht über Bord, aber sie werden durch die Luft geschleudert und erleiden ebenfalls 1 Blutwürfel Schmerzschaden.

Umgebungseffekt: Über Bord

Dieser Umgebungseffekt gilt für alle Jäger und Anführergegner, die im Laufe eines Bordgefechts über die Reling gespült wurden oder die von vornherein im Wasser kämpfen. Sollte ein Teil der Kampfteilnehmer an Bord sein und ein anderer im Wasser schwimmen, wird der Kampf auf zwei Bereiche aufgeteilt, für die unterschiedliche Umgebungseffekte gelten. Ein Wechsel zwischen beiden Bereichen ist möglich (siehe unten), Fernkampfangriffe ebenso.

Wir gehen davon aus, dass jeder Jäger und Nsc schwimmen kann. Sollte das aus irgendwelchen Gründen nicht der Fall sein, erleiden Betroffene im Wasser den vollen Malus von −5. Bandengegner, die nicht schwimmen können, gehen automatisch unter und werden aus dem Kampf genommen.

Sonderregeln: Schwimmende Jäger und Anführergegner haben einen Malus von 0 bis −5 auf alle Proben abhängig von den Wetterbedingungen, Richtlinie: 0 (spiegelglattes Wasser), −1 (leichter Wellengang), −3 (starker Wellengang), −5 (Sturm). Im Wasser sind lediglich Nahkampfangriffe möglich, es sei denn, man verfügt über eine geeignete Fernkampfwaffe wie z. B. eine Harpune. Kampfteilnehmer im Wasser können gebunden sein, lösen sich in Ini 0 aber automatisch voneinander. Äußere Schadensstufen durch Verbrennung werden beim Eintreten ins Wasser aufgehoben. Jäger und Anführer können untertauchen, wodurch sie einen Malus von −2 auf alle Proben in Kauf nehmen (unabhängig vom Wellengang), aber nicht mehr durch Fernkampfangriffe von Bord getroffen werden können. Dafür erleiden sie ab der zweiten Kampfrunde unter Wasser in ihrer Ini-Phase 1 Stufe inneren Schaden und den Zustand „Atemnot“, in jeder weiteren zusätzlich 1 Stufe inneren Schaden. Der Zustand „Atemnot“ kann nur aufgehoben werden, indem man auftaucht, was eine Aktion mit 2 Ap erfordert bzw. für Anführergegner das Opfern einer Handlung.

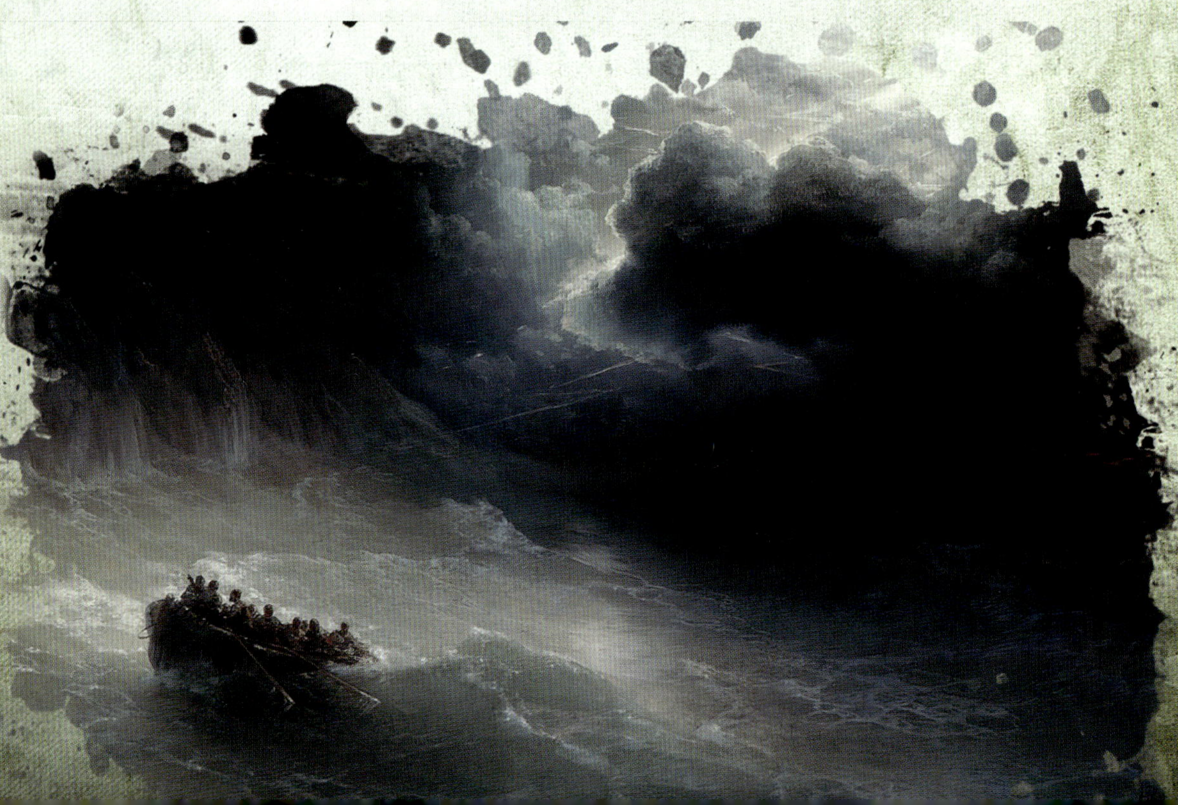

Den Kampfbereich wechseln: Die Bewegung von Bord ins Wasser ist einfach und erfordert lediglich 1 Ap. Um aus dem Wasser zurück an Bord zu kommen, kann ein Schwimmender versuchen, die Schiffswand emporzuklettern. Das erfordert eine Aktion mit 2 Ap und eine erfolgreiche Probe auf Akrobatik, wobei der HeXXenmeister je nach Größe des Schiffs einen Malus festlegen kann (Richtlinie: halbierte Größe, abgerundet).

Umgebungseffekt: Dichter Nebel
Dieser Effekt betrifft üblicherweise nur Kämpfe an Deck und hat keinerlei Auswirkungen auf solche unter Deck. Dichter Nebel kann mit anderen Umgebungseffekten wie Schieflage oder Stürmische See kombiniert werden.

Sonderregel: Im dichten Nebel sind keinerlei Fernkampfangriffe möglich, das gilt sowohl für Jäger als auch für Nsc. Um einen Gegner in irgendeiner Form zu attackieren, muss sich der Kampfteilnehmer an den Gegner binden.

Umgebungseffekt: Feuer an Bord
Brände an Bord eines Schiffs werden normalerweise schnell gelöscht, da sie erheblichen Schaden an Segeln und Tauen anrichten können. Während eines Kampfes jedoch werden die Crews dringendere Probleme haben, etwa sich feindlicher Entermesser zu erwehren.

Sonderregel: Der Kampfbereich besitzt eine Feuerstufe, die bei 1 beginnt (sofern der HeXXenmeister sie aufgrund der Umstände nicht höher definiert) und jeweils in Ini 0 um 1 steigt. Jeder Kampfteilnehmer erleidet in seiner Ini-Phase (oder spätestens in Ini 1) zusätzliche äußere Schadensstufen in Höhe der aktuellen Feuerstufe gekoppelt an den Zustand „Verbrennung". Jäger können versuchen, das Feuer zu bekämpfen, indem sie als Aktion (2 Ap) eine Probe auf Unempfindlichkeit mit einem Malus in Höhe der aktuellen Feuerstufe ausführen. Pro Erfolg wird die Feuerstufe um 1 reduziert, allerdings niemals unter 1. Der Brand kann erst endgültig gelöscht werden, wenn der Kampf beendet ist. Für je 3 Kampfrunden, die das Feuer wütet, erleidet das Schiff 1 Treffer.

Umgebungseffekt: Kampf im Riff
Gerade als das Schiff ein heikles Manöver in Küstennähe durchführt, wird die Mannschaft attackiert. Während der Navigator versucht, das Boot an Felsen vorbeizusteuern, wollen ihn die Angreifer davon abhalten, damit das Gefährt im Riff zerschellt.

Sonderregeln: Ein Jäger (oder der Nsc-Navigator) muss das Steuerrad bemannen. Auch wenn es sich um einen Nsc handelt, muss der Navigator in jedem Fall als Plättchen ausgelegt werden. Jeweils in seiner Ini-Phase (oder spätestens in Ini 1) muss er als Aktion (2 Ap) eine Probe auf Schiffsnavigation mit einem Malus für das Riff ausführen, der in jeder Runde neu mit einem Elixierwürfel bestimmt wird. Ist der Navigator an einen Gegner gebunden, kann er die Probe nicht ausführen (der Gegner trachtet automatisch danach, das Steuerrad zu blockieren). Misslingt die Probe oder kann der Navigator sie nicht ausführen, erleidet das Schiff 1 Treffer und alle Kampfteilnehmer 1 Blutwürfel Schmerzschaden (bei Bandengegnern wird ihre Zahl stattdessen um 10 % reduziert). Handelt es sich bei dem Navigator um einen Nsc und ist er in Ini 0 an mindestens 3 Bandengegner oder 1 Anführer gebunden, so stirbt er.

Effekte für Bandengegner
Alle hier beschriebenen Umgebungseffekte gelten nicht für Bandengegner, da der Verwaltungsaufwand für den HeXXenmeister zu groß wäre. Stattdessen können alle Bandengegner frei handeln, dafür sollte jedoch ihre Zahl reduziert werden, je nach Effekt um 20–50 %.

Anhang: Nsc-Kräfte

Abtauchen (Handlung, |)
Wird der Nsc in der Nähe einer ausreichend großen Wasserfläche (tiefer Fluss, See oder Meer) in einen Kampf involviert, kann er versuchen, sich dem Zugriff seiner Häscher zu entziehen, indem er in die Wogen springt und unter Wasser flieht. Der Versuch erfordert 2 beliebige Handlungen (oder) sowie eine Probe auf Ath. Für jeden Jäger, an den der Nsc gebunden ist, müssen ihm 2 Erfolge gelingen (bei 3 gebundenen Jägern z. B. also 6 Erfolge). Bei gelungener Probe flieht der Nsc aus dem Kampfgebiet. **Ziele:** persönlich, **Kosten:** keine, **Syntax: Abtauchen** (|: Probe auf Ath, pro gebundenem Gegner 2 Erfolge nötig, Erfolg: Nsc flieht)

Amorpher Körper (Eigenschaft)
Der Körper des Nsc ist rundlich bzw. stangenförmig gebaut, nahezu gestaltlos oder verändert sich permanent. Da er keine Rückseite besitzt, kann man ihn nicht heimtückisch attackieren. **Syntax: Amorpher Körper** (kein heimtückischer Angriff möglich)

Ansporn der Schmerzen (Eigenschaft)
Dieser Nsc wird umso wütender, mächtiger und energiegeladener, je mehr er unter Schmerzen und anderen Einschränkungen leidet. Für jede Stufe innerer Schaden, äußerer Schaden oder Malusschaden erhält der Nsc einen Bonus von +1 (max. 5) auf seine Angriffe. **Syntax: Ansporn**

Tabelle: Atlantische Relikte

Elixierwürfel	Gegenstand	Effekt
1	Waffe	Waffenangriff Bonus +3
2	Brustplatte	Pw +2
3	Schild	Schadensreduzierung −3 (gegen materielle Nahkampfangriffe)
4	Horn	einmalige Benutzung als -/-Handlung, entfernt noch nicht benutzte Bandenfreunde in Höhe eines Elixierwürfels (beginnend mit Stufe 1)
5	Helm	Angriffswürfe gegen den Gegner können maximal 3 Erfolge haben. Alle darüber hinaus erwürfelten oder erzeugten Erfolge verfallen.

der Schmerzen (pro Einflussstufe: Bonus +1 auf Angriffe (max. 5))

Atlantische Relikte (Eigenschaft)
Der Nsc besitzt einen Gegenstand aus atlantischer Zeit, vielleicht hat er ihn gefunden, vielleicht wurde er seit Äonen in seinem Volk weitergegeben. Worum es sich handelt, kann der HeXXenmeister frei bestimmen oder anhand der Tabelle auswürfeln. Die gefundenen Relikte können üblicherweise nicht von Jägern verwendet werden, allerdings kann der Spielleiter eigene Regeln entwickeln, wenn er dies der Gruppe ermöglichen möchte. **Syntax: Atlantische Relikte** (Vorteil je nach Reliktart)

Ätherschritt (Handlung, Reaktion)
Um einem Angriff zu entgehen, ist es diesem Nsc möglich, sich kurzfristig durch die Schleier des Äthers zu bewegen. Der Nsc kann als freie Reaktion 2 Hex opfern, um dadurch sämtlichen Schaden einer materiellen Quelle zu ignorieren. Auf Angriffe, die körperlosen Kreaturen Schaden zufügen können, hat dies keinen Effekt. **Ziele:** persönlich, **Kosten:** 2 Hex, **Syntax: Ätherschritt** (Reaktion, 2 Hex: Nsc zählt für diesen Angriff als körperlos und ignoriert allen materiellen Schaden)

Aura des Wahnsinns (Eigenschaft)
Den Nsc umgibt eine seltsame Aura, in dessen Wirkungsbereich intelligente Wesen dem Wahnsinn anheimfallen oder ein untypisches Verhalten an den Tag legen. Sobald ein Jäger den Nsc erstmals im Nahkampf attackiert (gilt auch für heimtückische Attacken), muss er eine vergleichende Probe mit Wil + Fw (Geistesstärke) gegen wil + As des Nsc ausführen. Hat er weniger Erfolge als dieser, erhält er für die Dauer des Kampfes auf alle Angriffe (auch im Fernkampf) einen Malus in Höhe der Differenzerfolge. Diese Probe wird nur einmal pro Kampf ausgeführt. **Syntax: Aura des Wahnsinns** (Nahkampfattacke gegen Nsc: Probe Geistesstärke gegen x, Malus von −1 pro Differenzerfolg für gesamten Kampf)

Bandenwiderstand (Eigenschaft, Bande)
Bandengegner mit dieser Eigenschaft sind schwerer mit Bandenkräften zu besiegen als üblich. Jeder Versuch, sie mithilfe einer Bandenkraft zu entfernen, kostet +x Erfolge mehr. **Syntax: Bandenwiderstand** (+x)

Blutwachstum (Eigenschaft)
Der Nsc wächst immer mehr an, je mehr Blut er zu trinken bekommt. Sobald er dem Gegner durch einen natürlichen Angriff Lep-Verlust zufügt, erhält er 1 Blutmarker (höchstens 1 pro Runde, maximal 5). Pro Blutmarker erhält er einerseits einen Bonus von +1 auf seine Angriffswürfe und regeneriert andererseits 1 Blutwürfel Lep in Ini 0. **Syntax: Blutwachstum** (Lep-Verlust bei Jäger: +1 Blutmarker (max. 5); pro Blutmarker: +1 Bonus auf Angriffe, 1 Blutwürfel Lep in Ini 0 regenerieren)

Chemische Explosion (Handlung, |)
Der Nsc bringt Gifte, Elixiere, aber auch andere Substanzen der Jäger zur Explosion, die mittels chemischer oder alchemistischer Verfahren hergestellt wurden, darunter auch mächtiges Schießpulver, Kräutermittel und Wurfgeschosse. Der Zauber erfordert keine Probe, jeder anwesende Jäger ermittelt mit 1 Blutwürfel, wie viele seiner mitgeführten Verbrauchsgüter explodieren. Trägt er verschiedene bei sich, darf er die betroffenen frei bestimmen. Für jedes explodierende Verbrauchsgut nimmt er 1 Blutwürfel Feuerschaden. Jäger können sich freiwillig aller Substanzen entledigen, das erfordert jedoch eine Aktion mit 2 Ap. Die abgelegten Verbrauchsgüter stehen dann für den restlichen Kampf nicht mehr zur Verfügung. **Ziele:** alle Jäger (Bereich), **Kosten:** 2 Hex, **Syntax: Chemische Explosion** (|: jeder Jäger verliert Blutw. Verbrauchsgüter, pro Verbrauchsgut 1 Blutw. Fe, 2 Hex)

Droge der Assassinen (Handlung)
Der Nsc verfügt über eine Droge, die ihn schneller und geschickter macht. Das Einnehmen ver-

braucht keine Handlung, kann aber nur einmal pro Kampf geschehen. Für die Dauer der Auseinandersetzung erhält der NSC 1 zusätzliche ⚔-Handlung pro Runde, erleidet aber in INI 0 jeweils Elixierwürfel Schmerzschaden. Droge der Assassinen ist kumulativ zu anderen Kräften, die zusätzliche Handlungen verleihen (z.B. Derwisch). **Ziele:** persönlich, **Kosten:** keine, **Syntax: Droge der Assassinen** (+1 ⚔-Handlung, INI 0: Elixierwürfel Schmerzschaden; 1x pro Kampf)

Fluch der Anderswelt (Handlung, ⚔|🔫)
Mit dieser Kraft ist es einem NSC möglich, einen Jäger in gewissem Maß der Realität zu entrücken, sodass er teilweise der Anderswelt angehört. Der NSC führt eine vergleichende Probe mit WIL + AS gegen WIL + FW (Aufmerksamkeit) des Ziels aus. Für jeden Differenzerfolg zugunsten des NSC erleidet der Jäger 1 Malusstufe gekoppelt an den Zustand „Entrückung". Betragen die Differenzerfolge 5 oder mehr, ist der Jäger so weit der realen Welt entrissen, dass er weder Coups, Ideen, Segnungen noch sonstige Ressourcen verwenden kann, bis der Zustand abgebaut ist. **Ziele:** 1–3, **Kosten:** 1 HEX pro Ziel, **Syntax: Fluch der Anderswelt** (⚔|🔫: x gegen Aufmerksamkeit, 1 Malusstufe (Entrückung, 5: Ziel kann keine Ressourcen nutzen) pro Differenzerfolg, 1 HEX pro Ziel (1–3 Ziele))

Geschossabwehr (Eigenschaft)
Ob auf magische Weise oder durch entsprechende Panzerung – die Haut dieses NSC ist für Projektile nahezu undurchdringlich. Er besitzt eine Schadensreduzierung von x gegen alle Angriffe mit Schleudern, Armbrüsten, Musketen und Pistolen. Sie zählt auch gegen den Aufprallschaden geworfener Waffen. **Syntax: Geschossabwehr** (SR –x/Schleudern, Armbrüste, Musketen, Pis-tolen, Wurfwaffen)

Gesicht des Satyrs (Handlung, ⚔|🔫)
Das Vettelgesicht dieser Hexe ähnelt dem ziegenhaften Antlitz eines Satyrs. Nimmt sie es an, verändert sich jedoch nicht nur ihr Aussehen, sie verfällt auch in einen rauschhaften, bestialischen Wahn. Im Kampf erfordert es 1 Handlung, das Gesicht des Satyrs anzunehmen, wurde die Hexe nicht überrascht, kann es im Vorhinein auch als freie Handlung erfolgen. Solange sie es trägt, verfügt sie über 1 zusätzliche ⚔-Handlung, die sie jedoch für einen Nahkampfangriff ausgeben muss und nicht für den Einsatz von Kräfte verwenden darf. Zusätzlich kann sie eine Hornattacke ausführen, basierend auf KKR + AS mit einem Grundschaden von 5 und dem Schadenszusatz *+äußerer Schaden (je 2 bei Lep-Verlust, Blutung)*. Das Vettelgesicht kann während des Kampfes nicht mehr abgelegt werden. **Ziele:** persönlich, **Kosten:** keine, **Syntax: Gesicht des Satyrs** (⚔|🔫: +1 ⚔-Handlung für Nahkampfangriffe; Hornattacke (KKR) Schaden 5 *+äußerer Schaden (je 2 bei Lep-Verlust, Blutung)*

Glutofen (Handlung, ⚔|🔫)
Dem Körper des NSC entströmt eine solche Hitze, dass die Temperatur in seiner Nähe stetig ansteigt, wenn er sie kanalisiert. Wird Glutofen das erste Mal aktiviert, erhält die Umgebung eine Glutstufe von 1. Für jede weitere Anwendung steigt diese um 1 (höchstens 1 pro Runde, maximal 5). Alle Kampfteilnehmer, die nicht resistent oder immun gegen Feuer sind, erhalten in ihrer INI-Phase äußere Schadensstufen in Höhe der Glutstufe. Bei Jägern sind diese gekoppelt an den Zustand „Verbrennung", zusätzlich erleiden sie in INI 0 jeweils 1 Schmerzschaden pro PW über 1 (also 1 Punkt in mittelschwerer Panzerung, 2 Punkte in schwerer). **Ziele:** Umgebung, **Kosten:** 1 HEX, **Syntax: Glutofen** (⚔|🔫: Glutstufe der Umgebung +1 (max. 5), pro Glutstufe in eigener INI-Phase 1 äußerer Schaden (Verbrennung) sowie in INI 0 für Jäger 1 SC bei PW 2/2 SC bei PW 3, 1 HEX)

Hexentanz (Handlung, ⚔|🔫)
Die Hexe beginnt, wie toll zu tanzen – und steckt damit auf magische Weise auch die Jäger an. Hexentanz erfordert 1 Handlung (Nahkampf oder Fernkampf) sowie 1 HEX. Immer wenn der NSC die Kraft anwendet, kann er einen Jäger bestimmen, der sich dem Tanz anschließen muss. Dieser endet erst, wenn die Hexe besiegt wurde oder flüchtet. Alle Tänzer (einschließlich der Hexe selbst) erhalten einen Malus in Höhe der Gesamtzahl der Tänzer auf sämtliche Proben (max. 5). Mit der ersten Anwendung der Kraft beträgt der Malus –2 (für die Hexe und den ersten verzauberten Jäger), pro Handlung und jeden weiteren Tänzer steigt er um 1 Stufe. Hexentanz erzeugt weder einen anhaltenden Einfluss noch einen Zustand, der Malus kann aber wie üblich maximal –5 betragen. Ist die Hexe immun gegen Malusschaden, sind nur die anderen Tänzer betroffen, sie selbst zählt aber weiterhin als Tänzer. Ein Jäger darf den Tanz abbrechen, indem er in INI 0 Coups in Höhe 1 Blutwürfels opfert. Besitzt er nicht genügend Coups, werden alle vorhandenen verbraucht, aber der Jäger muss weitertanzen. Hat sich ein Jäger aus dem Tanz befreit, kann er von der Hexe erneut als Ziel des Zaubers gewählt werden. **Ziele:** 1, **Kosten:** 1 HEX, **Syntax: Hexentanz** (⚔|🔫: Hexe + 1 Jäger beginnen zu tanzen, alle Tänzer Malus in Höhe Gesamtzahl der Tänzer (max. –5), 1 Blutw. Coups in INI 0: Jäger befreit sich aus Tanz, 1 HEX)

Langsam (Eigenschaft)
Ein Wesen mit dieser Eigenschaft ist besonders schwerfällig und kann sich nur langsam fortbewegen. Oft handelt es sich um Pflanzenkreaturen, die sich mithilfe ihrer Wurzeln vorwärtsziehen. Langsame Nsc vermeiden es im Kampf möglichst, ihren Standort zu verändern. Wenn sie es dennoch tun müssen, kostet sie dies 1 beliebige - oder -Handlung. **Syntax: Langsam** (Bewegung kostet - oder -Handlung)

Lähmungsaura (Handlung, |)
Der Nsc kann mehrere Personen in seiner Umgebung auf magische Weise lähmen. Der Zauber erfordert eine vergleichende Probe mit Wil + As gegen Kkr + Fw (Muskelspiel). Für jeden Differenzerfolg zugunsten des Nsc erhält der Jäger 1 Lähmungsstufe. Erzielt der Nsc mindestens 1 Differenzerfolg, bekommt der Jäger den Zustand „Fixierung". Betragen die Differenzerfolge 3 oder mehr, so ist der Zustand mächtig oder fordernd nach Wahl des HeXXenmeisters. **Ziele:** 1–3, **Kosten:** 1 Hex pro Ziel, **Syntax: Lähmungsaura** (|: x gegen Muskelspiel, 1 Lähmungsstufe (Fixierung, 3: MF) pro Differenzerfolg, 1 Hex pro Ziel (1–3 Ziele))

Meeresstrudel (Handlung, |)
Der Nsc ist in der Lage, einen gewaltigen Strudel im Wasser zu erzeugen, der Schiffe langsam auf den Grund des Meeresbodens zieht. Um den Strudel aufrechtzuerhalten, muss der Nsc in jeder Runde als - oder -Handlung 1 Hex ausgeben. Jedes Schiff in Reichweite erleidet automatisch pro Runde 1 Treffer. Wird das Schiff manövrierunfähig, nimmt es fortan 2 Treffer pro Runde. **Ziele:** Umgebung, **Kosten:** 1 Hex pro Runde, **Syntax: Meeresstrudel** (|: Schiffe im Kampfgebiet nehmen 1 Treffer, 2 Treffer wenn manövrierunfähig, 1 Hex pro Runde)

Nachfolger (Eigenschaft)
Ein Nsc mit dieser Eigenschaft ist bereit, jederzeit in die Fußstapfen seines Mentors, Vorbilds oder Vorgesetzten zu treten. Üblicherweise begleitet er einen anderen Nsc mit höherer Anführerstufe, sodass klar ist, wer der Mentor ist. Sollte dieser sterben, übernimmt der Nachfolger sofort dessen Werte (mit Ausnahme von solchen, die auf Ausrüstungsgegenständen basieren, wie Waffenangriffen, Panzerungswert und Beute). Er heilt alle LeP und verliert sämtliche eventuell vorhandenen Einflussstufen, setzt dafür aber seine nächste eigene Ini-Phase aus. **Syntax: Nachfolger** (bei Tod des Mentors: 1 Kampfrunde aussetzen; Nsc übernimmt Werte des Mentors, regeneriert LeP, reduziert alle Einflussstufen auf 0)

Panzerverbesserung (Handlung, |)
Indem er die Panzerung der Gefallenen an sich reißt, verbessert dieser Nsc seinen eigenen Schutz. Ist ein Jäger oder Anführergegner aus dem Kampf ausgeschieden oder wurde getötet, kann der Nsc in seiner nächsten Ini-Phase als Handlung seinen Pw um 1 erhöhen (pro Runde und pro gefallenem Kampfteilnehmer aber jeweils nur einmal). Der Pw des Nsc kann auf diese Weise maximal um die Jägerzahl steigen. **Ziele:** Umgebung, **Kosten:** keine, **Syntax: Panzerverbesserung** (|: Pw +1 (max. Jz) pro besiegtem Anführergegner oder Jäger, 1x pro Runde und Kampfteilnehmer anwendbar)

Schiffswürger (Handlung,)
Das Meeresungeheuer kann ein Schiff mithilfe seines schlangenartigen Körpers, seiner dicken Tentakel oder anderer Gliedmaßen umschlingen. Schiffswürger erfordert 2 -Handlung, 2 Hex, und verursacht 1 automatischen Treffer gegen das Schiff. **Ziele:** 1 Schiff, **Kosten:** 2 Hex, **Syntax: Schiffswürger** (: 1 Treffer gegen Schiff, 2 Hex)

Schlechtes Gewissen einflüstern (Handlung, |)
Mithilfe dieses Zaubers verwirrt der Nsc seine Gegner, indem er nagende Schuldgefühle in ihnen erzeugt. Der Nsc bestimmt eine beliebige Anzahl der Jäger als Ziel und führt vergleichende Proben mit Wil + As gegen Wil + Fw (Geistesstärke) aus, wobei die Jäger pro Rage-Punkt einen Malus von −1 und pro Segnung einen Bonus von +1 einrechnen müssen. Für jeden Differenzerfolg zugunsten des Nsc erleidet der entsprechende Jäger 1 Malusstufe gekoppelt an den Zustand „Schlechtes Gewissen". Betragen die Differenzerfolge 5 oder mehr, ist der Zustand nach Wahl des HeXXenmeisters mächtig oder dauerhaft. **Ziele:** max. Jz, **Kosten:** 1 Hex pro Ziel, **Syntax: Schlechtes Gewissen einflüstern** (|: x gegen Geistesstärke (Malus −1 pro Rage/Bonus +1 pro Segnung), 1 Malusstufe (Schlechtes Gewissen, 5: MD) pro Differenzerfolg, 1 Hex pro Ziel (max. Jz Ziele))

Schrei der Sirene (Handlung, |)
Der Nsc ist in der Lage, große Mengen magischer Energie in einem lauten schrillen Schrei zu entfesseln. Als - oder -Handlung kann er 1–5 Hex opfern: Pro Hex-Punkt wird 1 Jäger betroffen und erleidet Geistschaden in Höhe der Gesamtzahl geopferter Hex-Punkte (bei 3 Hex nehmen beispielsweise 3 Jäger jeweils 3 Punkte Geistschaden). Leidet ein Ziel unter dem Zustand „Taubheit", reduziert sich der Geistschaden um 1 pro Malusstufe. Jäger können diesen Zustand

auch freiwillig herbeiführen, etwa indem sie sich Wachs in die Ohren stopfen. Sie erhalten dadurch 1 Malusstufe und den Zustand „Taubheit“. **Ziele:** 1–5, **Kosten:** 1–5 Hex, **Syntax:** Schrei der Sirene (|: x Hex (max. 5), x Jäger erleiden x Ge (– Malusstufen bei Taubheit))

Schutzzauber (Handlung, |)
Viele erfahrene Nsc kennen besondere Schutzzauber, mit denen sie auf magische Weise Schaden von sich abhalten können. Das Wirken des Zaubers erfordert 1 - oder -Handlung und 3 Hex. Der magische Schutz hält bis zum Ende des Kampfes bzw. des jeweiligen Konflikts oder der Szene an und gewährt dem Nsc wahlweise Immunität gegen Malusstufen, innere Schadensstufen oder äußere Schadensstufen. Der Schutzzauber darf wiederholt werden, wodurch der Nsc eine neue Immunität wählen kann, die alte aber verliert. **Ziele:** persönlich, **Kosten:** 3 Hex, **Syntax: Schutzzauber** (|: Immunität gegen Malusschaden, inneren Schaden oder äußeren Schaden, 3 Hex)

Sirenenaura (Eigenschaft, Bande)
Diese Bandengegner erzeugen einen Klang, der lebenden Wesen tief ins Mark fährt oder sie wahnsinnig werden lässt. In der Ini-Phase der entsprechenden Nsc erleidet jeder lebende Kampfteilnehmer außer den Verursachern selbst automatisch 1 Geistschaden für je 3 anwesende Bandengegner mit dieser Eigenschaft. **Syntax: Sirenenaura** (in eigener Ini-Phase: jeder lebende Kampfteilnehmer außer Verursachern erleidet 1 Ge pro 3 Bandengegner)

Sündige Gedanken (Handlung, |)
Einem oder mehreren Jägern werden mithilfe dieser Kraft Gedanken eingeflüstert, die seine niedersten Emotionen und dunkelsten Wünsche hervorrufen und ihn dazu verführen, gegen seine Überzeugungen oder sein Weltbild zu handeln. Oft wird der Zauber angewendet, um eine Person an ihrem Glauben zweifeln zu lassen und sie auf diese Weise empfänglich zu machen für neue, blasphemische Ideen. Der Nsc führt eine vergleichende Probe mit Wil + As gegen Wil + Fw (Geistesstärke) des Ziels aus, wobei der Jäger die Zahl seiner Segnungen als Bonus addieren darf. Jeder Differenzerfolg zugunsten des Nsc senkt das Maximum an Segnungen des Ziels um 1. Diese Reduzierung wirkt dauerhaft, bis der Jäger einen Ort seines Glaubens aufsucht (das kann im Fall eines Gelehrten z. B. eine Bibliothek sein) oder er 1 Fza darauf verwendet, zu meditieren und wieder zu seinen Überzeugungen zurückzufinden. **Ziele:** max. Jz, **Kosten:** 1 Hex pro Ziel, **Syntax: Sündige Gedanken** (|: x gegen Geistesstärke (Bonus +1 pro Segnung), Maximum Segnungen –1 pro Differenzerfolg, 1 Hex pro Ziel (max. Jz Ziele))

Tödlicher Sog (Handlung, |)
Mit dieser Kraft wird unter schwimmenden Jägern oder einem Boot eine Sogwirkung erzeugt, die den Jäger bzw. das Boot in die Tiefe reißt. Tödlicher Sog kann nur angewendet werden, wenn das Wasser mindestens drei Meter tief ist. Gegen schwimmende Jäger führt der Nsc eine vergleichende Probe Ath + As gegen Akrobatik des Jägers aus; für jeden Differenzerfolg zugunsten des Nsc erleidet der Jäger 1 innere Schadensstufe und den Zustand „Atemnot“. Er befindet sich anschließend unter Wasser. Der Zustand kann erst abgebaut werden, wenn der Jäger an die Wasseroberfläche kommt; dazu ist eine Aktion (2 Ap) notwendig sowie eine Akrobatik-Probe mit einem Malus von –1 pro innere Schadensstufe. Gelingt die Probe, kehrte der Jäger an die Oberfläche zurück und kann entweder Luft holen und für jeweils 1 Ap 1 innere Schadensstufe automatisch reduzieren oder in Ini 0 eine reguläre Reduzierungsprobe auf Unempfindlichkeit ausführen (oder beides). Ist der Angriff gegen ein Boot gerichtet, führt der Nsc eine normale Probe Ath + As durch mit einem Malus für die Größe des Boots (0 für einen Baumstamm, –2 für ein Ruderboot, –5 für ein kleines Segelschiff, größere Schiffe werden nicht betroffen). Für jeweils 1 Erfolg wird entweder eine Person oder ein anderes wichtiges Objekt über Bord geschleudert. Wurden so viele Erfolge erzielt wie der Malus hoch ist (also 5 Erfolge bei einem Segelboot), kentert das komplette Boot. **Ziele:** 1–3, **Kosten:** 1 Hex pro Ziel, **Syntax: Tödlicher Sog** (|: x gegen Akrobatik, 1 innere Schadensstufe (Atemnot) pro Differenzerfolg, 1 Hex pro Ziel (1–3 Ziele))

Unter Wasser (Eigenschaft)
Diese Kreatur oder zumindest der Großteil ihres Körpers befindet sich permanent unter Wasser, wodurch sie nicht durch Bordkanonen oder Schusswaffen angegriffen werden kann. Um den Nsc zu attackieren, müssen sich die Jäger ins Wasser begeben. **Syntax: Unter Wasser** (Nsc ist nicht angreifbar durch Schusswaffen und Bordkanonen)

Unzerstörbare Panzerung (Eigenschaft)
Die Panzerung des Nsc ist auf eine bestimmte Weise gesegnet oder wurde mit einer besonderen alchemistischen Substanz behandelt. Sie repariert sich automatisch selbst. Sollte der Pw des Nsc reduziert worden sein, erhöht er sich in Ini 0

wieder auf den Grundwert. **Syntax: Unzerstörbare Panzerung** (INI 0: Pw regeneriert sich)

Verstecke Klinge (Eigenschaft)
Bei manchen Gegnern muss man besonders vorsichtig sein, da sie dazu neigen, mit Heimtücke und versteckten Waffen zurückzuschlagen. Immer wenn ein Jäger im Nahkampf einen Angriff mit 5 oder mehr Erfolgen gegen den NSC erzielte, erleidet er nach Abwicklung des Angriffs (sollte der Gegner dann noch LEP haben) einen Elixierwürfel Schmerzschaden aufgrund der versteckten Waffe des NSC. Nachdem der NSC diese Kraft einmal einsetzte, können alle Jäger bei Nahkampfangriffen auf diesen NSC freiwillig ihre gewürfelten Erfolge auf unter 5 reduzieren. **Syntax: Versteckte Klinge** (5+ Erfolge im Nahkampf gegen NSC, nach Angriffsabwicklung 1 Elixierwürfel Schmerzschaden an Jäger, freiwillige Erfolgsreduzierung nach erster Anwendung)

Verwandlung Eulenschwarm (Handlung, |)
Der Körper des NSC scheint zu zerbersten und verwandelt sich in einen Schwarm von Eulen, der nur schwer mit leichten Waffen und den meisten Fernkampfwaffen zu treffen ist. Wie ein einziger Gegner stürzt er sich aus der Luft heraus mit scharfen Krallen auf die Jäger. Zusätzlich umgibt den Schwarm eine magische Aura, die jede andere Eule in der Umgebung heilt. Allerdings kann der NSC die Verwandlung nicht ewig aufrechterhalten, verliert er Jz x 5 LEP, nimmt er wieder seine wahre Gestalt an und kann diese im laufenden Kampf nicht mehr in den Eulenschwarm verändern. **Ziele:** persönlich, **Kosten:** keine, **Syntax: Verwandlung Eulenschwarm** (|: zusätzliche Kräfte: Flieger, Löchriger Körper (SR –6), Krallenangriff (GES) Schaden 2 +*Panzerdurchdringer* (–1); anwesende Eulen regenerieren alle LEP in INI 0; bei Jz x 5 verlorenen LEP, verwandelt sich NSC sofort zurück und kann die Kraft in diesem Kampf nicht mehr einsetzen)

Verwandlung Schmeißfliegenschwarm (Handlung, |)
Der NSC explodiert regelrecht in eine Wolke aus unzähligen Schmeißfliegen, die den Jägern in alle ungeschützten Körperöffnungen krabbeln, was schon so manchen tapferen Streiter in blinde Panik verfallen ließ. Allerdings kann der NSC die Verwandlung nicht ewig aufrechterhalten, verliert er Jz x 5 LEP, nimmt er wieder seine wahre Gestalt an und kann diese im laufenden Kampf nicht mehr in den Schmeißfliegenschwarm verändern. **Ziele:** persönlich, **Kosten:** keine, **Syntax: Verwandlung Schmeißfliegenschwarm** (|: Angriffe werden ersetzt durch: Schwarmangriff (, jeder Jäger erleidet automatisch Elixierwürfel GE); zusätzliche Kräfte: Schweber, Löchriger Körper (SR –10); bei Jz x 5 verlorenen LEP, verwandelt sich NSC sofort zurück und kann die Kraft in diesem Kampf nicht mehr einsetzen)

Verwandlung Schwärmende Gestalt (Handlung, |)
Der NSC verwandelt sich in eine brodelnde Masse aus sich windenden, wild um sich schlagenden Tentakeln. Alle enden in grausigen Scheren, die auf monströse Weise an die eines Krebses erinnern. **Ziele:** persönlich, **Kosten:** keine, **Syntax: Verwandlung Schwärmende Gestalt** (|: +2 -Handlungen; zusätzliche Kräfte: Amorpher Körper, Tentakelangriff (KKR) Schaden 5; muss mind. 2 Tentakelangriffe pro Runde ausführen, keine anderen Angriffe möglich)

Waffenaufwertung (Handlung, |, Bande)
Diese Bandengegner trachten ständig danach, ihre Ausrüstung zu verbessern, und klauben alles aus der Umgebung zusammen, das sich als Waffe verwenden lässt. In jeder Kampfrunde können ein Bandengegner mit dieser Kraft auf seinen Angriff verzichten und stattdessen für sich und seine Gefährten brauchbare Objekte sammeln. Der HeXXenmeister legt 1 Waffenmarker aus (pro Runde höchstens 1, maximal in Höhe der Bandenstufe). Alle Gegner des gleichen Typs erhalten für jeden Waffenmarker +1 auf ihre Treffererfolge. **Ziele:** Umgebung, **Kosten:** keine, **Syntax: Waffenaufwertung** (|: +1 Waffenmarker (höchstens 1 pro Runde, max. Bandenstufe); jeder Bandengegner vom gleichen Typ: +1 Treffererfolg pro Waffenmarker)

Wasserfontäne (Handlung, |)
Die Wasserfontäne erfasst 1–3 Jäger, schleudert sie hoch in die Luft und lässt sie abstürzen. Ein Ziel muss sich mindestens bis zu den Knien im Wasser befinden, damit Wasserfontäne auf es gewirkt werden kann. Eine Angriffsprobe ist nicht nötig, der betroffene Jäger verliert automatisch Elixierwürfel AP. Sollte die Zahl der verlorenen AP höher sein als seine verbleibenden, erleidet er für jeden überschüssigen Punkt 1 Blutwürfel Schmerzschaden. **Ziele:** 1–3, **Kosten:** 1 HEX pro Ziel, **Syntax: Wasserfontäne** (|: Jäger verliert Elixierw. AP, für jeden AP zu viel 1 Blutw. SC, 1 HEX pro Ziel (1–3 Ziele))

Wasserwelle (Handlung, |)
Der Nsc kann Wasser zu einer gewaltigen Welle auftürmen, die sich kreisförmig vom Zaubernden ausbreitet und alle Geschöpfe auf dem Kampfschauplatz betrifft, die nicht schweben oder fliegen. Diese Kraft erfordert eine vergleichende Probe mit Wis + As gegen Ath + Fw (Akrobatik) der betroffenen Jäger (andere Anführergegner würfeln auf Ath, Bandengegner haben pauschal Erfolge in Höhe ihrer Bandenstufe). Für jeden Differenzerfolg zugunsten des Nsc erleidet ein Jäger 1 Malusstufe gekoppelt an den Zustand „Taumeln", für je 2 Differenzerfolge nimmt er 1 Blutwürfel Schmerzschaden. Das Gleiche gilt für Nsc, nur dass sie nicht den Zustand „Taumeln" erhalten. **Ziele:** alle Nicht-Schweber, Nicht-Flieger, **Kosten:** 3 Hex, **Syntax: Wasserwelle** (|: Bereichseffekt, x gegen Akrobatik, 1 Malusstufe pro Differenzerfolg, 1 Blutwürfel Sc pro 2 Differenzerfolge, 3 Hex)

Wellen (Eigenschaft)
Diese Kreatur erzeugt um sich herum einen hohen Wellenschlag, der umso stärker wird, je mehr von ihrer Gattung sich in der Nähe befinden. In jeder Ini-Phase muss ein schwimmender Jäger eine Probe auf Akrobatik ablegen mit einem Malus in Höhe der anwesenden Nsc mit dieser Eigenschaft. Bei Misslingen nimmt er 1 Blutwürfel Schmerzschaden. Die Wellen betreffen auch tauchende Jäger, jedoch wird hier kein Malus eingerechnet. **Syntax: Wellen** (nur im Wasser: Jäger legt in eigener Ini-Phase Akrobatik-Probe ab, –1 pro Nsc mit dieser Eigenschaft (kein Malus wenn tauchend), bei Misslingen Blutwürfel Sc)

Wüstenwind beschwören (Handlung, |)
Mit diesem Zauber kann der Nsc einen lokalen Wüstenwind erzeugen, der in düsteren Schlieren Sand und Staub vor sich hertreibt und die Temperatur rapide ansteigen lässt. Der Nsc beschwört den Wüstenwind, indem er einmalig als Handlung beliebig viele Hex-Punkte opfert. Pro Hex-Punkt werden 2 Sturmmarker ausgelegt. Ab der nächsten Runde kann der Nsc in seiner eigenen Ini-Phase ebenfalls als Handlung (oder) jeweils 1 Sturmmarker aufwenden, um einen der folgenden Effekte zu erzeugen: Alle Jäger erleiden 2 äußere Schadensstufen (gekoppelt an den Zustand „Verbrennung") oder 2 Lähmungsstufen (gekoppelt an den Zustand „Taumeln") oder 2 Punkte Schmerzschaden. Der Nsc kann für mehrere Handlungen mehrere Effekte auswählen, aber nicht mehrmals denselben. Beispielsweise darf er für 2 -Handlungen jeweils 2 Stufen Lähmung und äußeren Schaden verursachen, aber nicht 4 Stufen Lähmung. Der Wüstenwind kann nur einmal pro Kampf beschworen werden. **Ziele:** Umgebung, **Kosten:** variabel, **Syntax: Wüstenwind beschwören** (|: x Hex, pro Hex 2 Sturmmarker; ab nächster Runde als Handlung 1 Marker opfern: jeder Jäger erleidet 2 äußerer Schaden (Verbrennung) oder 2 Lähmung (Taumeln) oder 2 Sc)

Neue Schadenszusätze

+Gotteswaffe
Die Waffe des Nsc durchströmt göttliche Energie. Gegen alle widernatürlichen Gegner verdoppelt sich der Grundschadenswert.

+Unheilschaden (x)
Bei einem gelungenen Angriff (mindestens 1 Treffererfolg) erzeugt der Angriff zusätzlich Unheilschaden in Höhe von x (Unheilschaden ignoriert Panzerung).

+Seelenabsorption
Dieser Schadenszusatz hat nur dann Auswirkungen, wenn das Ziel Malus- oder Lähmungsstufen aufweist. In diesem Fall erleidet es zusätzlich zum Schaden des Angriffs 1 Punkte Geistschaden pro entsprechender Einflussstufe.

+Wiederholungshieb (x)
Immer wenn der Nsc mit diesem Angriff trifft (er muss nicht zwangsweise Schaden verursachen), darf er sofort die in Klammern angegebenen Kosten aufwenden, um einen zweiten Angriff derselben Art ausführen.

Zustände

Befriedet
Der Jäger verliert sämtliche Aggressionen, fühlt sich sorglos und frei. **Gekoppelter Einfluss:** Lähmungsstufen. **Nebeneffekt:** Möchte der Jäger in seiner Ini-Phase schädigende Aktionen ausführen, werden seine Ap wie üblich durch die Lähmungsstufen reduziert. Kündigt er jedoch an, seine Aktionen nur für friedliche Handlungen verwenden zu wollen (z. B. einen Gefährten heilen oder unterstützen, aber auch defensive Reaktionen auszuführen), stehen ihm seine vollen Ap zur Verfügung. **Besonderheit:** Sobald der Jäger Schaden durch den Gegner oder durch anhaltende Einflüsse erleidet , darf er seine Lähmungsstufen sofort um 1 Blutwürfel reduzieren (einmal pro Runde). **Reduzierung in Ini 0:** Hat ein Jäger in seiner Runde keine Angriffsaktion ausgeführt und keine schädigende Jägerkraft eingesetzt, reduzieren sich die Lähmungsstufen in Ini 0 automatisch um 1 Blutwürfel.

Entrückung
Ein entrückter Jäger ist nicht mehr zur Gänze Teil dieser Welt, sondern wurde in gewissem Maße in eine andere Sphäre gerissen. Das umfasst nicht nur den Geist, sondern auch den Körper des Betroffenen (ebenso wie seine Ausrüstung). Zu den rollenspielerischen Auswirkungen dieses Zustands gehört, dass der Jäger nicht mehr von Tieren wahrgenommen wird, sein Atem nicht mehr zu spüren, seine Stimme nur als Flüstern zu vernehmen und er leicht zu übersehen ist. **Gekoppelter Einfluss:** Malusstufen. **Nebeneffekt:** Sobald ein Jäger unter diesem Zustand leidet, geben die entsprechenden Einflussstufen keinen Malus, sondern reduzieren stattdessen jeglichen Schaden, den der Sc anrichtet (gleichgültig auf welche Weise). Hat ein Jäger mit Entrückung beispielsweise 3 Malusstufen, verursacht er mit all seinen Aktionen 3 Schadenspunkte weniger. **Reduzierung in Ini 0:** Der Jäger muss versuchen, den Weg zurück in seine Welt zu finden. Dazu führt er instinktiv eine Reihe von kreisenden, suchenden Bewegungen aus, die mitunter wie ein langsamer Tanz anmuten. In Ini 0 kann der Sc 1 übrig behaltenen Ap ausgeben, um mit 1 Blutwürfel zu würfeln und seine Malusstufen um das Ergebnis zu reduzieren. Es gibt keine Möglichkeit, den Weg aus den jenseitigen Sphären schneller zu finden.

Schlechtes Gewissen
Jäger, die unter einem schlechten Gewissen leiden, sind stark verunsichert, werden von Selbstvorwürfen geplagt und fühlen sich dem Verursacher des Zustands gegenüber verpflichtet. **Gekoppelter Einfluss:** Malusstufen. **Nebeneffekt:** Immer wenn der Jäger eine aggressive Aktion (meist einen Angriff) gegen den Nsc ausführen will, der den Zustand herbeigeführt hat, muss er seine Selbstzweifel überwinden, indem er 1 Idee, 1 Coup oder 1 Segnung opfert. Diese Bedingung gilt auch, wenn sich die LeP des Jägers im Minusbereich befinden. Verfügt er über keine der genannten Ressourcen, kann die Aktion nicht ausgeführt werden. **Reduzierung in Ini 0:** Wil + Fw (Geistesstärke). **Besonderheit:** Ein anderer Jäger kann versuchen, einen unter schlechtem Gewissen leidenden Charakter durch gutes Zureden aufzubauen. Das erfordert eine Aktion mit 2 Ap und eine Probe auf Wil + Fw (Redekunst). Jeder Erfolg reduziert die Malusstufen um 1, auch wenn der Zustand mächtig ist.

Erzählkräfte

Beherrschung des Wassers
Diese Gabe erlaubt es dem Nsc, gewaltige Wassermassen zu kontrollieren. Er kann Flüsse über die Ufer treten lassen und Küstenstäde durch kleinere Überschwemmungen verheeren, dichten Nebel erzeugen oder Strudel, die ein Schiff in die Tiefe reißen. Auch vermag er Strömungen zu beeinflussen und somit Schiffe entweder vom Kurs abzubringen oder sie bequem an ihren Zielort zu befördern.

Bewachung
Der Nsc wurde dazu abkommandiert oder sieht seine Aufgabe darin, einen bestimmten Ort, einen Gegenstand oder eine Person unter Einsatz seines Lebens zu bewachen. Üblicherweise hält er sich immer in der Nähe seines Schutzobjekts auf und verlässt seinen Posten nur, wenn dies der Sicherheit des Ortes, des Gegenstands oder der Person dient.

Lebensraum (Wasser)
Der Nsc fühlt sich in der Nähe des feuchten Elements heimisch oder lebt vollständig in einer solchen Umgebung (etwa einem Fluss, See oder dem Meer). Für gewöhnlich kann er sowohl an Land als auch unter Wasser atmen, ist unempfindlich gegen Kälte und vermag den Druck großer Tiefe auszuhalten. Im Wasser bewegt er sich meist schnell und gewandt wie ein Fisch.

Schabernack
Der Nsc ist stets darauf aus, anderen Streiche zu spielen, die mal mehr, mal weniger gutmütig sein können. Das tut er in der Regel aus einem inneren Zwang heraus, den er nur kurzfristig unterdrücken kann.

Sphärenwechsel
Der Nsc besitzt die Gabe, die Grenzen zwischen unserer und der jenseitigen Welt überschreiten zu können. Die Sphären der Anderswelt können sehr verschieden sein und sind oft geprägt von den jeweiligen Traditionen und Glaubensvorstellungen einer Region. So gibt es Sphären, in denen man verstorbenen Ahnen begegnen kann, Geistern, Feen und mythologischen Wesen vergangener Zivilisationen, wie z. B. der Kelten oder der Germanen. Übergänge in die Anderswelt finden sich meist in naturbelassenen Wäldern, tiefen Höhlen oder uralten Ruinen. Manchmal verbergen sie sich auch in magischen Artefakten wie einem großen Kessel oder am Boden eines verwitterten Brunnens. Nsc mit dieser Erzählkraft kennen diese Übergänge und können sie nutzen. Manchmal vermögen sie auch mystische Kreaturen zu beschwören oder sogar einen Bereich unserer Welt mit der Magie der Anderswelt zu durchdringen, wodurch das Gebiet Elemente der jenseitigen Sphäre annimmt.

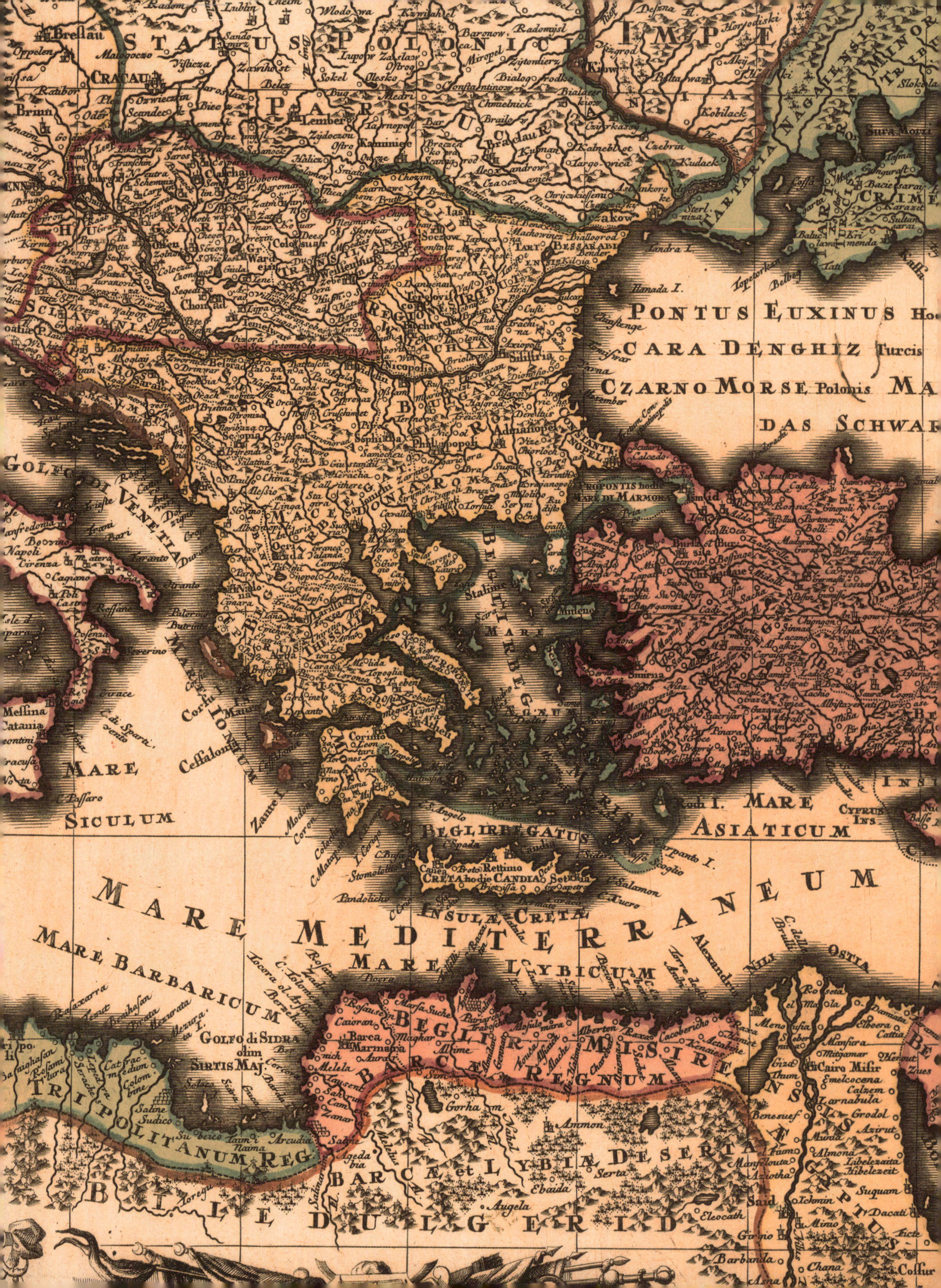

STATUS POLONICI PARS
PONTUS EUXINUS
CARA DENGHIZ Turcis
CZARNO MORSE Polonis
DAS SCHWAR
GOLFO DI VENETIA
MARE IONIUM
MARE SICULUM
MARE ASIATICUM
MARE MEDITERRANEUM
MARE BARBARICUM
MARE LYBICUM
INSULA CRETA
CRETA hodie CANDIA
BEGLIRBEGATUS
Golfo di SIDRA olim SIRTIS MAJ.
TRIPOLITANUM REG.
BARCA et LYBIA DESERTA
BILEDULGERID
MISIR REGNUM
Cairo Misir
PROPONTIS hodie MARE DI MARMORA
CYPRUS INS